云南通史

何耀华 总主编

第六卷
近代后期
（公元1919—1949年）

牛鸿斌 谢本书 主编

中国社会科学出版社

图版1　中共云南省第一次代表大会会址（1928.10.13），蒙自县芷村镇查尼皮村　黄燕生摄

图版2　扎西会议旧址——威信县扎西镇　刘建明摄

图版3 修筑滇缅公路使用的石碾,现存畹町市
王文成摄

图版4 张问德著《偏安腾北抗战集》 王文成摄

图版 5　隆阳区板桥镇的滇西抗战指挥中心　牛鸿斌摄

图版 6　腾冲抗日民族英雄纪念碑　姜定忠摄

图版 7　人民音乐家聂耳

图版 8　腾冲和顺乡艾思奇故居前艾思奇雕像　王文成摄

图版 9　国立西南联合大学纪念碑（位于云南师范大学校园内）

蒋中礼供图

图版 10　闻一多先生雕塑像（位于云南师范大学校园内）

蒋中礼供图

图版 11　昆明人民胜利堂 1946 年为纪念抗日战争胜利而建，名为"抗战胜利堂"　姜定忠摄

图版 12　西南联大教室　徐庆元摄

图版 13　连接滇越铁路的碧色寨车站（1936年建成）　姜定忠摄

图版 14　弥勒中华堂（建国楼），1946年建，为弥勒民国时期典型建筑　姜定忠摄

图版 15　朱德旧居（位于五华区华山西路小梅园巷）

图版 16　"一二·一"运动四烈士墓（位于云南师范大学校内）

图版 17　气象学家陈一得创建的一得测候所（位于昆明西郊太华山）

图版 18　始建于1932年的灵源别墅（位于西山区海源寺村）

云南通史·第六卷

目 录

前言 …………………………………………………………………… (1)

第一章 五四运动在云南 ………………………………………… (3)
 第一节 五四前夕的云南 ……………………………………… (3)
 第二节 云南人民响应五四运动 ……………………………… (10)
 第三节 新文化在云南的传播和发展 ………………………… (20)

第二章 唐继尧治滇与用兵贵州 ………………………………… (29)
 第一节 顾品珍倒唐 …………………………………………… (29)
 第二节 唐继尧回滇与滇军二次入黔 ………………………… (37)
 第三节 马骧及其改造云南同盟会 …………………………… (46)

第三章 大革命时期的云南 ……………………………………… (52)
 第一节 第一次滇桂战争 ……………………………………… (52)
 第二节 罗、刘、杨在滇西反唐 ……………………………… (60)
 第三节 中共云南地方组织的建立与唐继尧治滇的
    结束 …………………………………………………… (66)

第四章 龙云统治云南的初期 …………………………………… (77)
 第一节 从滇黔征战到第二次滇桂战争 ……………………… (77)
 第二节 云南地方政治体制的演变 …………………………… (89)

第五章　红军长征前后的云南 …………………………………(105)
　　第一节　大革命失败后的革命斗争 ………………………………(105)
　　第二节　红军长征过云南 …………………………………………(114)
　　第三节　中共云南地方组织的重建和各族人民的斗争 …………(122)

第六章　全面抗战爆发前的云南经济 ……………………………(130)
　　第一节　农业 ………………………………………………………(130)
　　第二节　工业 ………………………………………………………(139)
　　第三节　交通、外贸与商业 ………………………………………(150)
　　第四节　财政与金融 ………………………………………………(159)

第七章　云南军民响应抗战 ………………………………………(171)
　　第一节　抗日救亡运动在云南的兴起 ……………………………(171)
　　第二节　滇军开赴抗日前线 ………………………………………(178)
　　第三节　滇缅印战区与云南 ………………………………………(188)
　　第四节　抗日民族统一战线在云南 ………………………………(198)

第八章　抗日战争在云南的胜利 …………………………………(206)
　　第一节　滇西、缅北的反攻作战 …………………………………(206)
　　第二节　滇军入越受降 ……………………………………………(222)
　　第三节　昆明的"十·三"事件 ……………………………………(227)

第九章　抗战时期的云南经济 ……………………………………(235)
　　第一节　战时的农村经济 …………………………………………(235)
　　第二节　企业内迁与云南工业的发展 ……………………………(248)
　　第三节　财政、金融与商业 ………………………………………(264)

第十章　从"一二·一"运动到卢汉主滇 …………………………(275)
　　第一节　"一二·一"运动的爆发 …………………………………(275)
　　第二节　"一二·一"运动的历史意义 ……………………………(282)
　　第三节　卢汉主滇及其军政措施 …………………………………(298)

第十一章　云南的武装斗争与滇军在东北的起义 （310）
第一节　反内战运动 （310）
第二节　武装斗争的发展 （315）
第三节　滇军在东北的起义 （323）
第四节　内战期间的云南社会经济 （331）

第十二章　云南解放 （338）
第一节　渡江战役前后的云南 （338）
第二节　昆明起义 （346）

第十三章　民国以来的云南文化 （361）
第一节　教育事业 （361）
第二节　科学与技术 （367）
第三节　文艺与卫生 （380）

大事记 （391）

参考文献 （401）

后记 （408）

插图目录

图 1　昆明学生所办《爱国要刊》 …………………………………（14）
图 2　王复生（1896—1936）云南祥云人 …………………………（25）
图 3　王德三（1898—1930）云南祥云人 …………………………（25）
图 4　李国柱（1906—1930）云南巧家人 …………………………（25）
图 5　唐继尧（1883—1927）云南会泽人 …………………………（30）
图 6　顾品珍（1883—1922）云南昆明人 …………………………（34）
图 7　范石生（1887—1939）云南峨山人 …………………………（35）
图 8　叶荃（1879—1939）云南云县人 ……………………………（35）
图 9　金汉鼎（1891—1967）云南江川人 …………………………（37）
图 10　唐继虞（1890—1939）云南会泽人 ………………………（44）
图 11　中共云南特别支部（节孝巷） ……………………………（67）
图 12　富滇银行发行的纸币 ………………………………………（67）
图 13　楚图南（1899—1994）云南文山人 ………………………（70）
图 14　李鑫（1897—1929）云南龙陵人 …………………………（70）
图 15　吴澄（1900—1930）云南昆明人 …………………………（72）
图 16　"二·六"事件后在宜良召开的会议旧址 ………………（74）
图 17　云南早期妇女运动的部分骨干合影 ………………………（76）
图 18　赵琴仙（1905—1928）云南昆明人 ………………………（92）
图 19　赵祚传（1903—1929）云南大姚人 ………………………（92）
图 20　杜涛（1901—1929）云南蒙自人 …………………………（92）
图 21　刘平楷（1902—1930）云南彝良人 ………………………（93）
图 22　张舫（1898—1930）云南南华人 …………………………（93）
图 23　张经辰（1903—1930）云南禄丰人 ………………………（93）

图 24	戴德明(1909—1929)云南会泽人	(111)
图 25	巨伯年(1905—1929)云南昆明人	(111)
图 26	王德三编写的《夷经》(齐人为王的化名)	(112)
图 27	红军在禄劝县留下的漫画	(118)
图 28	姚安南街小学教师孙枃保存的《红军读本第一册》	(120)
图 29	罗炳辉(1897—1946)云南彝良人	(122)
图 30	费炳(1909—2001)云南昭通人	(123)
图 31	李浩然	(123)
图 32	马子卿(1917—1973)江苏江都人	(124)
图 33	李群杰(1912—2008)云南丽江人	(124)
图 34	云南集市贸易	(132)
图 35	昆明幼孩工厂	(145)
图 36	1929 年富滇银行发行的纸币	(147)
图 37	滇铸银币	(163)
图 38	1932 年滇铸半圆银币	(169)
图 39	1937 年 9 月 18 日"学抗会"举行集会	(174)
图 40	昆华女中学生在街头演出	(174)
图 41	昆明人民送滇军出征	(179)
图 42	第六十军出征将领合影(1937.10.6)	(180)
图 43	云南报道第 60 军战况	(187)
图 44	朱德致龙云的信(1938.8.21)	(187)
图 45	史迪威(中)和美国空军司令阿诺德将军(左一)、陈纳德(左二)、英军将领约翰·迪尔(右二)、美空军第十队克雷顿·比瑟尔(右一)在一起	(193)
图 46	戴安澜(1904—1942)安徽无为人	(196)
图 47	孙立人(1900—1990)安徽庐江人	(196)
图 48	1940—1941 年中共云南省工委所在地(昆明五华坊 25 号)	(200)
图 49	张冲(1901—1980)云南泸西人	(202)
图 50	张问德(1881—1956)云南腾冲人	(208)
图 51	张问德痛斥侵略者的《答田岛书》	(208)
图 52	李根源《告滇西父老书》	(208)

图号	说明	页码
图 53	卫立煌(1897—1960)安徽合肥人	(213)
图 54	霍揆彰(1901—1953)湖南鄱县人	(213)
图 55	龙云、缪云台与在滇美军	(214)
图 56	史迪威驱车视察缅北前沿阵地	(215)
图 57	中印公路通车	(220)
图 58	沿中印公路首批到达昆明的车队	(221)
图 59	龙云(1884—1962)云南昭通人	(229)
图 60	国民政府发行的纸币	(267)
图 61	郑伯克(1909—2008)四川沐川人	(277)
图 62	侯方岳(1915—2006)四川广安人	(277)
图 63	国民党中央社对西南联大时事晚会进行造谣诬蔑的报道	(278)
图 64	于再(1921—1945)浙江杭州人	(281)
图 65	潘琰(1915—1945)江苏徐州人	(281)
图 66	李鲁连(1927—1945)浙江嵊县人	(282)
图 67	张华昌(1929—1945)云南曲靖人	(282)
图 68	公祭死难烈士	(285)
图 69	李公朴(1902—1946)江苏常州人	(311)
图 70	闻一多(1899—1946)湖北浠水人	(311)
图 71	朱家璧(1910—1992)云南龙陵人	(321)
图 72	张子斋(1912—1989)云南剑川人	(321)
图 73	潘朔端(1901—1978)云南威信人	(326)
图 74	周保中(1902—1964)云南大理人	(327)
图 75	刘浩(1918—1996)云南罗平人	(327)
图 76	曾泽生(1902—1973)云南永善人	(330)
图 77	卢汉(1896—1974)云南昭通人	(350)
图 78	昆明人民欢迎解放军入城部队	(358)
图 79	昆明儿童向陈、宋首长献花	(358)
图 80	陈赓在大会上讲话	(359)
图 81	宋任穷在大会上讲话	(359)
图 82	周保中在大会上讲话	(360)
图 83	卢汉在大会上讲话	(360)

图 84　昆明市立职业学校 …………………………………… (363)
图 85　李根源(1879—1965)云南腾冲人 ……………………… (370)
图 86　艾思奇(1910—1966)云南腾冲人 ……………………… (372)
图 87　聂耳(1912—1935)云南玉溪人 ………………………… (384)

图版目录

图版 1　中共云南省第一次代表大会会址（1928.10.13）　　黄燕生摄
图版 2　扎西会议旧址——威信县扎西镇　　刘建明摄
图版 3　修筑滇缅公路使用的石碾　　王文成摄
图版 4　张问德著《偏安腾北抗战集》　　王文成摄
图版 5　隆阳区板桥镇滇西抗战指挥中心　　牛鸿斌摄
图版 6　腾冲抗日民族英雄纪念碑　　姜定忠摄
图版 7　人民音乐家聂耳
图版 8　腾冲和顺乡艾思奇故居前艾思奇雕像　　王文成摄
图版 9　国立西南联合大学纪念碑　　蒋中礼供图
图版 10　闻一多先生雕塑像　　蒋中礼供图
图版 11　昆明人民胜利堂　　姜定忠摄
图版 12　西南联大教室　　徐庆元摄
图版 13　连接滇越铁路的碧色寨车站　　姜定忠摄
图版 14　弥勒中华堂　　姜定忠摄
图版 15　朱德旧居
图版 16　"一二·一"运动四烈士墓
图版 17　气象学家陈一得创建的一得测候所
图版 18　始建于1932年的灵源别墅

前　言

《云南通史》第六卷，叙述了1919年五四运动到中华人民共和国成立30年间云南的历史。从全国来讲，这是近代后期，即新民主主义革命时期的历史阶段，包括五四运动与中国共产党的成立、大革命时期、十年内战时期、全面抗日战争时期以及解放战争时期。

五四运动在云南有较强的影响。云南人民响应五四运动以及新文化在云南的传播与发展，在全国还是比较突出的，而且延续的时间较长，对云南后来的发展有着重要的影响。中国共产党成立后，曾多次派人来云南组织建党工作，并于1926年11月建立了中共云南地方组织——昆明特支。中共地下组织成立后，立即开展了反帝、反军阀的斗争，并支持龙云等四镇守使，发动了1927年的"二六"政变，推翻了唐继尧对云南的统治。在经历了三年动乱以后，龙云统一了云南。

龙云上台初期，虽然继承了唐继尧的衣钵，却对云南实行了一些改革，云南地方政治体制发生了某些变化，并与蒋介石中央政府若即若离。云南实行的某些改革，促进了云南的进一步开放，也为云南文化教育事业的发展创造了条件。例如，在20世纪20—30年代，对全国青年影响很深的一支歌《义勇军进行曲》、影响很大的一本书《大众哲学》，其作曲家聂耳、著作者艾思奇都是云南籍文化名人。再如，建立于清末、延续于1935年的云南陆军讲武堂（民国后改称云南陆军讲武学校），是这一时期著名的军事学校，对1924年建立的广州黄埔军校有着重大的影响；而且培养了一大批杰出的将领，甚至从这里走出了几个国家和政府的领导人。

1935年至1936年间，红军两次经过云南，对云南人民，也对以龙云为代表的地方实力派产生了重大影响，是他们思想转变的重要起点。

从 1937 年到 1945 年的全面抗日时期，是近代云南历史发展的重要时期。云南不仅派出了 40 万滇军支援全国抗战，在修筑滇缅铁路、开辟驼峰航线方面，大力支援了抗日战争，成为抗战大后方；而且在 1942 年日寇占领滇西大片国土后又成为抗日最前线，并于 1945 年年初将日寇全部赶出滇西，成为抗战胜利的先声。抗日战争时期云南的经济得到了全面发展，在工业化、现代化发展有着飞跃的进步。抗战时期中共抗日民族统一战线在云南取得了重大成就，促成了龙云的进一步转变，并使昆明成为抗战大后方的"民主堡垒"。抗战时期云南文化教育事业发展迅速，特别是西南联合大学在云南的八年，培养了一大批杰出的科学家、教育家、革命家，成为中国教育史上的一大奇迹。滇军以及广大人民群众对抗日战争的热情令人感动。在整个抗战时期，滇军没有出现过投降将军和伪军，有的却是抗日名将和抗日烈士，这是滇军历史的光荣。抗战胜利后滇军入越受降，为祖国争了光。

1945 年反内战、争民主的"一二·一"运动，是中国近代史上继护国战争后影响全国的又一重大事件，再次凸显了云南在近代中国的历史地位。

抗战胜利后，蒋介石指使杜聿明在昆明发动政变，迫使龙云下台。然而，卢汉上台后，仍与蒋介石中央政府若即若离。解放战争时期，中共在云南开展了广泛的游击战争，并且实现了全省农村包围城市。而被派往东北战场的滇军，发生了潘朔端领导的滇军 184 师起义、曾泽生领导的滇军 60 军长春起义，对东北战场形势发生了重大影响。在解放大军压境，云南境内游击武装控制了大部分农村和县城的局势下，在中共的教育和大力争取下，卢汉于 1949 年 12 月 9 日在昆明宣布起义。随后解放军乘胜追击，终于歼灭了国民党在云南的大部分残军，实现了云南的解放。1950 年 2 月 24 日被确定为"云南解放日"。这是云南历史发展的新纪元。

近代时期的云南，特别是新民主主义革命时期的云南，是一个相对开放的云南，其政治、经济、军事、文化方面所取得的成就是令人瞩目的，并且在云南历史上，在中国近代历史上，闪烁着若干亮点，有着重要的历史地位。

第一章

五四运动在云南

第一节 五四前夕的云南

一 红河南岸哈尼族卢梅贝起义

清末民初,云南经历了辛亥革命重九起义、反对袁世凯复辟称帝的护国运动。但是,这些创建共和与再造共和的大规模斗争,都未能改变云南半殖民地半封建的社会性质。正如毛泽东所说:"你们看,辛亥革命把皇帝赶跑,这不是胜利了吗?说它失败,是说辛亥革命只把一个皇帝赶跑,中国仍旧在帝国主义和封建主义的压迫之下,反帝反封建的革命任务并没有完成。"[①] 辛亥革命如此,由云南高举义旗的护国运动也没有质的区别。如果要说它们之间有什么不同的话,那就是辛亥革命推翻的是满族皇帝,而护国运动打倒的是汉族皇帝。在袁世凯暴毙后,又出现了一些大大小小的"袁世凯"。这就是说,五四前夕的云南,政治照旧是半殖民地半封建的政治,经济仍然是半殖民地半封建的经济。地方军政实力人物急于争夺权力地盘,政局动荡;20世纪初,英法等帝国主义国家加紧对云南的殖民侵略与资源掠夺;云南农村经济凋敝,民族工业举步维艰。

为了赢得民族的独立,争取人民民主,摆脱压迫和剥削,云南各族人民在护国运动以后的几年里,曾进行过多次斗争。

1917年,在今红河南岸的元阳、绿春等县,先后爆发了卢梅贝领导的反对封建土司的起义。卢梅贝(1900—1976),又名陈梅宝,哈尼族,女,云南元阳县多沙寨人,从小家贫,随父亲出没山林打猎,练就了一身

---

① 毛泽东:《青年运动的方向》,《毛泽东选集》第2卷,人民出版社1991年版,第564页。

好武艺。18岁时被推为起义军领袖,哈尼语是"多沙阿波",意即"多沙寨的阿爷"。因此这次起义又称为"多沙阿波起义"。起义的发生,除了政治原因以外,还有深刻的经济原因。

据调查资料表明,当时金平等地的土司不仅是政治上的统治者,而且还是"一切土地(的)所有者。在国民党实行田粮制以前,土司是一切租税的征收者,并且依靠这种土地所有权,还实行对农民的经济以外的强制剥削。地租形式分为劳役地租、实物地租、货币地租三种,以货币地租为主"。"农民除了受租粮以及客谷、白工等剥削外,还受到国民党兵谷(兵费)的剥削。"在元阳,这类封建性的实物地租有三种,即田当谷、租谷和客谷。"田当谷产量五石收一石,由封建土司管家收;租谷产量十石收三斗,由里长征收;客谷按种田户数,每户收一斗(折20市斤),由里长征收。此外还有上马掌钱,亦由里长征收。"① 红河以南的土司们,除收取上述的捐税外,年节时还要向各村征缴肥猪、棉花;土司家有婚丧一类的事,群众得备礼相送;群众上山打得的猎物,其中的鹿茸、熊掌要献给土司;土司家婚后有生育、得子,群众需缴少爷读书钱、尿布款,土司育女,群众应纳小姐绣花钱。当地群众忍无可忍,在民谣中说:"世上未闻尿有税,土司只有屁无捐。"元阳等红河南岸各县旧称江外,哈尼、彝、苗、瑶、傣等各族人民,于1917年10月聚众起义,喊出了"万众一心,抗捐抗税;杀尽土司,百姓称王;有福同享,有祸同当"的斗争口号。

以卢梅贝为领袖的这次起义队伍有哈尼等各族群众参加。他们凭借棍棒、刀矛、火药一类的原始武器,驰骋于今元阳、金平、绿春三县,占领村寨多处。他们或合军攻打猛弄白兆熊所在的土司衙门,或分兵进击散处于各地的土司住所。在大伍寨,曾俘斩敌土司兵团长闵增元,全歼守敌。当地的大小土官,有的在义军的攻击下威风扫地,伪称求和;有的在顽抗一阵后弃巢逃逸。这些如惊弓之鸟的土司,为了恢复失去的天堂,纷纷以"夷匪蛮乱"、"匪风日炽"为借口,多次向建水、蒙自等地求援。当唐继尧政府军队来到后,义军在敌众我寡的情况下,处境日益不利。1918年10月,卢梅贝率义军部众退守牛皮寨,在众多土司兵和唐继尧军一个团

---

① 中国少数民族社会历史调查资料丛刊:《云南苗族瑶族社会历史调查》,云南民族出版社1982年版,第82、83、159页。

的包围进攻下，仍然抗敌两天两夜。不少义军战士在这次守寨御敌的战斗中英勇地献出了宝贵的生命。

持续一年多的卢梅贝起义，最后虽然因寡不敌众而失败，但他们反对压迫、剥削的斗争精神，以及在强敌进攻下仍然奋战不息、顽强不屈的英雄气概，永远地留在红河沿岸各族人民的心中。

二　马毓宝在法的抗德业绩

1914—1918年，英、法、俄、日等所构成的协约国，与德、奥、意等所组成的同盟国，为了重新瓜分世界，争夺世界霸权，发动了地域遍及欧、亚、非，人员伤亡达3000多万的第一次世界大战。在这次战争中所形成的两大战争集团，不管就协约国一方而论，还是就同盟国一方来说，难有正义可言。以段祺瑞为国务总理的北京政府，为了在政治、军事、财政上取得日本等帝国主义国家的支持，于1917年3月与德绝交，8月对德宣战。段祺瑞政府除了输送华工20万（其中有2000人以上死于被迫作战中）和大批粮食之外，没有采取什么积极的举措。在云南，以唐继尧为督军的云南政府，由于南北对峙的原因，并未参与段氏政府的这一行动，[①] 在滇军中却有一位参加协约国作战的云南人，他就是马毓宝。

马毓宝（1894—1918），字善楚，回族，云南昆明人。云南省立中学堂毕业。1912年后，先后在云南陆军讲武学校、南京军官学校就读。1913年，在江西参加讨袁战争，1916年在云南参与护国运动。同年，经法国驻蒙自领事福拉远的介绍，入越在法军中供职。1917年，奉调赴非洲的摩洛哥、阿尔及利亚。同年，离非洲到法国，入第一外籍志愿军团义勇插进团，不久任联队长，与法军一起，多次参加抗击德军的进攻，两次负重伤，获法国国家荣誉十字勋章。1918年9月，阵亡于法国亚眠城东南的哈姆前线。他的遗体，被法国政府葬在该国北部埃纳苏瓦松专区黄首镇维克城的陆军公墓里。其碑文为：

[①] 据由云龙在《致唐蓂赓督军书》（载《定庵文存》，石印本）中说，当段祺瑞政府宣布与德绝交后，他曾设想中国应有更为果断的做法，以便"增高国度"，并以此书劝告唐继尧，可以云南地方政府的名义"通电中外及各省，主张加入协约国，并实行派兵参战"。唐继尧对此不置可否。

马毓宝　　　烈士　　　外籍志愿军团
　　为法国而阵亡　　　　1918—9—2①

对于马毓宝的阵亡，法国驻滇领事爱弥尔·纳齐亚在一封信里说道："让这封信成为一种杰出的、勇敢的行为见证，和成为存在（于）法国人民和中国人民之间一种良好关系的象征。""马毓宝的英雄品德，使所有的法国人民对他表示出赞赏和感激的心情。他为中国争光，为他的出生地云南带来了极大荣誉。"②孙中山和黎元洪分别以"黄胄光滇"、"邦家之光"的挽联悼念马毓宝。中国回教俱进会云南支部也致送"中国有人"的一块木质漆金匾表示悼念。③他的灵位在云南各界举行的追悼大会后，被安放在昆明的忠烈祠内（现昆明圆通山后所在处）。

有人认为，对于马毓宝在法国的阵亡，应该毫不含糊地认定为立功异域，为国争光。④马毓宝的勇敢战斗精神赢得了法国人民的尊敬，正如一位法国退伍军人所说：马毓宝虽客死他乡，但并不孤独，"法国人民来此墓地的，都来他的坟前吊唁，并放下花束致敬"⑤。

三　张天放等人的罢学回国与云南救国团的成立

在第一次世界大战中，由于英、法、俄全力应付战争，日本政府乘机多次对中国进行侵略。较为主要的有三次。

一是第一次世界大战爆发后，日本以参加协约国并对德、奥等宣战为理由，派兵侵入山东，占领了胶济铁路沿线和青岛。其目的是以此作为既成事实，在战后取代德国在山东的侵略地位。

二是1915年1月，日本向袁世凯政府提出灭亡中国的"二十一条"。其中前四项是要独占山东、东三省南部、内蒙古东部的权益，中日合办汉冶萍公司，中国沿海的港湾、岛屿不得租借或割让给他国等；第五项是要

---

① 马骏：《黄胄光荣——中校军官马毓宝在第一次世界大战中英勇阵亡经过》，《昆明文史资料选辑》第5辑，第153页。
② 马子华：《一个反侵略的国际战士》，《云南文史丛刊》1986年第1期，第75—76页。
③ 马骏：《黄胄光荣——中校军官马毓宝在第一次世界大战中英勇阵亡经过》，《昆明文史资料选辑》第5辑，第148页。
④ 同上。
⑤ 马子华：《一个反侵略的国际战士》，《云南文史丛刊》1986年第1期，第75页。

控制中国的政治、财政、军事、警政、军火制造，还要控制湖北、江西、浙江、福建四省的铁路建造，取得在闽投资筑路和开矿的优先权。5月，袁世凯接受了日本政府的前四项要求，激起了全国各族人民的强烈反对。

三是1918年的5—9月，日本以防敌反苏为借口，诱使段祺瑞政府缔结《中日陆军共同防敌军事协定》等三个协定，从而将它的军队"合法"地开入北满和内蒙古，并取得在中国境内进行军事活动的多种便利。日本帝国主义的侵华反苏，袁世凯的称帝卖国，段祺瑞的反苏卖国，都激起了中国人民的强烈反对。

云南爱国学生也积极行动起来，留学生代表张天放回忆说，当段祺瑞政府与日本签订军事密约时，"我正在日本求学，军事密约在日报披露后，震动整个留日学生界，群情激愤，纷纷反对。为了抗议日帝扩大侵略的罪行，1918年5月，我国留日学生千余人罢课回国，齐聚上海，以各省同乡会为单位，组成救国团，联合各界人民，进行除奸、废约、救国的宣传活动。同时从归国留学生中选派代表回本省开展工作。云南留学生选派了我们三名代表回昆，于6月在昆组成救国团，选三迤总会会长黄玉田为团长，云南省商会会长李映川为副团长，大力支持中学生，联合各界进行救国、反段、排日的活动"①。由张天放等人回省组成的这个救国团，名为云南留日学生救国团。这个团先后与省立师范、省立一中的爱国学生取得联系，开展活动，继而吸纳了省农会、省教育会、省总商会、报界联合会、三迤总会、省议会、云南铁工厂及耆老绅士等方面的人士，组成一个有各族各界参加的云南救国联合会。该组织设在云南三迤总会内（今钱局上街三府坎），不久改称云南救国团。

云南救国团开展多方面的活动，动员和组织各方面的人士讨贼拒约。在该团成立的宣言里，一方面声讨了段祺瑞肆意卖国的行径，另一方面则明白表示，该团将"追随我三迤父老昆弟之后，从事联络，共图挽救，振起国民之精神，拒绝亡国之条件，除无（元）恶，绵国祚，庶有豸乎！"②

---

① 张天放：《"五四"运动在云南的缘起与发展》，《昆明师范学院学报》1980年第2期，第21页。由沪回滇的云南留日学生代表为张天放、周锡夔、杨宝昌。

② 云南留日学生告三迤父老昆弟书，见昆明市志编纂委员会编《昆明市志长编》卷九，近代之4，第14页。

1919年3月6日，云南救国团等得知在巴黎召开的和会上，日方代表竟无视会议规则，阻止我国代表与会申诉并要求收回德国在山东所攫取的一切侵略特权。在中国代表发言后，日本政府又通过其驻京公使，要求撤换在会上发言的我国代表。这激起了中国人民的愤怒。云南救国团召开国民大会，参与这次会议的计八百余人。会前散发了《民四条约》（较"二十一条"内容有所减缓的条约）和《中日陆军共同防敌军事协定》。与会者一致谴责日本政府的侵华罪行，声讨其在巴黎和会上侵我主权、剥夺我外交权的不法行为；要求惩办与日私结密约的段祺瑞等人；倡议抵制日货，禁止向日输出谷米；通电南北各省协同行动，敦促协约各国主持公道；致电中国代表确保主权，勿稍退让。

在大会通过的宣言里，云南各族各界严正宣告："凡我国民，与其零割多受痛苦，曷若捐躯名标义烈。内奸外敌，共谋对付；稍纵即逝，应各投袂而起。"号召人们"急起速图，俾博一当以谢天下"[①]。云南救国团的活动，振奋了云南人民爱国救国的精神。

四 新思潮在云南的传播

篡夺了辛亥革命成果的袁世凯，在政治上独裁专制，掀起了复辟称帝的逆流；在思想文化上守旧复古，刮起了尊孔读经、祭天祀孔的逆风。一些先进的中国人，为了改变这种利用封建文化一统天下的局面，于1915年创刊了《青年》杂志（第2卷起改为《新青年》），开始进行反封建的新文化运动。新文化运动以反对专制、提倡民主，反对迷信、提倡科学，反对旧文学、提倡新文学为号召，倡导应抛弃封建主义的旧思想、旧文化、旧礼教。"当时云南由于交通不便，又无广播电台，由上海至昆明的报纸一般要两周才能到，订阅书报较为困难。因此，《新青年》虽已出版了一、二年，而此地尚未看到，直至1917年才流入一些，1918年昆明才有个别学生订阅，以后逐渐增多。接着《每周评论》、《新潮》也有订阅的了。不过直到'五四'前夕，所订阅新书报还是不多的。而各校图书馆尚无此种进步报刊。"[②] 这就是说，通过报刊而传入云南的新思想新文化，在时间上较晚，在范围上较窄。不过，新思想新文化一经传播，其影

---

① 《云南国民大会宣言书》，《昆明市志长编》卷九，近代之4，第20页。
② 杨青田：《昆明的"五四运动"》，《云南文史资料选辑》第14辑，第18页。

响仍然是广泛的。

由龚自知任主编的《尚志》杂志月刊，于 1917 年 11 月在昆明创刊。这是一个文史哲类的学术性刊物。就它刊载的内容看，主要篇幅是宣扬进化论、整理国故、地方掌故、诗文等方面的文章，但亦有某些新的内容。如 1919 年 2 月，该杂志的 2 卷 3 号全文转载了李大钊 1918 年 12 月在《新青年》5 卷 5 号上发表的《布尔什维主义的胜利》一文。编者在转载此文时还发表了一篇题为《一九一九年》的社论，其中写道："俄国一九一七之革命，虽因缘于战争，而真因则在大多数之农人工人，不堪为大地主、大资本家所压迫，所谓共产均富种种运动，皆来自经济组织不良之反响。"[①] 在当时条件下，能够放胆地全文转载这样的文章并配以社论，是非常难得的。

李大钊在这篇文章中指出，第一次世界大战发生的原因，认为不外在于强盗之间的争夺；其胜利，不是协约国的胜利，也不是中国政府及其军阀、政客们的胜利，而是人道主义、民主主义、社会主义、布尔什维主义的胜利。对于在这次战争后期出现的苏维埃社会主义共和国联盟，他不仅给予客观的说明，充分的肯定，热情的歌颂，而且还以坚定不移的语调喊道："人道的警钟响了！自由的曙光现了！试看将来的环球，必是赤旗的世界！"[②] 这篇文章对提高人们的认识，增加人民的斗争勇气，在当时起到了重要的启蒙作用。

在张天放的倡议和云南三迤总会、云南救国团等的支持下，1918 年在昆明创办了以介绍外情、唤起国民之爱国心与自觉为宗旨，设有论说、评述、要电、公电、特约通讯、国内要闻、本省新闻、通俗演讲、外交通史、笔记、世界潮音、实业、文苑、小说、谐林、时评计 16 个栏目的《救国日刊》。[③] 该报为每日出版对开 4 版的日报，由张天放任主编。它宣传群众，力图通过反段排日，达到除奸、废约、救国的目的。它是五四前夕云南重要的进步报刊之一。

此报在其发行的四五年间，[④] "较早地使用白话文，宣传反帝爱国思

[①] 龚自知：《五四运动在云南报刊的反应和对文体的影响》，《云南文史资料选辑》第 7 辑，第 174 页。
[②] 李大钊：《布尔什维主义的胜利》（1918 年 12 月），《新青年》5 卷 5 号。
[③] 《昆明市志长编》卷九，近代之 4，第 16 页。
[④] 在 1922 或 1923 年间，由于主编易人，继任者乃将此报更名为《复旦报》。

想，介绍国内外进步思想，反映各省救国运动情况，转载《新青年》等刊物文章，和其他杂志一起，对学生、青年起了一定的积极作用"①。

第二节　云南人民响应五四运动

一　五四运动在昆明的开展

1914年7月开始的第一次世界大战，经过了四年多的厮杀，总算于1918年11月结束了。1919年1月18日在巴黎召开和平会议，中国作为协约国之一，理应以战胜国的身份进入会议，会议也应该将战前德国在山东所侵占的一切权利无条件地交还中国。然而由美、法、日、意这几个帝国主义大国所操纵的会议，对包括中国在内的殖民地、半殖民地国家争取民族解放的正义要求不予理睬，却以处理战败国及其半殖民地、殖民地为中心内容，在它们相互之间，展开了一场你抢我夺的争夺战。这次会议成为帝国主义战胜国间的分赃会议。

中国人民历来是爱好和平、反对侵略的，对巴黎和会寄予很大希望。随着会议进程中日益对中国不利消息的不断传来，我国各族各界民众极为关注，不断以所能表达的方式，要求据理力争，收回主权。中国的山东问题在1月27日提交会议讨论后，由于美、英、法、意等国反苏联日的需要，也由于北京政府及其亲日派继续推行媚日卖国的政策，终于在4月29日决定将德国在山东的权利让与日本。中国人民公理能够战胜强权的美好希望，竟被无情地践踏了。

面对我国主权被转让、被宰割的惨景，中国人民忍无可忍。5月4日，北京大学等10余学校的学生3000多人，在天安门前集会后，以"外争主权，内除国贼""取消二十一条""保我主权""抵制日货""拒绝和约签字"等为口号，举行了爱国示威游行。此后，天津、济南、上海、杭州、武汉、长沙、太原、南京等数十城市的学生、群众团体相继响应，集会游行。在国外留学的学生、海外的爱国华侨，也以通电等方式表示声援。6月初及其以后，上海等地的工人罢工、商人罢市，参加了这一运动。由北京掀起的五四运动，在全国各地继续发展并产生了极大影响。6

---

① 张天放：《"五四"运动在云南的缘起与发展》，《昆明师范学院学报》1980年第2期，第21页。

月底,在五四运动浪潮的冲击下,中国代表团拒绝在对德和约上签字。

昆明学生及社会各界也积极参与了这场全国性的爱国运动。杨青田(原名杨蓝春)回忆说,昆明虽在当时"曾接到北京学生的电报,但很简略,具体情况不清楚。到五月中旬,报纸来了,情况较明,学生乃起而响应"[①]。昆明学生的响应开始于省立一中。该校学生杨蓝春等人草拟并发出了一个运动发生的缘起性传单,联系并征询在昆明各中等学校学生的意见后,召开了省立一中、私立成德中学等8校学生代表参加的筹备会,就在昆明响应五四运动的有关事宜、尽快召开云南国民大会等问题取得了一致意见。

经半月左右的联络和筹备,云南国民大会于6月4日在金碧公园(原址在今省第一人民医院)举行。这个由云南省议会等十余团体共同发起的大会,[②] 有学生、市民、商民、爱国士绅等万余人参加。公园门口贴有"人心不死,事尚可为"、"救青岛即所以救中国"等标语。进入会场的学生队伍中,有的手执书有"毋忘国耻"、"还我青岛"等的大旗,有的则手携书有"誓杀国贼"、"挽回国权"等的小旗。这些使会场气氛隆重、严肃。

大会在云南省总商会会长、云南救国团副团长李映川宣布开始后,张槐三(省农校校长)等13人(其中学生代表8人)先后上台讲话。他们揭露了日本对中国的侵略,谴责了北京政府的卖国行径,颂扬了北京学生的爱国义举,受到了与会者的欢迎。会上,通过了声援北京学生爱国运动宣言,还通过了成立云南学生爱国会等提案。会后,发出了慰问北京被捕学生电;要求北京政府停止卖国外交、惩办卖国贼电;致巴黎专使电;致广东军政府电;致各省省议会等以及各群众团体电。在致各省省议会等的电文中,云南国民大会呼吁全国各界共同"筹商声讨国贼,抵制日货,不达取消中日不平等各条约誓不终止,务请联合各团体组织同等大会,共策进行"[③]。

由云南省议会等组织召开的这次大会,就规模、性质方面看,都是云

[①] 杨青田:《昆明的"五四运动"》,《云南文史资料选辑》第14辑,第19页。
[②] 发起团体除云南省议会外,还有省教育会、总商会、报界联合会、省农会、三迤总会、实业改进会、和平会、救国团、三省联合会、国民后援会、尚志学社。昆明10所中等学校的两千余师生,隶属于教育会这个名义下的发起团体。
[③] 《滇声报》,1919年6月14日。

南在近代以来所没有的。大会结束后，依照会前的安排，还有上街游行和分区演讲两项。这次以学生为主体、沿昆明主要街道的示威游行，昆明的不少市民、商人和云南陆军讲武学校的学生也参加了。有省立一中等十余校学生参加的这次游行所行经的路线为：东经广聚街（今金碧路）至塘子巷火车站，再北过太和桥（今北京路）至大东门而止，部分学生还去日本驻昆领事馆门前示威。学生们沿途高呼"反对二十一条"、"还我青岛"、"抵制日货"等口号。在广聚街和火车站，愤怒的游行者冲出队伍，以石块或手中的小旗杆，击毁了日商在昆所设的保田洋行、理发店、镶牙馆的门窗和橱窗玻璃多块。学生们之所以有这样的过激行为，除了激愤于日本政府多次侵略我国外，还由于日商在昆的洋行，暗中"贩卖大宗枪炮、枪弹、炮弹等武器给云南政府，武装起唐继尧的军队，去打四川、贵州、广西，屠杀同胞，助长中国内战"。并且，"又把金丹、白面、吗啡等烈性毒品运进云南来，勾结着一些奸商，在市场上秘密销售，用来毒害云南人民"①。

示威游行结束后，学生们有组织地展开了讲演活动。他们或五六人一组，或七八人一组，按事先准备的内容，在事先布置的街道讲演点，分头对群众进行宣传。聚集在各演讲处所的听众，少则数十人，多则上百人，无不聚精会神地听着学生们饱含激情的讲演。经六四国民大会，昆明和云南人民不仅了解了五四运动发生的由来，认识了美、英、日等帝国主义的侵略面目，而且增强了自己的忧患意识和责任感，准备和全国人民一道，配合学生，将这次运动继续开展下去。云南人民与全国人民的爱国运动融为一体，表现出中华民族团结一致、抵抗侵略的坚强意志。

二　云南学生爱国会的宣传和抵制日货活动

早在六四国民大会前，省立一中等各校的部分学生，为发动和组织更多的人积极投入五四运动，即深感有必要成立云南学生的爱国组织。建立云南学生爱国会的这一设想，在六四国民大会上通过后，6月8日，在有

---

① 魏英白：《"五四"时期昆明学生的爱国运动》，《云南文史资料选择》第14辑，第34—35页。

省立一中、法政专门学校等九校、80余人参加的会上正式成立。① 杨蓝春、杨开元被推为正副会长，下设总务、文事、调查、庶务、演讲、会计六科。此后不久，云南学生爱国会改称中华民国学生联合会云南支会，继后又改为云南学生联合会。

由于六四国民大会后昆明的学生已与省内各地的中学、师范学校取得了联系，所以在云南学生爱国会成立后不久，曲靖、昭通、蒙自、普洱、大理、保山、腾冲等地的学生亦相继在当地设立了分会组织。据报道，截至当年10月，昆明县城乡的高等小学、国民学校计200余所，都建立了分会。距昆明三十公里的安宁县，也设立了爱国会安宁县分会。

以在校学生为会员的云南学生爱国会，在其制定的简章里，明确地将这一组织的宗旨定为"养成爱国精神，协御外侮"。在总则、会务等章里，又明确地规划了其任务为编发书报、杂志，开展宣传，提倡国货，抵制日货。② 为完成上述这些任务，爱国会组织各校的学生，从宣传和倡用国货、抵制日货两个方面，进行了大量的工作。在爱国会内，还增设了讲演部和贩卖部。

学生们结合反日、反段的需要，一方面响应全国统一行动的号召（如1920年5月7—13日罢课一周），另一方面运用刊物、口头、传单、标语、漫画、戏剧等多种形式，利用节假日等课余时间，有组织地走出校门，面向社会各界进行鼓动。

虽然由于学生们的课余时间不多，经费筹集不易，但爱国会仍于当年创办了《云南学生爱国会周刊》。不久，此刊改为《云南学生联合会周报》。这个刊物与当时的不少进步报刊一起，为推动云南五四运动的发展做出了贡献。

---

① 当时在昆所设的中等学校计10所。由于封建礼教的束缚，不仅男女分校，且不准男女生同在一起开会或参加有关的集体性活动，故此次会议缺省立女子师范学校的代表。在云南省档案馆所留存的《云南学生爱国会职员表》中，亦无该校代表位列其中。杨青田、魏英白、赵镕、徐静芳等人的回忆文章，说有该校的代表参加，可能记忆有误。省立女师的学生参与这方面的活动，是在此次会议以后的事。

② 《云南学生爱国会简章》，藏云南省档案馆。在该简章宗旨一条里，在"协御外侮"之后，有"不干涉内政"一句。据杨青田说，唐继尧鉴于与北京政府有矛盾，反段他是赞成的，而且学生们在昆明的行动，只要不反唐，不给他闹出外交问题，他也就不会用武力进行镇压的。为避免与云南政府发生冲突甚至决裂，故有这样的一句。参见杨青田《昆明的"五四运动"》，见《昆明市志长编》卷九，近代之4，第64页。

为了进行街头宣传，爱国会曾组织讲演团，制定了章程，将"劝用国货，保卫国权及唤起国民之爱国心"作为自己的任务。① 并且还书写、绘制、印刷了一些传单、标语、漫画，以备演讲人随时取用。派赴外出讲演的学生，除了不定期在街头的适当地点展开活动外，征得云华茶园、群舞台剧场负责人的同意，还往往于剧中安排小段时间上台演讲。对于此种讲演所能起的作用，诚如

图1　昆明学生所办《爱国要刊》

该团的宣言所说："演讲团者，所以说法现身，运广长舌，作午夜之钟声，警聋聩于梦梦，当群众之砥石，励冥玩之晻晻者也。"②

在街头的口头宣传中，有两位老人的动人事迹，数十年后仍留在人们的记忆中。一为国会议员李六更，安徽人（另说为湖南人），年已七十有余，为反对北洋军阀南来昆明。他别出心裁，每晨于六更时，敲梆走巷，沿途高呼"速起救国"，数月不懈，意在告诉人们，你五更不醒我敲六更。人们因此而称他为李六更。另为云南人芮际文，清末在军中任过武职，年逾七十，被李六更的行动所启发，乃购铜锣一面，每晨在七更时，手提铜锣沿街敲打。芮际文鸣锣的用意也是明白的，即人们六更不醒时，再为你敲七更。人们乃称他为芮七锣。这两位一北一南的老人，先后以一梆一锣的敲击，颇为生动地说明了当年昆明的反帝宣传是深入人心的。利用戏剧、歌曲、说唱（如莲花落）等文艺形式进行宣传，也是常用的形式之一。当时演出的剧目有《巴黎和会》、《天真烂漫》等二十多个。这些剧目，少数为自编，多数为省外人士所创作。为进行演出，演出团除了得到文艺、戏剧界前辈同行们的种种帮助外，还在教师们的策划、辅导下，群策群力地克服了经费、演技、乐队、服装、道具等各方面不足的困难。《巴黎和会》一剧在群舞台的演出非常成功。当剧情发展到北京学生

---

① 《云南学生爱国会讲演团章程》，云南省档案馆档案。
② 《爱国会演讲团成立详记》，《滇声报》，1919年8月4日。

冲进赵家楼、痛打章宗祥时,剧场里的观众,"不由自主地喊出'打!打!打!再打!打死卖国贼!',也有的观众不喊打,而是热烈地鼓掌。这时,台上、台下喊打声、叫骂声、鼓掌声,沸腾成一片,分不出台上台下来了"①。由于教师、剧场负责人的帮助,② 观众的支持,学生们的热情演出非常成功,感染力非常强。

倡用国货和抵制日货,这是一个问题的两个方面。比较起来,前者难度小,容易进行,而后者难度较大。

1919年的暑假中,学生们在开展讲演活动的同时,多次多批以贩卖团的名义,上街推销国产百货、书籍文具。他们引人注意地在红色小旗上书写了"挽回利权"、"抵制日货"等口号,使不少行人"立而认购,购者之人殊称踊跃。滇人之热心爱国,又岂在他省下也"③。

在昆明抵制日货,事涉禁止日货进口、限制已进口日货的销售时间等问题。云南省总商会在当年的6月3日,召集在昆的洋货行开会,议决6月27日后不再进口日货,此后曾展限10日;已进日货的销售,初为不限时间,陆续售完,7月25日云南国民大会决定,存货销至9月1日为止。云南国民大会、云南省总商会从国家、民族的长远利益出发,作出这些决定是迫不得已的。所以,云南国民大会就劝导部分利益可能损失的商人们:"明知各有牺牲,损失甚巨,然一思积年受彼族之欺凌,几不以人类待我,我无强力堪以复仇,惟有借此区区一泄积忿",若能就此逼日让步,则"全吾领土,保吾子孙,商人功利垂及万世,即一时多所牺牲,亦颇值得"④。不少商人在民族大义的感召下,纷纷表示依限不进日货,并且积极配合学生们对日货的调查、检查,有的甚至主动交出日货,当场焚毁。但是商人中有一些人初则消极观望,继则减价出售或偷运进口,再则于当年8月底,串联各行人等向云南国民大会、云南省总商会、云南学

---

① 魏英白:《学生演剧话当年》,《云南文史资料选辑》第7辑,第189页。
② 为协助、辅导学生们演出而操劳的教师,有柏希文(父亲法籍,母亲华籍,长期在云南从事教育工作)、陈子俊及其夫人(陈为美术家,夫人日籍)、张子仁(省立一中教师,身体带病。一次在排练辅导后,冒大雨返家,几天后病故)等。群舞台剧场的园主往往不收租金,无偿地提供给学生们使用。
③ 《学生贩卖国货》,《滇声报》,1919年7月26日。
④ 《云南国民大会复京货、洋货、布匹各行书》,《昆明市志长编》卷九,近代之4,第112页。

生爱国会施加压力，说什么日货一旦为中国商人所买，即属国人财产，如果令其不售，势将祸及商民们的生命财产。抵制之策，"尤宜万全。否则痛非切肤，莫知所苦，轻言抵制，往往丧失人民之利权，销毁我国之金钱，于彼国关系毫无痛痒。此则商等所不赞成"①。云南学生爱国会劝诫商人们应以国事为重，不可半途而废，并且复函云南省总商会，"万望始终劝谕各商号，幸勿再持成见，贻各界忧，并多敝会咎"②。云南国民大会也通过云南省总商会告诉商人们："伊等商人，亦系国民大会中一部之分子"，"吾辈代表议决之一事，彼一部之分子非惟抗不遵行，复多饰词要挟，公理私情，均属违背。"③ 12月25日，云南国民大会为抗议日侨在福州寻衅滋事，日本军舰入闽逞凶，又一次召开了国民大会。大会重申了严禁日货入滇的决定，对于待售的日货，可于适当地点由商会派人集中代售，从而既坚持了前议，又维护了商民们的利益。

由于有云南国民大会的大力倡导，云南省总商会的支持，云南学生爱国会的多次行动，店员、邮政职工、铁路工人、河口县商会的积极配合、认真查堵，昆明此次抵制日货的收效是明显的。"此次抵制日货，维持了一年多之久，执行非常认真，如最主要的日本棉纱，民国九年全年的进口总数，只有民国八年上半年进口数的十分之一。这很少的数量，几乎全是外商运来的。"④ 日货进口大量受阻，就为国货的生产和发展创造了条件，"以国内来说，无敌牌牙粉、蝶霜、万金油、八卦丹，就是在抵制了日货以后才出现并大力发展的。从昆明来说，从前李盛宝家做的洋烛，新华化妆品社出的雪花膏、生发油，万来祥的圣灵水等，也是在这个有利条件下发展起来的"⑤。

三　云南地方政府的限制

五四前夕，当中国的主权要求在巴黎和会上遭到拒绝，全国各界愤愤

---

① 《京货业全体商人呈云南省总商会书》，《昆明市志长编》卷九，近代之4，第103页。
② 《云南学生爱国会复云南省总商会书》，转见《昆明市志长编》卷九，近代之4，第114页。
③ 《云南学生爱国会复云南省总商会书》，《昆明市志长编》卷九，近代之4，第113页。
④ 万湘澄：《云南对外贸易概观》，新云南丛书社1946年版，第105页。
⑤ 魏英白：《"五四"时期昆明学生的爱国运动》，《云南文史资料选辑》第14辑，第38页。

不平，跃跃欲举的时候，唐继尧及其政府曾两次明确声明：一电北京政府，请"将卖国诸人严行惩处，以谢天下"，"庶可内外同心，共图救国"①；再电南方军政府和各省，声明"我国代表在欧洲和会，要求退还青岛，实为正当不易之举"。此将"为议和专使之后盾，并电请协约各国主张公理，保我主权"②。然而，当北京发生了五四运动，昆明的学生积极响应，云南各界又拟在6月4日召开国民大会时，唐政府的这些声明却突然地变调了，以限制的手法，取代了掷地有声的政府声明。

六四国民大会经过一番筹备，召开在即，唐继尧政府生怕学生出席者感情冲动，惹出事端，即令分管教育部门的官员，会前"即往各校会商校长，开导制止。即有逼不得已之举，亦只能每校各举代表数人前往与会"。各校学生不听官方的摆布，相约"全体请假出校"参加会议。③ 会后，当官方得知学生、市民等将沿街游行，即派出警察对日本人住所给予保护，并对日本驻昆领事馆加派警卫一连，严密防范。保田洋行等三家日商商店被冲击后，云南省全省警务处处长兼省会警察厅厅长陈维庚，得唐继尧令要学生们停止游行。陈急召张天放等人至警察局，以"引起外交冲突，你们要负责"相威胁。④ 学生们置之不理。6月4日晚，日驻昆领事"电请督军制止"照会云南政府。⑤ 7日，唐继尧迫于压力，下令以后学生"如因国事问题必要开会时，只以中等以上学生为限，并不许全体同往。每校应由学生选举代表八人，呈由校长查核，发给证书，持往赴会"。入场时，听由警察验证。至于小学和相当于小学程度的各校学生，因"年龄幼稚，勿庸与会"⑥。14日，又密令在昆各校校长、昆明县知事，严加约束在校学生，不许上街游行。

---

① 唐继尧：《请北京惩办卖国诸贼以谢天下电》，见前靖国联军总司令部秘书厅编印《会泽靖国文牍》卷五，1923年版，第50页。
② 唐继尧：《唐继尧主张直接收回青岛电》，《近代史资料》1959年第1号，《五四爱国运动资料》，第220页。
③ 《教育科长钱用中为学生不顾劝阻参加6月4日云南国民大会等事呈云南省长唐继尧书》，1919年6月5日，云南省档案馆档案。
④ 张天放：《"五四"运动在云南的缘起与发展》，《昆明师范学院学报》1980年第2期，第22页。
⑤ 《政务厅长杨福章致教育科长钱用中函》，1919年6月5日，云南省档案馆档案。
⑥ 《云南省行政公署关于限制学生开会办法令》（训令第739号），1919年6月7日，《昆明市志长编》卷九，近代之4，第41页。

云南学生爱国会成立后，即具呈云南政府，并附该会简章、职员表、讲演团章程，请求准予立案。云南政府以学生自筹经费困难，租地办公不易，且难免不误学业等为借口，不予批准。爱国会据理力争，再次具呈，对唐继尧政府的批复一一加以驳斥。该呈文说，云南为首义护国之地，爱国会在他省大都已经设立，云南岂能按兵不动；关于租房办公，会务开支，本会当力求节约；"至于荒废学业，则此自少数职员之事，与全体会员无关。""即便果有妨害，则校规所在，成绩攸关，降班留级无不听命。"① 唐继尧政府只得勉强照准。

为向群众宣传，云南学生爱国会成立后不久，即组织学生于课余上街演讲，或去有关的剧场开展宣传等方面的活动。学生们在街头演讲，大部集中在今近日楼南北的正义路上。但唐继尧政府认为，此种活动"纷纭抢攘，漫无纪律"，"殊于治安有碍，且恐有无业游民乘机构衅，别生事端"，密令各校校长"严加稽查，不许外出，并派管理员于课毕时出街巡视"②。竭力制止。

云南学生爱国会经批准立案后，依照简章，将开展演剧和编印刊物的活动。对于学生借地演戏，云南政府不是借口简章内无演白话戏的规定，就是认为演戏非唤起爱国的唯一方法，多次予以阻止，最后在审查剧目后，方同意准演三日。1921年，在顾品珍逐唐并一度统治云南时，当年7月暑假，省一中演剧团呈请在剧场演剧。顾品珍却说什么学生演剧已成恶习，必须予以制止，"且暑假者因从学畏暑所以给假，乃演剧独不畏暑，殊不可解"，下令严行禁止。③ 经学生们三次申请，乃准演两天，但明令"不准夹演滇、京各戏，亦不许兼售女票"④。1922年唐继尧重新上台后，当年暑假，省一中演剧团又经三次申请，获准于8月12日（星期六）演剧一日。次日为星期天，演剧团加演一日。唐继尧政府大为不满，训斥学生们"自由行动"，"不知自爱"，下令立即解散该校的演剧团，处罚违令首倡学生。⑤

爱国会与省立一中在编印刊物中，其活动也并不都是顺利的。由省立

---

① 《爱国会对于当道告诫之答复》，《滇声报》，1919年7月8日。
② 《云南省行政公署密令》第678号，1919年6月14日，云南省档案馆档案。
③ 《云南省行政公署指令》第596号，1921年7月25日，云南省档案馆档案。
④ 《云南省行政公署训令》第617号，1921年8月1日，云南省档案馆档案。
⑤ 《云南省行政公署教育司训令》第83号，1922年8月25日，云南省档案馆档案。

一中学生自治会于1920年10月创刊的《滇潮》月刊，在其创刊号中，由于刊载《如何使云南新》一文，唐继尧看后大发雷霆，"对省一中校长李春醴大加申斥，勒令将《滇潮》全部收回烧毁，不准出售"①。原来该文作者在文中抨击了云南的政治腐败，对外扩张，财政困难，工商业不发达，交通不便，教育落后，从而提出了要通过云南各族人民的努力来改造云南。②

在昆明各界的倡用国货、抵制日货中，经六四国民大会后数月的努力，确已形成了不可逆转之势。商人们眼看其损失越来越大，乃以在昆各商行人等的名义向云南政府上书，要求取消前议，让所存日货继续销售。唐继尧在批令中，以"爱国重在精神，于公私经济等必求无碍"，并"务使国势商情双方兼顾，是则本兼省长之所厚望，当亦明达之所共许也"的这些话，③令云南省总商会与云南国民大会妥为研议，酌情办理。唐继尧这些话的倾向性是明白的，即不能为了爱国而置商人们的利益于不顾。

综观上面的这些事实，不难看出唐继尧在昆明的五四运动中，一方面为了反对段祺瑞政府"武力统一"的需要，故在一定程度上容许学生开展某些活动。这也正如他自己所说："年青人有用，叫叫也好！"④另一方面，决不允许将斗争的矛头指向唐继尧及其政府，并不准引出难以收拾的外交问题。已经组织起来的学生，考虑到唐继尧及其政府在运动中的这种两面性，遂通过集体请假、置之不理、表面应付、正面驳斥、报以警告等多种灵活的方法，对唐继尧的种种限制给予恰如其分的反限制斗争。学生们采取了主动避免与云南政府公开决裂，与军警发生冲突，以便赢得一个合法活动的环境，开展不同规模、不同方面、不同程度的多种斗争，逐步将运动引向深入的策略。

---

① 杨云谷：《五四运动在昆明》，《昆明文史资料选辑》第2辑，第231页。
② 杨蓝春：《如何使云南新》，《滇潮》创刊号，第3—10页。
③ 《云南省行政公署教育司训令》第491号，1919年9月11日，云南省档案馆档案。
④ 引自张天放《昆明的〈救国日刊〉与昆明的五四运动》，《昆明市志长编》卷九，近代之4，第10页。

第三节　新文化在云南的传播和发展

一　戏剧演出与报刊出版

由云南学生爱国会和省立一中组成的演剧团，从1919年所开始的话剧演出活动，持续到1922年被云南地方政府下令停止，并被强行解散为止，其间经历了约4年时间。他们先后演出了不少剧目，根据云南省档案馆所藏档案及相关史料，整理如下。

云南学生爱国会上演待演剧目表（1919—1922）

序号	剧　名	内　容	自编、改编或借用
1	巴黎和会	揭露该会的分赃实质和宣传北京爆发的五四运动	据《新群》杂志改编
2	终身大事	谴责封建的旧式婚姻	原载《新青年》。审查时认为与有关剧目内容相似，不准上演
3	劳工神圣	反映工农群众的生活	自编
4	天真烂漫	倡导男女同校	原载《教育》杂志第12卷第1、2号
5	何必当初	警告预约婚姻的害处	自编
6	醒了么	倡导妇女经济独立	原载《新妇女》第1卷第5号
7	一个贞节的女子	反对封建的节操观念	原载《新青年》。审查时认为与有关剧目内容相似，不准上演
8	谁之咎	提醒男女青年们不可进入自由恋爱的误区	据《时事新报》所载的有关内容自编。无剧本。审查时认为与有关剧目内容相似，不准上演
9	自决	劝导沉醉于富裕家庭生活的青年应努力学习，自立自强	据《新生活》杂志所载内容改编
10	六万元	讽刺因分家产而导致家庭不睦	原载《晨报》
11	父之回家	写一日本男子不认父亲，当其父出走后，又以悔恨的心情寻父回家	原载《少年中国》3卷3期

续表

序号	剧名	内容	自编、改编或借用
12	工厂主		原载《戏剧》杂志1卷2、3期
13	割爱		原载《新人》1卷2期
14	一点虚荣心	劝告女子勿因虚荣心而在婚变中失身	原载《戏剧》杂志2卷3期
15	孔雀东南飞		原载《戏剧》杂志
16	新闻记者	劝告青年们在缔结婚约时不可感情用事	原载《晨报》
17	卖国贼		原载《戏剧》杂志2卷1期
18	社会钟		原载《新剧考》上集
19	卖洋火的女儿		原载《少年》杂志
20	憨儿子		口编，无剧本
21	民事刑事		口编，无剧本
22	三不愿意		
23	田小姐		

此外，1922年由徐啸秋等所组织的醒民新剧社，曾以"崇善道德，共谋公益"为目的，上演过一些剧目，以演出所得用于"救济孤贫和赈助汕头水灾"①。

话剧当时在昆明与观众见面尚属初次，其意义有以下几点。第一，尽管它有这样那样的不足，但其首演之成功是应该予以肯定的。第二，在云南学生爱国会的组织下，学生们以话剧这种语言直白的形式作为宣传的武器，涉及政治大事、社会生活、家庭关系、青年婚恋等方面，直接面对群众，以通俗易懂的内容，生动地宣传了爱国、民主、自立、自强等进步思想，其社会效益是不言而喻的。第三，省立一中学生们的演出不以谋利为目的，而醒民新剧社的演出收入有时还返还社会，服务群众。省立一中演出团曾用部分演出所得办义务夜校一所，为因经济原因失学或有职业而需

---

① 《昆明市志》，人民集会结社，台北，学生书局1924年版，第63页。

提高文化的人们提供学习的机会。① 这些当可看成青年学生在五四精神的激励下，迈出了服务人民的可喜一步。1919—1924 年，云南由于全国新文化运动和五四运动的推动，在短暂的几年间，曾出版报刊近 50 种。这些报刊，"多半是宣传新文化新思想的，一部分刊物还刊登发表马克思主义著作"②。

据统计，仅昆明在 1915—1925 年就有省市两级的政府公报 13 种（这些公报，有的以政府的名义编印，有些则为省、市政府的直属部门所编）；大、中、小学的校刊 10 种；报纸 38 种；群众团体、学术组织编发的刊物 51 种。以上共计为 112 种；如果只计后三项，其数亦近百种。③

这些报刊的刊期，公报类有日刊、周刊、月刊三种；校刊有月刊、季刊、不定期三种；报纸有日刊、双日刊、周刊三种，但以日刊为多。关于它们的背景，公报、校刊二类不言自明，其他报纸和刊物，官办、商办、民办都有，且以前二者占主要地位。例如报纸，"当日云南虽有八九家民办日报，规模都很狭小，每天发行数目不过一二百份"④。至于它们的宗旨，从内容上看，既有宣传民主主义、新民主主义、社会主义的，也有鼓吹民治主义、国家主义、无政府主义、实用主义和复古主义的。这些通过报刊所反映出来的状况，大体与全国是一致的。

在五四时期甚至稍后一些时间，在云南传播民主主义是进步的，传播新民主主义、社会主义尤为难得。

由龚自知任主编的《民觉日报》，创刊于 1920 年 5 月下旬，栏目有社论、时评、国内外新闻、文艺副刊等，日出对开一大张，发行量最多时近千份。唐继尧同意该报出版的目的，意在取代已不受人们欢迎的《义声报》。不过，此报由于有杨蓁、邓泰中的支持，多刊有不满现状的文字，故一经面世，便对唐继尧的假民治多有触及，可算是一张半民办的

---

① 继省立一中之后，他校学生亦相继仿办。这类夜校由学生充任义务教员，对学生不收费，书籍文具也免费供给，故颇受入学者的欢迎。

② 张天放：《"五四"运动在云南的缘起与发展》，《昆明师范学院学报》1980 年第 2 期，第 22 页。

③ 统计资料来源于《云南书目》《昆明市志》《昆明市志长编》所列刊物的编发时间，其中办于 1915—1919 年的并不多，多为 1920 年及稍后所办。

④ 张若谷：《云南民觉日报始末概述》，《云南文史资料选辑》第 7 辑，第 259 页。

报纸。

　　此报创刊十多天后的 6 月 1 日，唐继尧出于赚取声名的需要，竟通电全国，信誓旦旦地宣布，要在云南实行废督裁兵。省外对于唐继尧的这一通电，大多反应冷淡，有的则付诸报端，冷嘲热讽。云南《民觉日报》也大着胆子，以《沪报对于废督的批评》为题，转载了张东荪在《时事新报》上的一篇评论文章。大意为唐继尧名为陕豫鄂赣滇川黔七省联军总司令，但前四省远离云南，鞭长莫及，且缺乏实力，只有川、黔二省，既有实力，又毗连云南。但川、黔二省的首脑人物，也并不都是听命于云南的。"现在唐联帅来这样一手，跟着滇、川、黔三省的督军都废掉了，三省的实权也就落到联帅的手里了。废小督就大督，唐联帅真聪明极了。"① 几天后，龚自知在自己的家门口被唐继尧的打手 5 人痛打一顿，打伤左臂；报纸被查封，警察厅长黄实以取缔不严被撤职，参与监督该报的陈维庚、唐继虞遭到申斥。

　　存在了不到 20 天的《民觉日报》，以其勇敢的尝试，一则表明了自己意在进步、追求民主的愿望，二则揭穿了唐继尧及其政府的废督裁兵不过是一场骗人的假戏。

　　《滇声报》发刊于护国运动前夕的 1914 年，所设栏目与《民觉日报》类似，最高日发行量达数千份。此报之所以受到人们的欢迎，在于创办者黄玉田等人，并非云南的当权派，民办的独立的成分较多。在护国运动中，它以维护共和、反袁称帝为己任，获得了省内外读者的赞许；在五四运动中，其表现基本与爱国的学生们一致，反段、反日。对于唐继尧及其政府，该报或者表现为回避的态度，或者采取客观主义的做法。这里需要着重介绍的，是该报在 1919—1920 年，对马克思主义及陈独秀的文章以及广东共产党对人民的号召书，或组织文章予以刊登，或转载文章、文件予以介绍。

　　1919 年 5 月，《滇声报》以一定的篇幅各登载了卡尔·李卜克内西和列宁的一篇简略传记。次年 3 月，又以《马克斯逸话》为题，在两天之内，较为全面地介绍了马克思的生平及学说，肯定了他在革命活动中的"献身精神"，评介了他在哲学上的唯物史观是"独创的"，政治经济学上的价值学说是"精密的"，剩余价值学说是"透辟的"，科学社会主义上

---

① 张若谷：《云南民觉日报始末概述》，《云南文史资料选辑》第 7 辑，第 259—260 页。

的阶级斗争学说是"惊世骇俗的"①。《滇声报》在《尚志》杂志刊载李大钊的文章两个月之后，尽管以"杂俎"、"小说"一类的版面刊登，并对卡尔·李卜克内西和列宁冠以"过激党"的称呼，但能安排这些内容，对马克思、列宁作这么多的介绍，是不容易的，客观作用是好的。

就在《滇声报》登载上述文章的同时，《义声报》也对俄国十月革命后的教育、陈独秀在上海工界大会上的演讲等，或转载了文章，或报道了讲话。

报刊、书籍是传播新文化、新思想的载体，而书店的设置和增加，又为这种载体传递给读者起着桥梁的作用。昆明在五四前后的十年间，书店已由原来的一二家，增为商务印书馆昆明营业部、维新书局、日新社、新亚书社、民觉书社、云南书报合作社六家。这些书店，有的本身即是具有新思想的杂志，为马克思主义的译本、通俗著作的在滇传播做过不少工作。

二 从大同学会到革新社、新滇社

如果说在五四运动后的一段时间里，昆明等地的青年学生主要关注的是反日爱国的话，那么，在经过一段斗争实践和思索之后，他们的注意力就转向了国内的社会问题。大同学会的成立，就表明了这种情况。

由杨青田等人发起、成立于1920年年初的大同学会，开始不足10人，后发展至二三十人。这个学会是要"研究社会主义学说"，"以改造社会为宗旨"②。在以这些成员为骨干而编印的《滇潮》月刊第1期里，通过发刊词，较为具体地阐明了这样的想法："我们想我们环境，真是又黑暗，又臭恶，四周一看，尽是吃人的恶鬼！我们要是不把我们的环境改变了，要企图去跟时代，是不可能的。"③ 他们明确地提出了解放思想、改造环境两个口号。

大同学会是一个秘密发起的群众组织，在经过一两年的活动后，由于其成员中的不少人相继外出升学，未升学的毕业生返回了家乡，学会的活

---

① 《马克斯逸话》，《滇声报》，1920年3月2日、3日。
② 张迪青：《"五四"运动后云南学生的团体活动》，《云南文史资料选辑》第2辑，第213—214页。
③ 同人：《我们为什么要出这本月刊》，《滇潮》创刊号发刊词，第122页。

动只得终止。其中，离省的学生分别前往北京、上海、南京、武昌就读，而以北京为多。在北京，王复生、王德三、杨青田等人相继加入了中国共产党，经他们串联，于1925年组织了云南革新社，同年10月编印了《革新》半月刊。云南革新社在北京成立后，还在上海、南京、武昌的云南学生中设立了分社。这个以共产党员为骨干的进步青年组织，在其《革新》首期的发刊词中，揭示了该组织成立的目的，鲜明地表白了自己及其刊物的革命性质。发刊词说："本社的组织在于团结云南革命青年，砥砺训练（练），钻入社会的中心，作根本的、实际的改造。""要想改造云南，必须打倒军阀与帝国主义。"为此"必先唤醒民众。团结民众，联合民众，武装民众，以实现国民革命"。"总之，我们的使命是国民革命，我们刊物的使命，是唤醒民众，团结民众，与导率民众。"① 次年，云南革新社更名为新滇社，《革新》停刊，改出《铁花》周刊。

图2 王复生（1896—1936）　图3 王德三（1898—1930）　图4 李国柱（1906—1930）
云南祥云人　　　　　　　云南祥云人　　　　　　　云南巧家人

在省内，由李国柱等人发起，于1924年冬成立了云南青年努力会。该会以唤醒青年为目的，秘密吸收了在昆的中等以上学校学生、开智印刷公司的职工数十人为会员。云南青年努力会与省外的云南革新社、新滇社联系密切，一面组织会内成员学习，一面积极宣传国民革命和中国共产党的革命主张，成为云南省内继大同学会之后又一进步青年的群众组织。

---

① 《革新》第1期发刊词，第2页。

云南革新社、新滇社和云南青年努力会成立后，曾针对省内外发生的事件，组织社内、会内成员与学生们或社会各界一起，开展过一定规模的群众斗争。

1925年5月上海的五卅惨案发生后，为抗议英、日帝国主义枪杀中国工人、学生的暴行，昆明继北京、广州等地之后，开展了多种斗争予以声援。7月1日，由省立一中、东陆大学等十余所学校学生所组织的云南学生沪潮后援会经过精心的安排，以学生三人为一组，手执书有"打倒帝国主义"、"抵制英日货"的小旗，分别前往街头游行讲演，散发传单。学生们在宣言中要求惩凶、抚恤、释放被捕学生；募集款项支援上海的工人、学生；禁用英、日货；不为英、日两国在华的人当工做事；收回领事裁判权、租界地，废除一切不平等条约。① 昆明市立各学校的师生、云南省总商会等，也发表了类似的宣言。在云南援助沪案联合会、云南学生沪潮后援会的认真组织、积极行动下，云南各界"如报界停登英日货广告，商界公议不进英日货，学生各界表示不用英日货，与全国一致，同仇敌忾"②。此次抵制英、日货，昆明的不少商人"自动抵制，坚持不懈，过去由香港进口的大宗英日纱、布、杂货，都被上海、广州出产的国货所替代。（民国）十五、十六两年，抵制依然如故，十七年风潮始渐平息"③。由此可见，学界、商界和有关的社会团体在此次声援五卅运动中，反帝爱国的热情确是有增无减的。

1926年年初，由于连年征战导致财政大量亏空，唐继尧为筹措军费，拟将省立一师（今人民胜利堂）和省法政专门学校（今兴隆街）的两处校址变卖给法国人，以供法国人辟为租界。此议一经传出，社会各界对于唐继尧的这种出卖国土、摧残教育、饮鸩止渴的做法纷纷表示抗议。共青团云南特别支部、云南青年努力会为支援省立一师学生们的护校斗争，一面发出通电，散发传单，揭露唐氏政府的卖国行为；一面组织各校学生向省政府请愿。唐继尧政府在学生代表的质问下，或以社会传闻为搪塞，或声称政府内部意见并不一致，要学生们不要听信传言。由于受到了学生们的反对和社会各界的谴责，唐继尧政府拟议中的出卖校产最后只好草草

---

① 《云南援沪之先后情形》，《昆明市志长编》卷九，近代之4，第241—242页。
② 《严密查惩私进英日货》，《社会新报》，1925年9月5日。
③ 万湘澄：《云南对外贸易概观》，新云南丛书1946年版，第105页。

收场。

北京的三一八惨案发生后，1926年4月，云南学生联合总会为反对帝国主义的侵略，声讨段祺瑞政府的卖国行径及一手制造的北京血案，在昆明召开了有数千人参加的追悼北京死难烈士大会，会上通过了讨段通电。该会编印的刊物同时呼吁"同胞们！起来，联合起来！""成立后援会，援助北京爱国民众！"要求"废除辛丑条约及一切不平等条约！"[①] 在北京的新滇社也将自己所办的刊物第2期作为声援三一八惨案的专号。该刊号召人们："继承诸烈士遗志，唤起民众，引导民众，打倒帝国主义者及其走狗军阀官僚，使中国独立自由完全实现。"[②]

这几次斗争虽然时间短暂，规模不大，但进步青年组织在其中所表现出来的认识程度、组织程度大有进步。

以爱国主义为旗帜，以民主和科学为口号的五四运动在云南尽管在响应的地区、工人的发动和参与等方面，均与北京等先进地区存在一定的差距，但随着运动的开展，群众也不断被发动和组织，基本上跟上了全国的步伐，并作出了自己的贡献。

云南各族各界在响应五四反帝爱国运动中表现出了前所未有的热情，以天下兴亡、匹夫有责的精神，积极地投入了运动。五四运动提倡民主，反对专制；提倡科学，反对迷信；提倡新道德，反对旧道德；提倡白话文，反对文言文；提倡新文学，反对旧文学。在云南，这些斗争内容有的有所涉及，有的刚刚起步，有的则取得了明显的成果。

五四运动既是反帝爱国的运动，又是思想解放的运动。经过五四运动的锻炼，省内外的云南学生"对于各方面的事，就渐自渐自的问闻，如同社会服务啊，爱国运动啊"，"都是开从前学生未有之风。这是很可喜的一件事"[③]。在这些关心天下兴亡、国家大事的青年中，一部分人开始了学习、研究社会主义学说。

五四运动在云南的另一积极成果，就是随着人们思想的解放，一批进步青年不断成长，其中不少人由爱国主义走上了新民主主义革命的道路。

---

① 云南学生联合总会：《为北京段政府屠杀同胞告民众》，《云南学生》第1期，第3—4页。
② 《新滇社为三一八流血宣言》，《铁花》第2期，第1—2页。
③ 陈国钢：《我们学生应该怎样觉悟》，《滇潮》创刊号，第16页。

他们中的一些人，面对近代以来云南遭受帝国主义的侵略和旧制度压迫、社会发展缓慢、人民生活贫困的现实，抱着寻求民族独立、拯救边疆危机、寻求救国救民之路的真诚热情与理想，或者走出云南到内地及海外学习，或者留在省内组织或参与进步团体，为马克思主义在云南的传播作出了贡献，也为此后中共云南地方组织的建立"奠定了思想上和组织上基础"①。

由云南各族各界所谱写的这段历史不仅为云南的近代史增添了光彩的一页，而且对于云南此后的发展也产生了不可忽视的影响。

---

① 中共云南省委党史研究室：《中共云南地方史》第一卷，云南人民出版社2001年版，第33页。

第二章

唐继尧治滇与用兵贵州

第一节 顾品珍倒唐

一 川滇黔军在四川的战争

由孙中山号召,开始于1917年7月的第一次护法运动,由于滇、桂军队的抵制、破坏而中途夭折。滇、桂系将以孙中山为首的一长制改为七总裁会议制的护法军政府,以政学系首脑岑春煊为主席总裁,使这个曾为人们带来一线希望的政府最后不了了之。

以唐继尧为首的云南军政集团,在第一次护法战争中,以"靖国"相号召,以五个军的兵力,加上四川熊克武等人的协同,赶走附北的刘存厚,使滇军在四川立足并得到发展的机会。这种图霸四川的想法和做法,必然与四川靖国军总司令熊克武发生尖锐的矛盾。

1918年9月,唐继尧发起召开了重庆联军会议,试图在会上逼熊克武就范,承诺滇、黔军在四川的所谓防地和征收捐税等项事宜。会上,唐继尧的企图被拒后,他又以川滇黔联军总司令的身份,对四川军政人员的任命指手画脚,对应由熊克武行使的在川各军的指挥权,亦任意加以分割。唐继尧这些举动暴露出他欲将四川纳入其势力范围并充当盟主的企图。

1919年2月开始的南北议和期间,唐继尧或者派出代表前往北京,或者自行上阵,力图通过不同的途径,使滇军对四川的控制得到承认。唐继尧密派的政治代表邓汉祥带了一份治川方案到北京,面交给了段祺瑞。方案内容包括:四川省长可由川人担任,但须经滇、黔同意;四川督军可由北京政府酌派,但唐继尧提出了人选;滇军驻川三师,黔二师,一切补给均由四川负担;等等。作为国务总理的段祺瑞看后连声问:"为什么四川应该养滇、黔军五个师,为什么四川省长要取得滇、黔同意?"① 于是否定了唐继尧一相情愿的方案。唐继尧又另谋对策,在南北和议开幕于上海的前夕,向会议提交了一个单方面的条件要北京政府承认。这个自拟条件含四个方面,涉及川、滇、黔、陕、鄂、豫等省。其中关于四川,仍然要求"任命四川军民长官,应先征求滇黔两省督军之同意,或由滇黔保请中央任命";在川的滇、黔军,可分别编二师一混成旅和三混成旅为国军,饷款由北京拨发;全国的军区未划定前,这些军队仍归滇、黔督军指挥。② 这个与前述治川方案相差无几的条件,段祺瑞是不可能同意的。

唐继尧在联段制熊屡遭失败后,乃改以联合谢持(四川人,广州军政府司法部次长,代理部务)、杨庶堪(四川省长)以制熊。三人在1919年5月及其后一段时间内,或者以封官许愿的办法,拉拢川军二师师长刘湘、五师师长吕超;或者插手查办川东烟案,抵制、干涉四川内政;或者造谣中伤,诬称熊克武"坐南朝北",或"附北毁法";等等。1920年春,三省部分将领在云南督军唐继尧、贵州督军刘显世的授意下,又重推他二人为三省联军总司令、副司令。这一做法的用意显而易见,即如果熊克武再不听命,他们将以三省联军的名义与熊克武等人兵戎相见。

面对滇唐黔刘的步步进逼,熊克武并不示弱,于1919年2月就职岑春煊任命的四川督军,并在这一年夏秋,派一师师长但懋辛争取到了刘湘,联络并取得了在川滇军一军军长顾品珍的口头反唐协议。1920年年初,熊克武在与顾品珍的会见中,又当面答应资助饷械助顾回滇倒唐。岑春煊和已部分掌握驻粤滇军领导权的李根源也在与顾品珍多次联系后,取得了赶唐下台的一致意见。但熊克武估计自己的实力尚无一战取胜的可能,乃取以退为进的策略,于同年4月17日辞四

图5 唐继尧(1883—1927) 云南会泽人

---

① 吴晋航、邓汉祥等:《四川军阀的防区制、派系和长期混战纪略》,《文史资料选辑》第10辑,第42页。

② 《唐继尧自拟条件》,《近代史资料》专刊第1号,《一九一九年南北议和资料》,第130—131页。

川督军职。对于熊克武的辞职，四川的军政各界纷纷发电、集会表示挽留。熊克武顺水推舟，于5月4日又通电复职。同日，驻渝黔军在滇唐黔刘的指使下，在重庆挑起了与熊部江防军余际唐的军事冲突。5月21日，熊克武誓师讨唐并于次日下达进攻令。

滇唐黔刘与熊克武在四川的战争前后分为两个阶段，5月22日—7月10日为第一阶段，8月24日—10月中旬为第二阶段。

在第一阶段的战争中，熊克武等人虽在军队数量上处于劣势，但士气较好，一度在川中的资阳、资中、内江一带取胜。驻资中的滇军军长顾品珍为保实力，发出宥电与唐继尧脱离关系，借以缓解熊部川军的进攻。此后由于滇、黔军与谢、杨部的川军多路进攻，熊部节节败退。为避免折损实力，7月10日，熊克武撤离成都，退据阆中，与滇、黔军对峙于盐亭、西充一线。

就在这段战争间歇中，滇唐黔刘与四川省长杨庶堪、川军总司令吕超之间，在废督、编军和饷械归属等问题上争论不休，为熊克武等人的伺机反攻提供了机会。在第二阶段战争开始前的近两个月时间里，熊克武再次倡导川人自主，争取了川中各方的同情和支持；同时将所属的两师扩大为两军，并联络争取了退驻陕南的刘存厚部，得刘同意回川协同作战；另在饷械上也有所补充。8月24日，熊克武通电讨唐，第二阶段战争开始。

以滇唐黔刘为首的倒熊派与杨、吕之间存在着图川与反图川的矛盾，当熊、刘的三路大军进逼成都时，驻川滇军二军军长赵又新迟不赴援，企图让川军内部在成都城下互相厮杀，两败俱伤。9月5日，吕超放弃成都。

9月上中旬，滇军顾、赵二部与熊、刘二部在成都东南面的龙泉山一带对峙，此后又一度进入成都近郊。但由于熊、刘二部和成都各界齐心卫城，乘势反攻，9月21日，滇军各路撤除城围，放弃龙泉山。23日后，熊、刘二部多路南下，追击滇军。10月8日，赵又新在泸州附近被民团击毙，顾、赵两军的余部在川军的追击下，由顾率领，分别退回贵州毕节和云南镇雄、盐津等地。在重庆一带的黔军四个旅、部分滇军和依附于唐继尧的鄂、豫军，也于10月中旬前后被熊、刘所属的川军赶出川境。

这场战争历时数月之久，不仅给四川人民和川、滇、黔军的士兵带来巨大痛苦和伤亡，而且也未给唐继尧、刘显达带来好处，因为分别退回云南、贵州的滇、黔军，未必继续听从唐、刘的摆布。同年，贵州发生了民九事变，刘显世被逐出贵阳。在云南，一场驱唐下台的政治事变也在酝酿着、发展着。

二 民十事变

对于顾品珍等人的回滇倒唐，时人所编《唐继尧》一书称其远因为"实受北京政府及政学系所运动"，近因为"滇军驻川数载"，川军畏之如虎，川将杨森、刘湘等"乃与顾氏密订条件，许助以饷械、兵力，促顾氏回滇倒唐"，并且称这次事变为民九事变。① 这些说法不能说没有根据，但仅止于外因。至于内因，该书未涉及。

自1913年唐继尧从贵州都督移督云南以来，唐、顾之间的上下级关系是协调的。他们之间的矛盾始于1917年年初罗（佩金）刘（存厚）之战以后，政见上的分歧则是在第一次护法运动结束以后。对于唐继尧的图川以及由此而来的滇唐黔刘所发动的四川之战，顾品珍认为应和川联熊，避免刀兵之祸。他说："此间同是国家军队，岂能舍公谊而徇私情。我滇军将士决非滇督唐公关系而始受川政府之优待，川政府亦非滇督唐公之私情而后优待我滇军将士。"为此，他在战前敢于与熊、但多次相会，并且在熊克武资助饷械的情况下同意倒唐。战中，不顾唐继尧可能的军法处置，毅然发出了与唐脱离关系的宥电。战败回滇后，他在毕节对唐继尧派来的代省长周钟岳说："唐帅既促开和会，何必出兵以争四川；既废除督军之名，何必创树联军之职。"② 顾品珍的这些想法和做法与唐继尧意图相左，他们之间不可能相安无事。

以唐继尧为首所发动的四川之战，滇军前后投入的兵力计顾、赵两军（各二旅），胡若愚第五旅，田钟谷梯团（旅），杨蓁、邓泰中各一纵队（旅），总兵力共八个旅，三万余人。失败回滇后，只剩万余人，枪七千余支。这还不包括由李烈钧率领由粤经湘开赴四川的滇军朱培德师（三个旅）、在今西昌被川军赶回云南的华封歌部（一团）的伤亡。面对伤亡惨重的状况，顾品珍等人力陈不愿再战，而唐继尧竟电顾品珍等人说："今虽士卒疲敝，然收容整顿尚有数师，亟宜择要驻防，以固边防。继尧

---

① 东南编译社编述：《唐继尧》，1925年震亚图书局发行，第88、92、94页。此次事变酝酿于民国九年（1920），发动于民国十年年初，故应称为民十事变。

② 周钟岳：《惺庵回顾续录》，《云南文史资料选辑》第5辑，第243页。

当扫境内之师亲临前敌,与诸君共生死。若再溃退,一则吾滇对于中国之地位及名誉完全扫地;二则敌人乘虚长驱直入,必致蹂躏地方;三则溃散军队将如何收束;四则军费无着,将如何筹措?望诸君好自为之。"① 省城的军政机关、各群众团体在唐继尧的授意下也纷纷去电,敦促顾品珍等人"扼守原防,以图反攻"②。顾品珍通过在毕节的周钟岳探询得知,唐继尧对回省滇军的意图有三条:"(一)切实整顿,相机反攻;(二)严守边防,静以观变;(三)分别改编,力谋收束。"③ 对于唐继尧一再要求的整顿反攻,顾品珍颇为愤慨地说:"无如情异境迁,以我军所历之险,或远在滇海者,究有不知蜀道之难。"④ 顾品珍甚至以请求解除军职相对抗,拒绝反攻入川。

唐继尧的整顿反攻原拟以李伯庚继赵又新为滇军二军军长,遭抵制后,乃将一、二两军各缩编为一个旅,每旅两个团,邓纵队和田钟谷梯团各减编为一个团,杨纵队、胡若愚旅的建制不动,委顾品珍为迤东边防督办。关于驻地,顾品珍建议可将耿金锡旅、金汉鼎旅的一个团进驻省城,杨纵队归还警卫军建制回省,其余各部仍留驻昭通地区。唐继尧只准杨纵队回省,金旅驻昭通地区,耿旅移驻宣威、东川。

唐、顾之间在扩张图川、整顿反攻等战略意图以及在整编、任职、驻地等具体问题上的矛盾,不仅导致双方互相猜忌,不可调和,而且逐渐发展到了势不两立的地步。

顾品珍就任迤东边防督办后,估计自己能指挥的部队仅一军所缩编的耿旅(团长杨池生、赵燧生),对于二军缩编的金旅(团长唐淮源、杨如轩)及杨纵队、周怀植团、杨希闵团,虽也做过一些工作,但把握不大;而胡若愚旅是拥戴唐继尧的。所以,他只得率耿旅进驻宣威,并且表示将回昆明述职和省亲。

对于顾品珍的伺机反唐,编余的邓泰中等人以及整编中任职的多数旅、团长其实都是心照不宣的。在顾品珍移驻宣威前后,经邓泰中等人的会面和联系,很快就取得了一致的意见,促顾倒唐。

---

① 《勉励士卒》,《滇声》,1920年11月3日。
② 顾品珍:《自述由川战败回滇经过》,《四川军阀史料》第2辑,第191页。
③ 同上。
④ 周钟岳:《惺庵回顾续录》,《云南文史资料选辑》第5辑,第244—245页。

为使倒唐一举成功，顾令范石生代周怀植为团长；金旅杨团拨兵一营，助昭通守备司令蒋光亮监视胡旅的行动；杨希闵团移曲靖；金旅唐、杨二团由昭通向昆明前进；顾与杨蓁纵队经曲靖向昆明移动，沿途封闭行动消息，监视电话、电报。

就在顾品珍等人秘密接近昆明时，原滇军第八军军长叶荃突于1921年1月27日从安宁温泉寓所至寻甸，召集旅长李永和等，以闹饷为名入昆，逼唐让位。李永和进省告密，唐继尧令王洁修等三个团出省防堵，省城兵力更为空虚。2月6日，唐知顾已到达寻甸，乃数次派人出省劝顾停止行动，又电调各军来昆守城，并拟"自率警卫军任中路，田钟谷旅长当左路，杨蓁当右路，赴距省一站之板桥等地防御"①。同日，邓泰中、杨蓁等率领所部军官发出讨唐通电，谴责唐继尧"年来行为乖戾，与众异欲，护法其名，而一切设施无一不显为背驰"。"夫国会者，护法之前提；省议会者，民意之代表；法律者，立国之精神；名器者，国家之体制"，而"公于国会来滇，则深闭固拒，驱之赴渝，是无国会也"。"财政并不公开，每年预算并不提交议会，遇有质问概置不理，是无议会也。""以命令为法律，视喜怒为赏罚，是无法律也。假废督而自称联帅，号裁兵而同时征兵，是无名器也。""中等远观大势，近察舆情，为大局计，为西南计，为吾滇计，为公自身计，实有不能不请我公暂避贤路者。"② 7日，杨蓁于杨林在电话中警告唐继尧，责他"得罪国民"，声称"滇军不能与滇军作战，滇军更不能在滇境作战"，要求"明智者应退让贤路"③。唐继尧的三路防堵不攻自破。

8日，唐继尧在邓、杨离心、援兵缓不济急、顾品珍等即至的情况

图6　顾品珍（1883—1922）
云南昆明人

---

① 东南编译社编述：《唐继尧》，1925年震亚图书馆发行，第96页。
② 邓泰中致唐继尧暂避贤路电（1921年2月6日），《云南档案史料》第8期，第16页。
③ 保家珍：《叶荃、顾品珍之倒唐》，未刊稿。

下，急率眷属和随员百余人离昆，继经河口转香港。①

三 顾品珍取唐自代

1921年2月9日，顾品珍率部进入昆明，以滇军总司令名义统治云南。4月20日，代省长周钟岳辞职，顾又经省议会同意，兼署省长。

但顾品珍统治云南为时甚短，次年3月即在迎战唐部滇军的回滇之战中阵亡。对于顾品珍这一年多的治滇，唐继尧加以诸如"干涉民治，通款北庭"，"繁刑苛政，闾里骚然"等罪名，② 大致都属于政争中的攻击。

顾品珍上台后，为宣布自己的政见，同时也为了与唐继尧治滇有所区别，曾发休兵息民的布告，表示要与唐继尧过去在云南对内征敛、对外扩张的不得人心的政策相决裂。有人信以为真，建议他罗列唐继尧的罪状公之于世，申罪致讨。得顾同意所草拟的唐继尧十大罪状文和通电稿送呈后，多日没有下文。经人催询，顾说："唐继尧在滇的罪恶诚然很大，但云南人民自护国以来，为他个人牺牲了无数的生命财产，若我们将他的这些罪状宣告全国，则不但唐氏个人一生完蛋，即云南耗费这么大代价才换来的一点荣誉，亦必因之而丧失。我想只要他向外发展，不回云南，我们还是可以支持他的。"③ 草拟讨唐布告和通电文稿时，周钟岳还任职代省长，所以理应请他过目并会衔。周看

图7 范石生（1887—1939）
云南峨山人

图8 叶荃（1879—1939）
云南云县人

---

① 胡若愚得知顾品珍等人率部倒唐后，曾以该旅为基础，在盐津成立云南靖难军总指挥部，暂率该旅离盐津赴援。2月7日，兵至昭通，遭蒋光亮等的阻击，乃东经贵州入桂，向已离滇之唐继尧靠拢。

② 《唐继尧（为）进攻顾品珍给各军将领令》（1922年春），《云南档案史料》第8期，第45页。

③ 杨如轩：《滇军北伐亲历记》，未刊稿。

后断然拒绝说:"予与唐公同秉滇省军民政务,如有失败,钟岳亦当在宣布罪状之列,何能会衔?"且"唐公虽去,而功在国家,终必为人推崇,岂仅一蹶不振?何必为此过举,不留异日转圜地也。小斋(顾品珍)乃将布告及通电取消"①。由此可见,讨唐的布告和通电之所以流产,周钟岳的不合作固为原因之一,但主要却在于顾只要唐继尧不回云南自己统治宝座不动摇就可以了。

顾品珍就职滇军总司令时,正是孙中山第二次护法运动开始的前夕。所以,他在入昆后的2月13日主持召开了军事会议,"议决对北方坚主护法,积极拥护军政府,坚持自治方针"。18日,又致电广州军政府,表示将"尊重国法,服从民意"。孙中山当选中华民国非常大总统,他致电祝贺。5月5日,广州中华民国军政府成立。7日,孙中山任顾为滇军总司令。陆荣廷等旧桂系被粤军解决后,11月中旬,孙中山在桂林组织大本营筹备北伐。18日,顾致电孙中山,称已任命范石生为北伐讨贼军先遣军总司令,杨希闵、杨蓁、金汉鼎分别为一、二、三路军司令,并说他自己将率师北伐。② 其实,顾品珍的意见是:"云南当前急需的是休养生息,整顿内政,另一方面派人到广州与孙中山联系,在南北大局未明了以前暂持沉默主义。"③ 所谓暂持沉默主义,就是要在一定的时间内,以巩固自己对云南的统治为目标,对于孙中山号召的护法,冠冕堂皇的话不妨多说,但事情却做得越少越好。

护国运动以后,云南连年征战,工商业萎缩,农村凋敝,不少破产者沦为土匪。唐继尧曾以招安的办法,将滇南匪首吴学显、滇西匪首杨天福委以支队长,纳入唐部滇军的序列。但未受招抚者,仍继续为害人民。顾品珍入昆不久,应人民的请求,下令对吴、杨二部的招安军予以缴械。杨天福被捕杀,吴学显逃逸。顾即以罗佩金为迤南巡阅使,领金汉鼎旅等,继续在通海、开远、蒙自、建水一带清剿土匪,并收到了一定的效果。

顾品珍治滇期间曾革除弊政,严惩贪污。以下列举两件事。一是李培炎任陆良厘金局长时,曾利用职权贪污银币2000余元,案发后受到关押。二是顾品珍有一堂伯连襟陈继唐,为求保山县长,经顾之岳丈行贿2000

---

① 周钟岳:《惺庵回顾续录》,《云南文史资料选辑》第5辑,第251页。
② 《中华民国史资料丛稿》大事记第7辑,中华书局1979年版,第16、18页。
③ 杨如轩:《滇军北伐亲历记》,未刊稿。

余元。顾品珍拒贿后，令军法处转交法院处理。

有人说，顾品珍曾厉行过精兵简政。但实际上，顾品珍在任职滇军总司令不久即将一、二军整编的两旅扩编为四旅，其余各旅团仍保留着唐继尧离滇时的建制，有的还有所扩大。可见精兵简政之事实难成立。

总体来说，顾品珍统治云南仅一年，时间很短，难有大的作为。

第二节　唐继尧回滇与滇军二次入黔

一　唐继尧经桂回滇

面对叶荃、顾品珍的倒戈，唐继尧自觉回天无术，只得被迫离滇。其临行时曾以"避让贤路，以息兵争"通电各界，① 并且宣布"联军总司令已无存在必要，应即裁撤"，联军总司令职亦同时解除。② 唐继尧这一让位、解职，似乎表明他今后将无意回滇掀起内争。但是，此后的事实证明并非如此。

唐继尧至港不到一个月，孙中山等为争取他参加广州军政府的领导工作，于1921年3月4日电邀他至广州。9日，唐入穗。但时隔不久，唐继尧即离穗回港，表示不与孙中山合作，同时积极地进行着回滇的准备。

唐继尧要回云南，事涉军事、政治、经费筹办等多方面的准备，但主要的是部队的聚集，以及与此相联系的对顾部滇军的分化瓦解。唐继尧对自己的亲信旧部，或派人，或密函，要求他们尽快集中于广西的桂林或柳州。先后响应这一号召的，有从盐津经贵州而至广西的胡若愚旅，有原留蒙自的第二卫戍司令李友勋，有驻建水的团长龙云，有驻防邱北的孟

图9　金汉鼎（1891—1967）云南江川人

---

① 《唐继尧离昆时给云南各界的通电》（1921年2月8日），《云南档案史料》第8期，第17页。

② 《唐继尧为解除联军总司令职向全国的通电》（1921年2月8日），《云南档案史料》第8期，第17页。

友闻营,还有驻桂林的滇军总司令杨益谦。重返滇南继续为害人民的土匪吴学显,经唐派人联系后,又袭用唐所委任原靖国联军挺进第二支队长的名义,在滇南密谋响应。金汉鼎是倒唐的参加者之一,顾品珍任职滇军总司令后,他出任迤南剿匪指挥官,后任代理滇军总司令。唐继尧对于金,先是经杨益谦派人致书,要求金汉鼎"体察顺逆之分,准备戎伍,共襄盛举"①,继后又任他为靖国军第四路司令官,任务是唐部滇军入滇时,即向唐军"左翼移动,威胁敌之右方,规复云南省城"②。如顾军溃逃离昆,唐军师行在途,"该军长应即迅率所部入省,维持地方治安"③。唐部滇军纷纷响应,以及金汉鼎有可能被争取,为唐继尧决定回滇增强了信心。

1921年10月31日,原驻粤滇军第二十混成旅旅长、时任驻桂林滇军总司令的杨益谦得知唐已经粤入桂,即率军由桂林向柳州靠拢。总统府参谋总长李烈钧下令撤杨职,另以朱培德代其职,并令朱召回杨部。李烈钧这一做法受到了孙中山的嘉勉。

12月9日,唐继尧拟从梧州赴柳州,孙中山派胡汉民抵梧,劝其去桂林就北伐大本营参谋长。唐继尧予以拒绝,径赴柳州。1922年1月5日,唐在柳州设滇军总司令部,任李友勋、田钟谷、胡若愚、杨益谦为靖国军第一、二、三、四军军长,龙云、张汝骥等为梯团长。唐继尧声称,由于顾品珍"破坏北伐,荼毒地方",他"此次回师纯为保乡救民,并非争权泄忿"。如果他逐顾成功,云南将"协同西南,大举北伐,速谋建设,实行民治"④。同月,滇军行抵宜山,唐继尧誓师授旗,分兵两路向云南开拔。兵至庆远,李友勋、郑开文遭桂军残部袭击身亡。唐改任龙云为一军军长兼前敌司令。2月初,唐继尧跟进至泗城。17日,金汉鼎在昆明发表迎唐宣言。

同月,驻桂林滇军总司令朱培德、驻桂北伐黔军总司令谷正伦等,分别发出通电,宣布唐继尧的罪状,吁请孙中山明令讨伐。孙中山在通电中,痛斥唐继尧"擅设总司令部,私自委任各军军长;近更调遣军队,

---

① 金汉鼎:《唐继尧图川和顾品珍倒唐的经过》,《文史资料选辑》第30辑,第104页。
② 《唐继尧给各军将领令》(1922年春),《云南档案史料》第8期,第46页。
③ 《唐继尧致金汉鼎电》(1922年春),《云南档案史料》第8期,第45页。
④ 《唐继尧给各军将领令》(1922年春),《云南档案史料》第8期,第45—46页。

自由行动，假名筹备北伐，实冀反戈回滇，显系违抗命令，不顾大局"，电令滇、黔、桂北伐军，"迅即严行制止唐继尧前进，毋任其以一己权利之私，为西南大局之梗"①。旅沪四川自治期成会也致电孙中山，要求发兵征讨。云南省议会和各团体，在致电孙中山的电文中，一面指斥唐继尧回滇不择手段，勾结土匪吴学显，图滇乱滇；一面请求"逍遏祸萌，力维大局"②。唐继尧率兵返滇遭到了省内外各界的纷纷反对。

为阻止唐继尧武装回滇，滇军北伐讨贼军总司令顾品珍设行营于宜良，副总司令张开儒亲至文山前线，率一旅赵燧生、二旅杨池生，三旅杨希闵（继杨蓁为旅长）、四旅杨如轩、蒋光亮部（兵二团）、范石生团等，兵员在二万以上，分别前往滇东南迎战。

拒唐之战开始于广南。四旅八团一营营长杜龄昌初战不利，2月28日唐军入广南。张开儒、杨如轩原拟在文山城外拒战，但前进至砚山的三旅杨希闵兵权为该旅参谋长周承祚所夺，大部投唐。杨希闵旅的内变，自然影响了四旅的军心，张开儒乃率部至文山、蒙自间的亚拉冲布阵。3月7日，唐军进入文山。由建水东行的赵燧生，途中为营长蔡祖德等击杀于轿内，仅杨蓁一营向四旅靠扰。亚拉冲之战，杨如轩仅以四旅第七团两个营的兵力与唐军作战，战中在得金汉鼎"保存实力，向上移动"的来电后，③即令部队撤出战场。次日，杨池生旅赶到，已成马后之炮。13日，唐军占蒙自。

在宜良坐镇指挥的顾品珍，此后曾令蒋光亮部至蒙自堵击，他自己也曾亲临前线，一战于开远的小龙潭，再战于小河口和竹园，均失利。20日，唐军至宜良。24日，唐军进入省城。次日，顾品珍在路南（今石林）天生关为吴学显部所击毙。顾军余部拥张开儒为总司令，离云南入桂。此后，这支部队在拥护孙中山讨伐陈炯明时进入广东，被人们称为第二次驻粤滇军。

代理滇军总司令金汉鼎、原迤南巡阅使罗佩金等人在唐军逼近昆明的前夕，即经滇西避走入川。4月8日，唐继尧被省议会推为省长，开始再一次统治云南。

---

① 《致马君武等电》，《孙中山全集》第6卷，中华书局1985年版，第88页。
② 《中华民国史资料丛稿》大事记第7辑，第110页。
③ 杨如轩：《滇军北伐亲历记》，未刊稿。

顾品珍在这次阻唐回滇之战中，从准备到实施，不能说不够认真，也不能说唐强己弱。然而，他在一个月左右的迎战中一败涂地、自己也一命呜呼，原因何在呢？据金汉鼎事后总结说，唐继尧"二次回滇"成功，其原因"是得力于旧部的内应和利用土匪的帮助。顾品珍执政后对唐的旧部没有彻底加以整编清洗，致使一朝事发，以兵员装备、作战经验、后方补给而论，均远胜于唐，而终招致失败者，其故在此"①。

二 自治与联省自治

五四运动前后，"自治"一词在国内颇为时髦。南北各省特别是南方各省，由于共同的需要，在五四后相继倡言要以省内自治为基础，搞联省自治。唐继尧在其中曾扮演了一个引人注目的角色。

1920年6月，唐继尧由于图川倒熊和自树形象的需要，发出了废督裁兵的通电。8月，当川、滇、黔军在四川的战争进入后期作战时，又与刘显世一起，重申废督裁兵，"实行民治主义"②。1922年春，唐为了回滇，再次许下诺言，要在重返云南后实行民治。5月，唐在就任云南省长后的通电里，将民治和联省自治的目的、前途说得更为具体："果能由自治而联合各省，即由联省而组织政府，使地方自治有自由发展之机，而统一国家亦得免分崩之患，则所以消弭兵祸者在此，即所以建立国基者亦在此也。"③唐继尧在被逐前后几年里，多次表白要顺应历史潮流，实行废督、裁兵、民治和联治。

唐继尧废督之议昭示全国后，省内外均有人就此发出评论，指责他废小督（云南督军）、保大督（三省联军总司令）。静观事变的人们或许认为，唐继尧的下文应是解除联军总司令和撤销联军总司令部。可是，他并没有这样做。事隔一年多之后，由于顾品珍等人兵逼昆明，唐继尧才在离昆的同日通电表示自行解职。可见，如果没有顾品珍的反戈，他的联军总司令照当不误。

唐继尧重返云南的当年8月，鉴于南方各省已在制定省宪法，民选县

---

① 金汉鼎：《唐继尧图川和顾品珍倒唐的经过》，《文史资料选辑》第30辑，第107页。
② 唐继尧、刘显世：《关于收束时局，刷新政治的通电》（1920年8月26日），《云南档案史料》第21期，第63页。
③ 唐继尧：《主张联省自治通电》（1922年5月25日），转见《电光集》二，未刊稿本。

长、省长方面先后起步，乃于省长公署内设置法制委员会，拟定了省政府组织大纲，改组省政府，唐继尧自己再次被推为省长。这个主要由唐继尧所选班子拟就的《云南省政府暂行组织大纲》宣示："省政府为执行全省政务之最高机关"，下设内务、财政、军政、外交等 8 司，"省政府设省长一人，为一省之最高级长官"。有关重要政务，当经省长和省长任命的省务员、各司司长出席的省务会议决定；省长应民选，"但在省宪未公布前，由现任省长继续行使职权"①。这样就在政府机构、省长职权、省长任期三个方面，以"大纲"的形式确定了唐继尧仍可以独揽军政大权的依据。至于民选省长，要待省宪的制定和实施以后，而唐继尧以省宪事体重大，国宪未成，宣布省宪从缓，从而使民选一事变得遥遥无期。

为了整军经武，拥兵争战，民国年间的南北各省莫不争相扩军。唐继尧在宣言废督裁兵的当年，是否真的裁了兵呢？没有。就在回滇作战的过程中，唐继尧即扩建正规军为 4 个军，近卫团 8 个，加上地方团队和先后收编的土匪武装，其数在 30 个团以上。1924—1925 年，他又以组织建国军的名义，将云南所辖军队扩为 6 个军，另编伙飞军 4 个军（每军两三个混成旅不等）。②裁兵一事在唐继尧再次被迫下野前，始终是一句空话。

唐继尧在云南推行民治，事涉省、县、乡三个层次，对于省一级，他原拟仿照湖南等省的办法制定省宪。可是当云南省议会筹组机构提请唐继尧认可时，他却说："国会议决有各省于不抵触国宪之范围内得制省宪之文，是省宪须依据国宪，故暂从缓进行。将来仍应由省署聘员筹备，贵议会可不必再设筹备处，以免纷歧。"③没有省宪的民治，本来是不能自圆其说的。但我们从《唐继尧》一书中发现，似乎包括唐继尧本人在内，均认为"自省政府改组后，省自治已粗具规模"④。这是否告诉人们，唐继尧制定的那个《云南省政府暂行组织大纲》，就可以等同于湖南等省已经公布的省宪了？尚难定论。

为在县、乡推行民治，以周钟岳为会长的云南法制委员会曾先后制定

---

① 《云南省政府暂行组织大纲》，转见《唐继尧》，第 111—115 页。
② 《续云南通志长编》上册，卷三十四，军务略上，第 1141 页。
③ 《云南省议会第三届第二期常会报告书》上册，省议会 1923 年印。
④ 《唐继尧》，第 119 页。

《云南全省暂行县制》、《云南全省暂行村自治条例》等条例、章程、规则十多种，目标在于与湖南等省看齐。他们声言："前清时代所颁布之城镇乡自治章程，无异绅治变象。民国成立后，内务部订定之市村自治条例，亦多与各地方情形隔阂，不符实用。"云南现在所拟定的市村自治条例，经实行后，将是"全民政治之实现"①。在这些章程、条例里，文盲、吸毒者、不正当职业者、僧道人员和宗教职业者，均被剥夺或停止了选举和被选举权，教师和在校的学生也无被选举权。这样的"全民自治"很难说是真正的全民。而所谓新县制的县长，仍由省长不经选举而直接任命；乡一级的负责人，也未规定由民选而产生。可见，唐继尧政府要在县、乡推行的民治，也不过是绅治、官治的变相。

如果说唐继尧在云南实施的废督、裁兵、民治，以及为此而设立的自治讲习所、民治学院，编印的《民治日报》、《云南自治旬报》、《民治月刊》、《云南自治月刊》等，是为了追求时髦、敷衍群众以及博取名声的话，那么他们鼓吹的"联省自治"，对解决中国的时局就更难有什么助益了。1922年第一次直奉战争后，曹锟、吴佩孚在驾驭北京政府、继续推行"武力统一"的同时，又力图恢复旧国会和请黎元洪复职。曹、吴的迎黎复职在于赶走徐世昌，为曹锟登上总统高位铺平道路；恢复旧国会则在于堵住孙中山等人之口，使南方无法可护。唐继尧出于制曹反孙的需要，一方面表示支持黎元洪复职，另一方面则于同年6月两次发出通电，重申联省自治，要求"速集南北各省代表，开一联省会议，解决以前纠纷，筹拟建国大计"②。曹、吴立即表态说，中国统一问题无须经联省会议来商讨，而应由他们操纵的国会来解决。唐继尧等人欲借联省自治之名问鼎中央权力的企图遂成泡影。

对于民治和联省自治，在1921年前后，除了地方各省间的通电宣言相互呼应外，还有半官方的湖南民治促进大同盟、全川自治联合会、云南民治实进会、上海联省自治促进会等的鼓吹，确是热闹了一阵子。然而，正如孙中山所说："现在的中华民国，还是官治、政客

---

① 《唐继尧》，第120—121页。
② 《中华民国史资料丛稿》大事记第8辑，中华书局1979年版，第71页。

治、武人治、不是民治。"① 如果经官方的御用机构而炮制些并不反映人民要求的地方宪法，则"不但不能建设民主政治的国家，并且是明目张胆的提倡武人割据，替武人割据的现状加上一层宪法保障"②。这也可能就是唐继尧在回滇前后不厌其烦地多次鼓吹民治和联省自治的真正用意。

三 滇军第二次入黔

五四运动的当年和次年，以黔军总司令王文华为首的新派与以贵州督军兼省长刘显世为首的旧派因利害关系两次发生权力之争，刘显世在民九事变中被逐下野，不得不放弃靖国联军副总司令和兼理贵州省长之职，返回兴义老家，继又转寓昆明。

由王文华所导演的这场政变，为了避免外界对他以甥逐舅的指责，乃命一旅旅长卢焘为代理黔军总司令，与在贵阳的五旅旅长、警察厅长何应钦配合行动。又由于黔军总参议袁祖铭在黔军中威望较高，与王文华早有矛盾，且是王争夺贵州统治权的竞争对手，故王在部署在川黔军回黔逐刘时，即强邀袁由渝一同去沪。王文华在夺权中排斥异己使袁祖铭积愤难平，必欲去王而后快。袁一面派人往滇诱说刘显世共谋除王，许以事成后仍拥刘回黔主持黔政；一面物色人员在上海谋刺王文华。1921 年 3 月 16 日，王文华在沪被刺身亡。次日，袁祖铭潜奔北京，积极谋求北京政府的支持。北京政府出于"把贵州纳入北洋势力范围，以牵制湖南、四川，不使倒向孙中山方面"的需要，③ 因而同意助袁回黔。

1922 年 3 月，袁祖铭在北京政府的支持下，通电组成定黔军，集合贵州内外的黔军分三路向贵阳出动。刘显世的胞兄刘显潜称定黔军西路总司令于兴义，据盘江八属，策应袁祖铭在东路的行动。4 月 9 日，袁入贵阳，推刘显世为黔军总司令。21 日刘在昆明通电就职。8 月，袁祖铭被北京政府任命为贵州省长，亦通电就职。

袁祖铭的入黔与唐继尧的入昆，时间上相距仅半月，这为刘显世的回

---

① 孙中山：《在广州全国青年联合会的演说》（1923 年 10 月 21 日），《孙中山全集》第 8 卷，中华书局 1986 年版，第 324 页。
② 《中国共产党对于时局的主张》（1922 年 6 月 5 日），《先驱》1922 年 6 月第 9 号。
③ 谌志笃：《袁祖铭"定黔"始末》，《文史资料选辑》第 10 辑，第 107 页。

黔提供了可能。然而，袁对于迎刘回黔本无诚意，在以直系的曹锟、吴佩孚为靠山后，对唐继尧也不放在眼里。所以，他在拒绝刘显世回黔、免去刘显潜定黔军西路总司令后，更不愿为唐继尧的部下，于是复电明拒重新拥戴唐继尧为滇黔联军总司令。同年10月，驻桂滇军胡国秀旅经唐继尧策动，并经唐询袁祖铭同意，决定假道贵州回滇。该旅前行至贵州剑河县属之瑶光河口时，即被黔军一师师长王天培部包围缴械。① 唐继尧派人索枪，袁祖铭吝而不还。袁祖铭如此一再开罪于唐继尧、刘显世，唐继尧、刘显潜遂组成滇黔联军向贵州用兵。

由唐继尧、刘显世分任总司令、副总司令的滇黔联军，为了避开滇军二次入黔的不义之名，便声称此次行动全在于"出黔防桂"②，并说驻桂林的张开儒等人离滇前"席卷库帑，率众逃亡"，"近复欲与朱培德等相勾结，再祸乡邦"③。以唐继虞为东南巡宣使兼第二路指挥官、张汝骥为第一路指挥官、吴学显为第三路指挥官的东南巡宣军，在这样的借口下，于1923年1月离昆赴黔。出任滇黔边务督办的刘显潜以四团之众在兴义迎接滇军，两军会合后再东向贵阳进发。

对于唐、刘联合入黔，袁祖铭未能警惕防范。当滇军大举入境，袁方命彭汉章旅开赴应敌。3月5日，袁祖铭通电谴责唐、刘的出兵行动不过在于"借名侵黔"④。唐继虞对此辩解说，本军行至贵州时，"适值副帅刘公由滇返里，一部黔军突出抗拒，副帅令本军就便协助，不得不敬听指挥"⑤。9日，黔军在镇宁与滇军交战不利，即经安顺向贵阳退去。袁祖铭鉴于黔军分防各地，贵阳兵单难守，主动放弃贵阳。12日，唐继虞部兵入贵阳。刘显世在滇军的保驾下，

图10　唐继虞（1890—1939）云南会泽人

---

① 王天锡：《王天培倒谷（正伦）拥袁（祖铭）及与袁的矛盾》，《贵州文史资料选辑》第2辑，第159—160页。
② 周钟岳：《惺庵回顾录三编》，《云南文史资料选辑》第6辑，第209页。
③ 《巡宣使及各将领声讨叛贼文》，《金碧日刊》，1923年1月23日。
④ 《东方杂志》第20卷，第7号，时事日志。
⑤ 陶菊隐：《北洋军阀统治时期史话》下册，第1248—1249页。

称滇黔联军副总司令兼贵州省长,暂时地圆了回黔梦。

以唐继虞为贵州军事善后督办、张汝骥为会办之一的滇军来者不善,在入据贵州后不久,即以"袁、王祸首虽伏灭诛,而土匪横行仍为隐患"为借口,① 从军事统治的目的出发,将贵州划为五区,其下设十余分区,刘显世所委任的地方官员,只得忍气吞声地听从摆布。唐继虞等人在侵夺贵州行政权的同时,又对刘显世的亲信、时任财政司司长的唐积忠多有不满。唐积忠被滇军枪杀后,唐继虞即改以自己的亲信接任此职。② 刘显世不安于位,但又不愿向唐继尧提出送走滇军的要求。因为如果滇军一走,他的下场又将是缩回兴义老巢,或转走云南。经过权衡,刘以称病为辞,让唐继虞兼任省长。于是,以唐继虞为首的滇军就在军政各方面全面地控制了贵州。

从政治、行政的角度控制贵州有可能使滇军再度向四川甚至全国扩张,这也许是唐继尧的目的之一。唐继虞兼贵州省长时的一些财政举措,加重了贵州人民的负担。贵州本省自行发行的纸币过多,一元仅值大洋二三角左右。唐继虞兼省长后,又强行发放 10 万元,再次造成贵州的通货膨胀。入驻贵州的滇军,其粮饷要由贵州承担。分防各地的滇军,借口就地筹办省时省事,以致省级统一划拨经费的拨款证的填发失去控制,结果势必将这种负担转嫁到贵州人民的身上。大烟税的征收是贵州财政的主要收入。1922 年贵州征收烟税 600 万元,相当于正税收入的两倍。滇军据黔的两年里,此项税额的征收有增无减。向银行、商会头上开刀,是唐继虞等人的又一生财之道。仅唐继虞本人就先后向贵州的中国银行、贵阳商会分别索借大洋 10 万和 20 万,等而下之的师、旅、团、营长无不上行下效,只不过方式、数量有所不同,但明借暗抢的实质并无两样。③

唐继尧发现所部滇军在贵州的作为不得人心,长此下去将不可收拾;又鉴于南北政局的变化,特别是孙中山领导的国民党在经过第一次全国代表大会后确定了反帝反封建的目标,于是派人与滞留四川的袁祖铭商议,决定唐继虞所率滇军离黔去湘。1925 年 1 月,在黔滇军离开贵州,袁祖

---

① 《唐督办彻底澄清之伟略》,《金碧日刊》,1923 年 8 月 8 日。
② 严池华:《滇军第二次侵黔实录》,《文史资料选辑》第 30 辑,第 122 页。
③ 同上书,第 123—126 页;谌志笃:《袁祖铭"定黔"始末》,《文史资料选辑》第 10 辑,第 110 页。

铭所部的彭汉章、王天培、周西成分别以省长、军务督办、军务会办的头衔入主贵州。这就是刘显世求助于滇军的结局，也是刘显世在贵州政治生涯的终结。

第三节 马骧及其改造云南同盟会

一 改造云南同盟会的建立

就在唐继尧二次回滇与刘显世预谋入黔的1922年，马骧等人组织改造云南同盟会，目标是借助可能联合的力量，再次将唐继尧赶下台。对于这次紧接叶荃、顾品珍之后又与叶、顾的倒唐有所不同的事件，唐继尧政府认为是"意在颠覆政府，图谋叛乱"[①]。

马骧，字幼伯，或作右伯，云南大理市下关人，生于1876年，清末秀才。清末加入中国同盟会后，先后参加过永昌起义、昆明重九起义的群众组织工作。孙中山让位于袁世凯后，他由南京赴日本留学。二次革命爆发，又奉派归国，从事革命的宣传工作。1914年，经马骧、杜韩甫等人的发起，云南三迤总会会长黄玉田等人筹资，在云南创办了《滇声》报。该报"以提倡民主，维护共和，传播社会新闻，改革社会为旨趣"[②]，是民国年间云南进步性的报纸之一。护国运动中，他配合蔡锷所率在川作战的滇军，在川西一带进行工作，联络并争取了张煦、陈遐龄等人站在护国军一边。第一次护法运动开始后，他应召南去广州，被孙中山任为大元帅府参议。[③] 此后，他奉派以川西慰问使的身份入川工作。经与宁远（今西昌）屯殖使张煦接触后，向孙中山报告："四川全省汉军统领张煦，驻节川南，民党健将……拟请任为全川总司令兼川南镇守使（因现驻川南之故）。"[④] 孙中山得马骧的报告后，致电张煦，嘱其就近与唐继尧联络，并且希望他与南方的护法"联为一致，以星罗棋布之谋，收众志成城之效，

---

① 《马骧案内证据》，云南省档案馆档案。
② 转见巴人《输入新理论的〈滇声报〉》，《云南文史丛刊》1993年第3期，第65页。
③ 孙中山：《任命马骧职务令》（1917年9月11日），《孙中山全集》第4卷，中华书局1985年版，第154页。
④ 《马骧致孙中山函》，未刊，抄件存今大理市下关关迤马家。

惟足下实图利之"①。张煦在四川宣布护法后，所部被编为云南靖国军第七军，张任军长。孙中山对于张煦的护法行动十分赞赏，称他"深明大义，良用嘉慰"②。

由于马骧在第一、二次护法运动中以身许国，努力工作，及时向孙中山报告情况，为孙中山在南方的护法大业献计献策，因而得到了孙中山的书面肯定。孙中山致马骧的复函中就曾说："前后来函均悉。所云各节诚关国家前途匪浅，仰见兄之爱国弃家，实为民党中不可多得之名士。"③

第二次护法运动中，孙中山于1921年就任中华民国非常大总统，设北伐大本营于桂林，1922年年初改北伐攻击军为讨贼军。唐继尧不顾省内外舆论的指斥以及孙中山的劝阻和谴责，悍然率兵回滇。唐继尧虽侥幸得逞，东山再起，但他背离孙中山，在政治上是不得人心的。返滇以后，他又以省长之名独揽军政大权，成为没有督军之名的云南督军。在马骧得孙中山密札"相机图滇，以免阻碍北伐"的部署后，④ 以赶走唐继尧为目标的改造云南同盟会即开始了自己的活动。

改造云南同盟会在其存在期间形成过两个文件，一为《改造云南同盟会简章》11章14条，一为《云南自治讨贼军同盟草约》4章10条为我们了解它的目的、性质等提供了第一手材料。

"以改造云南，实行民治主义为宗旨"⑤ 的改造云南同盟会向人们集中阐述推倒唐继尧的理由。

《同盟草约》认为，云南在辛亥革命以后，继经护国、护法运动，"牺牲之大，仓廪为空。凡此所得之结果，无非为唐继尧换得抚军长、元帅、政务总裁、联军总司令各要职"⑥。人民群众的无权和痛苦地位几乎没有什么改变。这种以人民群众的牺牲为代价的状况应该而且必须加以改变。

---

① 孙中山：《致张煦电》（1917年10月27日），《孙中山全集》第4卷，中华书局1985年版，第228页。
② 孙中山：《复张煦电》（1917年11月13日），《孙中山全集》第4卷，中华书局1985年版，第237页。
③ 孙中山：《复马骧函》，未刊，抄件存今大理市下关关迤马家。
④ 马德御：《马幼伯事略》，《云南现代史料丛刊》第6辑，第157页。
⑤ 《改造云南同盟会简章》，云南省档案馆档案。
⑥ 《云南自治讨贼军同盟草约》，云南省档案馆档案。

《同盟草约》指出，当唐继尧攫得靖国联军总司令等高位后，竟然"利令智昏，不自反躬，勾结吴佩孚等倒行逆施"①。这里所说的勾结吴佩孚，是指1919年11月南方各派系与吴佩孚共同在衡阳签订的所谓《救国同盟条件》（即军事密约）。这个军事密约矛头直指皖系段祺瑞北京政府。唐、吴勾结开始于上海南北议和之后，以后双方又各自派出代表接触，交换电报密码，唐、吴与陆（荣廷）、吴之间还不时有电讯往还。未及一年，即形成了这个联合倒段的密约。以川、滇、黔、粤、桂、湘为一方，与以曹（锟）、吴为另一方签订的这个军事密约，自称其目的是为了"平息内争，力谋统一，合力对外"。平息什么样的内争呢？"因中央政府不良，元首大权旁落，深恐内奸盘据，延宕和局，实行卖国，故南北正人之联络，实不可稍事迁延，以期组织将来良好之政府，上下一心，安内攘外。"怎样平息呢？"自本约定后，如再有此等情事发生，凡在约军人，均应起而理喻之，排除之，斯不为政党所利用。"该密约对于平息和排除的办法，还做了更为明确的规定，即"凡属同盟军遇有危迫时，接近者应有实力之援助，不接近者亦应有函电之响应，或转托他军援助"②。自称南北正人的曹、吴、唐、陆等人所谓的平息内争、力谋统一，其出发点及结局，都是为了在内争中夺取权力与地盘。何况他们之间貌合神离，互相利用，对以谁为中心，统一于谁，各怀鬼胎。所谓"合力对外"的"外"，明显地是指他们密谋对付的段祺瑞以及南方的孙中山。至于"安内攘外"的"外"，也只不过是说说而已。1920年，北方爆发直皖战争，南方出现粤桂战争，就再清楚不过地注解了这种情况。

针对唐继尧再次入主滇政后的行为，《同盟草约》揭露，唐继尧"此次卷土重来，涂炭生灵，专尚时髦主义，虽有废总司令之宣言，然口头与心中之民治，相去实有天壤之别，一切设施只在括（刮）削，用人行政备极黑暗，天怒人怨，已非一日"③。

《同盟草约》谴责唐继尧"不顾廉耻，甘冒不韪，于约法上业失去总统资格之黎元洪窃位日，敢面见尔输诚，直称之曰大总统"，是"违反民

---

① 《云南自治讨贼军同盟草纲》，云南省档案馆档案。
② 《谭延闿转吴佩孚军事密约草稿致唐继尧电》（1919年8月31日），未刊资料。
③ 《云南自治讨贼军同盟草约》，云南省档案馆档案。

意，背抑潮流"的。① 黎元洪如同徐世昌一样，都是仅供北方军阀玩弄的傀儡，既然直系的曹、吴有所需要，唐继尧应付一番，一则可以缓解他与直系已经出现的矛盾，再则表明他只承认北京政府的总统，对于南方孙中山这个非常大总统，他是视而不见的。马骧等人指责唐继尧违反民意，背抑潮流，所指就在这里。

二　讨贼军的失败

马骧等人所制定的《同盟简章》和《同盟草约》，从当时的历史背景看，有以下一些内容值得重视。

针对唐继尧几年来的"废督"、"裁兵"，或侈谈民治而实则抱住云南军政统治权力不放并染指川、黔的现状，马骧等人认为，对云南的改造应分如下三个步骤来加以实现。

第一，军事期。全省设自治讨贼军总指挥部，下设军事、财政、政务三个委员会；迤东、迤南、迤西各设区司令部。通过这样的组织机构，并以军事手段达到赶唐继尧下台的目的。

第二，善后期。在唐继尧被逐后，"即由立法机关、各公团、各县各选出代表二至五人，开全省公民大会，组织善后委员会，选举委员长一人，副委员长二人，委员若干人，执行省务全权，即将自治讨贼军总指挥部撤销"。

第三，宪政期。在组织过渡性的善后委员会后，尽快制定省宪，民选省长，在云南实现真正的民治。

鉴于云南长期对外用兵以及经济破败不振的状况，马骧等人提出，在推翻唐继尧后，应在建设上采取积极行动，诸如普及教育、振兴实业、建筑公路等尤应摆在首先和重要的位置上给予关注。

对于组织云南自治讨贼军，马骧等人考虑到在云南推倒唐继尧并非易事，因此要求"在盟同人应勇往直前，本团结互助之精神，生死与共之血忱，为民除暴，勿得中道悔弃"；要"恪守纪律，维护公安"，"不得抢劫人民，扰害地方，伤损外人，以及挟私报复等事"；对"与本军宗旨违反者，一律以公敌对待；有与本军宗旨相同者，无论省内外军民俱视为同

---

① 《云南自治讨贼军同盟草约》，云南省档案馆档案。

仁"；讨唐事成后，各统兵人员"不得拥兵自谋，醉心权力"①。

改造云南同盟会的会章规定"本会由云南全省公民组织之"，因而，"凡云南人不论男女，有普通政治思想者，均得为本会会员"②。可见，它是一个群众性的政治团体。

从云南自治讨贼军的政治目标、建设安排上看，它与孙中山当时的有关主张是有一致之处的。孙中山说：现在应"使各省人民完成自治，自定省宪法，自选省长。中央分权于各省，各省分权于各县，庶几既分离之民国，复以自治主义相结合，以归于统一，不必穷兵黩武，徒苦人民"③。又说：当前在建设上，应"普及平民教育，利便交通，发展实业，统筹民食，刷新吏治，整理财政，废督裁兵，进国家于富强，谋社会之康乐"④。另从"讨贼军"这一名称上看，也与当年孙中山所组织、矛头指向徐世昌及共恶诸人的讨贼军相同。⑤ 云南自治讨贼军的组织及其活动，可以看作孙中山在南方所开展的第二次护法斗争的一部分。

改造云南同盟会存在时间不长，自治讨贼军也没有组织起有效的军事行动，其失败原因主要有以下几点。

辛亥革命、二次革命、护国运动、护法斗争的历史已经证明，要在半殖民地半封建的中国完成反帝反封建的任务，中国的资产阶级是不能实现的，只有无产阶级并通过自己的政党中国共产党的领导，才能完成如此艰巨的任务。马骧等人追随孙中山，要求在云南实现真正的民治，其愿望是好的，而且这种民治又是与五四运动所倡导的民主精神，中国共产党所主张的新民主主义革命中的人民当家做主是有共性的。但如果不打倒封建主义，不赶走帝国主义，只是如《同盟简章》和《同盟草约》所说的赶走唐继尧一个人或几个人，这种民治显然是难以实现的。

改造云南同盟会也意识到，要推倒拥兵自重的唐继尧，没有足够的武

---

① 《云南自治讨贼军同盟草约》，云南省档案馆档案。
② 《改造云南同盟会简章》，云南省档案馆档案。
③ 孙中山：《就任大总统职宣言》（1921年5月5日），《孙中山全集》第5卷，中华书局1985年版，第531页。
④ 孙中山：《建设方针宣言》（1920年12月1日），《孙中山全集》第5卷，中华书局1985年版，第441页。
⑤ 孙中山：《声讨徐世昌》（1920年5月4日），《孙中山全集》第6卷，中华书局1985年版，第112页。

装力量是不行的。然而，它没有也不可能走发动群众建立人民武装的道路，而是寄希望于对非唐继尧嫡系部队的争取，即被云南当局所编的吴学显部队。经过接触和努力，吴部的几个团、营长在表示愿意参加后不久又出尔反尔，并最终招致了讨贼军的失败。

改造云南同盟会不是一个政党，而是一个群众性的政治组织。要凭这样的一个成员众多、组织松散、思想庞杂，没有核心力量的组织去冲锋陷阵，斗争是难以成功的。

第三章

大革命时期的云南

第一节 第一次滇桂战争

一 入桂图粤的由来

1923年1月,据粤反孙(中山)的陈炯明失败后东逃惠州。2月,孙中山入穗,重组中华民国陆海军大元帅府,就大元帅职,开始了新的斗争。同年,一方面由于陈炯明、沈鸿英在广东作乱,拟议中的北伐难以发动;另一方面,经第一次直奉战争后控制着北京政府的直系军阀,在声言恢复国会后,即于1923年10月通过贿选,举曹锟为总统。以致孙中山认为:"现在护法可算终了,护法名义已不宜援用。"① 南方护法的结束,并不意味着孙中山所倡导的民主革命的终结。恰恰相反,孙中山于1924年1月主持召开国民党第一次全国代表大会,改组了国民党,确定了联俄、联共、扶助农工的三大政策,形成了第一次国共合作,确立了反帝反封建的斗争目标。这次代表大会后,全国不少地方成立了反帝反军阀的组织,响应大会号召,积极开展斗争。

面对已经兴起的国民革命,以唐继尧为首的滇系在考虑自己处境和前途的同时,开始把注意力或者说用兵的方向集中于广东这个革命的发源地。在确定向南或向北的问题上,滇军内部是有争论的。二军军长胡若愚认为,云南在政治上应继续以民治主义、联省自治为号召,军事上当向南而不是向北。因为如"顺珠江而下,不惟叛将可使就范,即天府策源亦可唾手可得";"若跨有珠江,领有海岸,内外补充,招纳英贤,内抚四

---

① 孙中山:《在大本营军政会议的发言》(1924年1月4日),《孙中山全集》第9卷,第10页。

民，外结好湘赵（恒惕）、粤陈（炯明）补助，协公（李烈钧字协和）固赣，扶方声涛治闽，一面用政治手腕以谋统一；否则，命一干将协同川、湘、黔以取武汉"①。对于胡若愚的这个南北兼顾但重点在于向南的建议，一军军长唐继虞认为不行而极力主张进军武汉，入主北京。唐继尧从固滇图粤的角度，一面复电胡若愚，称其电意"切中机宜，与尧意不谋而合。阅之至为嘉慰"②；一面对身为贵州军事善后督办兼省长的唐继虞解释说："当商定方略之初，此间亦曾见到，若滇省自身无他顾虑，当然以直趋武汉为宜。顾每经讨论，结果仍主先出两粤，再由粤进规长江。"唐继尧进一步地说明，这样做的前提有二："（一）以滇处今日，应以自身根本利害为前提。而害之所在，即为留粤溃军。现胡（思舜）、廖（行超）、赵（成梁）等部亦常对我输诚，然以地隔势禁，究难收编为用。范（石生）逆则处心积虑，亟谋扰滇，谣诼频传，人心时因动摇。此敌不除，终为心腹之患；（二）则吾滇械弹缺乏已达极点，无论进退战守，皆需急谋补充。然欲补充，自非得一海岸线万难有济。"唐继尧提醒唐继虞注意："若于此时不就实际着想，而以虚名为务，微论长江复杂，武汉难期得手，即尽幸获如愿，而军实之补充与饷源之接济均极不易，矧有溃军在外，后方实多可虑乎！"③ 唐继尧的这一决定，尽管有除范、补械、筹饷的需要，但要害则为入据桂、粤，进而北上与北方军阀争霸。

唐继尧南向桂、粤的决定，还有两个客观因素不容忽视，这就是滇军的实力和两广的局势。

1924年9月，孙中山为筹组北伐，下令所属各军一律改称建国军。同月，大元帅府经政务军事会议决定，推唐继尧为副元帅，孙中山任唐继尧为川滇黔联军总司令。但是，唐继尧虽经孙中山和大元帅府派出的代表多次敦促，竟对副元帅一职置之不理，而以三省联军总司令的名义，在昆明召开有川、滇、黔、粤、桂、湘、鄂七省军方代表的会议，制定了《建国联军总司令部组织大纲》，自称七省联军总司令。④ 受唐继尧指挥的有15个军，其中滇军6个军。此外，唐继尧在省内还编就伕飞军4个军。

---

① 《胡若愚致唐继尧电》（1924年11月1日），云南省档案馆档案。
② 《唐继尧复胡若愚电》（1924年11月7日），云南省档案馆档案。
③ 《唐继尧复唐继虞电》（1924年12月10日），云南省档案馆档案。
④ 《建国联军总司令部组织大纲》，民国间石印本。

唐继尧借建国军之名，大肆招兵买马。

孙中山筹划中的北伐，由于广东省长兼粤军总司令陈炯明的叛变，加之滇桂联军进入广东后，受孙中山任命的滇军总司令杨希闵、桂军总司令刘震寰阳奉阴违，因而不了了之。当时的广东，陈炯明霸占着惠州以东地区，杨希闵把持着广州、佛山、韶关和东江的部分地区，刘震寰控制着西江一带，陈炯明所属的邓本殷、申葆藩占据着阳江以南的大片地区。广西的陆荣廷虽经直系军阀的支持再次回桂，但不久即被李宗仁、黄绍竑的联沈（鸿英）倒陈所逐。1924年的广西，除广西绥靖督办（后改为军务督办）李宗仁、会办黄绍竑占有桂南外，还有控制着桂中、桂北的广西建国军总司令沈鸿英，以及企图回桂主持的驻粤桂军总司令刘震寰。李、黄与沈在倒陆后，为了争夺对广西的统治权而互相敌视，刘震寰又欲回桂，这就使广西的政局仍然处于动荡之中。唐继尧有鉴于此，乃一面收编陆荣廷旧部林俊廷、黄培植、蒙仁潜、韦荣昌、潭浩澄等，分别委以边防督办、镇守使等职，一面在拉拢李、黄不成的情况下，于1925年年初向广西用兵，第一次滇桂战争爆发。

二 昆仑关之战和柳州之战

唐部滇军入桂分为三路：北路为一军唐继虞、十军张汝骥、独立旅吴学显，由湖南进入广西，进犯柳州；南路为五军龙云，离滇后由百色攻南宁；中路的二军胡若愚作为预备队，拟经贵州盘县、兴义入桂，在百色伺机策应两翼。

1925年1月6日，五军龙云由开远向广西进发。2月，刘震寰来到昆明，与唐继尧就滇、桂、粤军的合作问题进行了密商，决定先图两广，再北上武汉；广西得手后由刘主桂，之后合兵入粤；据粤后，如孙中山在北京仍然健在，唐继尧可以副元帅主持军事，置孙中山于无足轻重的地位；若孙中山不幸病故，唐继尧可入粤统筹全局，广东的地方事宜酌委粤人管理；关于北伐出师，滇、桂军将联合川、黔、粤、桂等军合力进行。2月19日，唐继尧又以联治主义为旗号，通电声言将"进则共谋共和联邦之统一，退则保留联邦之省治，为国家为西南，无有切于此者"[1]。唐继尧的联治统一宣言再一次和盘托出了他决心置桂、粤于自己的统治之下的意

---

[1]《中华民国史资料丛稿》大事记第11辑，第28页。

图。23日，五军龙云进占南宁。

在滇军由云南出动时，陈炯明为配合滇军南下，即自称救粤军总司令，率部向广州进犯。大元帅府被迫开始了第一次东征讨陈。3月，国民党中央执行委员会派出驻粤建国军、滇军二军军长范石生入桂，协同李、黄在广西作战。李、黄、范会合后，即在广西的横县、贵县、桂平设防三道，共同阻击滇军。3月7日，李宗仁与广西省省长张一气发出联名通电，谴责唐继尧趁广西"对沈作战之时，借名假道北伐，派兵入侵龙州、百色。省政府专电质问，省议会通电拒绝，彼皆悍然不恤，直行侵占邕垣"，号召全省人民当滇军进犯时，应"巧绝其粮食，阻其交通，以为军队之助"①。李、张和广西省政府、省议会的多次通电虽不可能阻止唐继尧所部滇军停止行动，但对揭露唐继尧的扩张行径是有利的。

3月12日，孙中山在北京病故。19日，唐继尧通电宣称："今不幸大元帅在京逝世，一切未竟之主张，皆吾辈应负之责任，用遵咨电，于3月18日在滇就副元帅职。惟望同志袍泽，协力一心，匡我不逮，庶用贯彻主义，奠定家邦。"② 对于副元帅一职，唐继尧在此前虽经孙中山及其派出的代表多次劝驾，均不就职。现在孙中山辞世了，他却如梦初醒，宣布就职，要来完成孙中山尚未完成的事业，这岂非咄咄怪事。唐继尧此举用意无非在于坐升大元帅，为他的入桂图粤取得冠冕堂皇的保护伞。国民党中央执行委员会在此后的10天里，虽然为处理孙中山的丧事而十分繁忙，但仍三次开会议决否认唐继尧就任副元帅职。20日，国民党中执委通告国民党军人，一致谴责滇军入桂，声明唐继尧等人的联治主义与国民党的革命宗旨不是一回事，揭露唐继尧等一伙联治派均是外受帝国主义利用、内借联治之名以行割据扩张的军阀。山东、湖南、浙江、上海等地的国民党省市党部或执行委员会也相继纷纷通电声讨，呼吁国民党同志积极行动，一致反对。唐继尧的就职及其宣言，终于弄巧成拙，使其在政治上陷于孤立。

与李、黄在桂中、桂北对峙的沈鸿英反复无常，数次投孙叛孙。李、黄于1924年夏至1925年春对沈两次作战，大败沈部，迫其退出桂林。1925年3月，沈又趁李、黄南下南宁应付滇军时，纠集残部回桂，进占

---

① 《李宗仁、张一气通电声讨唐继尧侵桂电》（1925年3月7日），云南省档案馆档案。
② 金汉鼎：《唐继尧图川和顾品珍倒唐的经过》，《文史资料选辑》第30辑，第78页。

桂林、平乐。沈鸿英出于抗拒李、黄称霸广西的需要，与唐继尧有所联系，所以当唐继尧宣布就副元帅职后，他竟肉麻地吹捧："会泽联帅功高望重，民国柱石，旷观宇内，能领袖封疆提挈西南之人，实无出其右者"；"现谨擐甲执戈，惟联帅马首是瞻。务望诸公一致拥护，俾联帅毅然早日出执牛耳"①。4月，沈鸿英经李、黄的再次追逐，被迫放弃桂林，所部仅余千人左右。② 据粤反孙的陈炯明经大本营东征联军的数月征讨，所部分别退入福建、江西，第一次东征胜利结束。沈鸿英的失败，陈炯明的受挫，广西战局的相对稳定，为李、黄所属的桂军集中兵力提供了机会。李宗仁与范石生在桂平会商后，决定两军联合，共抗滇军。5月9日，李宗仁、黄绍竑、白崇禧、范石生、杨蓁（范石生军参谋长）发出联合讨唐通电。19日，双方的攻守在昆仑关开始。

昆仑关在南宁以北，两地相距百多里，是北出南宁的关口之一。滇军龙云部占领南宁后，即以前敌总指挥卢汉在此据守。为了共击滇军，李、黄先后以六个纵队（团）七八千人的兵力，联合范石生军协同作战。李、黄命俞作柏等两个纵队在正面出击，陆超等两个纵队从右翼侧击，范石生由左翼包抄。桂军中、右两路的攻击行动开始后，范军尚未赶到，故经一昼夜的苦战，伤亡千余人，昆仑关仍未攻下。李、黄不惜代价，速调伍廷飏等两个预备队投入左翼。卢汉在桂军的三面围攻下，伤亡二千余人，被迫退走八塘，继经七塘、五塘退至二塘。五军龙云在昆仑关之战中元气虽未大伤，但经桂军的打击，此后便收缩防线，固守在南宁城中。

桂军在昆仑关的胜利鼓舞了士气，随即开始积极谋划展开乘胜进击、转攻南宁、赶走南路滇军的战役。但是，由于此时北路滇军已经入桂并进围柳州，为解柳州之急，桂军被迫分兵。

1925年年初，唐继虞等离黔入湘后，所部即以建国联军第一路的名义，滞留于湘西洪江一带，先则宣称奉命北伐，继则声言将"率兵东下"，联湘、川之兵，"扫除联治障碍"③。其实，这些都是掩人耳目之语，销烟（鸦片）自肥、易烟充饷才是唐继虞等人停留洪江一带的真正原因。离黔入湘的滇军为销售在贵州搜刮的大烟，停留湘西数月之久。北路滇军

---

① 《沈鸿英通电拥护唐继尧》（1925年4月1日），云南省档案馆档案。
② 韦瑞霖：《沈鸿英事略》，《广西文史资料》第16辑，第98—100页。
③ 《中华民国史资料丛稿》大事记第11辑，第35页。

入桂后，作为该路总指挥的唐继虞，并未身临前敌，而是以唐继尧收编的土匪旅长吴学显为先锋。吴旅有七八千人，素质极差，且缺乏训练，械弹混杂，战斗力不强，在柳州防军两三千人守卫攻击下，死伤不少。五六天后，黄绍竑率由南北调的桂军赶到，防军兵力增为四五千人。黄绍竑认为吴旅并非滇军主力，且攻城一再受挫，士气大伤，遂决定抓住北路滇军尚未到达之时出城作战。吴旅在黄绍竑抵柳的次日晨突遭打击，大出所料，只得丢弃阵地逃命。途中，该旅又受桂军一部伏击，半数官兵为桂军所俘虏。

两天后，吴旅余部在柳州沙埔与北路滇军会合，就地构筑工事，迎击桂军。6月4日，桂军前敌总指挥白崇禧率部由桂林赶来增援，桂军兵力增至万人以上。滇、桂两军在沙埔激战一日，双方均有较大伤亡。滇、桂军为争夺沙埔一侧的白马山高地在滇、桂军争夺中五易其手。桂军占领制高点后，架炮对滇军猛加轰击，击中滇军在沙埔江上的浮桥，造成滇军背水作战。桂军全线出击，滇军溃不成军，被毙和落水死者不计其数。黄绍竑说，此战"敌军约有二千人缴械，二千五百人被俘，伤亡约千余人。残敌向长安镇方向逃窜，与唐继虞后续部队会合。我军伤亡亦很众。这是在广西统一的战争中最剧烈的一场"①。

唐部滇军在桂北两战失利，不得不放弃进占柳州的企图，在三江附近整顿后，决定沿融县、罗城南下，与五军龙云会合。桂军尾追不舍，又在罗城、庆远等地再败滇军。唐继虞三战三败，兵员、武器损失一半，无可奈何地放弃了南下的打算，于6月底经河池、东兰一线败退回滇。

滞留南宁的龙云五军在北路滇军大败离桂后，由于失去配合，被桂军和范石生军所牵制，南下广东似如做梦，久据南宁亦非上策，只能步唐继虞的后尘。8月，入桂滇军全部撤回云南。

三 杨、刘被歼与范石生图滇

在大元帅府第一次东征讨陈结束后，在广州与唐继尧的入桂图粤相呼应的杨希闵、刘震寰于1925年4月派兵占领了石井兵工厂，并于5月初在广州部署军队。5月中，唐继尧以副元帅名义任刘震寰为广西全省军务督办兼省长。杨、刘在香港与唐继尧、段祺瑞、陈炯明和港英当局的代表

---

① 黄绍竑：《滇桂战争》，《文史资料选辑》第2辑，第71页。

秘密集会，图谋在广州发动叛乱。6月5日，杨希闵等人通电宣称："今蒋中正、廖仲恺、谭平山等利用俄人，私相勾结，代彼宣传，冀以少数党人专制革命，直视革命为彼辈包办事业"；"希闵等断不容彼辈播共产流毒于社会，我军因此喋血疆场，亦所不惜"①。杨希闵所属的三个师在接近和进入广州后，以一师赵成梁驻于广九铁路石牌车站等地，五师的胡思舜部署于瘦狗岭、白云山一带，二师廖行超进入广州市区。刘震寰部桂军从西江向广州移动。同日，进入广州的滇、桂军受命将广东省长公署、财政厅、公安局、电报局、电话局、粤军总司令部，以及铁路、征收各机关予以占领。对于杨、刘在广州的叛乱，国民党中央执行委员会发表了告粤人书，指责唐继尧等人为祸革命，号召粤人"与革命政府同心戮力，共驱除广东和平之敌人唐继尧"②。代理大元帅胡汉民当机立断，免除了杨希闵、刘震寰的建国军滇、桂军总司令职，任朱培德为建国军滇军总司令。

在此前后，新云南社发表宣言，揭露帝国主义在云南的侵略，谴责唐继尧的"大云南主义"，宣布要在云南"推翻国际帝国主义的压迫"，"打倒封建军阀及其工具——贪吏劣绅的一切暴力"，绝不允许"大云南主义、联治主义及任何军阀专政"在云南存在。③ 广州的工人代表会议、土木建设工会、市总商会、中国青年军人联合会等团体，或通电，或议决，决心支持广州革命政府的主张，反对唐继尧吞并两广的阴谋，要求讨伐杨、刘的背叛行为。粤汉、广九、广三铁路的工人也积极响应革命政府的号召，宣布一致罢工，拒绝运送滇、桂军。经大元帅府的组织和紧急调动，东征讨陈的粤军大部回师，北江的滇军朱培德、湘军谭延闿南返广州，西江的粤军第一师李济深，以一部兼程援穗，广州以南的李福林部和黄埔军校的学生队在南面配合。从6日到12日，经过仅7天的战斗，杨希闵所部一败于石牌，赵成梁被击毙，再败于白云山、观音山、瘦狗岭，三败于广州市区。刘震寰部桂军亦在西江被击溃。杨、刘叛军被平定，粉碎了唐继尧进图两广的企图，也为此后北伐革命的胜利进行开辟了道路。

广西方面，当北路滇军进逼柳州，部分桂军北移救援后，范石生等的

---

① 《中华民国史资料丛稿》大事记第11辑，第97页。
② 同上书，第83、89页。
③ 同上。

滇桂联军曾一度将南宁合围，龙云乃请求昆明支援。当时的南宁，除龙云所部五军外，还有响应唐继尧入桂的陆荣廷旧部林俊廷等二三千人。龙、林二部合计兵力大体与范石生等的滇桂联军相当。范石生等多次组织部队攻城，给城中的滇军以不小威胁。不久，二军胡若愚进入南宁。为改变滇军在南宁被围的现状，龙、胡即命部队多路出击，迫滇桂联军撤围。滇桂联军估计要收回南宁并非易事，但为了牵制龙、胡南下广州或北上与唐继虞会合，乃以一部兵力在南宁正面牵制滇军，另以主力部署于南宁北面的高峰隘、甘圩山一带，使龙、胡二军被困于南宁城中。

滇桂联军经柳州、沙埔之战，击溃并赶走了北路滇军，桂北已无后顾之忧。杨、刘在广州的败北，使唐部滇军的南下已不可能。至此，唐继尧入桂图粤已山穷水尽。但是，由于装备限制，滇、桂军均缺乏无线电通信联系，故北路滇军的失败和退回云南，在南宁的龙云、胡若愚尚一无所知。为不战而收复南宁，迫龙、胡两军撤离广西，桂军将抓获北路滇军的俘虏二三百人放入南宁。龙云等怀疑桂军释俘别有用意，又怕这些人在城中动摇军心，竟全部予以秘密处死。李宗仁再放俘虏五百余人，并旅长二人入城，龙、胡等始确信不疑。①

龙、胡两军为安全撤回云南，避开桂军的阻击，于7月7日放弃南宁，循左江经靖西、睦边一线回撤。桂军追击指挥官俞作柏进入南宁后，没有派部尾追滇军，而是忙于设职封官，两天后才派部队追击，进至龙州后即停止前进。驻百色的桂军刘日福部由于未得大元帅府大本营的命令协同范石生回滇，仅配合范部滇军进至桂、滇边境。

范石生率部回滇，企图逐唐自代。而范父在开远突然死去是促成他反唐的原因之一。② 范部滇军入滇的兵力，计9个团1.5万人左右，于8月3日入剥隘，7日抵富宁，月底进入广南，沿途未受什么阻击。9月，龙、胡两军与唐继尧派出的援军同时出击，在砚山、文山大败范军。范军死伤甚众，所余三四千人退回了广西的田东。

---

① 《李宗仁回忆录》上册，政协广西壮族自治区委员会文史资料研究委员会编印，1980年版，第255页。

② 据曹云阶《范石生图滇之役》（未刊稿）一文说，范为迎养其父母，曾派人往接去粤。在开远车站，路警分局局长施雨村意欲与范父同行，并经范父推荐给范石生，以便谋职发财。但办理离职事宜需要时间，施即借口范氏父母过境护照尚需请示，强留他们在当地停宿一天。范父不明情况，误以为是唐继尧故意刁难，当夜即气死于旅舍中。

协同范石生回滇的还有金汉鼎、唐淮源二部。金在贵州得袁祖铭的支持，称定滇军总司令，但未成行。①唐淮源配合于滇东北，以定滇军左翼总司令的名义，于7月、8月间率兵二三千人入滇，下盐津，占大关，攻昭通，但不久为昭通守军所败。②

范、金、唐三路入滇虽以失败告终而未能如愿，但此事已说明，随着这一时期地方军政实力人物拥兵自重，争夺地盘，地方武装亦无可避免地被利用，滇军的对外扩张将又一次转变为内部争战。

第二节　罗、刘、杨在滇西反唐

一　联合反唐的发生

清末，为分巡滇西和适应被迫开埠的需要，云南的迤西道由大理移腾越（今腾冲），改称腾越道。辛亥革命后，腾越道与大理镇守使署成为云南地方政府统辖滇西的军政机构，其地位颇为重要。

1923年，腾越道道尹出缺，有人建议，以大理镇守使署的丽江、维西镇守副使兼十三团团长的罗树昌升任，同时兼署大理镇守使署的腾冲镇守副使。唐继尧不采此议，另以晋宁人李秉阳继任。李秉阳在云南陆军小学堂时，与唐继尧的堂弟唐继虞是同学。李由云南省公署参谋处第三部部长，调充腾越道道尹兼大理镇守副使，据称是得力于唐继虞的保荐。

1925年，地处滇西北的宁蒗县社会动荡，扰及永北（今永胜），宁、永二县的地方士绅和地方团队求助于罗树昌。1926年，移防永北的罗树昌，鉴于唐继尧又将李秉阳升为大理镇守使，心中不快，罗、李间的矛盾遂表面化。唐继尧得李秉阳的密告，即将罗树昌免职，调回昆明，另候差遣。罗树昌久驻滇西，熟悉民情，对于唐继尧政府来说，本来是有助于维系滇西稳定的地方官之一，但被唐继尧出于培植亲信的需要免职。罗树昌保官不成，升官无望，大感前途渺茫，疑唐继尧的调省候差，未必不是软绳套虎之计；如遵命回昆，或者被闲置不用，或者自投罗网。罗思前想后，决定孤注一掷，铤而走险。

1926年5月，罗树昌在永北、华坪起兵，张贴布告，发出通电，宣

---

① 《中华民国史资料丛稿》大事记第11辑，第197页。
② （民国）《昭通县志稿》卷一，大事记。

言讨唐；收编民团，招纳土匪，组成迤西保安军；委任杨湛恩为永北县知事，许中道为华坪县县长，许占彩为前敌指挥。罗树昌的迤西保安军有支队6个、大队8个，人数近万人。为先发制人，该军东路一部占牟定，另部入盐丰，进大姚，攻姚安。罗树昌弟罗树法领南路之兵取宾川，继经祥云窥下关。范光祖率领的西路4个大队进展甚快，在攻下鹤庆、牛街、邓川后，又连下上关和喜洲。李秉阳兵单力薄，难以抗衡，乃弃城出逃。"榆城告急，迤西震动"①。

继罗树昌在永、华的独立后，杨震寰也在保山宣布讨唐。杨震寰，永平杉阳人，曾在滇军中任过连长，1925年以杉阳团防区队长受调，在保山境内协同团防防剿土匪。1926年，多股土匪进入永平，杨部民团不敢迎战，放弃永平，避走保山。在杨进入保山县城后，县长董钫被迫表示欢迎，贴出布告说："照得义军，现已渡江。除派代表，前往欢迎，仰我人民，勿得惊惶。特此布告，一体周知。"② 8月22日，杨震寰在保山改联防剿匪为反唐。

杨在保山，初称义军总司令，先后委任在籍陆军中将徐进为总参谋长，马受福、金恩荣、徐适为梯团长，丁维乾为独立团长，云龙民团排长萧鸣梧、保山民团排长杨德三等四人为江防司令；并委李柏铭为筹饷局长，控制银行，提取公款、税款，加派团款、富户款；来往邮电，不经检查不予放行。

罗树昌"举事永北，杉阳团长杨振（震）寰应之，迤西各县股匪乘机风起，腾冲振（震）动。腾越道尹汤希禹、腾冲县长李映乙闻风大恐，张皇失措"③。汤希禹是唐继尧的老师，年大迂腐，素无主政治军才能，西去腾越继任道尹，只不过尸位素餐。当罗、杨先后独立，汤即于8月24日集腾冲官绅在道署会议，决定将亲统的游击队、保商营，李映乙所辖的民团、商团、警兵、缉私营等，全部委交驻军团长刘保腾指挥，令刘编组后开赴龙川江、怒江，阻止杨震寰过江扰腾。

就在汤希禹委刘保腾的时候，作为驻腾二十六团团长的刘正伦恰于此时受李秉阳的排挤，被唐继尧免除了职务，遗职为李秉阳所兼领，并电刘

---

① 《云南通志馆征集云南省各县大事资料·永北》，未刊稿。
② 万寿康：《1926年前后滇西匪乱记》，未刊稿。
③ 《云南通志馆征集云南省各县大事资料·腾冲》，未刊稿。

速去大理交代。刘正伦与罗树昌有所联系，得知罗已在永北、华坪揭旗，遂于8月26日在腾冲以滇西保安军总司令的名义贴出布告，宣布独立，并通电省内外揭露唐继尧的罪状。刘在囚禁汤希禹、李映乙的同时，另委赵槐卿为道尹，张问德为县长，余锵为龙陵县知事，并委杨震寰为副司令，张左文为参谋长；并设立筹饷局，截留税收。刘正伦以民团、商团等所编就的保安军有支队两个，游击、警卫大队各一个，人数在两千人以上。

由刘正伦、杨震寰分任正、副司令的滇西保安军为配合罗树昌部对大理和东向昆明的行动，刘正伦的两个东进支队，曾与杨震寰部一起，数次往攻顺宁（今凤庆）和镇康。

罗、刘、杨在滇西先后起兵，总兵力超过万人，攻城夺地，设官分职，对唐继尧在云南的统治形成较大的威胁。为迎堵罗、刘、杨的东进，唐继尧在5月罗树昌独立于永北、华坪时，即派近卫三团（团长唐继麟）、五团（团长欧阳好谦）前往楚雄、大理地区对罗部堵剿。8月，唐继尧获悉刘、杨在腾冲、保山相继响应，遂在昆明召开军事会议。会上，二军军长胡若愚、五军军长龙云均反应消极，或者借口要补充兵员，或者声称要增加军饷，不愿积极前往。既是唐继尧的同乡、又是唐继尧亲信的陈维庚在会上见唐继尧指挥不灵，处境不妙，乃自告奋勇，主动报名。由陈维庚任迤西临时剿匪总司令官的西进部队于9月从昆明出发，其兵力除唐继麟团、欧阳好谦团外，还加派了步兵二十团（团长俞沛英）等。

罗、刘、杨联合反唐，就力量讲，确实大于西进的唐军，但因各处一方，分别作战，便造成被唐氏部队各个击破的态势。8月14日，唐部唐团进至永北。罗树昌所领的三千多人，未经大的战斗即退走华坪。唐团以两个营的兵力尾追，罗部溃不成军，罗树昌避入四川。罗树法率领的千余人，先弃宾川，继经永北东山至华坪的义那，一部被缴械，余部溃散。前进至大理喜洲的范光祖，由于贪恋该地的财富，延迟未攻大理，唐军一到，张占彪北去鹤庆，范光祖东经永北入四川。接受罗树昌指挥的张梁、宋金荣等人，见反唐大事难成，西去保山，脱离了与唐部西进部队的接触。前进至楚雄地区的唐部欧团，在牟定将罗军一部赶至元谋。位于姚安、大姚、盐丰一带的罗军李济川部，有众三千余人，在唐氏部队的进逼下不敢迎战，经华坪转入四川。集众七八千人的罗树昌，在唐继尧西进部队的进攻下不堪一击，先后被击败溃走入四川。究其失败原因，一是乌合之众，迷信武力；二是成分复杂，素质极差；三是临时聚集，未经训练；四是械弹短缺，徒手众多。① 10月，陈维庚至下关，与李秉阳等会议后，决定分区防卫。澜沧江以东的大理、丽江等地为一区，令唐团、欧团负责；澜沧江以西刘、杨等部，由陈维庚领俞团、工兵营、警卫营前往解决。

此时的罗军张梁、宋金荣部逗留于永平、漾濞，杨震寰在保山。陈维庚领队经蒙化（今巍山）、顺宁取保山。军至右甸（今昌宁），营长史华奉命南下经施甸去蒲缥，以图堵住杨、张、宋部的后路。杨震寰在初攻失利后，再于11月9日攻顺宁。15日，杨探悉唐部陈军已经西进，便退出保山。在蒲缥，杨与史华营小有接战，即过怒江而去腾冲。17日，张、宋二部入据保山。同日，唐部陈军抵保山，双方经过激战，张、宋二部溃败，北经老营、瓦房街，西渡怒江转去腾冲。在腾冲久持观望态度的刘正伦在杨、张、宋退来腾冲前，便三十六计走为上，放弃腾冲避入缅甸。

罗、刘相继败走离滇，杨、张、宋三部在腾冲已成孤军。陈维庚为全歼杨等三部，乃一面佯为接受腾冲官绅和驻腾英领事哈尔定的请求，同意停止用兵；一面派人与杨等三人联系，封官许愿，准予自新，约期面见。12月3日，陈维庚至腾冲，设官安民，开城互市。杨震寰、金恩荣不知是计，轻信哈尔定和新任县长杨宝昌的保证，亲赴陈营，被捕受戮。张、宋二人拒绝前往，事发时该二部虽稍有伤亡，但大部离腾东返。为期数月的罗、刘、杨联合反唐至此即告失败。

二 褒贬不一的评论

对于罗、刘、杨在滇西的起兵，社会各界褒贬不一。

一曰匪患。

罗、刘、杨三人中的罗树昌招纳土匪，兵匪不分，因而有人认为此次事件是有土匪参加的匪患。不可否认，罗树昌为了扩充实力，壮大声势，确实吸收过不少土匪。其中人数较多又甚为知名的，有张占彪（张结巴）、张梁、宋金荣、李济川等人，或被给予支队长官职，或被委以大队

---

① 据被访问过的目击者说，罗树昌部除正规军一营，永北、华坪等地民团招纳的数股土匪武装外，余皆临时召集，凡能召集10人者即可任班长，30名授排长，百人当连长，其缺乏战斗力不难想见。

长名号。但是，这种情况并不始于罗树昌。1920年，唐继尧为了在四川与熊克武抗衡，就收编过土匪杨天福、吴学显。1922年，唐继尧为了赶走顾品珍回滇复辟，又曾联络和利用过土匪，其中如吴学显，就被封过独立旅长的职务。1927年秋，唐继尧已经下台病故，唐继虞、陈维庚趁胡若愚、张汝骥与龙云互相矛盾、为争夺对云南的统治权而兵争不息的时候，同样地在滇西拼凑武力，其中包括招安张占彪，委予独立旅长。唐氏兄弟也好，罗树昌也好，纠集土匪作为政治上的赌注，都是不得人心的。问题在于不能单方面地指责罗树昌。应当看到，唐继尧统治云南时期土匪的出现，其原因甚为复杂。其中如张占彪出身贫寒，幼时讨饭，母亲改嫁后为人放牛放马，由于生活所迫走上了抢劫道路。他自领一股人马，提出："上等之人差我钱，中等之人莫照闲，下等之人同我去，一月15元。"① 曾任滇军一八四师师长、1929年奉命捕杀张占彪的张冲认为，剿办张占彪是干了一件蠢事，帮了三座大山的忙。有人转述他的话说："张结巴是一支农民武装，人家有群众，有纪律，有根据地，有一套办法，只是没有政党领导罢了。"② 20世纪20年代前后，云南经济不振，城乡广大人民生计艰苦，是产生匪患的重要原因之一；若干大小军政实力人物为保权力或地盘而利用土匪，而部分匪酋希冀"招安"，并企图借此升官，也是匪患不清的原因之一。

张占彪等人在参与反唐活动的几个月中，仍然有勒派、骚扰的情况，而唐部陈军也有类似行为。有人说他们浑水摸鱼，趁机"抢劫"，也有人说他们"与土匪无二"③。

二曰受人策动或怂恿。

此类看法主要有三种说法。一是直接或间接与范石生有关。有记载说："驻粤滇军范石生军准备还滇取（唐继尧）而代之。"④ 又说："适驻粤滇军总司令范石生，由广西至滇讨唐氏，哄动三迤。"⑤ 即使罗与范无

---

① 赵振銮口述资料。
② 张旭：《关于滇西"著名土匪"张占彪（张结巴）》，《怒江文史资料选辑》第3辑，第41页。
③ 《云龙县志稿·历史大事记》，打印稿。
④ 王懋程：《罗树昌的"滇西保安军"》，未刊稿。
⑤ 郭进之：《记杨震寰入保山始末》，转见（民国）《保山县志》卷四，大事记四，杨震寰倒唐始末，未刊稿。

联系，但确是借范石生入滇之时乘势而起。范石生入滇倒唐事在1925年，不久即失败离滇，所以罗、范之间在范军入滇前并无联系。他们之间的联系发生在范石生军入滇倒唐失败之后。罗树昌说："适第十六军范石生特派专员来约，商定内外夹攻计划。树昌深维北伐所以救国救民，讨唐即所以赞助北伐，义无反顾，不惜牺牲"，遂"集合所部，誓师声讨"。"讵料相持五阅月，范军犹未会师，以致孤军激战，饷弹两告缺乏，不得已退驻滇蜀边境及迤西腹地"①。罗树昌所言说明，他们的起兵虽与范石生有联系，并受到策动，但由于范石生军没有再次入滇，以致联合行动变成了单独行动。二是护国运动后任过滇军团长的唐淮源在今昭通地区讨唐，因兵力不足，派人"与罗联系，借助罗干"②。唐淮源在昭通反唐，事亦在1925年，名号为定滇军，在上引罗树昌所撰写的呈文里也没有提到与唐淮源的联系，罗、唐联系一说难以成立。三是有人认为，罗树昌与唐继尧之间的矛盾固然很大，但罗优柔寡断，本无反唐决心，只不过因为许辉南在罗树昌免职待命后，一再直陈利害，怂恿劝说，罗才决定反唐，故罗的讨唐带有很大的被动性。③ 此说亦不尽然。罗树昌作为唐继尧政府的一个地方官，有兵无多，仅正规军一营，要推倒统治云南十多年的唐继尧，不能不从政治、军事等方面进行慎重考虑，权衡得失，选择有利时机。许辉南是罗树昌的部属，休戚与共，同舟共济，多次表明自己的态度，力促罗树昌尽快采取行动，这是可以理解的。罗树昌从酝酿到决定倒唐，自然有一个发展的过程，不能视为被动。

三曰并不反唐。

有人认为，罗、刘、杨的起兵不过是罗、刘与李的政见不合，猜嫌起衅，他们之间的斗争仅止于争权夺利，罗不过为"拥唐倒李"④。还有人认为，罗树昌的举兵主要是针对李秉阳，为泄私愤，说不上有什么反唐的宗旨。⑤ 罗李、刘李之间的矛盾初起于维护和扩大个人的权力，但事态的发展远远地超出了这个范围而扩大为罗、刘与唐继尧的争斗。同时，反李

---

① 罗树昌：《罗树昌除暴起兵响应革命经过并愿继续为政府宣力呈》（1927年6月29日），《云南档案史料》第17期，第22—23页。
② 据彭稚如口述。
③ 万寿康：《一九二六年前后滇西匪乱记》，未刊稿。
④ 《云南通志馆征集云南省各县大事资料·永北》，未刊稿。
⑤ 万寿康：《一九二六年前后滇西匪乱记》，未刊稿。

势必反唐，因为信赖和支持李秉阳的正是唐继尧。"拥唐倒李"的说法既不符合情理，也违背历史事实。罗树昌所贴布告非常明确："唐逆继尧，穷兵黩武。土匪遍地，农村破产。工商凋敝，百业萧条。残害忠良，伤天害理……"①响应罗树昌讨唐行动的刘正伦、杨震寰，在有关记载里，也都明确了此意。如刘正伦在腾冲的独立，"其宗旨为倒唐……并电知省内外各同志以壮声援"②；杨震寰在保山起兵后，"通电声讨唐继尧之罪状，与国民党北伐军通消息，于是杨震寰遂易其联县自卫之初衷"③。由此可见，"拥唐倒李"和并不反唐的说法，是不足为据的。

罗、刘、杨在滇西起兵数月，其目标在于反唐。至于他们与北伐军通报消息，与范石生有过联系，还不能说明他们就是北伐军的一个部分。而且，范石生回滇倒唐并非大元帅府大本营派遣，而是范石生的个人行为。故罗、刘、杨的反唐性质，只能是唐继尧统治集团内的一场政争。不过，从历史发展来看，由于陈维庚在腾冲、保山杀绅屠降，④在大理罪及无辜，⑤并且为了在滇西驻防的需要，不得不将唐团、欧团、俞团配置于滇西。几个月后，当"二·六"政变发生时，唐继尧在众叛亲离和调兵不及的情况下，被迫让出宝座。就这个意义上看，罗、刘、杨在滇西的反唐在一定程度上促成了1927年倒唐的"二·六"政变。

第三节　中共云南地方组织的建立与唐继尧治滇的结束

一　中共云南地方组织的建立及"二·六"政变前的云南形势

五四运动后，民主革命的思潮在全国广泛传播。1921年中国共产党成立，1924年孙中山确立联俄、联共、扶助农工三大政策，第一次国共

---

① 赵振銮口述资料。
② 《云南通志馆征集云南省各县大事资料·腾冲》，未刊稿。
③ 郭进之：《记杨震寰入保山始末》，转见（民国）《保山县志》卷四，大事记四，杨震寰倒唐始末，未刊稿。
④ 腾冲和保山商会会长金家惠、王嗣赓，当刘、杨据城后，曾被迫约众出面出钱，以维护地方的安宁。陈维庚借此向金、王勒索巨款。后因索贿不遂，陈即以通匪援匪为名将二人枪杀。
⑤ 对于张占彪、张梁的原籍村寨，陈维庚视为匪巢，下令杀人烧村，数百人死于唐军的枪下。转见马继武《迤西匪患略述初稿》，未刊稿。

合作形成。1926年7月,在中国共产党的推动下,广州国民政府誓师北伐,全国出现了一个反帝反封建军阀的革命新局面。此时,云南的革命形势也发展很快,1925年9月和1926年11月,共青团云南特别支部(李国柱任书记)和中国共产党云南特别支部(吴澄任书记)先后成立,从此云南革命斗争进入了一个新时代。中共云南特支成立后,"立即按照中共广东区委的指示,把推翻唐继尧在云南的反动统治列为最重要的任务"①。

图11 中共云南特别支部(节孝巷)

在卢梅贝起义,叶荃、顾品珍倒唐和罗、刘、杨滇西起兵之后,1927年2月6日,唐继尧终于被迫交出了军政大权,从统治云南的宝座上跌落了下来。被人们称为"二·六"政变的这次事变,原因主要有以下几个方面。

图12 富滇银行发行的纸币

---

① 中共云南省委党史研究室:《中共云南地方史》第一卷,云南人民出版社2001年版,第50页。

唐继尧对内征敛，对外征战，已经严重地阻碍了云南的经济发展和社会进步。1917—1927年，为了对外征战的需要，唐在全省88个县、局（设治局）、区（对汛区）强征青壮年八万多人，索取募兵费五百多万元，又在罗次等五县无偿征调马匹六千余头。① 云南农业原本发展滞后，如此之多的人力、财力、畜力的征调，以及不时出现的水旱等灾害，加之土匪骚扰，使农业生产进一步衰败。为了满足对外征战的兵费、省内军政等费用的发放，唐继尧政府设卡抽税多达44处，位居全国第四，与贵州相同，超出四川一倍以上。② 大烟税是云南的财政支柱之一，除强迫农民种烟并征收"烟亩罚金"外，唐政府又在运售、吸食等环节上课以重税。到1927年，仅有资本500万元银币的富滇银行，竟发行无法兑现的纸币5000多万元。云南地方政府在农业、财政、金融等方面的这些做法，不可避免地造成了农村破产，工商受困。同时由于纸币的大量投放，币值严重贬值，由三抵一、五抵一变成了十抵一，物价的涨幅如脱缰的野马。为了缓解金融危机，1926年，唐政府又一次地推行地方公债，涉及盐税、厘金、锡税、铜税、茶税和田赋等方面，一律以原征数额为准，加一倍征收。时间初定为两年，以后逐年偿还一成，20年还清。这种强制发行的公债称为预征借款。在这一钱粮课税预征案提交省议会讨论表决时，议员们不以为然，有议员明确表示反对。有人认为云南财政经济的恶化应归罪于唐继尧的拥兵征战："何物贪天功，庞然一代雄。朝割黔田麦，暮掘蜀山铜；驰马牧百粤，驱车蹂秦中。滇南好健儿，白骨遍天涯。千万无一回，存者亦流离。"③ 类似的指责还有很多。

北伐战争开始后，南北军阀如坐针毡，无不力图做垂死挣扎。北方军阀吴佩孚等派出下台军阀刘震寰等人来云南，促唐继尧以西南盟主的身份再次出兵两广。唐继尧为使南北联合成为事实，派出王九龄、张维翰等人为代表，先后前往洛阳和南京，与吴佩孚、孙传芳进行联络。在唐继尧召集的几次会议上，胡若愚、龙云等军长对于再次用兵两广噤若寒蝉，以沉

---

① 《续云南通志长编》上册，第34卷，军务略上，云南省志编纂委员会办公室1985年印，第1156—1200页。

② 据全国商会联合会干事会统计公布的数目。《中华民国史资料丛稿》大事记第7辑，第108页。

③ 李学诗：《哀滇篇》，《治平吟草》卷二。

默表示拒绝。某些追随唐继尧的军政官员却说，只要唐联帅一声令下，部属们理应服从，公开向胡、龙等施加压力。唐继尧认为胡、龙等的态度是出兵的关键，既然他们拒不表态，只好作罢。由于"联合反赤"在军事上不能如愿，唐继尧乃在省内从政治上、组织上大做文章，企图稳住阵脚，待机观变。

经过历次革命运动锻炼的云南各学校学生及校外青年，为配合大革命在云南的开展，在三一八惨案后及五卅周年纪念前后，通过所办的刊物、编印的传单，宣传反帝反封建的主张。他们提出，只要"大家出力来救国，同心不怕不回天。待到兵强国又富，方可同享太平年"①。对于进步学生的革命救国行为，英国驻滇总领事竟致函云南外交司，说此种举动有碍"中英亲善"，应"设法制止"②。唐继尧政府唯命是从，下令解散云南学生联合总会和各校学生会；封闭《云南学生》（半月刊）；逮解总会重要职员和《云南学生》主编回籍，发交地方官严加管束；下令有关宣传赤化、妨碍治安的书稿，厂家不得印刷，书铺不准售卖；散发传单和外出演讲必须停止；外埠入滇的书刊、报纸，责令有关部门审检；经由学校转给学生的书刊、信件，各校应有专人予以检查。唐继尧还亲自出面，以讲话、布告或训令的形式，大肆攻击共产主义和社会主义的苏联，声称"现代列邦学说蔚起，纯杂不一，其能利国福利者虽多，扰乱社会安宁秩序者亦不少。如共产主义虽系学说之一，颇不适宜国计民生"。"不惜巨金宣传鼓吹，期以蛊惑群众，扰害治安"的苏俄，"欲使我国成为过激赤化，以遂其侵略野心"。今后"凡有关于宣传赤化之报章杂志，及学生不正当之言论出版物，均应严格查禁；关于宣传结社、集会、游行、演讲，更须严厉制止"③。为了从组织上拼凑反共反人民的班底，唐继尧相继组建了民治党和国家主义青年团，开设民治学院。民治党以国家主义为其指导思想，而国家主义及其派别旨在反苏反共反人民，效忠于帝国主义和封建主义，加之其成员多为拉伕，并非志愿，要靠这样的官办组织发挥作用，不过白费心机。

---

① 《伤心歌》（1926年5月），《昆明市志长编》卷九，近代之4，第252页。
② 《昆明市志长编》卷九，近代之四，第253页。
③ 《云南省长公署训令》（1926年6月），《云南公报》第1108册，1926年6月26日，云南省公署枢要处公报所发行。

唐继尧统治集团内部的矛盾也是他下台的重要原因。

矛盾之一表现为对军权的争夺。唐继尧二次回滇时，即设置了警卫三团，1924年又编成侦飞军四军，次年改编近卫8个团，这些部队在长官安排、官员补充、武器装备上都有明显的优越地位。1925年滇军入桂战败后，唐继尧借口裁军，将胡若愚等人的二、五、十军的番号予以撤销，编制削减，改三旅六团为二旅四团或三团。他还在胡部中调出部分兵员拨归张汝骥，在龙部中制造龙云与卢汉的不和，企图离间胡、张与龙、卢之间的关系，力避尾大不掉的情况出现。①

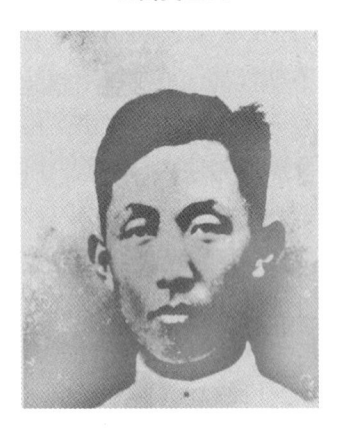

图13 楚图南（1899—1994）云南文山人

图14 李鑫（1897—1929）云南龙陵人

矛盾之二则为长官升迁上的人事权。胡若愚、龙云等在唐继尧统治云南的后期是唐氏政权的得力支柱，也是对外用兵的战将，论"功"行赏当首推他们数人。可是在1923年后，唐继尧为避免叶荃、顾品珍夺权事件的重演，即以镇守使的名义令他们分防各地，1925年后又缩小他们的编制。相反，被唐继尧一手培植起来的亲戚同乡即使在资历和"功绩"上均逊于人，也无不官运亨通，步步高升。以胡若愚等人反对最力的唐继尧的堂弟唐继虞为例。辛亥革命后，唐继虞以云南陆军小学堂毕业，先后任职贵州军警总局总务科长、副局长、警卫团长，护国第三军梯团长，云南第三卫戍区司令，护法时护理督军，二次滇军入黔时以贵州善后督办独霸贵州，入桂战败后任全省训练总监。对唐继虞的青云直上、飞黄腾达，胡、龙、张（汝冀）、李（选廷）等人都难以忍受。

矛盾之三为争夺财源。发财致富是当时不少军政官员们的共同心理，唐继尧通过他的亲信，控制了主要的税收部门。对于云南的财政，唐继尧

---

① 谢崇文：《云南"二六政变"的前因后果》，《云南文史资料选辑》第6辑。

例分库款和专款，而解交财政厅的库款结余部分皆为唐氏所占有。所谓专款，就是"径行解交唐氏者，一为筹饷局所收之包运烟土费，一为烟酒公卖局所入之烟酒公卖税，一为盐运署截交之盐税余款及盐斤加价，一为造币厂盈余之造币红息及铸金币红息，一为警察厅没收之烟土变价各项，或以月计，或以岁计，为数总在千数百万元"。"港报载其家资数，达三千万元以上。其实唐氏所获孽钱尚不止此。"① 历代沿袭下来的官吏调剂制度本是官场中分赃的一种办法，但既为唐氏心腹所把持，胡、龙等所部的编余官佐，往往为求一官半职而困难重重。旧军队的吃空额几乎无所不在，是各级军职人员的例行收入。对此，唐继尧明定缺额，不得有所出入，同时实行点名发饷，有多少兵发多少钱。这就堵塞了各级官长们的一大财源。唐继尧在财政问题上的紧缩克扣，使非嫡系的军内外官员权小利微，或无利可图，怨唐、离唐之心有增无减。

二 四镇守使联合倒唐

推翻唐继尧的统治及"二·六"政变的发生，就参与的各方面力量来说，有以中共云南地方组织为领导的工人、农民和各大中学学校的学生；有以李伯东、李表东兄弟等为代表的国民党党员，他们是个旧锡商、滇南士绅利益的体现者；还有胡若愚、龙云、张汝骥、李选廷等人，他们是唐继尧政权中的反对派。这三种力量在倒唐的目标上相同，但目的不一，故不可能完全统一起来。

中国共产党对于云南的工作一向重视，先后派出了楚图南、杨青田、李鑫来滇。李鑫于1926年秋回滇后，即以建立和发展党的组织、开展农民运动、帮助筹建国民党、联合各种力量推倒唐继尧、在云南开展国民革命为任务。对于倒唐，中共广东区委明确指示："军阀唐继尧的封建政权是革命工作的最大障碍，必须想尽一切办法把它推翻，以便进行往后的工作。"② 11月，以吴澄为书记的中共云南特别支部在昆明成立。接着，建立了以李鑫为领导的云南政治斗争委员会，其目标就是要打倒军阀唐继尧。此前已在十分困难的情况下开展了多种工作的共青

---

① 《云南公民追究唐继尧侵吞巨款向全国的通电》（1921年7月4日），《云南档案史料》第8期，第36页。

② 黄丽生：《云南地下党初期活动的片断回忆》，《云南现代史料丛刊》第4辑，第3页。

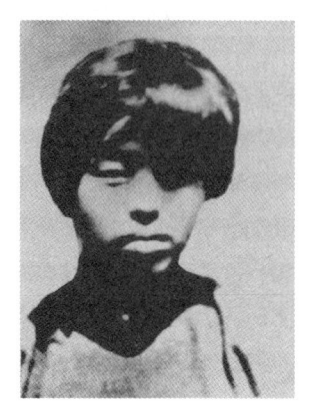

图15 吴澄（1900—1930）
云南昆明人

团和云南青年努力会，由于得到了中共的领导，活动更为积极，影响日益增大。李鑫还以国民党中央农民部所委任的特派员的身份，考察并部署了在云南的农运工作。学生、工人、妇女有组织的活动也成为党关注的重要方面。为了推翻唐继尧，中共云南地方组织曾以共青团等群众团体的名义印发传单，宣传我党在民主革命时期的纲领，揭露包括唐继尧在内的国内外敌人的罪恶，号召各族人民投身国民革命。对于胡、龙、张、李，中共组织通过多种社会关系，或派人拜访，或投递信函，推动他们摆脱唐继尧的控制，拥护国民革命。

昆明镇守使龙云（原第五军军长）、蒙自镇守使胡若愚（原第二军军长）、昭通镇守使张汝骥（原第十军军长）、大理镇守使李选廷等四镇守使的反唐，首先开始于胡、张。1926年春，胡、张经商讨后认为，龙云是滇中镇守使兼戒严司令，驻防昆明，讨唐没有龙云参加，势必面对唐、龙两方面的力量，很难一举成功。当年夏天，龙云在与胡、张面晤时，认为对唐不宜一刀两断，主张相机规劝。龙云之所以持这种态度，和唐继尧对他的信任提拔有关。因为，龙比胡、张与唐的关系要深得多。秋天，胡又面说龙云，龙仍然犹豫不决。继后，胡、张经由卢汉向龙面劝，力陈利害得失，言明机不可失，否则将被唐氏分别宰割。龙云至此才表明态度，同意联合倒唐。①

就在四镇协调倒唐取得一致意见的前后，他们对于中共云南地方组织的争取，李伯东、李表东兄弟的借重，也在口头上表示过愿意顺应潮流，响应国民革命；② 表示推倒唐继尧后，将给国民党和各群众团体以合法地

---

① 据赵康节转述卢汉的话说，"二·六"政变前，龙云为试探唐继尧对他的态度，曾递辞呈一份，唐斟酌再三，未定。待唐批准时，适内务司长周钟岳见着，即私下转告龙云，龙遂决定倒唐。这说明龙与唐的决裂确是较为迟缓的。

② 据张若谷、李表东在《一九二六年"倒唐"回忆录》一文中说，胡若愚曾派自己的代表去广州，向国民政府上呈了信函和照片，表示拥戴诚意。原文载《近代史资料》1958年第3期。

位。龙云提出，省政府改组时，要给唐继尧一个有名无实的地位。至于共产党的合法地位以及倒唐后如何推进云南的国民革命，他们都闭口不谈。可见，四镇的联合倒唐并不意味着他们要真正站在人民一边，而是要凭借手中的实力离唐自主。

2月5日，也就是云南左派国民党负责人王复生以及李伯东兄弟的代表尚在广州，已移武汉的国民政府对于云南的政治、军事问题尚未作出决定之时，四镇不待国民政府的命令，也不与有关各方协商，单方面地发出了讨唐的通电（发电时已是6日晨）。这个被称为倒唐的微电，袭用历史上惯用的"清君侧"的办法，首则指斥唐继虞等二三宵小，"营私枉上，构陷同胞"，"淆乱黑白，蒙蔽睿聪"，造成云南"军政不纲，民治窳败，敌军环境，盗贼盈城"；继则要求唐继尧"远佞亲贤，公开政治，安内睦外，易辙改弦"①。所谓公开政治，即要唐继尧交出政权。5日，胡若愚、龙云调兵进省城，并电张、李一致行动。这次事变，云南近代历史上称为"二·六"政变。

统治云南多年的唐继尧在微电发出前曾召集紧急会议，密谋对策。会上，虽有人主张孤注一掷，但由于听命的八个近卫团中有六个团分驻迤西迤南，显然缓不济急；况且，即使近卫部队全部到昆，也未必就是胡、龙等部的对手。唐继尧用兵不成，乃一面虚张声势，命令部队在圆通山上架设炮位，一面指使救国同盟会一类的组织散发反共传单，说什么反唐就是"反共和、反中国"②；同时派出王九龄等人前往胡、龙二处进行斡旋。然而，唐继尧的这些挣扎为时已晚。

有兵两团驻广南的四旅旅长何世雄借口"响应倒唐"③，在西畴等地大招土匪，意图率兵进省。何世雄被拘后，又有王秉钧等人在文山招纳土匪数千人，"声言保唐"④；驻防大理等地的唐团、欧团、俞团，亦在迤西各县筹款提枪，招兵买马，打出了拥唐的旗号。这些势力的反政变活动不久均被四镇逐一解决。唐继尧被迫下台。

---

① 微电于次日见报，被人们称为"二·六"政变。列名此电的，除蒙自镇守使胡若愚、昆明镇守使龙云、昭通镇守使张汝骥、大理镇守使李选廷等四镇外，还有旅长6人、团长9人。《云南档案史料》第17期，第1—2页。
② 《救国同盟会露布》，《云南档案史料》第17期，第29页。
③ 《李选廷扣留旅长何世雄电》（1927年2月6日），《云南档案史料》第17期，第16页。
④ 《滇省政局之纠纷》（1927年5月），《申报》，1927年5月7日。

图16 "二·六"事件后在宜良召开的会议旧址

在唐继尧下台后,云南面临的首要问题是怎样改革政治和组织新政府。中共云南地方组织及时地提交了一份以刷新政治、改革弊政,组成有广泛代表性的人民政权等为内容的建议书。省农会、总商会、各法团联合会、省立六校教职员联合会也先后表示了自己的主张。它们认为,应从速拟定省政府组织大纲,新政府当以委员会议制代替个人专断,伸张民权,政治、财政公开,整理金融,缩减军备,发展生产,严禁鸦片的生产与销售,肃清土匪,对外应废除一切不平等条约,收回关税自主权。①王复生由广州回到昆明后,及时地转达了国民政府关于省政府组织和人事安排的意见。四镇对于国民政府的意见和各族各界的主张,在宜良会议前后有所商议,却未能和盘托出。

政变后,各方面代表人士聚集宜良。会议制定的省政府组织大纲要求省政府的省务委员应由省议会等各法团新组建的各法团联合会选举产生。3月2日,各法团联合会成立。5日,经该会选出了省务委员9人,候补委员5人,省政府监察院监察委员5人,候补委员3人。②由于省政府组织大纲、各法团联合会组织简章,以及相应的候选人员安排等,都是在四镇守使的策划下进行的,故胡、龙、张、李这四镇不仅名列省务委员的前茅,而且排斥了国民政府所指定为委员的李伯东和王复生。8日,以胡若愚为省务委员会主席的省政府正式成立。唐继尧被给了个有名无实的总裁之职,实则宣告了他政治生涯的终结。

---

① 《云南省农会请支持改组政府的十余意见电》(1927年2月17日)、《云南总商会拟具先决要点四项备供采择电》(1927年2月17日)、《云南各法团联合会为改组省政条陈三项办法电》(1927年2月20日)、《云南省立六校教职员联合会宣言》(1927年2月23日),《云南档案史料》第17期,第6—8页。

② 《云南各法团联合会宣告选举省务委员等结果的通电》(1927年3月6日),《云南档案史料》第17期,第13页。

这样的安排引起一些人士的不满。曾任蒙自道尹、省署少将谘议，并且与李氏兄弟自成一派的江映枢，即在建水、开远一带组建军事委员会，自称第三十三军军长，号召"改造滇省政府"；范石生亦"在桂边积极准备，有率军入滇之意"①。此二人固有一定的实力，但要代替四镇也非易事。此后，前者为四镇所击败，后者却始终未能再次回滇。

借助国民政府的支持和大革命的声威，中共云南地方组织等各方面力量参与促成的"二·六"政变尽管胜利成果为胡、龙等四镇守使所攫取，但由于推倒了唐继尧，就不能不使云南的政治状况在一段时间里发生某些有利于人民的变化。

政变不久，为了加强对云南工作的领导，3月1日，在中共云南特别支部的基础上，成立了中共云南特别委员会。特委设宣传、农运、工运、学运、妇女、民运、军运等机构，积极地开展了各方面的工作。同年3月，昆明各中等学校的共青团成员迅速增加，成立了共青团昆明市执行委员会。同月，组成了以王复生为首的中国国民党云南临时省党部（左派）。4月，昆明的妇女励进会、妇女运动会、各界妇女联合会合并为云南妇女解放协会，其下有蒙自、易门等十余县建立了分会。5月，在昆明等各处学校学生会公开恢复活动的基础上，组建了省会学联和省学联。同月，非官办的云南省农民协会开始活动。此前成立的县农协有昆明、呈贡等十余处。工运在昆明地区开展得较多较好，有企业和行业工会组织近二十个。7月，成立了昆明总工会。在这一时期，中共组织在发展党员的同时，还在城市和农村开展了某些斗争。中共云南地方组织通过这些有组织的活动，积极地宣传了中共在民主革命时期的反帝反封建主张，团结和教育了人民，从而为云南革命运动锻炼和积蓄了宝贵的力量。

5月，标榜"大公无私"、"兴利除弊"②的四镇守使就内政、外交等十个方面，通过《云南省政府大政方针宣言》，宣布了自己的政治主张。在内政上，他们"始终与国民政府通力合作"，但否认国民党的领导地位，而是继承唐继尧的衣钵，坚持云南原就存在着的自主状态；对于在中

---

① 《胡若愚等决议剿办滇南江映枢电》（1927年4月17日）、《云南省务委员会转发请范石生移师北伐电》（1927年3月28日），《云南档案史料》第17期，第18—19页。

② 《云南省务委员会宣布委员就职理事电》（1927年3月9日），《云南档案史料》第17期，第14页。

图 17　云南早期妇女运动的部分骨干合影

国大地上出现并发展着的共产主义运动,他们宣告:"其或有过激行为足以扰害社会之秩序者,我政府惟有力为制裁,以维护全省人民之公安。"①四镇守使在政治上反共,且企图以所谓"自主"为名牢牢控制和统治云南,为达这一目标,他们之间又展开激烈争夺并不惜诉诸武力,给云南各族人民带来新的灾难。

---

① 《云南省政府大政方针宣言》,《云南公报》第70—71册,专件,1927年6月10—11日,云南省政府省务委员会秘书处公报所发行。

第四章

龙云统治云南的初期

第一节 从滇黔征战到第二次滇桂战争

一 "六·一四"政变

"二·六"政变后，四镇守使对云南实行联合统治，他们之间由于权力上的争夺与矛盾，互不信任，貌合神离。无论在政治上，还是在军事上，他们都不可能有什么真正的联合，其中军事上的不统一尤为突出。

1927年3月2日云南省省务委员会经选举产生，虽被法定为全省的最高行政机关，但无权统率全省的军事力量。胡、龙、张各镇守使仍以"二·六"政变前的第二、五、十军军长等名义，独立统率各自所属的武装力量。为了分配军费，也为了保持和扩大各军的人员，在3月18日云南省省务委员会的决议中，不得不设置军事讨论会，以便"依据全省收入划分军费"，并"依据军费规定全省兵额"。这个军事讨论会还拟商议和划定各部军队的驻防区域，①试图建立类似于四川的防区制，达成云南各镇守使间的军事妥协。然而，这一议案终未实行，甚至连军事讨论会的简章与会人员均未议定，军事讨论也从未正式举行过。对于云南省省务委员会的守卫警戒事宜，在4月26日的省务委员会议决时，只能妥协为"暂由直属各部队轮流担任"②。

要维持防区制，或通过防区制独霸云南，都不能不寄希望于自己军队的保持和扩大。为此，胡、龙、张、李各部在"二·六"政变后，无不

---

① 《云南省务委员会会议记录》，1927年4月26日议决案，《云南档案史料》第17期，第38页。

② 同上书，第33页。

努力扩充本部实力，排斥异己。"二·六"政变前，四镇守使的实力是有较大差别的。龙云、胡若愚各有兵2个旅，辖4个团，另有1个警卫营；张汝骥亦号称2个旅，兵力却只有3个团；李选廷则事实上只有1个团的兵力。唐继尧原有近卫军4个旅，计8个团，在"二·六"政变后，分别为龙云、胡若愚所并编。① 鉴于张汝骥的部队较少，3月18日的云南省省务委员会上曾作出决议："昭通镇守使所属两旅，只有三团，应将第二十团拨归第十旅，以符建制。""应发十九团一营新枪，由军政司向第一旅收回转发。"② 胡、龙并编唐继尧的近卫军后，实力进一步增强，张汝骥两个旅的建制得到补齐，只有李选廷的部队实力微弱。

在"二·六"政变后的争夺中，龙云曾在1927年3月11日的省务委员会第一次会议上，提议"应特别注意维持"地方治安，经省务委员会会议议决，决定"驻省军队，昭镇、蒙镇暂各留一团在省，其余概撤回防"③。这样，龙云所部除第15、13团分驻盘溪、禄丰外，尚有第14、16团及孟坤部第1团驻在昆明，其驻昆兵力超过了胡、张两部驻省兵力之和，④ 从而控制了政治中心昆明和云南省省务委员会。一个月后，因滇南匪患严重，胡若愚回蒙自主持剿匪，龙云由省务委员会推举为主席。龙云大权在握，对胡若愚所提"核奖开广战役在事出力之第二军官佐、士兵"，"抚恤援川、援桂及开广各战役阵亡官兵"，"提前叙委曾经保荐之各军历年出征从行官佐"的议案，采取回避拖延的态度，以"交军政厅查案统筹办理，再行核夺"⑤，予以应付。5月底，胡若愚由蒙自回到昆明，龙云仍以主席委员的身份，和胡若愚、李选廷、张汝骥等"委员"一道，出席6月3日的省务委员会。直至6月10日，龙云终于以"讲武学校开办伊始，事务殷繁"为由，辞去主席职务，云南省省务委员会改

---

① 云南近代史编写组编：《云南近代史》，云南人民出版社1993年版，第406页。
② 《云南省务委员会会议记录》，1927年3月18日议决案，《云南档案史料》第17期，第33页。
③ 《云南省务委员会会议记录》，1927年3月11日议决案，《云南档案史料》第17期，第31页。
④ 高蕴华：《一九二七年云南两次政变回忆录》，《云南文史资料选辑》第6辑，第109页。
⑤ 《云南省务委员会会议记录》，1927年4月13日议决案，《云南档案史料》第17期，第36页。

推胡若愚为主席。①

在"二·六"政变中下台的唐继尧没有就此罢休,而是不断借机挑拨胡、龙、张之间的关系,并指使滇南土匪李绍宗等作乱。胡若愚在此前四五月间回蒙自剿匪,与唐继尧的活动不无关系。② 5月23日唐继尧病逝,作为四镇守使共同的敌对目标消失,四镇之间的矛盾渐由隐蔽转向公开。5月底,胡若愚匆匆回省,同样与唐继尧之死有某种关系。同月,以蒋介石为首的南京国民政府发布委令,任胡若愚为国民革命军第39军军长,龙云为第38军军长,张汝骥为独立第8师师长。这对胡若愚来说,既未对其倒唐第一功予以承认,也未对其已任的云南省省务委员会主席予以确认。而对于张汝骥来说,由于只授命为独立第8师师长,显然将失去扩军的可能。胡、张联合倒龙之势已逐步形成。

促成胡、张等人联合反对龙云,也与当时中共云南地方党组织的活动有关。当年5月,在胡若愚离昆后,龙云为了获得南京政府的支持,借出任省务委员会主席之机,秉承蒋介石的旨意,在云南逮捕共产党人和进步人士二十多人,封闭国民党左派云南省党部,镇压中共云南地方党组织领导的革命运动。对于龙云的这一倒行逆施,中共云南地方组织决定,在积极开展广泛的群众斗争的同时,利用胡、张与龙云之间的矛盾,"积极策动胡若愚联合张汝骥等于6月14日发动事变,囚禁了龙云"③。经过努力,被龙云逮捕并拒绝释放的王复生等6人,在"六·一四"政变后,由胡若愚予以释放。

由于胡、张等人与龙云的矛盾事涉对云南统治权的争夺,势必要诉诸武力,兵戎相见。1927年6月初,"胡、张即密调多兵,来省集结"。胡部的郑玉源团到达昆明城郊后,即于14日在昆明城的东、南门外布防。当天深夜,胡、张所部与王洁修部分别向驻昆的龙部军队发起攻击,并围攻龙云、卢汉(旅长)、孟坤(团长)、高蕴华(高荫槐)等人的住宅。④

---

① 《云南省务委员会会议记录》,1927年6月10日议决案,《云南档案史料》第17期,第41页。

② 谢崇文:《云南"二·六"政变的前因后果》,《云南文史资料选辑》第6辑,第131页。

③ 中共云南省委党史研究室:《中共云南地方史》第1卷,云南人民出版社2001年版,第79页。

④ 高蕴华:《一九二七年云南两次政变回忆录》,《云南文史资料选辑》第6辑,第109页。

因事起仓促，龙部未能组织有效反击，高蕴华及龙军在昆部队，大部且战且走，撤出昆明，向禄丰方向龙部第13团刘正富、第4团朱旭驻地靠拢。卢汉、孟坤逃出城外，赶上了撤出昆明的部队。龙云在住宅被围后，曾略作抵抗，因眼部负伤，约请法国驻昆领事出面担保，缴械就俘。经一夜战斗，胡、张等发动的"六·一四"政变，终于结束了四镇守使在云南的联合统治。

由胡若愚、张汝骥等发动的"六·一四"政变，虽囚禁了龙云，赶走了在昆明附近的龙云部队，但由于未经大的战斗，龙部军事实力并未受到损失。龙云所部经高蕴华带领，先后到达禄丰，与刘正富、朱旭团会合，并开往下关、凤仪集结。途中，"龙部各军在沿途所经各县和盐场，随即提人提枪提款，将所部扩编为三个师，由孟坤任第一师师长（辖3个团），卢汉为第二师师长（辖8个团），朱旭为第三师师长（辖3个团），实力转而增强"①。集结于滇西的龙云所部，在推定孟坤为第三十八军副军长后，即由孟坤领衔，与孙渡、卢汉、朱旭、唐继麟、欧阳好谦、俞沛英等师长和23名旅团长，联名发布了声讨胡若愚的通电，② 正式向胡若愚宣战。同时，聚合于大理的龙军还专程派人到昆明，聘请滇军老将胡瑛到滇西就任第三十八军代军长，统率全军，挥师东进。

"六·一四"政变后，胡若愚、张汝骥派胡部的欧阳永昌、张部的林秀升率5个团的兵力，追击龙部向滇西撤出的军队。胡、张部追至祥云时，恰值第三十八军在胡瑛、孟坤等率领下回师东进，两军于祥云清华洞展开激战，欧阳永昌、林秀升不支，向东败退，胡瑛、孟坤乘胜追击。

在欧阳永昌、林秀升败退之时，胡、张决定向西增派兵力，由张汝骥亲自率领龙秀华团、李荷生旅的田现龙团西进禄丰，与败退下来的欧阳永昌、林秀升部会合，共同堵击第三十八军的东进。但是由胡瑛所率的龙部第三十八军迅速赶到，与胡、张联军战于禄丰。禄丰一战，不仅胡、张部的李荷生被俘，张汝骥等也被困在了禄丰。龙部除用部分兵力围住禄丰外，胡瑛率第三十八军主力继续东进，直逼昆明。驻守昆明的胡若愚因昆明城防空虚，再因士绅反对，便于7月24日挟持龙云东去，暂驻昆明东郊的大板桥。25日，胡瑛率第三十八军主力，未发一枪一弹，顺利进入

---

① 龚自知：《龙云夺取云南政权的经过》，《云南文史资料选辑》第2辑，第144页。
② 《孟龙闻等声讨胡若愚代电》，1927年7月27日，《云南档案史料》第18期，第3页。

昆明。

滞留大板桥的胡若愚为缓和第三十八军的追击，求得喘息的机会，乃与龙云在大板桥达成"君子协议"：恢复龙云的自由，由龙云留滇主政，胡若愚离滇北伐；龙部解禄丰之围，让张汝骥及胡部军队东移，与胡若愚会合；龙云承诺保护胡若愚所部在昆明眷属的安全，并为胡、张北伐提供饷械。[1] 龙云获释，返回昆明。

龙云返昆后，经胡瑛、孟坤、卢汉等的敦促，于8月13日重新出任第三十八军军长和省务委员会主席。[2] 追随胡、张倒龙的王洁修、李选廷由于未随胡若愚东撤，而是移驻巫家坝逗留观望，龙云复任后，立即派部将王、李二人俘获。此后，李选廷及其在禄丰被俘的胞弟李荷生被释，王洁修被龙云枪决。龙云为独霸云南，随将所部编为5个师，番号是第九十七、九十八、九十九、一〇〇、一〇一师，分由孟坤、卢汉、张凤春、朱旭、张冲出任师长，实力大增。

二　滇黔军的三年混战

经大板桥东撤昭通的胡若愚并未按照"板桥协议"的内容来束缚自己的手脚，相反却积极谋求川、黔二省的帮助，以便打败龙云，重主滇政。

此时四川的当权者为刘文辉，职任四川军务帮办兼国民革命军第二十四军军长。贵州的当权者为周西成，职任贵州省主席兼国民革命军第二十五军军长。此二人数年前即与护法期间入川的滇军旅长胡若愚相识，此时均乐于借机扩大影响。张汝骥与周西成的结识，则早在1912年唐继尧率兵入黔任贵州都督时，此前曾于1926年经胡若愚派出的代表谭善洋的联络，在贵州赤水签订了胡、刘、周三方认可的《金沙密约》。[3] 所以，胡、张二人设想的由川、黔二省搬兵，只不过是时间问题罢了。

解禄丰之围，放张汝骥等与胡若愚靠拢，是"板桥协议"的内容之

---

[1] 《云南公报》第245期，1928年1月6日，第4—5页；《龙云申述两约内容及执行情形斥胡约电》（1927年9月20日），《云南档案史料》第18期，第15页。

[2] 《胡瑛、孟友闻、卢汉等致龙云电》，《云南档案史料》第18期，第4—6页。

[3] 即人们习称的"赤水结盟"或"三军密约"，其核心内容为：有战事时，应互相派兵援助，不得推辞。订约的经过和具体内容，可见谭善洋著《谭友佛诗文集·稿存·云南内部情形》，未刊稿。

一。但张汝骥不按约直趋滇东，而是南下经江川、通海、曲溪至建水，与胡若愚部杨瑞昌旅会合，继而北上，与龙云所部追兵且战且走，再取道昆明东郊归化寺，经马龙去曲靖，与胡若愚会合。胡、张即派谭善洋赴川，派胡部秘书窦子进去贵州，请刘文辉、周西成发兵援滇，借以重整旗鼓，反攻昆明。

　　1927年8月初，当川、黔军尚未应约入滇时，胡、张欲引客军入滇之事即已败露。8月10日，平彝（今富源）县知事张培爵电告在昆各军政机关团体，称胡、张已"电召黔省援兵，探明已有动机，为我滇大患，应请政府迅电中央及该省，表明实况，阻其进行"[①]。全省各界获电后舆论哗然，一致谴责胡、张等的祸滇做法。龙云为彻底解决胡、张所部，阻击黔军入滇，加派孟坤、卢汉、朱旭三师追击张汝骥，并将张部围于曲靖城。胡若愚获悉张汝骥被围曲靖，即率兵南下解围，但在进入沾益后，即遭龙军打击，转走富源。

　　早在龙云所部与胡、张部在曲靖等地用兵之前，在"二·六"政变中失势的唐继尧余部唐继麟、欧阳好谦、俞沛英等已于1926年丙寅事变后留驻滇西，经从香港返滇的唐继虞的策动，由唐继麟领衔通电，宣布组成"国民革命北伐后援军"，声称将听候蒋介石的指挥，出省北伐，[②] 实则企图东山再起。9月初，黔军应约入滇已成事实，并被公之于众，龙部与胡、张部在曲靖一带的争战正相持不下，昆明又处于空虚状态，唐继麟等以"御外侮"（黔军）、"挽危局"为名，[③] 率军直趋昆明。龙云鉴于主力在外，昆明城防空虚，乃派出代表与唐继麟的代表在昆明西郊的高峣进行会商，以便迟滞对方的攻城行动。当月底，龙部的张凤春师回抵昆明，与唐继麟部小有接触，唐军失利，进攻受阻。龙云为抽出在滇东争战的部队，乃命胡瑛为议和全权代表，在曲靖战况对胡、张不利的情况下主动提

---

　　① 《平彝张培爵请龙云派兵驻守曲靖等电》（1927年8月10日），《云南档案史料》第18期，第6—7页。

　　② 《大理唐继麟等不满政争，改部属为北伐后援军电》（1927年7月27日），《云南档案史料》第18期，第39页。

　　③ 《唐继麟等将率部抵拒黔军入滇电》（1927年9月3日），《云南档案史料》第18期，第52页。

出议和，并于10月4日达成协议，龙部撤除对曲靖的围困。① 此后，龙部由胡瑛统率兼程返昆，彻底击溃了由唐继麟（一师）、欧阳好谦（二师）、俞沛英（三师）组成的北伐后援军，将其余部收编为龙部新编第七师，任命唐继麟为师长。唐继虞不受欢迎，再次离开云南。

1927年8—9月，四川的刘文辉、贵州的周西成相继应约派部入滇。周西成以妹夫毛光翔为贵州"援滇"总司令，阮德炳为前敌总指挥，令右路杨震澄旅趋宣威，左路犹国材师进泸西，中路黄道彬师随阮德炳经盘县与胡、张会合。② 刘文辉则派出川军覃筱楼旅，经昭通进入寻甸。当胡、张部与黔军中路在陆良会合后，得知龙云所部提出息争议和是为了返救昆明对付唐继麟时，胡、张部与中路黔军，还为是否追堵龙部发生了一场争论。最后胡若愚采纳了张、阮的意见，决定率部齐集曲靖，静观龙部与唐继麟等的争斗，以便坐收渔利。唐继麟与龙军的战事完全出乎胡、张、阮的预料，其所坐等的结果是龙部主力的再次东进。

龙云在打败并收编了唐继麟部后，12月初以胡瑛为前敌总指挥，孙渡为参谋长，率孟坤、卢汉、朱旭、张冲的四个师三路东进。在曲靖待战的胡、张、阮部，经龙部中路卢、朱二师的打击，被迫困守城中40余天，至1928年1月才突破围困，脱离与龙部的接触。前进至陆良的黔军左路犹师，被龙部右路张师击败，退回贵州。川军覃筱楼旅得知胡、张、阮被围于曲靖，即掉头离滇回川。胡、张二部经曲靖一战大伤元气，无力在云南立足，只得离开云南，分别往投刘文辉和周西成。

胡若愚退入川南后被刘文辉收留，许其驻宜宾，任为川南边防督办，治理庆符、江安等六县。退入贵州的张汝骥被周西成接纳，驻军黔西北的毕节和被周部控制的四川叙永一带。

在打败胡、张二部并赶走黔军之后，龙云相继于1928年1月17日、21日，被蒋介石任命为云南省政府主席、国民革命军第十三路军总指挥，实现了对云南军政大权的独揽。但龙云发现，退驻川、黔的胡、张，尤其是支持胡、张的周西成，并未放弃重入云南的念头。所以，当他得知周西

---

① 《曲靖两军双方商定息争御侮条件》（1927年10月4日），《云南档案史料》第18期，第22页。

② 王家烈：《桐梓系统治贵州的回忆》，《贵州文史资料选辑》第2辑，第13页；龚自知：《龙云夺取云南政权的经过》，《云南文史资料选辑》第2辑，第148页。

成与黔军李燊部关系破裂后，即决定联李倒周。

　　李燊原为黔军师长，1926 年秋随国民革命军左翼总指挥袁祖铭出省北伐，驻扎在鄂西宜都。统率黔军十来万人的袁祖铭、李燊相继被蒋介石由师长升为暂编第七军和第四十三军军长，但也觉得久驻省外后果难料；加之在饷弹补充、兵员接济等方面又为周西成所掣肘，反周之心有增无已。所以，当 1928 年春龙云派出的代表与李燊接触后，即决定龙李结盟，李部西进，龙部东出，共同推倒周西成，时间初定为这年的秋天。①

　　当年夏天，龙云又派出代表与李部黔军的代表会晤，转达了龙云决定秋天向贵州出兵的打算。

　　李部黔军在这年 8 月向鄂西来凤集中后，10 月即向驻防四川酉阳的周部黔军攻击。李部黔军获胜，两路进入黔东。此后，周、李两部黔军曾在铜仁、松桃等地多次激战，双方伤亡甚众。李部黔军先胜后败，经在四川酉阳以西的龚滩补充后，李燊挑选精兵 2000 人，亲率直取贵阳。李部黔军进至贵定，在战斗中李燊负伤，又发现龙部滇军并未按期东入贵州，乃经黔西南退入云南。1929 年 2 月，李率余部到达陆良，龙云邀之赴昆。

　　李部应邀至昆明后，龙云除了赔礼道歉，说明滇军之所以未能如期发兵原因外，还主动表示，愿意承担李部黔军在滇休整期间的供应。龙、李二人商定了共同出兵贵州的有关事宜。

　　龙、李得知蒋介石对依附桂系的周西成十分不满，乃派人进京向蒋介石请示，希望出兵贵州的行动能得到南京国民政府的支持。此时的蒋介石为争夺对华中的统治权，正与新桂系的李宗仁、白崇禧进行着蒋桂战争，欣然同意龙、李的部队从一个侧面袭击桂系的支持者周西成，乃任命龙云为讨逆军第十路总指挥，李燊为前敌总指挥，令其进入贵州讨伐周西成。

　　开赴贵州的龙李联军由龙部的两师一旅、李部的两个团组成，分由富源、罗平两个方向进入贵州。为防胡、张借机打回云南，另派一师一旅在昭通一带驻防。周西成统率三个多师的兵力，分别在盘县、兴仁等地迎战。由李燊统领的两路滇黔军，左路的朱旭师、刘正富旅、李部的两个团先后击败周部黔军，占领盘县、普安、晴隆、越过北盘江，4 月中，与周部黔军在关岭以东的鸡公背对峙。周西成为击败龙李联军，决定在此决战，亲至鸡公背直接指挥。

----

① 刘德一：《记龙李倒周》，未刊稿。

鸡公背也叫鸡公岭，或称鸡公坡，地势为南北走向，北高南低，地形复杂。双方多日激战，反复争夺，均有较大伤亡。在激战中龙李联军发现，鸡公背的首峰上有一摆动着的黄旗，指挥着周部黔军的行动，估计当是周西成的指挥所，乃派一部从侧后予以袭击。龙李联军奇袭成功，周西成负伤，在撤离战场时死去。周部黔军失去指挥，纷纷后撤。

4月底，龙李联军进入贵阳，李燊被贵州各界推为贵州临时政务委员会主席，并得到国民政府的承认。跟随龙李联军逐步前进的龙云，此时也由威宁移驻安顺。

6月中，正当龙李联军与周西成余部继续在贵阳以北、以东作战的时候，昆明又为他人算计。原来，驻守昭通的第三十八军副军长兼第九十三师师长孟坤于1928年3月突然投奔胡若愚、张汝骥，三军组成"靖滇军"，由四川入滇攻昭通，继攻昆明。龙云得报，急率所部星夜回滇。周西成余部乘机反攻贵阳，李燊无力固守，又一次退入云南。

7月12日，靖滇军行抵昆明北郊，获悉昆明守军11日为避免胡、张等部攻城时利用库存商山寺（今云南民族大学）的火药，组织紧急抢运，但在紧急抢运中发生火药大爆炸，造成轻重伤千余人、受灾万余人的惨案后，[①] 乃决定离昆西去，稍后再作计议。

当靖滇军撤至昆明西郊的车家壁时，遭龙部驻守昆明部队的伏击，继与由黔回滇的龙部主力在碧鸡关展开了一场激烈的战斗。胡、张、孟败走，分别退驻滇西的永胜、华坪和四川盐源。

是年冬，龙云为彻底解决胡、张、孟三部，即以孙渡为左翼军司令，率卢汉师等攻击驻守永胜、华坪的张汝骥，以唐继麟为右翼军司令，领本师和朱旭师从渡口攻击前进。张汝骥受攻击不敌，从驻地退走，与胡、孟在盐源会合后趋木里。在富罗河，张汝骥被俘，后在下关被杀。胡、孟渡雅砻江时，孟坤落水而死，仅胡若愚率部分文武官员去成都投奔刘文辉。

历时三年的滇军内部征战和滇黔两省间的战争暂告一段落，龙云最终取得了对云南的统治权。不久，南京国民政府正式发表了云南省政府组织令，再次委任龙云为云南省政府主席。

[①] 杨东明：《"七·一一"火药爆炸回忆》，《云南现代史研究资料》第1辑，第182页。

三　第二次滇桂战争与倒龙政变

早在1928年年初龙云在曲靖等地打败胡、张并赶走黔军之后，委派代表赴南京寻求支持，被南京国民政府委为云南省政府主席、第十三路军总指挥，蒋、龙之间的关系已经比蒋与胡、张之间的关系更紧密。龙云政府为进一步密切与蒋介石的关系，同年9月又派周钟岳为代表前往南京晋谒蒋介石，汇报工作，陈述近情，了解国内的政治状况，请示解决涉及云南的军事（补充军械、兵额、裁军）、财政、交通（废除钦渝铁路借款合同）、外交（改订《中法商约》）等问题。周钟岳在南京还就观察所得，一则建议以龙云为首的云南地方政府拥蒋联桂，联络在外滇军（朱培德等），借以安内制外，并应整顿政治、精练军队等；再则认为，由于云南无一人在国民党政府中任职，"故关于滇事，无论大小必须转托何敬之（何应钦）、王伯群、李仲公诸人代为转陈，滇省致成为黔省之附庸，地位一落千丈"。"甚望将来吾滇常有重要之人参加中央政局也。"① 龙云对于周钟岳的意见甚为重视，对于其中了解情况、转陈意见一项，乃于1928年派其妻兄李培天为云南驻京办事处处长，驻京与南京中央政府保持联系。

1929年3—7月，蒋介石为与桂系争夺对华中的统治权，在湖北等地进行了一场大规模的蒋桂战争。由于周西成依附于桂系，龙云、李燊出于讨伐周西成的需要，开始从联桂走向离桂、反桂。是年8月，蒋桂战争结束，蒋介石又乘大战获胜之机，召开全国编遣实施会议，进一步排斥、吞噬异己，此举遭到包括桂系在内的各方的反对。最终倒向蒋介石的龙云对此不能不表明态度，乃于10月16日致电蒋介石，宣称："反动军阀破坏编遣，纵无命令，亦当仗义申讨。"② 八天后，龙云又与贵州省政府主席兼国民革命军第25军军长毛光翔发出了拥蒋讨逆的联合通电，明确表示：他们将"敬随蒋总司令之后，统率军民，为中央后盾"，"一致讨逆，肃清反动，完成革命，实现统一"③。滇黔两省对蒋介石的追随，不仅在一

---

① 《周钟岳陈述会见蒋介石经过及奉命商云南军事财政等情况函》，1928年9月28日，《云南档案史料》第22期，第48—49页。

② 《龙云致蒋总司令电》（1929年10月16日），云南省档案馆档案。

③ 《龙云、毛光翔拥蒋讨逆通电》（1929年10月24日），云南省档案馆档案。

定程度上加强了南京政府对统一西南的信心,而且对于蒋介石达成削弱甚至消灭桂系的目标来说,也将是一种呼之即来的外在助力。

1929年的蒋桂战争后,蒋介石自居正统,致力于在全国建立独裁权力。为翦除异己,蒋与阎锡山、冯玉祥的关系日益恶化。为共同对抗蒋介石,阎、冯遂与桂系的李、白走向联合。1930年4月,阎锡山被各反蒋派系举为全国海陆空军总司令,冯、李等为副总司令,宣布联合倒蒋。5月中,蒋与阎、冯间的大战在豫、皖、鲁、苏展开,战线长达数千里,双方连兵百万,鏖战七个月。此即规模巨大的"中原大战",给中国人民带来深重灾难。站在阎、冯一边的桂系为北上攻占武汉与阎、冯会师,决定孤注一掷,除留保安团队维持地方治安外,全军三路入湘。6月初,桂军占长沙、岳州(今岳阳),一部已进入湖北境内,预计是月中进占武汉。

蒋介石为牵制桂系军队北上作战,于当年5月命龙云派部入桂,从侧后方向桂系施加压力。蒋介石任命龙云为讨逆军第十路总指挥,许诺给入桂滇军开拔费港币100万元,军饷每月发给法币30万元,广东省政府主席陈铭枢每月补助广毫10万元。在滇军攻下南宁后,还可任命卢汉为广西省政府主席。① 龙云既投靠了蒋介石,又有如上一些好处,还可打开广西通路,通过贩入广西的鸦片抽收烟税以解决云南财政困难、购买武器,自然乐于听命。于是,龙云以卢汉为讨逆军第十路前敌总指挥,领98师(师长卢汉兼,辖两旅6团)、99师(师长朱旭,辖两旅4团)、101师(师长张冲,辖3团),另李燊部黔军一团、预备队一团,共15个团两万余人入桂。6月,卢汉部滇军从滇越铁路至蒙自芷村下车后,兵分两路出发,一路经文山、富州(今富宁)入广西百色,再经平马(今田东)趋南宁;另一路经富州入桂后,沿镇边(今睦边)、靖西、龙州至南宁。7月,滇军将南宁围困。

此时的南宁,由于桂军几乎全部北上入湘作战,仅有韦云淞师一部共计两三千人驻守。但当时的滇军成分颇为庞杂,且吸食大烟者甚众,有"三杆枪"之称,② 战斗力不强。入桂滇军各部为保存实力,往往"你攻

---

① 胡俊:《近二十年来云南地方军队概述》,《云南文史资料选辑》第6辑,第6页。另据龚自知说,当1929年龙云打败胡、张、孟后,他被派前往南京见蒋介石,报功请封,蒋曾给龙云"出兵打广西的任务,拨给开拔费30万元,由我带回云南"。见《云南文史资料选辑》第2辑,第151页。这说明,蒋在与阎、冯大战爆发前,即对派滇军进击桂系有部署。

② 即除携带步枪外,还有大烟枪、水烟筒,人称"三杆枪"或"三枪兵"。

我停，围攻南宁三月余，而不能攻占"①，造成滇军久围城下而不得入。

困守南宁城中的桂军和市民由于被围太久，"粮食没有了，拿黑豆充饥，仍然固守不肯投降"②，一直等待入湘桂军回桂解围。已经攻占岳州的桂军在附蒋的粤军北上占领衡阳后，为免首尾不能相顾，只得被迫南救衡阳。7月，桂军对衡阳久攻不下，退回广西。为赶走滇军，当时的桂军乃对附蒋的湘、粤军取守势，主力由白崇禧率领南下。9月底，桂军至上林。上林西南的武鸣为滇军所占，东南的宾阳为粤军余汉谋所据。桂军乃派部分别对武鸣、宾阳进行佯攻，而主力则从武、宾之间的小路南下，收五塘，进逼南宁。10月13日，南宁守军誓师突围。滇军虽给突围部队以重创，但却遭到桂军的两面夹击，被包围在葛麻岭和官棠村的袋形地带。滇军被迫集中火力，突破桂军右路，经新圩、西乡塘，沿右江北岸撤退。滇军撤至平马，又一次受到桂军的堵击，激战三天，第九十九师的苏缙团长阵亡，损失惨重。此后桂军因子弹缺乏，为免于再次激战，便于渡江后沿右江南岸追击，并抢先进占百色，迫滇军向北经逻里圩（今田林）退回云南。

由卢汉率领的入桂滇军在退经逻里圩时，奉命对部队进行裁汰、整编。卢汉遵照龙云的意图，将九十八、九十九师分别由6个团和4个团缩编为各辖2个团；一〇一师缩编为一个团，原第十二团（团长龚顺壁）因作战得力，予以保留，归还第一〇〇师建制。回滇滇军因战事损失和整编被削去60%左右，较前反为精干。1931年2月，卢汉等率部回到昆明。

卢汉等部出师入桂，损兵折将，狼狈而归。龙云认为，滇军的建制、兵额既已减少，随即下达废师改旅方案，且明确他本人可越过旅而直接指挥团。这使原来的师长、新任的旅长均形同虚设，有职无权。卢汉、朱旭、张凤春（一〇〇师师长）、张冲四师长于3月10日齐集宜良，经会议商讨，决定以驱逐龙云的谋士，即滇军参谋长孙渡、民政厅长张维翰、禁烟局长马为麟为借口，发动倒龙政变。孙渡被迫离滇赴沪，张维翰赴京投靠蒋介石，马为麟被移交法院受审。③龙云不愿在昆久留，乃出走寻甸，静观时变；同时致电蒋介石，说明事出被迫，不得不离开昆明。蒋介

---

① 胡俊：《近二十年来云南地方军队概述》，《云南文史资料选辑》第6辑，第8页。
② 黄绍竑：《滇桂战争》，《文史资料选辑》第2辑，第76页。
③ 胡俊：《近二十年来云南地方军队概述》，《云南文史资料选辑》第6辑，第10页。

石通过云南驻京办事处处长李培天命龙云返昆,并命四师长接受龙云对滇军的改革方案。四师长无奈,由卢汉、张冲、高荫槐(旅长)赴寻甸认错,恭请龙云回昆。17日,龙云返回昆明,四师长倒龙政变宣告流产。

龙云返回昆明后,立即实行废师改旅方案,撤销了四师长职务并将其扣押,将第九十八师改为第三旅,旅长龙雨苍;第九十九师改为第五旅,旅长鲁道源;第一〇〇师改为第七旅,旅长龚顺壁;第一〇一师改为第九旅,降张冲为旅长,撤销新编第七师。废师改旅完成后,张冲、卢汉、朱旭被释放,但仅有张冲保留军职,卢汉改任团务督练处处长,朱旭改任民政厅厅长,张凤春则被继续关押。

然而,废师改旅后不到两个月,第三旅旅长龙雨苍、第六团团长张继良不满龙云的作风,又于1931年5月约同第九团团长冯云、第七旅旅长龚顺壁,准备再次发动倒龙政变,欲拥卢汉为云南省政府主席。后因事情泄露而失败,张继良被撤职。①

1931年的两次倒龙政变,虽一度对龙云政权构成了威胁,但两次政变均迅速流产,反而使龙云借此机会整编军队,调整了高级将领,加强了对军队的控制。"各师所属中上级带兵官,都经过一番整顿淘汰,团、营长任命都由他直接亲裁。"② 云南地方武装虽然在规模上有所压缩,但素质却得到了提高,从而为龙云在云南统治权的巩固奠定了基础。

第二节　云南地方政治体制的演变

一　国民党组织在云南的建立

在1924年1月中国国民党第一次全国代表大会召开以前,同盟会、国民党曾经领导过辛亥革命、二次革命和护法运动等虽然取得了一定的成效,但其结局较广大人民群众预期的目标甚远。在国民党第一次全国代表大会召开及稍后,国民党进行了改组,重新解释了三民主义,确立了联俄、联共、扶助农工的三大政策,实现了第一次国共合作,并在中国共产党的积极参加与合作下,进行了震动中外的北伐战争。不过在云南,由于

---

① 胡俊:《近二十年来云南地方军队概述》,《云南文史资料选辑》第6辑,第10页。
② 龚自知:《抗日战争前龙云在云南的统治概述》,《云南文史资料选辑》第3辑,第45页。

唐继尧割据一方，反对共和，反对国民革命，国民党的活动被禁止，学生会、学联会等组织也不允许存在。"二·六"政变结束了唐继尧在云南的统治，原先的学生、妇女等组织得到恢复，工会、农会等组织陆续建立，改组后的国民党也先后派人在云南设立了三派四个组织，分别如下。

1926年8月，中共党员李鑫经中共广东区委的派遣，并经国民党中央农民部委任为农运特派员回滇，其任务之一便是帮助建立国民党云南地方组织。1927年3月中旬，在李鑫的指导下，国民党昆明市党员代表大会在省立一师召开，选举产生了中国国民党昆明市临时执行委员会，杨大经（即杨立人）等为执行委员。因该会的办公地点在法政学校内，故人称"法政党部"①。

3月12日，在中共党员、国民党中央任命的云南省党部特派员王复生的主持下，在孙中山逝世两周年纪念时，于省教育会内召开国民党党员大会，宣布成立中国国民党云南临时省党部，王复生等人为执行委员。此会的办公地点在省教育会内，人称"教育会派"②。

在"二·六"政变中夺取了云南政权的胡若愚、龙云等人在上述两派成立后，以国民党在云南的党务已经是"意见纷歧，莫衷一是，遂致各立门户，引起纠纷"为由，要建立"统一的"国民党组织。经筹备，推举胡若愚、龙云、李培炎等9人为执行委员，杨德源等5人为候补委员，于4月28日在省议会通电成立中国国民党云南临时省执行委员会，各委员宣誓就职。③ 社会上称之为"省议会派"。又因龙云的妻兄李培炎是该会的实际负责人，故人亦称其为"舅子派"。

受国民党广州政治分会派遣的张邦翰等7人于3月由穗来昆，5月中于圆通街组设中国国民党云南省党部筹备处。他们自称为正统，人称"圆通派"④。

---

① 中共云南省委党史研究室：《中共云南地方史》第1卷，第61页。
② 杨立人：《大革命时期国民党左派在云南的革命活动》，《云南现代史研究资料》第8辑，第11—12页；《中共云南地方党史大事记》（1919—1950），云南人民出版社1992年版，第18页。
③ 《中国国民党云南临时省执行委员会成立启用印信通电》（1927年4月28日），《云南档案史料》第17期，第19—20页。
④ 杨光惠等：《国民党云南"圆通派"始末》，《云南文史资料选辑》第1辑，第44—47页。

法政党部、教育会派属国民党左派，有党员近万人，[①] 分别来自工、农、商、学、军、政各界，其中以大中学校的学生为多。舅子派为地方当权者所组织，圆通派属国民党右派势力。左、右两派在目标宣传、组织发展、工农运动、妇女运动、学生运动等方面矛盾尖锐，立场对峙，国民革命在云南的推动面临十分复杂的困难局面。

蒋介石在上海发动的"四·一二"反革命政变，不仅背叛了孙中山的革命主张，而且以"清共"为借口，将不少共产党人和革命群众加以逮捕和杀害，使一度代表工人、农民、小资产阶级、民族资产阶级利益的革命联盟的国民党，改变为代表帝国主义、封建主义和官僚资本主义利益的反动集团。在云南，由龙云所主持的云南省省务委员会，于5月7日在致电祝贺南京国民政府成立的同时，还明确表示将拥蒋反共。同日，龙云下令查封左派国民党省党部，并逮捕了中共党员李鑫、赵祚传等人。1928年1月17日，龙云下令组织清共委员会，取缔一切集会、结社，查封左派国民党党部，逮捕共产党人和革命人士。国民党左派被迫停止活动，云南的国民党党务成为国民党右派的一统天下。5月21日，龙云召开内政改革会议，决定"清查"。

1928年冬，国民党中央派裴存藩来滇，设国民党党员登记处，分区对党员进行登记。此举的目的在于将"不纯洁之分子淘汰净尽，云南党务之基础乃于焉确立"[②]。所谓淘汰不纯洁分子，就是通过党员登记，继续进行清共。1929年，龙云等人被委为云南省党务指导委员。[③] 1930年1月，云南省党务指导委员会正式成立，龙云、张邦翰、卢汉等5人被推为常务委员。截至抗日战争爆发前，国民党在昆明等5市、县设立了党部，玉溪等30县、区进入指导期。这35个市、县、区共计有区党部21个，直属区分部39个，区分部63个，党员1620人，预备党员6756人，另有党员3503人分布于尚无党部的其余各县。以龙云为军长的第38军为使军队与地方同步，于1929年春建立了特别党部筹备委员会，其所属的第2、3、4、5、7各师以及宪兵司令部、炮机大队、警卫

---

① 参见中共云南省委党研究室：《中共云南地方史》第1卷，第76页。
② 《续云南通志长编》上册，卷十一，党务，第357页。
③ 据龚自知、范承枢等人说，龙云在此前未加入过国民党，他是在任职一段时间之后才照章补办了入党手续（见《昆明市志长编》卷十，近代之五，第225页）。

大队、军乐队亦设立了本部的党部筹委会，计有党员 1954 人，预备党员 4120 人。①

以龙云为首的"云南的国民党，表面上打着以党治国的口号，实际上完全是军阀的附庸物"，"他们的影响在群众中是很微弱的，就是在昆明的学生群众中也没有很大影响，至于工农中的影响，更不足提了"②。但国民党右翼组织的建立及其与云南地方政府的合流，对云南政治形势的发展却产生了深刻的影响。我们可以从三个方面来加以说明。

图18　赵琴仙（1905—1928）　　图19　赵祚传（1903—1929）　　图20　杜涛（1901—1929）
　　　云南昆明人　　　　　　　　　　云南大姚人　　　　　　　　　云南蒙自人

其一为反共。由龙云下令组织的清共委员会在 1928—1930 年的三年时间里，"严行禁止宣传赤化"，"以维治安"，大规模逮捕共产党左派人士及群众组织领导人。龙云积极靠拢蒋介石，表示要与其"一致清除跨党分子"③。1928 年 1 月 13 日，以龙云为首的云南省政府宣布取缔一切集会、结社，禁止共产党和国民党左派等的活动，逮捕了严英俊等数十人。其中的中共党员赵琴仙（女）、陈祖武、罗彩三人于 3 月 30 日被杀害。1928 年，中共云南特委书记赵祚传在姚安等地工作时被捕。11 月，中共迤南区委书记杜涛在路经芷村时被捕。赵、杜二人相继于次年 3 月、5 月被杀害。1929 年 4 月，李鑫（中共云南省临时省委委员）、戴

---

① 云南省政府秘书处编：《云南概览》，党务，第 1—3 页；军事，第 11 页，1937 年。
② 《刘林元、张平、杨立贤、李介民给中央的报告》（1931 年 4 月 10 日），《云南党史通讯》1987 年第 1 期，第 32 页。
③ 《中共云南地方党史大事记》，第 20 页。

德明（中共迤南特委委员）、杨逢春、巨伯年等人在个旧被捕。5月，李鑫等四人在蒙自遇害。同年7月11日，昆明发生火药大爆炸案。9月29日，受派来滇的国民政府委员王柏龄竟在有军政各界参加的一次会议上歪曲惨案真相，造谣攻击共产党，遭到了群众的反对。会后，中共党员、革命群众秦美等八人被逮捕杀害。1930年7月26日，刘平楷（中共云南省委组织部长）、张舫（军运负责人）被害于云南模范监狱。同年12月上旬，王德三（中共云南省委书记）、张经辰（中共云南省委宣传部长）、李国柱（共青团云南省委书记）、吴澄在昆被捕后，于12月31日英勇就义。

其二为扰民。国民党云南省党务指导委员会于1934年指导组织云南省新生活运动促进会，随后又设立市、县新生活运动促进会50余处以及在昆各机关的互励会四十余处，名为倡导礼义廉耻，改造人们的衣食住行，实则以这些东西来麻痹人民的斗志，对抗中国共产党所领导的新民主主义革命和民主革命思想的传播。昆明曾发生一起以推行新生活为理由而结局却令人愤怒的事情。1935年4月23日，在昆明县第八区所属的龙潭街，时为当地白、彝、苗、汉等民族的街期（赶集日）。国民党县党部书记长张学仁、县长董广布经过事先策划，于当天指挥军警突入街场，对不改着城市妇女装束的少数民族妇女逐一捉拿到区公所进行处罚，没收所戴首饰等物。赶街的妇女被吓得四处逃散，有50多人被打得头破血流。

图21　刘平楷（1902—1930）云南彝良人　　图22　张舫（1898—1930）云南南华人　　图23　张经辰（1903—1930）云南禄丰人

其三为排斥异己。1930年3月成立的国民党云南省党务指导委员会，其委员中有南京政府所派的曾三省。曾辞职回京后，改派刘家树充任。不久，刘亦辞职。曾为广东籍，刘为江西籍，且均为南京的蒋介石所派，不可能时时事事听命于人。曾、刘二人的离滇，实为遭受排斥。时人认为，云南国民党的一切重大问题都必须取决于龙云。[①]

对于龙云主持下与地方政府合流的云南国民党，反共、扰民、排斥异己不能说是它活动的全部，但可以说，这些是它在该时期政治活动的基本内容。

二 行政机构与区划的调整

作为省一级的行政区划，云南在辛亥革命后的机构设置发生了一系列变化。1922年年初，唐继尧重掌滇政后，曾以靖国联军总司令名义治军，以省长名义治民。同年秋，唐继尧政权所颁布的《云南省政府暂行组织大纲》，以省长为全省的最高长官，既管军，又治民，并且将省政府机构设置改为8司（内务、财政、军政、外交、交通、教育、实业、司法）、4处（参谋、枢要、军咨、总务）、2局（铨叙、统计）。

1927年的"二·六"政变终止了唐继尧的独裁统治，胡、龙、张、李等9人按新拟定的《省政府改组大纲》组成了云南省政府省务委员会。省务委员会虽名义上仍推唐继尧为总裁，实质上是以合议制的形式暂时达成了胡、龙、张、李四镇守使的联合统治。省务委员会组建后，除保留唐继尧在任期间设立的总裁副官处、总务处外，新设秘书处，改禁烟公所、造币厂为委员制，原内务等8司改为厅，新置高等检察厅、审判厅，军政厅下改军法处为军法课。

1928年1月，云南地方政府按照国民政府公布的《省政府组织法》再一次改组省政府。省政府最高行政机关仍为省务委员会，设委员9人，以龙云为主席；其下保留了原财政、教育、实业厅和秘书处，改内务、交通厅为民政、建设厅，将外交厅改为国民政府外交部驻滇办事员，裁军政、司法、高等检察、审判等厅，增设高等法院；不久，又增设审议处，外交部驻滇办事员改称特派员办事处。国民政府设于云南的下属机构也相继成立。

[①] 龚自知、范承枢口述材料，见《昆明市志长编》卷十，近代之五，第225—226页。

在省下属行政机构和政区设置方面，云南省政府也按国民政府有关规定及《修正县组织法》《设治局组织条例》《普通市组织法》等法律、法规，进行了较大调整，主要内容如下。

（一）实行省、县两级制，废除腾越、普洱、蒙自三道。但鉴于云南地处边疆，废道之后，"以西南沿边界连缅、越，情形特殊，关于边地之界务、垦殖、防守、交通、实业、文化、教育、卫生等事项，不得不划分区域，特设机构，以便办理"[①]。云南省政府于1930年5月呈请国民政府允准，于废道后在沿边划出30多个县（局）辖区作为殖边督办区，新置两个殖边督办公署，直属省政府。公署设署办、会办、秘书各一人，下设三个科，管理辖区内防守、界务、实边、交通、实业、文教、治安、慈善事业，考核辖区县（局）长，直接指挥各地保卫团。其中，第一殖边督办公署驻腾冲，辖腾冲、保山、龙陵、镇康、顺宁（今凤庆）、中甸、维西、兰坪、丽江、剑川、云龙11县，以及德钦、贡山、福贡、碧江、莲山（治今盈江县莲花街）、陇川、潞西、瑞丽设治局。第二殖边督办公署驻宁洱（今普洱县治），辖澜沧、双江、车里（治今景洪）、南峤（治今勐海县勐遮）、佛海（今勐海）、镇越（今勐腊）、六顺（治今思茅县官房）、江城、宁洱、思茅、金平11县，以及宁江（治今勐海县勐往城子）、沧源设治局。至1938年10月，两个殖边督办署方才裁撤。

（二）遵照国民政府的有关规定，结合云南实际，或将原设的行政委员、县佐、设治区及个别土司属地改置为设治局，或者将原设置的行政委员、县佐、设治局改设为县。对于未改设为设治局、县的县佐，酌情进行了必要的调整。此外，对于不确、不雅的县名，经斟酌进行了更改，对县和设治局的所属机构，亦作不同的安排，具体如下。

1. 改设设治局。设治局的设置始于1932年。[②] 当年，有威信、金河、平河、临江（1934年改称宁江）、盈江、莲山、瑞丽、潞西、德钦、康乐（1935年改称福贡）、碧江、贡山、泸水13个处所设的行政委员，砚山（并原文山县之江那县佐、广西县之小维摩县佐而成）、梁河、龙武三处所设的县佐，先后改建为设治局。1934年，改土司属地猛角董为沧源设

[①] 《云南概览》，民政，第31页。
[②] 同上书，第35页。

治局。1936年，改宁蒗设治区为设治局。

2. 改行政区、设治局、县佐为县。民国初年设置的行政委员、稍后改设或新置的县佐，有的已先后改县。1927年，澜沧县属的上改心县佐、缅宁县属的四排山县佐改设为双江县。同年，今西双版纳的车里（今景洪）、南峤（今勐海勐遮）、佛海（今勐海）、镇越（今勐腊）、思茅西部以官房为治所的六顺均改为县。1930年，将勐烈行政委员改设为江城县。1933年，右甸县佐改为昌宁县。1934年，威信设治局改为威信县。同年，合并金河、平河设治局为金平县。1935年改砚山设治局为砚山县。

3. 在改置设治局或县后，云南地方政府对其余县佐分别进行了清理，先后裁撤了邑川等42个县佐。至1937年，仅姜驿（今武定县属地）、可渡（今宣威属地）、六城（今巧家属地）、牛街（今彝良属地）、礓嘉（今双柏属地）、剥隘（今富宁属地）、井桄（今永善属地）、勐捧（今镇康属地）、西盟（当时为澜沧属地）、上下允（今澜沧属地）10个县佐得以继续存在。

4. 鉴于云南的部分县名或与其他地区、政区的名称相同，或不雅、不确，云南地方政府原则上参照历史、地理等情况进行了更改，先后将摩刍、广西、云南、东川、嶍峨、阿迷、黎县、永北、五福等县，改名为双柏、泸西、祥云、会泽、峨山、开远、华宁、永胜、南峤。

5. 参照国民政府《修正县组织法》《设治局组织条例》的规定，调整县政府、设治局下属机构的设置。截至1932年，全省计昆明等50县均设第一、第二两科和公安、教育、建设三局；曲溪、镇越两县设第一、第二两科，无局；呈贡等15县设总务科和公安、财政、教育、建设、团防局；富民等9县设总务科和公安、财政、教育、建设局；富州县缺公安局；南峤县仅设总务科和建设局。各设治局则仅置局长1人、佐理员若干人，直接受省政府指挥、监督，处理辖区内行政事务。

以上五项措施，综合反映了当时历史条件下云南基层行政管理的特点，对边疆民族地区行政制度的演变产生了重要的影响，为后来设置县一级行政机构奠定了基础，客观上也对稳定边疆起到了一定的积极作用。

（三）明确划定河口、麻栗坡对汛督办的辖区，并赋予其一定的行政职能。两对汛督办逐步向地方行政机构转化。

河口、麻栗坡对汛督办的设置起源于1896年5月中法《边界会巡章程》的签订。①清政府按《章程》的约定，设立了对汛督办，由临蒙开个道道尹为正督办，统率巡防军三营，担负保护国界，查禁挟私，履行中法《对汛章程》规定，办理沿边国防、外交、军事等事宜。其下分别于河口、麻栗坡分设副督办一人，辖区称副督办区。副督办区内分设对汛点。其中，河口督办下设新店、那发、老卡、坝洒（其下附设龙膊分汛）四对汛，麻栗坡督办下设董干、田蓬、攀枝花、天保、茅坪、玉皇阁六对汛。

1917年，云南省政府决定，两督办可直接受理驻地周围30里范围内的民刑诉讼，与受理民刑诉讼权力县佐同，开始赋予对汛督办公署司法权。1929年各道裁撤，两督办直隶云南省政府。1930年10月，云南省政府进一步规定："河口、麻栗坡附近划出周围三十里地方，作为督办辖区，内一切行政、司法统归督办办理。"其下各汛亦划出驻地周围30里地段，由汛长管理辖区内国防、军事、外交、华洋诉讼。1934年5月，云南省政府又专门颁布《改订河、麻两对汛督办及所属分汛区域职权暂行规程》，进一步明确"河口、麻栗坡各设对汛督办署，直隶省政府"，其下分设对汛、分汛不变，职权是"履行中法对汛章程，办理缉私事项及办理辖境内之华洋诉讼、地方自治、教育、财务、团保、公安、仓储、建设、赈灾、救济、实业、卫生、垦殖、司法、抚绥边民暨其他一切行政各事项"，并要求对汛督办与临近县、局划定界址。两督办基本具备了地方行政机构的职能，其辖区也逐步向行政区演变。

（四）设立昆明市。清光绪二十年（1894），昆明建立近代警察制度，分四区十二段管理治安、消防，维持秩序，揭开了近代昆明城市公共管理的第一章。民元以后，废府改县，云南府裁撤，保留昆明县。人口稠密的昆明城区建制上仍属昆明县，但划归省会警察厅管辖。

1919年，唐继尧宣布"废督裁兵"、实行"民治"，将省会警察厅管辖的昆明城区划出，设云南市政公所，任李宗黄为督办。②1921年初，唐继尧为顾品珍所逐，云南市政公所被裁撤。1922年初，唐继尧重主滇政，"于是年8月1日恢复市政公所。划定省会区域，以城内外不属五乡者，脱离昆明县范围而属诸市，其属于五乡者，仍由昆明县管辖，并按诸历史

---

① 《云南行政纪实》第20册，边务，河口、麻栗坡对汛督办。
② 《昆明市志》，机关·市行政机关，1924年铅印本，第180页。

地理关系，命名为昆明市"①。昆明市政公所设督办、会办，由省政府任命。下设总务、工程、公用、警务、卫生、劝业、教育、社会8课。市政公所分辖6区53段，每区设正、副区长各1人，每段设区董1人，区长、区董由市政公所委任，任期一年，但均为义务职务，不支薪水，仅给办公费。

1928年，国民政府《普通市组织法》颁布后，云南省政府于8月1日改组原昆明市政公所，成立昆明市政府，设市长1人（荐任），下设经济、公益、建设、公安、教育5局和秘书、督察2处。1930年1月，改经济局、公益局、建设局为财政局、社会局、公务局，增设土地局。当年7月，按国民政府重新颁布的《修正市组织法》的规定，昆明市辖区规模过小，不符合设市要求。云南省政府虽然进行了调整，改公安局为省会公安局，其余各局改设为科，减员73人，但仍保留了市政府。1934年划入近郊27村，1935年2月再次呈请核准立案，要求国民政府正式认可设市，并于3月20日得到了允准，正式颁发了昆明市政府、市参议会印章，昆明设市最终得到了认可。但此时昆明市仅辖城区及附近少数村庄，其余农村仍归昆明县管辖。1929—1935年历任市长为李修家、庾恩旸（代）、张祖荫、熊从周、陆亚夫、翟犟。②

三　人事、监察、司法制度的兴革

1928年5月，云南省政府为澄清吏治，"慎选人才"，拟定了《云南省文官考试暂行章程》，组建考试委员会。当年5月举行县长考试，录取77名，分别以县长、行政委员和县佐任用。年底又参照内政部颁行的《县长考试暂行条例》，拟定《云南县长考试补充章程》，于1929年再次举行考试，录取80人。③ 此后，国民政府考试院成立，《考试法》颁行，文官考试纳入考试院统考，省政府则按《省政府组织法》规定，拥有"省政府所属全省官吏任免"之权。④ 1936年后国民政府公布《铨叙处组织条例》，规定铨叙部得于各省设铨叙处，办理各该省及邻省市委任职公

---

① 《续云南通志长编》上册，第1116页。
② 《昆明市志长编》卷十，近代之五，第240页。
③ 《续云南通志长编》卷三十一，内政二·官制二。
④ 《中华民国法规大全》，商务印书馆1936年辑印。

务员之铨叙事宜。①

同时，为考核各地官吏政绩，省政府于1932年制订了《云南省政府政务视察员暂行章程》，选派政务视察员、密查员分12区视察。1934年又将全省分16区派员视察，考察各地官吏施政情况，并对麻栗坡督办曾恕怀、罗次县长董广布等19人进行明令嘉奖，其余"分别予以督导、申儆、记示、撤职、调省各处分"。1935年8月，改在民政厅内置视察员办事处，设常年视察员6人，将全省分6区进行考察。次年事毕，因视察人员变动，拟议建立行政督察专员制度。但不久滇黔监察使署成立，行使监察职权，常年视察制又告终止。但1937年3月，民政厅厅长丁兆冠按国民政府颁布的《各省民政厅长巡视章程》规定，亲自出巡视察，5月22日经富民等26县回省，报请奖励前永仁县长张渭清，惩处腾冲县长王肇云等5人。②

此外，为监督政府行为，查处行政人员违法事件，"二·六"政变后，四镇守使拟定的《省政府改组大纲》中拟定设立省政府监察院，"监察全省文武官吏，以监察委员5人组织之"。1927年3月6日，各法团联合会选举顾视高等8人出任监察委员和候补委员，③组建了省监察院，确立监察制度，但因政局变动形同虚设。1929年，国民党中央监察委员会颁布了《各级监察委员会稽核各同级政府施政方针及政绩通则》，规定"中央及省县市政府之施政方针应随时函致同级党部执行委员会转监察委员会稽核"④，对全省的监察职权为国民党省党部垄断。但云南各县、局党部筹设进展缓慢，基层监察难以展开。此外，1931年9月，云南省政府还组建了"查办地方官吏被控临时委员会"，1931—1935年共受理51案，结案40案，其中判处磴嘉县佐唐得芳1人死刑。1935年因积案多数结清，撤销"查办地方官吏被控临时委员会"，余案移交省高等法院。⑤同年8月，又制订了《人民控告官吏办法》，对行政官吏进行民众监督。至云贵监察使署成立，专门负责滇、黔二省监察事务，云南行政监察制度初具规模。

---

① 《考铨丛书·中国考试制度史》，台湾正中书局1983年版，第253页。
② 《续云南通志长编》卷三十三，内政四·吏治。
③ 《云南各法团联合会宣告选举省务委员等结果的通电》，《云南档案史料》第17期。
④ 《中华民国现行法规大全》第9册，商务印书馆1936年辑印，第5710页。
⑤ 《续云南通志长编》卷三十三，内政四·吏治。

在司法制度方面，唐继尧时代不仅行政司法合一，在省政府内置司法司，而且还设立了大理院云南分院、总检察厅云南分厅，代行全国大理院、总检察厅的最高终审权。同时设有云南高等审判厅、高等检察厅及其第一、第二分厅，执行三审；昆明地方审检二厅，高等审、检分厅附设地方法庭执行二审；巧家、武定等12县及麻栗坡设司法公署，各县设承审员，执行一审。1927年云南省政府改组后，上述机构分别改组为司法厅、最高法院云南分院、云南高等法院及第一、第二分院、昆明县法院，裁各地司法公署，云南高等法院实行委员制。

1927年底，国民党中央政府为集中司法行政权，统一司法制度，令各地对司法、司法行政机构作较大调整。云南奉令于1928年初裁司法厅，1933年撤高等法院云南分院，改云南高等法院委员制为院长制，高院"管理全省民、刑诉讼，除高等第一、第二两分院管辖区域外，凡初级管辖案件之第三审，地方管辖案件之第二审，均归其审理。而两院附设地方庭，判决第二审之初级管辖案件。人民不服上诉者，分院不得受理，仍以高等本院受理第三审焉"①。1929年底，云南外交特派员交涉署撤销后，所办华洋诉讼亦移交高等法院办理。此后，还废止邻县上诉二审司法机关，于1937年先后设立了云南高等法院第二分院、第三分院。但20世纪30年代初，"其余各县尚由县长兼理司法，设承审员1人，审判民、刑诉讼案件"②。

四　地方自治的推行

1927年4月18日以蒋介石为首的南京国民政府成立后，即以继承孙中山的遗志为由，声称推行训政，相继颁行了《修正县组织法》《县组织法施行法》《市组织法》《训政时期完成县自治实施方案内政部主管事务分年进行程序表》《修正区自治施行法》《修正乡镇自治施行法》等法规，宣布要以县为单位，自上而下地组建自治机构，培训人员，确定经费，肃清盗匪，整顿团防、警政，调查户口，清丈耕地，举办救济事业，训练人民使用选举、创制、罢免、复决四权，保障人民生命财产安全，改善人民生活，以便为最终进入国民党的宪政时期创造条件。国民党第三届中央执

---

① 《续云南通志长编》卷六十一，司法一·司法行政。
② 同上。

行委员会第二次全体会议上通过的宣言中又进一步强调,为确认以推行地方自治为训政工作之重心,故一面规定地方自治及限期完成县自治案,又同时决定以促成地方自治为党员必要之工作,要求国民党党员以全副精神,全部能力,贡献于地方自治之推进"。①

但是,在南京国民政府宣布全面推行地方自治之际,云南正处于地方军政势力的混战之中,不可能着手来进行地方自治的工作。至1930年,云南由于"盗匪肃清,地方安谧,省政府乃得厉行整顿内政,办理自治"②。国民党云南省党务指导委员会在1930年1月才成立,有关云南推行地方自治的事实际上由云南地方政府主持进行。且"自取消苛杂以后,机关经费几于不能维持,自治团体应行举办事件,更属无从着手。兼以区、乡、镇长除传达政令、应付公差外,已觉精疲力倦,亦无余力顾及自治事项"③。尽管云南省政府曾于民政厅下设立了云南全省地方自治筹备处,拟定了《训政时期云南完成县自治实施法方案分年进行程序表》,并"在民国二十三年三月以前,全省各县自治完成者已居多数"。"本省各县、市参议会,曾于民国二十三年成立。"④ 但事实上,云南全省的地方自治并未严格按照南京国民政府的有关规定全面展开,只在以下几个方面做过一些工作。

(一) 划拨自治经费,储备自治人才。为推行地方自治,曾将原各县县议会经费改作自治经费,其不足部分,则用裁撤县佐所余经费补充。1933年9月,进一步规定各地划拨烟酒税附加捐的30%、牲屠税附加捐的10%作为地方自治事业费。与此同时,还颁发了《云南省训政讲习所章程》,由训政讲习所开办行政、公安、自治三班,先后分两期培训过130人。此后又按国民政府规定,开办了区长训练所,于1930年8月至次年9月底,分15班对1117人进行了培训。至于乡镇自治人员,则由各县办班组织训练。据载,云南有37个县举办过乡镇自治人员训练班,共毕业3000余人。⑤

(二) 调查户口,编定区、乡、镇。根据国民政府1928年颁布、

---

① 国民政府内政部编:《内政年鉴》,1935年版。
② 《续云南通志长编》上册,卷二十八,第1041页。
③ 《续云南通志长编》上册,卷三十三,第1132页。
④ 《续云南通志长编》上册,卷二十八,第1052、1065页。
⑤ 《内政年鉴·民政篇》第四章,《地方自治》。

1929年6月修正的《县组织法》规定,县以下的自治组织为区、乡(镇)、闾、邻四级;按五户为邻,五邻为闾编组;百户左右编为乡(镇),20至50乡(镇)编为区。因此,准确的户口统计是划定各级自治组织的基本依据。云南曾于1928年后遵照内政部的规定,多次要求各地清查户口,编定户籍,但"各属仍多延误……卒至二十年终,仍未报齐"。直至1932年,云南全省才完成了较为全面的户口调查,编印了《二十一年云南全省户口总调查统计报告书》,初步查实全省的人口为2338272户,11795486人。① 在此基础上,除祥云等11县未编定乡、镇,各设治局和澜沧、屏边县未编定区、乡(镇)外,到1933年,全省共编为658区、6171乡、992镇及66坊,初步划定了各地区、乡(镇)、闾、邻区域,② 并自上而下地在有关地区任命了区长、乡(镇)长、闾长、邻长,建立了各级地方自治组织。

(三)整顿团防、警政。国民政府《训政时期完成县自治实施方案内政部主管事务分年进行程序表》和《训政时期云南完成县自治实施方案分年进行程序表》中均把整顿团防、警政当做筹备和实施地方自治的重要内容。在团防方面,民国时期云南各地的团练、团防制度几经更改。1933年8月,云南省政府议决实行义务民兵制,以便增进全民自卫实力,在推行保甲制(以区为保,乡镇为甲,闾为牌)、实行保甲连坐的基础上,编定壮丁名册,实施壮丁训练,并将壮丁按保、甲、牌编为保卫队(即大队、中队、小队)。至1937年,全省除盈江等6属未编制外,共编成718大队,将壮丁纳入了保卫队之中。同时,还选拔精干团丁,以县为单位组织常备队,集中训练,归全省团务督练处及其下辖的11个督练分处统领。1935年,曾一度缩编,合并部分大队设营,常备队又称保卫营。各中队采用连级建制,部队由营长及各县县长共同指挥、组训。当时全省共编成21营,有团兵1万多人。③ 在警政方面,1928年8月,按民国中央《各级公安局编制大纲》和县、市组织法规定,将昆明市属警务课改为公安局,其余各县警察事务所、警察局亦改名为公安局。全省除南峤、德钦等19县(局)因经费紧张仅设公安科

---

① 《续云南通志长编》中册,卷三十八,第65—66页。
② 同上书,第65—67页。
③ 《云南行政纪实》第18册,团练。

外，其余各地"共设一等公安局二十二处，二等公安局六十五处，三等公安局一十八处，同二等分局二十二处，同三等分局九十一处"，各局共有长、员368员，警士2899名。① 在昆明，1931年将公安局改称云南省会公安局，在办理公安人员培训班、毕业一百余人的基础上，筹建了警官学校，藉以培训警务人员。

（四）清丈耕地，办理积谷。1929年1月，云南省政府成立了全省清丈总局（后改隶财政厅、民政厅，称清丈局、清丈处）、高级评判委员会和评定等则委员会。据载，耕地的清丈在于"确定业权，以息争讼；整理田赋，以均负担；增加税收，以固财政基础；明悉亩积，以作施政标准"②。全省的耕地分六期进行清丈，清丈后即对清丈过的耕地废除旧有田赋，改按当时地价和土壤、水利、收益情况，确定土地等级和应缴耕地税额，并向业主颁发执照。至1938年清丈大体完成，全省除沿边各设治局未清丈外，先后共清丈107县、耕地2837万余亩，清丈后的耕地税为新滇币276万余元。③ 与此同时，在云南省政府颁行的《训政时期云南完成县自治实施方案分年进行程序表》中，还明文将举办救济事业（包括整顿慈善机构和各市县义仓，筹设救济院，办理赈灾事项等）列为自治的最后一项内容。不过，仅进行了整顿义仓、办理积谷一项。1930年，云南省政府首先按内政部颁发的《各地方仓储管理规则》规定，改组了旧有积谷仓，成立了县、区、乡、镇仓。1933年进一步以户口数为依据，规定各地的积谷标准为平均每户一京石，可由殷实富户就租谷之收入分等负担，抽谷存储。1934年、1935年还要求应照标准数加积二成，并健全和完善了建仓、抽谷、入仓、管理、考核等各项制度。到1937年初，全省共建有"省仓一所（计一十四廒），连同……市、县仓数共合实有各级仓廒二千五百六十五所"④，实积谷240万余京石，超过了1933年规定的每户一京石的积谷数量。⑤

在唐继尧统治云南的中后期，云南亦曾筹划和开办过地方自治，然而其结局只能是官治和绅治，与人民大众所希望的地方自治相去甚远。以龙

---

① 《续云南通志长编》中册，卷三十七，民政二，警察，第12页。
② 《续云南通志长编》中册，民政三，地政，第153页。
③ 《续云南通志长编》下册，卷六十九，农业一，耕地，第249页。
④ 《续云南通志长编》中册，民政五，积谷，第366页。
⑤ 同上书，第312页。

云为首的云南地方政府在这一时期秉承国民政府在某些方面所推行的地方自治，从其内容看，虽与唐继尧时期不尽相同，但其实质却不能说有多大差别。但该时期所做的积谷一事，到1937年年初，有数达240万京石积谷的存储，其作用不仅可为云南的防灾救灾做准备，还为抗日战争提供了可贵的物质基础。

第五章

红军长征前后的云南

第一节 大革命失败后的革命斗争

一 坚持党在城市的工作

1927年"四·一二"和"七·一五"蒋介石和汪精卫相继在上海、武汉背叛革命后，第一次国共合作破裂，经中国共产党推动和帮助而发动的第一次国内革命战争惨遭失败，全国的革命形势处于低潮。同年12月8日、9日，中共云南特别委员会在昆明召开了扩大会议，传达了中共中央在汉口召开的"八·七"会议精神。12日，又召开了昆明市的党员大会，就"八·七"会议精神和中共云南特委的决议进行了传达。由中共云南特委扩大会议选举产生的中共云南省临时委员会号召各级组织和广大党员必须认真学习和贯彻"八·七"会议所确定的土地革命和武装反抗国民党的方针，将党的工作重心由城市转向工矿和农村。正当大批的党、团员逐步向滇南等地转移时，以龙云为首的云南省政府于1928年1月下令组织清共委员会，接着进行了一次又一次的逮捕和屠杀共产党员和革命群众的清共行动。面对云南地方政府的倒行逆施，中共云南地方组织并没有被吓倒，而是在转移工作重心的同时，继续坚持着党在城市的工作。

昆明是党的城市工作的重点之一。早在蒋、汪叛变革命后的1927年年底，中共地方组织就曾领导云南官印局的工人反对监工制，通过罢工要求增加工资。在云南兵工厂和昆明自来水公司，也开展了要求增加工资的斗争。在华安机器厂，为反对殴打工人开展斗争。这些不同内容的斗争都取得了一定的胜利。

云南地方政府发动清共后，曾经公开组织并进行活动的党、团组织，诸如共产党、共青团都被迫转入地下，工会、农会、学生会等群众组织亦被迫暂时放弃原有的组织名称、活动方式，改以政府当局所允许的形式进行活动。如至1929年上半年，华安机器厂有足球队组织，亚细亚烟草公司组织了星期会，在个旧锡矿和滇越铁路沿线的职工所在地则相继建立了兄弟会。这些都是没有工会名称的工会。为组织学生群众，原来的学生会、学联一类的组织名称不能用了，改以文学研究会、社会科学研究会、互助社等来发动、团结、组织学生。在农村，昆明南乡有锣鼓会，陆良有禁烟禁赌会，普洱有互济会。① 这些以不带明显政治名称而出现的组织，在团结教育群众、逐步聚集革命力量方面发挥了不可忽视的作用。

1929年春夏之交，龙云与李燊为与贵州的周西成争夺对滇黔的统治权再次兵戎相见。龙李联军进入贵阳后，龙云也跟进至安顺。但在6月中，经战败而转避川南和黔西北的胡若愚、张汝骥等乘昆明空虚之时，首攻昭通，继攻昆明。昆明在向龙云告急的同时，为保住省城、避免储存在商山寺（今云南民族大学）的火药被胡、张部攻城所用，乃紧急组织人力、畜力，将其从商山寺转运至城内的江南会馆。由于时间十分紧迫，组织欠佳，安全工作又甚为忽视，以致在人背马拉、牛踏马踩、人慌马乱的抢运中发生事故。7月11日，也就是胡、张的先头部队进至昆明北郊时，昆明发生了被人们称为"七·一一惨案"的火药爆炸案。据事后查明，在今北门街南段东侧的原江南会馆爆炸点，"地面陷落六七丈深。螺峰街、园（圆）通街、平政街、青云街、翠湖周边，许多房屋倒塌了，人畜死伤了。正义路、三牌坊都有断肢残骸从天而降，全昆明市一时哭声震天"。据统计，"受灾的有二千二百多户，一万二千多人，死亡的三百二十多人。还有重伤残废的七八百人，他们何以为生？房屋倒塌，财物丧尽，他们那里栖生？"② 这是一起军阀混战而导致的惨案。

中共云南地方组织在得知惨案发生，粗略获悉灾民死伤、房屋财产的损失后，立即成立了行动委员会，指出惨案不是天灾，而是人祸，揭露军阀混战是造成这场灾难的真正原因，提出了反对军阀混战，要求政府保障人民群众的自由和人身安全，取消清共以来所实施的戒严，"省城不许驻兵"，要求政府盖还房屋，赔还财产和惩办肇事者等斗争口号。③ 并且通

---

① 中共云南省委党史研究室：《中共云南地方党史大事记》，第41—42页。
② 杨东明：《"七·一一"火药库爆炸回忆》，《云南现代史研究资料》第1辑，第182页。
③ 中共云南省委党史研究室：《中共云南地方史》第一卷，第117页。

过党早已建立的秘密外围组织云南济难会,公开组织"七·一一"青年救灾团(简称青年救灾团),与各界民众所组织的昆明市"七·一一"灾民联合会一起工作。① 青年救灾团的成员深入到灾民的临时住所文庙、武庙、土地庙,有的认真照料灾民,有的积极劝募救灾款支援灾民,有的代为烧水煮饭,有的组织灾民子女学习文化,开展文娱活动,还有的向灾民进行宣传,指出惨案发生的真正原因。青年救灾团成员的工作精神和热情服务深得广大人民群众及灾民的好评。

8月,云南地方当局不顾灾民困难,竟通过灾民收容所,以每人发放30元遣散费,名为遣散实为驱逐的办法,要将灾民们赶出暂避风雨的临时住处。行动委员会支持灾民们的正当要求,反对不顾灾民死活的遣散。警察奉命出动,几名青年救灾团成员被抓走。灾民们忍无可忍,部分灾民相约将昆明市公安局第二区警察署包围起来,要求必须放出被抓去的人。警察二署见众怒难犯,只得退缩放人。

9月底,蒋介石出于进一步督促龙云亲己反共的需要,派国府委员王柏龄以"慰问"名义来昆,对龙云进行联络。王柏龄在龙云为他所召集的、地点在云南陆军讲武学校的一次会上,公然歪曲惨案真相,肆意攻击共产党和革命群众,当场被中共云南地方组织安排的与会人员所揭穿,同时鸣放鞭炮,高呼反对军阀混战等口号,迫使王柏龄等狼狈地逃离会场。事后,云南地方政府大肆捕人,八九十人被抓,中共党员、革命群众秦美等8人不幸遇害。

在滇东重镇曲靖,在"七·一一惨案"发生的前两个月,由于在曲靖师范(即省立第三师范)充任校长18年的谢显琳克扣政府每月发放学生的伙食费,引发学生要求公布伙食账、办好伙食的事件发生。学校当局借口伙食事宜纯属校方的行政事务,断然拒绝学生的合理要求,致使事件发展为学生罢课,事件由经济斗争转化为政治斗争。学生们提出反对贪污伙食费、蓄意损害学生健康;反对排斥进步教师,任用私人;反对封建独裁,肆意进行黑暗专制,要求撤换校长等斗争口号。学校当局则以强硬的态度相答复,命令停办伙食,勒令学生必须复课。由中共曲靖师范支部所领导的这次斗争一时处于僵持状态。党组织为扩大影响,争取支持,以罢

---

① 中共云南省委党史研究室:《新民主主义革命时期中共云南地方党史简编》,云南人民出版社1991年版,第37页。

课委员会的名义派出学生代表赴昆前往教育厅请愿。省学联、省一师、省一中和部分报社等在获悉曲靖师范学生罢课、请愿的情况后，都以不同的方式表示了支持。曲靖师范代表四次前往请愿，获得了允许撤换校长的答复。但几天以后，谢显琳经龙云批准，仍任校长，为惩办罢课学生，又允许学校可提前放假。谢显琳有了龙云的支持，大胆地开除了组织学运和积极参与罢课委员会的十余名学生的学籍，另有二十余人被各记大过二次。就在"七·一一"惨案发生的前几天，一场坚持了两个多月的斗争终被地方政府所镇压。①

从昆明和曲靖这两次斗争的经过来看，应该说中共云南地方组织所领导的城市斗争是取得了一定成绩的，但也遭受了一些较严重的挫折。如在"七·一一惨案"后，揭露事件真相和保护灾民的斗争在昆明为期数月，其积极成果是关心和支援了灾民，谴责了军阀混战，揭露了国民政府代表的谎言，教育了人民，扩大了党在群众中的影响。但在随后云南当局的大逮捕中，中共在昆党组织遭到较大损失，被捕党员及群众数十人，昆明市委负责人秦美、昆明总工会主席田定邦等8人被杀害，时称"八烈士"②。

二 路矿工人的斗争

1928年1月，位于蒙自东侧滇越铁路线上的黑龙潭车站（又名石关坡车站）附近有几棵树被小红寨的农民高自明砍伐。高自明为该寨的贫苦农民，因住房被烧，故在农会协助下重新盖房，因此有伐树之举。对于这样一件不大的事，黑龙潭车站的铁路警察却小题大做，以高自明盗伐森林为名将高拘押，并要罚款640元；在高无法缴清罚款的情况下，又擅自对高进行拘押拷打。小红寨的农民协会出面交涉，但该站拒不放人。这种目无中国政府、中国法纪，私自抓人打人的做法引起小红寨及其附近的农民、车站的工人以及蒙自县城内出身于农民的部分团丁的极大愤慨，他们相约200余人将车站包围起来。该站的法国资方及警察迫于压力，便无条件地将高自明释放了。③ 这次党组织领导的、有农民、工人参与的斗争取

---

① 汪集生：《曲靖师范的一次学潮》，《云南现代史研究资料》第8辑，第28页。
② 中共云南省委党史研究室：《中共云南地方史》，第188页。
③ 《云南临委给中央的总报告》（1928年12月16日）。《中共云南党史资料丛书》（二），《云南地下党早期革命活动》，第260—261页。

得了胜利。

通车于1910年的滇越铁路是法帝国主义侵略云南的工具，也是团结云南各族人民进行反对侵略的爱国主义斗争的一个重点地区。由于该路沿线的工人来自越南、广东和云南，有语言障碍，故工作一时难以深入。1927年5月，滇越铁路工人在开远召开工人代表会。这次大会发布的告全体会员书揭露和抨击了法国帝国主义利用铁路对云南的侵略，谴责了帝国主义在云南的商品倾销，要求在云南币制不断贬值的情况下，或者增加工人的工资，或者改按在该路通行的越南币发放工资。告全体会员书同时号召以罢工的办法来实现工人们的要求。[1] 在此后的1928—1929年，滇越铁路沿线虽未发动过大规模的斗争，零星斗争却时有发生，有为反对开除工人而举行罢工的，有为要求继续发放米贴而开展斗争的总计有8次之多，其中6次取得了胜利。[2]

龙云上台前的个旧锡矿，约有十万工人，年产锡万吨左右。其生产方式主要是手工劳动，劳动条件、经营管理、工资待遇、伙食供应等均极为落后、粗野、恶劣，尤其是被买来、骗来的童工甚至成年工的劳动、生活条件几与牛马或囚犯无异。个旧矿山"还保存着一种奴隶式的猪仔式的劳动，有很多在矿穴中工作的人，每人脚上都戴着脚镣，为的是怕他们私逃或偷矿。在那种最恶劣的技术工作条件之下还有这样的桎梏，这算是全世界上所找不到的现象了"[3]。由政府出面经营的个旧锡务公司，生产中采用了一些机械，其产量约占全矿的1/5，但工人们的劳动条件、劳动时间、劳动报酬等仍与私人所经营的厂矿相差无几。为发动和组织当地的工人，1928年2月，经中共云南地方组织同意，中共党员李鑫前往该矿。李鑫先后去过个旧的黄茅山、湾子，11月到达云南锡务公司所属的马拉格矿。

---

[1]《读一份历史文献介绍〈开远（铁路）工人代表告全体会员书〉》，《云南方志》1991年第1期，第60页。

[2]《刘林元、张平、杨立贤、李介民给中央的报告》（1931年4月10日），《云南党史通讯》1987年第1期，第38页。该路的经营者为鼓励工人为其效力，在滇币不断贬值的情况下，向工人每月发米贴一份（计3包，共60个），以较为合理的价格供应食米。停发米贴就意味着工人们要忍饥挨饿。见中共云南省委党史研究室：《中共云南地方史》，第95页。

[3]《刘林元、张平、杨立贤、李介民给中央的报告》（1931年4月10日），《云南党史通讯》1987年第1期，第33页。

为以一名普通矿工的身份进入矿区接近工人，李鑫事先从思想、身体等各方面做了种种准备。进入矿区后，他一改原先的温文尔雅，变成了一个皮肤粗糙黝黑、饱经风霜的矿工。他除了同矿工们同吃同住同劳动外，还通过谈心交朋友等办法，向矿工们讲解一些革命的道理。李鑫通过矿工们喜闻乐见的歌谣等形式，如《月叹穷》《十二杯酒》等，向矿工们宣传压迫和剥削、穷与富是怎么回事，并且鼓励他们团结起来，砸碎锁链，敢做主人，争做主人。

《月叹穷》中有："五月里来是端阳，去跑厂，最苦是背堍，葫芦口，长蛇洞，苦得难当。可叹吃的不成样，脏又脏。有饭没有菜，洗脸就无汤。找大钱不是我，白吃白忙。欀头摧（催）鬼，老板活阎王，真是活人下地狱，好不惨伤！真是活人下地狱，好不惨伤。"

《十二杯酒》中有："三杯酒，从穿看，有的穿呢穿花缎，外套马褂和长衫，有的穿得很破烂，令人一看就心酸；四杯酒，从吃看，有的吃肉吃白饭，鱼翅烧烤大洋餐。有的吃菜无油盐，苦荞玉麦几样掺；五杯酒，从住看，有的洋房住的惯，地下还要铺地毯，有的破烂茅草房，好像猪窝与牛栏……十二杯酒，干干干，老板工人如冰炭，大家一起起来干，打倒厂主和老板，工厂拿归工人管。"[①]

饱受压迫和剥削的工人，一经李鑫等人发动，很快就以"弟兄会"这种形式组织起来，个旧锡矿第一个中国共产党支部——中共个旧锡务公司支部也成立了。1929年4月，有职工5000余人的云南锡务公司的工人发布了要求增资并按时发放工资、每天必供应一次老妈妈汤（即黄豆磨碎并不过滤的热汤）、每个工人配发一件羊皮褂的罢工斗争。厂方被迫同意了工人们的要求。不久该处工人又在中共个旧锡务公司支部的领导下，发动了以争取八小时工作制并改善劳动条件为内容的罢工斗争。一向甚为平静的马拉格矿，相隔不久便出现了两次罢工，引起了该公司总经理陶继鲁的注意。化名施鸿祥的李鑫以及中共党员戴德明（化名田贵，公司职员）、杨逢春（工人）被厂方作为嫌疑对象抓了起来。由于陶继鲁原是云南高师附中的校长，李鑫在昆活动期间，曾以教师身份为掩护在该校任过教，两人是认识的。但因为李鑫的矿工着装和早已改变的面容，一时未被

[①]《李鑫》，中共云南省委党史资料征集委员会编：《滇魂》（一），云南民族出版社1989年版，第107—109页。

陶所认出，然而其声音却被时任高师附中庶务、为陶心腹的郭英斋所熟悉。故李鑫等3人经多方营救无效，于次年5月16日在蒙自被杀害。

图24　戴德明（1909—1929）
云南会泽人

图25　巨伯年（1905—1929）
云南昆明人

1929年3月，在有工人3000多人的个碧铁路，工人们在中共个碧铁路蒙自机修厂支部的领导下，为增加工资进行了罢工，斗争取得了胜利。4月，李鑫、戴德明、杨逢春在个旧被捕后，厂方在搜查杨的住处时发现党的秘密刊物《工农兵》，并发现了他与巨伯年（个碧铁路蒙自机修厂中共支部书记）的通信。因此，巨伯年与李、戴、杨三人一起在蒙自遇害。

三　马关八寨等地的起义

云南地方政府开始清共后，有相当一部分原在城市工作的中共党员陆续转移到了农村。经过一段时间的调查研究，他们首先在发动和组织农民的宣传工作上取得了进展，编写了多种通俗易懂的宣传材料。

一是赵祚传所作的《农民四字经》。此作品是手写传抄，故目前所见有六百余句的一种，八百余句的一种，九百多句的两种。其内容为谴责阶级压迫、阶级剥削、高利贷、苛捐杂税、官绅结合、官匪结合、军阀混战、通货膨胀、强种大烟，反对帝国主义对云南的侵略，等等。当然，更为重要的是号召农民们团结起来，埋葬旧制度，建设新国家。比如，涉及地主、官府对农民的剥削，有"苦我农民，不值半文，苛捐杂税，年多一年。十分苛刻，不唯不减，反有加添"，"田主叫喊，随喊随来，有空无空,尽使白工"。揭露官绅结合、官匪结合的,有"田主一身,又兼豪绅,上通官僚,下结团保","有匪报到,叫声莫闹,匪去团来,赶快安排"①。

二是杜涛所撰的《准备暴动要齐心》。在诗中,他号召人们:"准备暴动要齐心,工农兵高高举红旗,镰刀斧头五角星;被压迫的阶级,被压迫的人民,只有革命是出路,舍了斗争无生存。"②

三是王德三针对云南少数民族众多的情况而写的《夷经》,《夷经》"有夷族本源""汉人压制夷亲情形""汉人压夷亲变成田主压小家""苗亲夷亲怎个才有好日子过""做些哪样""怎个做法"六章。在"做些哪样"一章里,他大声疾呼,号召各族群众:"工农兵,一条心,土地革命世界新。推翻军阀,消灭田主,夷汉平等同办工农兵政府。"③

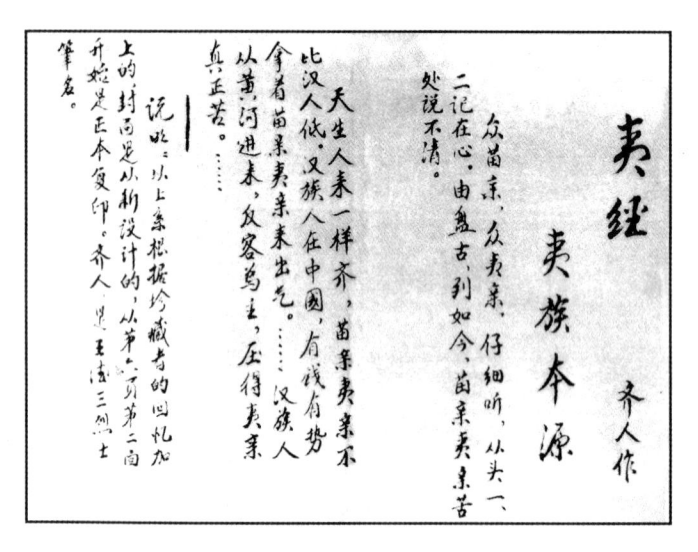

图26 王德三编写的《夷经》(齐人为王的化名)

随后,中共地方组织准备于1928年10月在靖边(今屏边)阿加邑

---

① 中共云南省委党史资料征集委员会编:《赵祚传烈士》,云南民族出版社1987年版,第27—31页。白工即做了工不给工钱。
② 《杜涛》,中共云南省委党史资料征集委员会编:《滇魂》(一),第95—96页。
③ 齐人:《夷经》(1930年5月15日),《中共云南党史资料丛书》(二),《云南地下党早期革命活动》,云南民族出版社1989年版,第364—365页。齐人为王德三的化名。

(今加衣),1929年12月在蒙自的麦冲发动两次武装斗争。在阿加邑,由于群众动员不扎实,组织不严密和连日阴雨等,起义计划未能实现。在麦冲,由中共云南地方组织领导的第一支游击武装——查尼皮游击队将盘踞于蒙自小东山至查尼皮之间麦冲的地霸武装予以消灭,缴长枪9支,毙敌9人,伤敌1人,为党在这一地区的活动清除了隐患。① 对于这两次斗争,中共云南地方组织都作了认真的总结,肯定了成功的经验,指出了失败的教训。

在此后的农村斗争中,中共云南地方组织曾先后组织过马关八寨起义、陆良起义、宁洱勐先起义、墨江起义等。这些斗争虽未取得人们所期望的胜利,站住脚跟,但其意义和影响是不应被遗忘的。

中共党员李国定于1928年春,以教书为掩护在汉、苗、壮、彝、傣、瑶族杂居的马关八寨开展工作,组织了农会,建立了农民武装。1929年春中共马关八寨支部成立后,其活动扩大到数十个村寨。同年11月,被任为文山、西畴、马关三县联合团团长兼八寨团总的曹仁恭声称要加派捐税,提取枪支。此举不仅将加重中农以下农民的负担,而且也损害到地主、富农的利益。1930年2月,曹率数百民团驻腻科,图犯八寨。同月11日,李国定等率众起义,领八寨等千余人攻腻科,拟在得手后取县城。由于农民武装初建,敌人增援,参与起义的地主、富农纷纷动摇,这次起义仅坚持了一天一夜。4月,中共党组织利用敌人之间的矛盾,曹仁恭被击毙,三县联合团也解体了。这次起义"由于主客观条件的限制,没有达到预期的目的,但它打击了国民党文山、西畴、马关当局的反动统治,鼓舞了各族人民,为后来地下党组织领导武装斗争提供了经验"②。

在陆良,1929年建立了中共陆良支部,1930年改建为中共陆良中心县委,此后不仅该县的学运、农运有了较好的开展,而且在兵运、统战方面,也取得了明显的进步,组织秘密武装近千人。中共陆良中心县委认为,要确保起义成功,并装备、壮大起义队伍,可在县城东西两路发动起义,然后夺取县城。同年7月3日夜,康建侯、方鹤鸣一路在板

---

① 中共云南省委党史研究室:《中共云南地方史》第一卷,第119页。
② 张永和、刘龄元:《云南政治、军事及党务状况》(1930年4月5日),《中共云南党史资料丛书》(二),《云南地下党早期革命活动》,第346页,刘龄元即刘林元。

桥如期发动起义，杀板桥公安分局局长等，继占旧州，领众攻县城。由吴建德所率的另一路，因对敌情判断有误，既未对三岔河的孙家公馆发起进攻，也未按计划与另一路会合同攻县城，致使起义至此失败。部分党员和起义骨干在中共秘密党员、时任陆良县长熊从周的掩护下得到了安全转移。①

　　1931年4月中共宁洱县委书记杨正元被捕牺牲后，中共党员罗有祯等继续在宁洱、江城农村发动群众。1934年3月1日，罗有祯等聚众200余人在勐先宣布起义，4月13日占江城勐野盐井。6月，罗有祯被叛徒杀害，其余部在宁洱、思茅等地仍坚持活动过一段时间。

　　由中共墨江支部书记熊文和等所组织、拟于1931年冬至节发动的起义，由于熊文和等5人被捕遇害而被迫终止。但已经建立起来的农民武装此后仍分散隐蔽于元江、宁洱、镇沅所属的一些地方坚持斗争。

　　由中共党员蒋开榜等人在会泽组织的农民武装，由于蒋与另一领导人刘文明在1933年11月被捕，准备中的会泽起义流产。

　　在1930年中国工农红军第7军主力奉命北上后，其余部曾有部分人员进入滇黔桂三省结合部的富宁县发动群众。到1934年年初，该县已有劳农会20个，赤卫队27个，2000余人。当年11月，中共滇黔桂边区临时委员会、滇黔桂边区劳农游击队第三联队成立，一直活动到抗战爆发时的1937年。

　　以上这些斗争，虽然有的未及发动，有的以失败告终，但它们确实在相当范围内发动了群众，打击了敌人，积累了武装斗争的经验，扩大了党在群众中的影响，为以后的斗争提供了宝贵的借鉴。

第二节　红军长征过云南

一　红军第一方面军过云南

　　位于赣南、闽西的中国工农红军第一方面军（亦称中央红军），由于以王明为代表的"左"倾冒险主义的错误领导，不仅未能打破国民党军队对苏区的第五次"围剿"，而且自身的力量受到削弱，迫使中共中央和红一方面军放弃原有的根据地，实行战略转移，开始了长达二万五千里的

---

① 《马关县隆重纪念八寨起义六十周年》，《云南党史通讯》1990年第3期，第67页。

长征。

红军长征开始于1934年10月,其间虽突破了国民党军队在江西、湖南所设的四道封锁线,但红军损失甚重,部队由出发时的8万多人减为3万余人。由于国民党军队的重兵布防,红一方面军不得不放弃在湘西与红军第二、第六军团的会师,向西进入贵州。

1935年1月7日,红军攻克遵义后,中共中央于1月15—17日在遵义召开了政治局扩大会议。遵义会议后,军事上形成了以毛泽东为首的新的中央领导集体,结束了"左"倾的错误路线,在革命的危急关头挽救了党,挽救了红军,挽救了中国革命。遵义会议认真分析了当时的政治、军事形势和黔北经济状况,作出了进军川南,渡过长江,与红四方面军会合,"在成都之西南或西北建立苏区根据地"的决策。① 可是,当红军继续西进,击溃黔军,攻克土城时,却遭到川、黔军的重兵堵击,且川军援军蜂拥而至。中华苏维埃共和国中央革命军事委员会(简称中革军委)当机立断,于1月29日指挥红军撤出土城,一渡赤水河,向川南叙永、古蔺进发,准备于泸州宜宾间北渡长江。然而这时的叙永、古蔺亦有川军重兵把守,红军转而向西开进,于1月底2月初,相继进入川滇边境的威信县。

早在1934年9月,当红四方面军所部已经入川,并传闻红二、六军团将由湘入黔、川之时,蒋介石即要求云南地方政府尽力协助追剿。云南省政府主席龙云也认为,如果红军进入川、黔两省,"则滇与黔、川接壤,难免不受波及。思患预防,实不可缓"②,遂决定加紧在全省各县编练常备队、保卫队,编组保甲,借以防范红军。10月,龙云获悉红一方面军开始长征后,再次下令各县赶办防共事项。12月,红二军进入贵州,蒋介石电令龙云出兵防堵。为此,龙云曾先后几次召集云南省省务委员、第十路讨逆军总部负责人共商对策。③ 龙云认为红军西进的主要目标在四川,要长驱直入云南,并在云南建立根据地,直接危及云南政府的可能性

---

① 中共云南省委党史研究室:《中国工农红军长征过云南史》,云南人民出版社2006年版,第17页。

② 《龙云命各县举办常备队组编保甲训令》(1934年9月17日),云南省档案馆编:《国民党军追堵红军长征档案史料选编》(云南部分),档案出版社1987年版,第1页。

③ 云南省档案馆编:《国民党军追堵红军长征档案史料选编》(云南部分),《蒋介石命滇军早日开拔速进电》(1935年1月12日),第35页。

不大。因此，他对长征红军的重点在于防范，并且以出兵贵州，拒红军于滇境之外为上策。如红军进入云南，则可以追而不堵，赶红军出境。龙云之所以要在红军进入云南后，不是配合国民党军等围而歼之，而是将其赶出云南，原因在于防范蒋介石的嫡系部队不仅要歼灭红军，还要借此解决非嫡系的地方部队，结束龙云在云南的统治，所以龙云只得如此考虑和部署。当红军进入贵州并继续向西推进时，龙云开始将这一既要防共又要防蒋的计划付诸实施，把滇军组成一个纵队（辖 6 个旅），由孙渡任指挥官，在滇东传统的入滇要道宣威、平彝（今富源）、曲靖、陆良等县布防。

1935 年 1 月 12 日，蒋介石为在黔北川南一举围歼红军，电令滇军迅速入黔。他在电文中首先通报了四川省政府主席、川军总司令刘湘给自己的电呈，称川军已派兵一师驻守泸州，拟待滇军到达毕节后，川军即可与滇军共同行动，约期会剿；其次命令龙云："速饬所部早日开拔，速进为要。"① 这对于龙云来说既是机会，却也潜伏着危险。一方面，龙云久有控制贵州的企图，此时奉蒋之命派兵深入，是一个不啻在战乱中借机发难，实现吞并贵州愿望的大好时机。但同时，滇军入黔可能与红军发生直接冲突，损耗实力姑且不说，还有可能使滇军远离云南，给蒋介石的嫡系部队乘虚直入云南创造条件。有鉴于此，龙云一面同意出兵贵州，并亲嘱带兵将领，到贵州后可相机解决黔军王家烈部；一面电告蒋介石，滇军至少需 14 天才能在毕节集结完毕，而进一步"深入川境，则问题尚多"②。此后，当川军约请滇军北移进入四川叙永、古蔺时，龙云更明确声明，因滇军"奉命出发，乃系仓促启程，轻装就道"，"如深入，则一切均成问题。即兵之自身与给养皆感困难；且滇边亦空虚，转多顾此失彼之虑。兹以兵力地形敌情种种关系而言，本军到毕节后，只宜掩护滇东，再相机联合防剿，若遽深入，则事实有所不能"③。直至 1935 年 1 月底，滇军仍在威宁、毕节等地移动，既未如期进至毕节，更未北上昭通、叙永、古蔺，其目的均在于防共的同时要防蒋。

---

① 《龙云复蒋介石文电》（1935 年 1 月 14 日），《国民党军追堵红军长征档案史料选编》（云南部分），第 35—36 页。

② 同上。

③ 《龙云申明滇军无力深入电》（1935 年 1 月 18 日），《国民党军追堵红军长征档案史料选编》（云南部分），第 37 页。

2月5日，中共中央在威信县水田寨决定常委分工，以洛甫（张闻天）代替博古（秦邦宪）在党内负总的责任。8日，在威信大河滩，审定了《关于反对敌人五次"围剿"的总结决议》，通过了《总结粉碎第五次"围剿"战争中经验教训决议大纲》。9日，中共中央在威信县扎西镇江西会馆召开了政治局会议，决定二渡赤水，回师东进；对红军进行精简整编；组建中共川南特委和红军川南游击纵队，以便牵制国民党军队，策应红军长征。10日，《关于各军团缩编的命令》下达，红三、五、九军团取消师一级建制，红一军团缩编为2个师6个团，红三军团缩编为4个团，红五、九军团各编为3个团，加上军委干部团，中央红军共编为17个团。① 在威信，红军在进行打土豪分田地、宣传群众的同时，号召广大青年参加红军，壮大了红军队伍。11日，红军撤离扎西，经川南古蔺东进。

这时，川南、滇东北已重兵集结，黔北却相对空虚。红军遂于当月18—21日二渡赤水，并以迅雷不及掩耳之势，于24日占桐梓，26日取娄山关，28日再占遵义，歼灭击溃国民党军和黔军2个师8个团，缴枪2000余支，俘获3000余人，取得长征以来的一次大胜。蒋介石认为红军又将转黔北建立根据地，立即调兵向黔北合围。为调动迷惑国民党军，红军又于3月16—17日三渡赤水，再入川南。蒋介石认为红军又要北渡长江，急令各部向川南追击。可是红军于3月21—22日东向四渡赤水，部署九军团牵制追兵，其余一、三、五军团和中央纵队乃乘势南渡乌江，直逼贵阳。此时的蒋介石正在贵阳坐镇指挥，见红军突然进逼贵阳，于是急调尚在古蔺、大定等地的滇军火速赶赴贵阳"护驾"。4月3—6日，孙渡所部赶到贵阳，受到了蒋介石的嘉奖。②

当蒋介石判断红军正过清水江，将经黄平、镇远等地东进，可能与红军二、六军团会师，并令孙渡所部前进至黄平等地防堵时，红军却在贵阳、龙里间通过，在把滇军主力调入贵州后，经黔西南挥师入滇。

4月22日，红三军先头部队进军入平彝（今富源），中央红军各军团随后入滇，于26日、27日攻沾益、围曲靖。在曲靖西山乡关下村，红军

---

① 中共云南省委党史研究室：《中国工农红军长征过云南史》，第38页。
② 《蒋介石奖滇军三万元电》（1935年4月12日），《国民党军追堵红军长征档案史料选编》（云南部分），第176—177页。

截获龙云应国民党"剿匪"第二路军前敌总指挥薛岳的请求、用汽车为薛岳所送去的十万分之一军用地图 20 余张、白药 1000 包，被红军指战员笑称为"龙云献地图"①。

4 月 29 日，中革军委发布了《关于我军速渡金沙江在川西建立苏区的指示》。同日，红军占寻甸、嵩明、杨林，一部进入仅距昆明 20 公里的大板桥，兵逼昆明。此时在昆明的国民党"剿匪"第二路军总司令龙云能够指挥的兵力仅一个团和警卫营、宪警等，于是急向贵阳的蒋介石求援，并调各县民团增援昆明。5 月 1 日，红军攻占禄劝、武定，干部团的前卫连当晚于禄劝县所属的皎平渡口开始渡过金沙江。此后数日，中央纵队和一、三、五军团陆续渡江。策应主力红军在乌江北岸牵制敌人的红九军团也于 4 月 27 日克沾益，30 日入会泽县境，5 月 2 日攻下会泽，随即开始在该县所属的树桔渡口过金沙江。9 日，红一方面军全部渡过金沙江。红一方面军先后两次共在云南活动 24 天，经过威信、镇雄、富源、曲靖等 18 个县、区，攻克县城 10 座，并于 5 月初用九天九夜渡过金沙江，摆脱了数十万国民党军和云、贵、川等地方部队的围追堵截，取得了战略转移的决定性胜利。

图 27 红军在禄劝县留下的漫画

二 红军第二、六军团过云南

活动于湘鄂川黔革命根据地的红第二、六军团，在粉碎了国民党军队从 1935 年 2 月开始，有 11 个师又 24 个旅计 10 万兵力的"围剿"后，从当年 9 月上旬开始，又面临国民党军 130 个团的"围剿"。为摆脱国民党军的围追堵截，红二、六军团 11 月中旬撤出根据地，自湘西北的桑植刘

---

① 中共曲靖地委党史办公室等：《龙云献地图》，中共云南省委党史资料征集委员会编《红军长征过云南》，云南民族出版社 1986 年版，第 291—293 页。

家坪出发，经湘中、湘西，于12月中旬转入黔东的石阡、黄平、镇远。鉴于国民党军尾追，加之"以石阡为中心地带内，粮食缺乏，居民稀少，地形不利进行运动战"①，即遵中央军委指示，继续西进，准备在乌江以北、长江以南活动，争取创立以黔西、大定、毕节为中心的新的革命根据地。

1936年2月初，红二、六军团进入毕节地区后，又接中央军委指示，可暂不北渡长江，就地展开工作，建立根据地。但不久，国民党的李觉纵队和九十九、二十三师即防堵于乌江上游，川军约30个团布置于赤水河以北和长江一带，万耀煌、郝梦龄、郭汝栋、樊嵩甫四个纵队由东面向黔西进逼，滇军的孙渡纵队在威宁一带阻截，阻止红军入滇，企图围歼红二、六军团于黔西、大定、毕节一带。当黔西失守，毕节受逼时，由于毕节周围有"约一百二十团敌人，包围线内之活动范围狭小，而短期内地方工作基础薄弱，给养条件困难，故决自动退出毕城"，红军于2月底至3月初在镇雄、彝良一带转战，实为"我军长征中处境困难时期"。在此期间，红军曾在彝良奎香、寸田坝扩充3000多人。

3月20日，红二、六军团跳出包围圈，经威宁进入宣威县境。23日，以六军团3个师在正面设伏，二军团3个师在侧后阻援，拟在离宣威县城数十里北面的来宾铺、虎头山一线，歼灭滇军孙渡纵队的第一旅，进而占领宣威县城，在南、北盘江之间的滇黔边建立根据地。战斗从当日上午9时开始，直至下午4—5时，双方均有不少伤亡，虎头山几易其手，战斗十分激烈。红军此时侦知，滇军的第五、七旅以及孙渡所率的直属十七、十八团也先后投入战斗，战役性的伏击战变为进攻战，这对长途征战、部队疲劳、给养困难的红军十分不利。当晚，红军即趁雨夜撤出战场。此战，红军歼滇军营长以下三百余人，红军亦牺牲三百余人。"来宾铺战役，虽说未能取得全胜，但狠狠地敲了滇军一下，打掉了滇军的士气，使滇军不敢正面同我军接触"，因而为此后红二、六军团穿越云南和渡过金沙江创造了条件。②

27日，红二、六军团攻富源。28日，占盘县。30日在盘县就红军总

---

① 任弼时：《红二、六军团从湘鄂边到康东北长途远征经过报告大纲》，湖南省档案馆等编：《湘鄂川黔革命根据地历史文献汇集》（1934—1936），第376页。

② 《关于宣威来宾铺战役——访问周仁杰同志谈话摘要》，《红军长征过云南》，第306页。

部23日和当日电示令在旧历3月水涨前渡过金沙江、北上与红四方面军会合一事开会，决定以二军团为左翼，六军团为右翼，经富源、沾益、曲靖、马龙西进，准备在元谋龙街过江。

4月6日红军克寻甸后，8日在普渡河渡河时受阻。此前龙云令滇军刘正富旅和第九旅旅长张冲率滇军近卫一、二团，工兵营及警卫营，抢先在普渡河封锁渡口，占领阵地，并在飞机的配合下阻止红军通过，使红军渡河受挫。与此同时，龙云又令滇军配合郭汝栋纵队，企图在阻止红军西渡普渡河时，围歼红军于普渡河以东，功山以南。红二、六军团渡河受阻后，9日，军团领导即令二军团回师于嵩明县属可郎与羊街间的六甲，阻滇军尾追。当日上午9时，红六师与滇军第三旅五团首先在石腊等地接触。不久，滇军七旅的两个团赶到，战斗颇为激烈，红六师曾多次打败滇军的进攻。是日黄昏时，红六师的部分阵地告急，被迫与滇军展开肉搏战。红五师一部增援后，滇军的进攻受阻。当日晚，红五、六师在完成阻击任务后撤出阵地。此战红军毙俘滇军四百多人，确保了红二、六军团的向西转移。同日，红二、六军团经会议决定，为调动滇军，乃佯攻昆明，经普渡河上游过河，并决定改向滇西转移，从丽江地区渡过金沙江。

4月10日，红军多路从普渡河南下，佯攻昆明。由龙云镇守的昆明，早在当年2月即在部署各县巩固城防、建筑碉堡、整顿团队、加强联络时，先后调集保安团两团、补充大队两队来昆守城。从2月起，昆明亦在严查户口、沿街巡查、寺庙管理、准民密报等方面作了布置。仅筑碉一项，全省"统计构筑完成者六十八县，计碉堡四千四百三十六座"[1]，其中仅昆明就有178座。[2] 龙云认为，要守住昆明，仅凭这几个保安团、队是不行的，又急调张冲等滇军兼程返昆。

图28 姚安南街小学教师孙杓保存的《红军读本第一册》

---

[1]《云南概览》，军事，第5页。
[2]《昆明市志长编》卷十，近代之五，第437页。

4月10日和11日，红二、六军团乘虚从普渡河上游陆续过河。11日夜，红军一部攻入富民县城，击毙县长郝煊，打开监狱，放了被关押的人，又打开粮仓，将积谷发放给贫苦群众。富民县常备中队缴枪后，其队长赵某扮成妇人，避匿友人家。当时群众中流传有一首歌谣："月亮出来亮堂堂，红军进城不打枪。县长镇压卖鸡巷，赵中队长装婆娘。"①

4月12日后，红军西进势如破竹，右翼六军团连克盐兴、牟定、姚安、盐丰。14日进入元永井时，消灭护井武装二百余人，将没收来的恶霸、土豪的财物分给群众，并就地扩充红军五百多人。左翼二军团相继攻下楚雄、南华、祥云。19日，红二军团以四师十团、十二团北向宾川。宾川县县长杨绍曾在一个月前即令该县退役的常备队延期离队，并令三个区的民团入城，使守城兵力增至千余人。4月20日晨，红军逼近城垣，城防队竟开枪射杀喊话的红军，红十团、十二团即分别从西门、南门攻城。下午4时左右，红军攻入城内。此次战斗，计毙俘城防民团五百余人，县长逃逸，县公安局长、县参议会议长等被处决。

红二、六军团在宾川会合后并为一路，于23日下鹤庆，24日进丽江。在鹤庆，即为渡金沙江作了部署，并进行了筹款、购粮、增加御寒物资等准备。4月25—28日，红二、六军团从石鼓、巨甸等七八个渡口，以7只木船，几十只木筏，将万余红军渡过了金沙江，从而粉碎了蒋介石欲在长江或金沙江以南歼灭红军的企图。面对红二、六军团已经过江，前进至丽江一带的滇军第三纵队指挥官孙渡只能隔江兴叹。孙渡在受命过江追击时，以给养难筹、雨期将至、民众拒用纸币、船只被毁等理由，要求推迟过江。②被红军机动灵活战术和勇猛顽强奋斗精神拖得精疲力竭的滇军不仅很难发挥什么战斗力，而且连过江的勇气也丧失殆尽，龙云所说要在云南境内消灭红军，到头来不过是自我安慰而已。

红二、六军团进入中甸藏区后，沿途通过翻译向藏胞宣传党的民族政策、宗教政策，宣传红军的宗旨和党的抗日民族统一战线主张，教育部队不得进入寺庙。4月30日，红军进入中甸县城。同日，在接见归化寺的

---

① 《昆明市志长编》卷十，近代之五，第462页。
② 《孙渡报告中甸一带交通粮秣困难，传闻中甸已失电》（1936年5月2日），《国民党军追堵红军长征档案史料选编》（云南部分），第487页。

谈判代表夏拿古瓦喇嘛时,向其讲解了党的民族、宗教政策,请他回去广为宣传,并请其协助红军采办粮秣。5月2日,贺龙等军团首长应邀前往归化寺作客,受到寺中八大老僧等人的热烈欢迎,贺龙将一面书有"兴盛番族"的大红锦幛送给该寺。3日,归化寺即将所藏青稞6万余斤售与红军,商人们也纷纷把粮食、马料、盐、糖等拿来出售。5月5—10日,红二、六军团离开中甸,兵分两路经西康的得荣、定乡(今乡城)北上。

图29 罗炳辉(1897—1946)
云南彝良人
1929年加入中国共产党,历任工农红军团长、旅长、纵队司令、军长等职。参加长征。1946年6月21日病逝于山东兰峰县。

红二、六军团在云南活动两个多月,经过镇雄、彝良、宣威、富源等28个县区,夺取县城13座,历经挺进黔东,转战乌蒙,威逼昆明,横扫滇西,抢渡金沙江,终于摆脱了十万国民党军和滇军等的围追堵截,胜利地实现北上与红四方面军会合。

第三节 中共云南地方组织的重建和各族人民的斗争

一 中共云南临时工作委员会的建立

1930年下半年,中共云南省委员会主要负责人王德三、刘平楷、张经辰、李国柱、吴澄等相继被捕遇害,中共云南省委员会及其工作机构被破坏,党在云南的工作遭受了很大损失。但各地的基层组织和大量的中共党员,并没有被国民党和云南地方政府的屠刀所吓倒,相反,有的基层组织和党员仍然高举革命的旗帜,按照"八·七"会议所确定的武装反抗国民党的方针,发动了一次又一次的武装起义;有的信念坚定,不辞辛苦地前往省外与党组织联系;更多的则是隐蔽在人民群众中,以不同方式宣传进步思想或党的主张,坚持地下斗争,等待组织上派人与其联系。

为了重建党在云南的组织,恢复党在云南的工作,1931年春,经中共中央安排，决定由刘林元、李介民（化名李鼎三）、刘倩予（女，化名柳浪石）三人组成中共云南临时省委，以刘为书记，由上海派往云南。因为叛徒姜济川的出卖，当他们三人途经河口入滇时，即遭军警的逮捕。同年，中共中央又曾派人到云南恢复党的组织，但因故未能入滇，恢复党在云南的组织的工作未能实现。①

图30　费炳（1909—2001）
云南昭通人

图31　李浩然

在昭通入党的中共党员费炳于1930年经组织同意离滇进入国民政府中央军校武汉分校第八期学习。在该校，他又联系一些思想较为进步的同学，组织秘密的读书会，阅读进步的革命书刊。当年年底，中共云南地方组织遭破坏，他与组织的联系中断。1931年，该分校并入设在南京的中央军校，他曾设法寻找党的组织。1932年，他与同班同学、读书会成员吴懋德（四川渠县人）在上海找到了与中共组织联系的线索，吴在上海先后加入共青团和中共组织。1933年底，费炳从中央军校毕业回滇，被分配在教导团（地址在云南陆军讲武学校）见习，任分队长。为了恢复党的组织，他曾积极接触进步人士和培养一些年轻人。1935年初，他与在上海的吴懋德取得了联系。9月，吴受上海的中央特科的派遣，改名李浩然来到昆明，与费炳一起培养并发展了一些进步青年加入党的组织。11月，中共云南临时工作委员会成立，李浩然任书记，临时工委的组织、

---

① 中共云南省委党史研究室：《中共云南地方史》，第150页。

宣传、青年和妇女工作分别由费炳、李剑秋、李立贤等委员负责。中共云南临时工作委员会的建立标志着党在云南的组织和工作已经恢复。云南地方党组织恢复后，立即开展了宣传抗日、领导抗日救亡运动的工作。

1937年5月，中共南方临时工作委员会派遣云南籍纳西族党员李群杰由香港回昆开展工作，其任务是广泛宣传贯彻党的抗日民族统一战线政策，深入发动群众，在斗争中发展和壮大党的组织，同时利用云南地方实力派与国民党中央的矛盾，凭借各种社会关系，开展统一战线工作。7月，在经过工作并发展了一些党员后，经批准建立了中共昆明支部，李群杰任支部书记。昆明支部积极开展建立抗日民族统一战线和群众性的抗日救亡运动等工作。此时，昆明已存在两个平行的中共云南地方组织，不同方面所派来的人员和两个组织先后派人出省汇报，请求上级党组织给予指导，以建立统一的中共云南地方组织。

图32 马子卿（1917—1973）
江苏江都人

图33 李群杰（1912—2008）
云南丽江人

1938年5月，中共中央长江局派巡视员马子卿来昆。8月，经其主持，中共云南临时工委与中共昆明支部合并为中共云南省特别委员会，李群杰任书记。两个中共云南地方组织合并前在宣传工作方面，曾先后于1935年12月创办秘密油印刊物《火山》，1936年11月创办秘密刊物《救亡》，1937年9月创办公开刊物《前哨》，10月创办公开铅印刊物《南方》。秘密刊物曾刊登党的《八一宣言》（即《为抗日救国告全体同胞书》）以及抗日救亡等方面的文章。在这些刊物中，以《南方》出版的时间较长（1942年2月停刊），期数也较多（共出版36期）。在组织工作方面，云南特委吸收了数十名优秀人士加入中国共产党，中共党员分布于昆明、罗平、沾益、陆良、曲靖、巧家、昭通、安宁、楚雄、南华等地，并在罗平、沾益、楚雄设立了中共支部，在滇军教导团里也有一个支部。这些基层组织和党员积极发动和组织群众，开展抗日救亡活动，曾于1936年在楚雄发动过一次武装起义。

中共云南临时工作委员会为在楚雄发动起义，曾在组织、军事工作方面作过不少的努力。1935年11月，临时工委在楚雄中学吸收了已是共青团员的张承恺入党；12月，又发展楚雄县常备中队分队长陈世昌等人入党。1936年1月，中共楚雄支部成立，张承恺任支部书记。4月15日，陈世昌为配合红二军团四师攻城，主动放弃城西雁塔山高地，为红军攻城创造了条件。为避追查，陈世昌乃离队隐蔽。经中共云南临时工委同意，9月，陈世昌组织十余人，乘夜袭击了该县六区（三街）区公所，夺枪9支，随后即转入易门活动，人枪有所扩大。1937年2月，陈领众再袭米村区公所。5月，杨家贵率众攻二区浦贝新街戏台，击毙易门县常备大队队丁多人，缴枪20余支；6月攻三区（铜厂）、四区（柏树村）亦获胜。7月，起义武装在攻打竹子哨时，击毙县常备大队长史大麻子，人数增至150多人，后发展至500多人，编为四个中队，随即成立滇南易门游击大队，队长陈世昌，临工委派来的党员王仪（王少甫）任政治指导员，队伍活动于双柏、易门、禄丰结合部的绿汁江一带。① 起义震动了云南当局，云南省政府先后派近卫2、3团计三个营，滇军第7旅的两个连，分赴易门、双柏"汇剿"，游击大队即越过绿汁江，转战于双柏、广通、禄丰三县的结合部。12月，在滇军的包围下，游击大队在易门城北30多里的窝德小区被围，队伍被打散。王仪在战斗中牺牲，陈世昌负伤，经安宁转罗平，1939年秋转去延安。②

转战于楚雄、双柏、峨山、易门、广通、禄丰县的滇南易门游击大队在其活动的一年多时间里，打土豪，攻区公所，并曾两次拟攻易门县城，打击了敌人，扩大了党和游击大队的影响。七七事变后，上海党组织指示

---

① 中共楚雄州委党史办公室：《"楚双峨昌"游击大队斗争始末》，《红军长征过云南》，第350页。
② 中华人民共和国成立后，陈世昌随人民解放军回滇，任宜良专区副专员。后病故。

"将游区解散，武装埋藏，一致为抗日而努力"。① 这时游击大队遭到云南地方团队的反复"围剿"，由于力量对比悬殊，加之游击队没有建立比较巩固的根据地，最终被打散。

二　武定万德等地的起义

起义于楚雄，活动于楚（雄）、双（柏）、峨（山）、易（门）等地的滇南易门游击大队是在中共云南临时工委领导下发动的。而在此同时及稍后，还有各族人民在红军长征过云南的影响下，经串联而发动的武定万德起义，中甸属上江、金江等地的起义，德钦也久卡起义。这三次起义各有特点。

地处云南北部的武定万德，其居民主要为彝族，到抗日战争爆发前，当地地主经济虽有相当的发展，但领主制残余的土司、土目势力仍然存在。

万德及其附近的土司、土目，大的有地数百亩，小的亦有数十亩。这些土司、土目对农民的剥削和压迫，主要有以下形式：实物地租，一般为每年农作收获物的1/3或1/2，且有增加之势；劳役地租，一般每户每年，需无偿提供全年日数1/3以上的劳动；杂派，名目甚多，诸如猪租、羊租、鸡租、豆租等。土司、土目除凭借经济、政治制度而享有高人一等、颐指气使支派群众的权力外，有的还私设牢狱，随意抓人、打人。

20世纪30年代云南省政府所奉命推行的保甲制度，除了在政治上、思想上压制、束缚群众外，还利用这种制度在经济上巧立名目进行种种苛派，如耕地税、公粮、乡保经费、烟酒税、屠宰税、壮丁费、保安费、招待费、救国捐等多种。这些税、费、粮、捐占到了农民总收入的30%以上。②

作为帝国主义侵略云南的手段之一的基督教内地会，在云南北部活动的时间仅数十年，但其发展的速度是惊人的。据统计，至新中国成立前

---

① 中共云南省委党史研究室：《党组织恢复重建和抗日救亡运动》，云南省民族出版社1990年版，第68页。
② 中国科学院民族研究所云南少数民族社会历史调查组编：《彝族简史》（初稿），第153页。

夕，该教派在武定、禄劝、元谋等地已设总堂、分堂、支堂200多个。这些总、分、支堂除通过一年一度的感恩捐、一月一次的圣餐捐等从经济上剥削信徒之外，更为重要的则在于对信徒们思想上的控制。

政治上受压迫、经济上受剥削、思想上受束缚的当地人民，其生活状况的低下是不言自明的。有一首民歌对此作了表述：

> 过一天来算一天，
> 日子过在刀尖尖；
> 日子过在刀尖上，
> 不知死活在哪天。①

1935年5月，红一方面军经云南过金沙江北上，沿途进行革命宣传，打击恶霸地主，分田地，开仓济贫，给云南各族人民留下了美好的回忆。红一方面军一军团在途经禄劝、武定时，两县县长奉命守城，负隅顽抗，红军破城后击毙了这两个县长，还砸了监狱，放出了被无辜关押的群众。在武定县城，红军没收了十家地主的财物分给群众。红军在武定途经115个自然村，包括金沙江边的环洲、万德，万德一带的彝、汉各族农民正是在红军所宣传的打土豪分田地、"农民起来实行土地革命"、"打倒旧政府，解除人民苦"等革命口号的鼓舞下，愤而走上反压迫反剥削道路的。

1935年6月，张定发等农民经在万德、马德坪、波波亨三个乡的串连，组织了有朵自力等41个村寨近千人参加的起义。他们凭借长矛、大刀、火枪一类并不先进的武器，始则杀了波波亨新衙门的土司那延寿等，继则焚烧了土司的田租田契，大大地打击了曾经作威作福的土司头人。闻讯先已逃走的万德土司在起义后不久，勾结地方政府对起义进行镇压，张定发等二十余名带头者不幸遇害。但是，万德等几个乡的农民没有向土司、土目妥协，而是以抗粮、抗租、抗征兵的形式坚持着斗争，直到当地

---

① 中国科学院民族研究所云南少数民族社会历史调查组编：《彝族简志》（下编）（初稿），第40页。

解放。①

红二、六军团经过的鹤庆、丽江是白族、纳西族的聚居区，而石鼓上下金沙江沿岸一带则是纳西族、白族的杂居区。当红军长征来到这里，从石鼓到巨甸数十公里的地段渡江时，宣传党的抗日救国主张和打土豪分田地的土地政策，执行党的民族政策、工商业政策，深得当地人民的拥护，并在当地人民的帮助下得以顺利渡江。张文耀等人以红军为榜样，义无反顾地拿起武器，走上了起义的道路。

张文耀等人的起义策划于红二、六军团经过石鼓等地后的1937年。为串连群众，他们选择剑川西北与丽江相接的老君山，以烧香拜佛为掩护，作为聚集和组织群众的地点之一。当地的各族群众，在他们提出的"打富济贫，杀官安民"的号召下，逐渐地被组织起来。为统率已经组织起来的人，其负责人还被委以总司令、元帅、将军等名号。1938年冬，当地遭灾，粮食歉收，而地富的租谷不减，政府的苛派如故，张文耀等人乃在金沙江东岸的把朝湾、下桥头一带，展开打土豪活动，诛杀乡保长。他们不称红军，而称黄军。不久，起义军渡过金沙江，占领石鼓、巨甸，活动区域遍及金沙江两岸。各地被发动起来的群众前来会合，队伍迅速扩增至一千多人，包括纳西、汉、白、苗、傈僳、彝等各民族。正当黄军发展之际，丽江、中甸、剑川三县县长迅速调集民团，多路追剿，使起义军先败于木瓜寨，继败于老君山，不少义军战士被俘被杀。杨作义是义军的负责人之一，临刑前面对围观的人群，仍然从容地唱道："杀头好像风吹帽，坐监犹如坐花楼；刀山火海我敢上，不向敌人低下头。"②

1936年4月，在丽江、石鼓等地迎送并帮助红二、六军团北渡金沙江的，除了当地的纳西、汉等民族的船工外，还有从大理返回德钦途经石鼓的藏族定主公布等12人。公布等人是德钦荣仁村人，见红军和蔼可亲，在听过红军的革命宣传后，便积极帮助红军渡江。临别时，红军送给他们红旗一面，战马一匹，嘱咐他们要敢于"砸碎旧世界，建设新中国"③。红军走后，当地的土司多次包围荣仁村，要收缴红军赠送给他们的那面红

---

① 武定县红军长征实物资料征集小组：《红军长征过武定调查报告》，云南省博物馆编：《云南文物》（简报），纪念遵义会议四十周年专刊，1975年1月，第22页。
② 尹启汤：《黄军暴动始末》，《丽江文史资料选辑》第1辑，第52页。
③ 阿学：《红旗胸中舞，引我去战斗》，《云南日报》，1975年11月14日。

旗。公布等人在村民们的支持下，一直坚持斗争，绝不屈服。1948年年底，土司又率领民团再一次包围荣仁村，公布等人宣布起义，弃村据守在也久卡山上。凭险据守的公布等二百余人，在此后历时一年多的斗争中，不仅打退了民团的多次进攻，还克服了缺粮缺水的困难。1950年4月14日，他们与进入德钦的人民解放军会合，一场保卫红旗反对土司的斗争终以胜利而告结束。

第六章

全面抗战爆发前的云南经济

第一节 农 业

一 农村产业结构的变动

20世纪20—30年代，农业仍是云南最主要的经济部门，农村人口占全省人口的90%以上，农业生产方式仍主要是家庭自然经济。但在这一时期，农业经济的外部环境发生了较大变化，滇越铁路通车后，农村经济的商品化趋势加强，决定了国际国内市场与农村经济的必然联系，市场机制在农村资源配置中发挥着越来越强的作用。云南地方政权实施相应的经济政策，也对云南农村经济产生了较大的影响。正是在农村经济商品化和云南地方政府经济政策的作用下，20—30年代的云南农村产业结构发生了一些变化，主要表现在以下方面。

1. 粮食种植在受到严重冲击后缓慢回升。由于鸦片种植面积的不断扩大，全省粮食生产受到严重影响。如原来豆类曾有出口，但20年代已全部转为粮食进口。其中1925年一年就进口大米52.74万担，小麦、玉米、面粉2.37万担，此后虽进口量有增有减，但终不能自给。① 昆明地区的米价长期持续上涨，由1919年的每斗5元左右，涨至1933年的45—46元，15年间上涨9倍。② 这其中除通货膨胀因素外，粮食供给不足也是一个不可忽视的原因。至1934年，由于禁烟之说风起，不少烟商经营失利，加之全省水旱灾害减少，粮食生产才有所恢复。尤其是与鸦片种植争地的小春生产在当年获得大丰收，产量由2227.64万担增至2807.88万

---

① 李珪主编：《云南近代经济史》，云南民族出版社1995年版，第273页。
② 《续云南通志长编》卷七四，商业一。

担，增长26.5%，使全省粮食总产量创历史纪录，达8466.8万担。此后的1935年、1936年两年，粮食总产量虽有起伏，但均能保持在8000万担以上。相应的，云南粮食进口也大大减少，其中主要的越南大米进口在1934年仅20762公担，仅为上年进口量的16%，1935年又降至2000余担，尽管政府采取减税措施鼓励进口，但1936年仍减至仅进口数十担，1937年海关记录几乎等于零。反之，1934年云南甘薯转向出口，当年销往越南2000公担，1935年、1936年更增至6000—8000公担，黄豆也于1936年恢复出口，当年出口9588公担。①

2. 在云南卷烟进口激增、卷烟工业开始起步的情况下，草烟生产有所发展，并最终迈出了尝试烤烟种植的第一步。1911年，云南香烟进口值仅6.9万元，1928年增到150余万元。②而昆明1936年有烟丝业34户77人，资本2480元；卷烟业4户162人，资本2500元，烟草需求量逐年增加。③由此，云南传统的草烟种植有所发展，1933年全省烟叶产量已达2780万斤，1934年、1935年虽略有减少，但1936年更增至3540万斤。④鉴于云南传统的草烟、黄烟不适于卷烟生产，1930年云南省政府曾"通令各县属地方官责成建设局，劝导农民自行征集美国烟叶种子广为播种"⑤。实业厅在第一农事试验场也开始试种美烟，1932年又向国民政府实业部提出试种报告，并积极调查采购美烟籽种，继续试种，推动云南烤烟种植开始萌芽。

3. 鸦片种植影响农业生产。民国初期，云南地方政府曾一度厉行禁烟，并采取了鼓励种棉植桑等一系列措施，鸦片种植受到较大抑制，以致"民国八年无人敢种，民六中英会勘，烟苗业告肃清"。此前清政府曾与英国签订《中英试办禁烟协约》，规定由两国在云南会勘，检查禁烟情况。但唐继尧政权为了解决财政危机，于1920年"由省议会公决寓禁于征之法，交由政府施行"。具体办法是"查亩之法先由印官初查，委员复查，继以历年所查大略相同，乃核定标准，由印官结认"，实际上已变成

---

① 张肖梅：《云南经济》第16章，重庆，中国国民经济研究所1942年编印版，第6页。
② 《云南文史资料选辑》第42辑，第15页。
③ 张肖梅：《云南经济》第1章，第97—100页。
④ 张肖梅：《云南经济》第11章，第42页。
⑤ 旭文：《美烟"大金元"的引筛驯育人蔡希陶》，《昆明文史资料选辑》第20辑，第59页。

了核定种烟亩积，层层摊派，强迫种植。"故亩数渐增，罚金渐多"①。1920—1921年的第一届"亩罚"面积为36万亩，1924—1926年更增至100万亩，而实际种植面积则可能接近200万亩。20年代末至30年代初，云南地方政府的"禁种"进一步拓展，鸦片种植面积继续增加。据当时调查，在交通方便、土地肥沃的粮食主产区玉溪、禄丰，鸦片种植面积占农田总面积的比例分别高达17%、20%。昆明亦有烟田2.9万亩，"占夏作物面积的6.91%"②。1934年后，云南被迫停止"寓禁于征"，实行分三期施禁，但其禁种的重点在内地坝区，边疆民族地区不仅缓行，允许种植的面积反而成倍增长。至1937年，云南全省18县局展种区（第三期施禁中划出的18个边远县局，准许按限定面积再种至1939年）限种面积仍高达68.4万亩，实种数亦达60.53万亩。③按当时云南已清丈的107县耕地总面积2837.4万亩计，鸦片种植面积最多时已接近耕地总面积的10%。

图34　云南集市贸易

4. 畜牧业有所发展。1919年至1941年，云南统计在册的牲畜总量有所增长，其中，马由30.7万匹增至46.8万匹，牛由60.4万头增至83.4万头，羊由106万只增至173.6万只，猪由148.3万头增至221.6万头。④同时，一部分马匹随着公路运输的发展，逐步从交通干线的运输业中淘汰出来，成为地道的畜牧业产品。而牛羊及猪的商品率有所提高，尤其是牛羊皮及猪鬃的出口量增长较快，成为云南出口商品中的大宗。以牛羊皮为主的皮革出口货值1919年前已超过10万元，1928年更达189万元，占当年出口货值的9.7%，长期是仅次于大锡、生丝的第三位大宗出口物。猪鬃在出口货中又仅次于皮革，位居第四，1937年出口量达1677公担，计

---

① 《云南行政纪实》第19册，第18册，禁烟，1943年版。
② 《云南省农村调查》，商务印书馆1935年版，第75页。
③ 《云南行政纪实》第19册，禁烟·禁种，1943年版。
④ 云南省经济研究所编：《云南近代经济史文集》，《经济问题探索》杂志社1988年印刷，第142—143页。

83万余元，占当年出口货值的2%。①

此外，云南茶叶种植业除滇西顺宁（凤庆）、云县及临沧等少数地区有发展外，基本保持着原有规模。果树栽培在少数地区有所发展，林业虽由政府提倡，但收效不大。而农村家庭手工业则在大量破产的同时，年复一年地重新开工生产，在艰难的挣扎中，手工业户还有所增加。就总的情况来看，20—30年代云南农村产业结构的变动在一定程度上是农副产品商品率提高的产物，而这反过来又推动着农副产品商品率进一步提高，甚至使坝区农业的精耕细作水平也有所提高。自然条件较好的昆明地区，主要农作物的单产"俱较国内外各产地为优"。富民谷亩产可达595斤，比浙江亩产360斤高出235斤；晋宁小麦亩产180斤，比晋、辽两省高出48斤；昆明玉蜀黍亩产300斤，则比奉天高39斤。② 但是，鸦片的大量种植，不仅造成了恶劣的社会问题，而且在摧残农村生产力、排挤粮食生产、加速农村贫富分化方面，产生了重大影响。

二 农村生产关系的演变

在云南农村产业结构发生变化的同时，农村生产关系也在剧烈的社会变动中发生了一定变化，主要表现在以下几方面。

1. 土地兼并不断加剧。首先，官僚、商人大量投资购买土地。如呈贡华封歌弟兄先后在呈贡、昆明、宜良、晋宁、安宁等地占有土地"四千余工"。国民党第三军军长王均托人带回十多万元钱，在呈贡买到"五百多工田和七个果园"，在其他地方又买田"八百多工"③。唐继尧甚至也估买福海村的民田。而在喜洲，由于工商业资本发展迅速，所谓"四大家、八中家、十二小家"也大多购买土地。其中严家光绪年间有田地十余亩，民国后到严子珍时已有200亩，到严宝成时，在喜洲有200亩，在大理有700亩，在宾川有一百多亩，累计购买、估占田地千余亩。④ 其次，农村中原有的少数地主也在有较多积累的条件下，购置、兼并土地。据1930年调查，晋宁县拥有土地50—100亩的中小地主平均每年每家收

---

① 《云南文史资料选辑》第42辑，第19页。
② 《云南省农村调查》，第44页。
③ 《昆明市志长编》卷十一，第118—120页。
④ 《白族社会历史调查》，云南人民出版社1983年版，第30页。

支节余1000元滇币，拥有100亩土地以上的大地主每年盈余2000余元。①他们也将其中一部分资金用于购买土地。但是，相对而言，军阀官僚与商人在土地兼并中占据了主导地位。"买者多数为军政界、商人、地主，农村内之农民企图扩大农场至为微细。"行政院农村复兴委员会对1928年至1934年昆明等5县的调查表明：每县自耕农、半自耕农所有的土地数量均有下降，仅有禄丰一县的一户地主买进土地50亩，②其余各县减少的土地，其所有权均转移到了官僚、商人手中，官僚、商人、地主三位一体的情况进一步发展。

2. 土地占有进一步集中。土地兼并的加剧直接导致了广大自耕农、半自耕农等小土地所有者失去土地，土地所有权向少数地主手中转移，并且"在农村内地主很少发现，原因是，地主大都居住在城市"。张肖梅在《云南经济》一书中，综合有关调查材料认为，20世纪30年代初云南地主占农村人口总户数的17.8%，但拥有全部土地中57.66%的土地；占总人口32%的自耕农，有42.34%的土地；占总人口50.2%的佃农及其他人员完全失去土地。据云南省建设厅调查，开远的情况更为严重，"有地权者仅22.45%，其他为无地权者"。因此，云南地权"分配不均，实是惊人"。不仅如此，这一时期，地主、自耕农、佃农的比重仍在不断变化。其中，自耕农由1912年的45%降至1931年的38%，1933年更降至33%，半自耕农则由1912年的26%上升为1931年的27%，1933年达28%；佃农由1912年的29%上升至1931年的35%，1933年达39%。也就是说，1912—1933年，云南省必须依靠租入土地才能维持生活的农村人口在总人口中的比例上升了12个百分点，达到67%。全省农村土地所有权集中的"此种趋势，现正方兴未艾"③。

3. 租佃制度有所发展，地主对农民的剥削不断加重。在半封建半殖民地的历史条件下，土地兼并加剧所导致的土地所有权集中并没有为资本主义农业经营方式开辟道路，相反，建立在这种土地占有关系基础上的仍旧只能是租佃制度。购买、掠夺了大量土地的地主，仍一如既往地将土地分别租给佃农耕种。而失去土地、处于极端贫困中的无产者也只能尽其所

---

① 云南省经济研究所编：《云南近代经济史文集》，第150页。
② 参见《云南省农村调查》，第139页。
③ 张肖梅：《云南经济》第6章，第4页。

能，租种小块土地维持生存。这一时期土地兼并的加剧，则进一步促使佃农间的竞佃有所发展。因此，佃农租佃土地的时间一般仅为一至三年。租地时须向地主缴纳押金，"全省平均，水田每亩约为 6 元，旱田每亩约为 5 元"。此外"佃户对地主尚有节礼贡品……收获期前请地主看年成，备酒筵招待。收租者来时，亦须殷勤款待"①。从地租形态而论，全省劳役地租、实物地租、货币地租并存，以实物地租为主，逐步向货币地租过渡。1934 年全省货币地租占 14%，实物地租为 86%，其中定额租占 61.1%，分成制占 24.9%。随着土地集中程度的提高和竞佃日趋激烈，地租率也不断提高，最高者征收到占物产额 80% 以上者，普通总在 50% 左右，以地价作比较，则货币租为地价的 13.9%，定额租为 16.6%，分成租为 16.8%。也就是说，在地价不变的情况下，土地出租 6—7 年既可收回全部地价。而昆明"租额甚高，以夏作物全收获量尚不敷纳租"②。"租率之高，租额之重，实堪惊人。"这种情况在民国初年并不严重，正是二三十年代间土地所有权剧烈变动的产物。1912 年，昆明上则田平均每亩纳租 1 石 1 斗，但 1926 年增至 1 石 4 斗 5 升，1934 年更达 1 石 7 斗。中则田上涨幅度更大，1934 年已为 1912 年的 1.71 倍。③

20 世纪 20—30 年代云南农村生产关系的变动，直接导致了广大农民生活状况的恶化。昆明农户中每年入不敷出的占 54%，马龙为 70%，曲靖为 60%，沾益为 70%，宣威为 65%。澄江县自有耕地不足 50 亩的半自耕农每户平均年收入 1000 元，支出 1900 元，收不抵支达 90%。④ 广大农民在生活日益窘困的压力下，被迫选择了典押出卖土地和高利贷。而高利贷对于有田地的自耕农来说，不仅利息有高达月息 7 分者，而且其借款时通常以自己的土地作抵押。在禄丰县的半自耕农中，有 48.65% 被迫借贷，居各类农户之首，而且在 1928—1933 年，仅 1930 年 1 年无半自耕农举贷，其余各年无年不贷。负债的半自耕农中又有 77.92% 以自己的土地作抵押，⑤ 这意味着在月息 4—7 分的高利贷盘剥下，借贷农户中的 77.92% 已经走到了失去土地的边缘，离佃农、雇农已只有一步之遥。而

---

① 张肖梅：《云南经济》第 6 章，第 9 页。
② 《云南省农村调查》，商务印书馆 1935 年版，第 104 页。
③ 云南省经济研究所编：《云南近代经济史文集》，第 147 页。
④ 云南省经济研究所编：《云南近代经济史文集》，第 150—151 页。
⑤ 《云南农村调查》，商务印书馆 1935 年版，第 166—171 页。

土地出卖自然是一步到位，直接失去土地。典当抵押土地虽寄托了小农的满腔希望，但土地最终转手亦在所难免。因此，在日益贫困的状况下，拥有少量土地的农民，无论选择高利贷还是典当抵押，都是在向着失去土地的方向大大迈进了一步。这进一步加速了土地兼并和地权集中，农村生产关系已陷入了土地集中—农民贫困—土地加速集中的恶性循环之中。而云南地方政府的苛捐杂税、横征暴敛，层出不穷的兵匪袭扰，以及连绵不绝的自然灾害，无疑进一步成为这种恶性循环不断加速的催化剂，把云南农村经济推向崩溃的边缘。

三 云南地方政府的农业政策

清末民初，云南地方政府在一片禁烟声中，曾一度大力提倡种桑植棉，调整农村产业结构，鼓励私人开办农业企业，试图发展资本主义农业，并修复、兴建了少量水利工程。但在政府财力有限、封建经济仍占绝对优势的条件下，这一系列以改善财政状况、开辟财源为目的的农业政策，终未能取得应有的成效。[①] 延至二三十年代中，云南地方政府在经济生活中扮演了十分重要的角色，政府行为及有关政策对农村经济产生了较大影响。

1917年后，由于云南卷入了全国军阀混战的旋涡，军阀财政正式形成并逐步恶化，云南地方政府既无心也无力顾及农村经济，原有的农业政策相继被束之高阁。在种棉方面，民国九年（1920）最后一次分发棉籽后就陷于停顿，棉业试验场也"以阻于瘴毒，碍于经费，吉光片羽，不克常存"。棉业"良以世变多故，主办实业者，每为经费所限，敷衍局面"。全省棉花产量也由民初的年产200万斤左右降至100万斤以下。同样，种桑养蚕方面也"自护国、靖国、建国三次军兴，军需孔急，财政支绌，蚕业机关，陆续裁撤，蚕业遂以不振"[②]。而水利方面，1920年云南水利总局裁并入实业厅，"仅于厅内附设省会水利局办理省会水利事宜，范围极其狭小"，权责甚至远比清末的粮储水利道更小更轻。1924年成立的南盘江上游水利工程处，也仅"一度前往查勘，拟具整治计划"而无果。秦光第在抚仙、星云湖整治中一度取得成效，但"自（民国）

[①] 参见王文成《清末民初的云南农业政策述论》，《云南社会科学》1995年第6期。

[②] 《续云南通志长编》卷七十一、七十二，农业三、四。

十二年冬起,地方多故,屡停屡办"。嵩明嘉丽泽经过民初持续近十年的努力,水利工程于"十二年后,大利渐见",但继而"县绅互起争执,工程因以时辍时作,已涸田亩,又将复为沧海。四周山野之流沙,因年久不治,又将壅复民元以前之旧观"①。随着云南地方政府民初农业政策的终止,甚至曾一度取得的一点成效也逐步荡然无存。

不仅如此,唐继尧政权为增加财政收入而实行的"寓禁于征"政策却使鸦片种植面积急速增长,使云南农村经济对鸦片种植的依赖不断加强,对农村经济、农业产业结构产生了极为恶劣的影响。同样,为增加财政收入而对农民征收名目繁多的苛捐杂税,也大大加重了农民的负担,抑制了社会财富向农业生产领域的流动,使云南农业失去了发展后劲。

20世纪30年代初,省内军阀混战确立了云南地方实力派的统治,云南地方政府在实践中认识到了对外征伐之不可为,开始较多地把注意力转向整理、充实、巩固省内统治,加之1929—1930年对财政金融的整理初见成效,陆系、缪系地方官僚资本开始形成,云南民初实行的农业政策相应有所恢复,并发生了一些新的变化,主要有以下几方面。

1. 开展农田水利建设,改善农业生产条件。1930年,云南地方政府将水利划归农矿厅办理,在农矿厅下正式恢复设立云南水利局(后相继改隶实业、建设二厅),"掌管全省水利行政、水利诉愿及一切水利工程事项"②。云南省经济委员会成立后,亦参与组织兴修有关水利工程。这一时期,除调查、测量水利水文情况、测量降雨量外,于1929—1938年先后在昆明开挖河道五十余处,用工58万余人次,修砌河道70余处9000余米,全省51县兴修水利工程66件。③ 其中1936年,昆明不仅开展了宝象河修治、盘龙江泄洪、明通河修挖等大型工程,而且修治一般小型水利工程60余处,修理河堤228丈,用民夫2435名。全省24县局也兴办了一批小型水利工程。④ 此外,昆阳海口河、抚仙湖、星云湖、嘉丽泽、昭鲁大河、宜良东河、腾冲奎甸河、蒙自草坝等一系列大型水利工程也先后开工。

---

① 《续云南通志长编》卷七十,农业二,水利。
② 同上。
③ 《云南行政纪实》第10册,建设一,水利。
④ 张肖梅:《云南经济》,第14章。

2. 制订发展农业生产的规划，调整农业产业结构。1933年云南省政府颁布三年县政建设实施方案，"将筹办籽种交换所、筹设农事试验场、组织各级农会、举办农产展览会、倡办垦荒五事，规定于各县共通事项内，饬令分年遵办，并将栽桑植棉种桐及试种工艺植物、药用植物、推广茶业蔗业渔业，改良畜牧等事项……分别明订于各县特殊事项之内"①，要求各地认真办理。其中种植棉花、发展林业方面用力最多，或多或少取得了一定成效。在种棉方面，除调查研究推广种植木棉外，草棉种植仍是抗战前最重要的工作。尤其是1933年决定筹设纺纱厂后，发展棉植业供给原料已成当务之急。因此，云南省政府不仅先后开办了宾川、元谋、开远等省办试验场和墨江、华坪、丽江、永胜、巧家等县属棉场，设立开远等8县棉业推广所，向外购进棉籽分发20余县种植，还拟定"鼓励种棉办法"等一系列规章，指定宾川等8县推广所"应于二十六年份推广棉田为三万亩，二十七年份应推广棉田为五万二千亩"。这一系列措施的实行使云南棉植业有所发展。1934年种棉3000余亩，1936年增为3700余亩，1938年底，全省82县局种棉23万亩，产量约700余万斤。② 在林业方面，1930年成立林务处后，"对于原有之第一苗圃，第一、二、三、四林场力图推广改进"，并先后新办第二、三苗圃、第五林场，颁布《云南造林运动章程》，规定必须完成造林的期限，逾期未造林的土地概由政府没收。在经济林木种植方面，先后设立禄丰油桐林场、河口热带植物场，在油桐种植、金鸡纳引种试栽等方面取得了一定成效。1932年后，继续设置路南拖沟寺林场、迤南、迤东分区林务局，民国"二十六年又于黑井白井倡办盐区造林，于海口举办砂防造林，倡种药用植物等项，通令各县筹设苗圃，举办墓地造林"。1935年，全省48县设立了苗圃78个，1932—1936年林务处发出苗木80余万株，各种籽种3万余斤，全省70县在1934—1936年植树3620万株，造林30万亩。③

3. 把官僚资本投入农业生产和农村经济中，开办官营农场，开展农村金融。其中，陆系地方官僚资本先后投资开办了稼依水利工程处、开文垦植局；缪系地方官僚资本依托富滇新银行开展农村贷款业务，筹设云南

---

① 《云南行政纪实》第10册，建设一，农业。
② 《云南行政纪实》第10册，建设一，棉业之推进。
③ 《云南行政纪实》第11册，建设二，林务。

省垣附近水利工程处，开办开蒙垦殖局。这些企业均以经营谋利为目的，但在抗战爆发前尚属草创，稼依水利工程处、开文垦殖局因管理不善，收效甚微；开蒙垦殖局亦仅购入属自耕农所有的土地5.5万亩，农贷业务迟至1937年1月方正式展开。而就农垦方面来说，开蒙、开文两垦殖局"自行招佃放租耕种"，开蒙垦殖局也只有少量雇工，招佃户租种是主要经营方式。可见，官僚资本投资的农业企业仍保留着十分浓厚的封建庄园色彩。①

4. 清丈耕地，核实产权，开征耕地税和各种附加、苛杂。云南地方政府在整理财政金融时，为解决财政收入问题，决定田赋征收本位由滇币改为现金，缴纳滇币者按五比一折算，大大加重了农民负担。同时，1931—1938年，全省进行土地清丈，清丈后按田地等级改征耕地税，1933年已清丈的宜良、晋宁，耕地税附加比原征田赋附加增加一倍，呈贡、昆阳增1.5倍，昆明县增80%，耕地税正额则昆阳县比原田赋额增加46.2%，昆明附近6县中，仅富民县略有减少，其余均有不同程度增加。除正税及附加外，昆明又有常年苛杂9种，临时负担2种，各地苛杂更名目繁多，参差不一。②

云南地方政府上述政策的实行，在农田水利方面取得了一定实效，产业结构的调整就全省经济而言收效不大。其中"成绩"最为卓著的仍是清丈耕地、征收耕地税及附加，为充实云南地方财政立下了汗马功劳，并为官僚资本的积累并转而投向农村打下了基础。不仅如此，清丈耕地使绝大多数耕地的产权明晰，为土地买卖兼并开辟了道路。在少数封建领主制经济仍存在并行将崩溃的地区，客观上加速了向地主制经济的转化。而官僚资本的投资，则使云南地方政府直接加入土地兼并的行列中来，加剧了土地兼并，加重了农民负担。

第二节　工　业

一　手工业的兴衰

20世纪20—30年代，云南经济形势发生了一系列重大变化，机器工

---

① 《云南行政纪实》第6册，财政·设立开文垦殖局。
② 《云南行政纪实》第6册，财政·清丈耕地。

业有新的增加并在矿冶等行业得到缓慢发展,但手工业生产并未退出历史舞台。相反,全省手工业生产的某些方面还得到了一定的发展,表现出了较强的生命力。

首先,1919—1937年,云南手工业作坊不断涌现,手工业户数有所增加,全省手工业的总体规模相应有一定的发展,手工业仍旧是云南省工业生产中不可忽视的一个重要方面。在全省经济最发达的昆明,1924年编纂的《昆明市志》记载了20家纺织公司、纺织厂的情况。其中,1919—1923年新设纺织厂13户,占总户数的65%;全市有工厂50余所,工人2000多人,"且现设各工厂中之机械,多者十余架,少者数架,强半助以手工"。至1936年,昆明市手工业户有1924户,7209人,有资本国币376412.5元。① 1937年"小工业及小手工艺业共登记有35业;计2030家"②。由此可看出,昆明手工业每户的规模、资本虽与20年代初相去不远,但总户数有较大增长,行业分工也更为精细。同样,在当时云南经济支柱个旧锡矿业中,这一时期也大量存在着小生产者经营的硐尖,其中不少是"三五人合伙,共同劳动,均分收入"③ 的手工业者。据统计,1933年的个旧锡矿业中,仅硐尖、草皮尖、荒碴尖合计达2344户,1934年更达4180户。而同期矿工总人数分别为36109人和51407人,④ 即使这些工人全部都在硐尖中从事开采,1933年每户硐尖仅15.4人,1934年则为12.3人;若剔除几个官商合办的公司和商办硐、炉的工人数,则可以肯定,相当数量的硐尖工人人数不到8人。同时,个旧锡矿业中"除了几个官商合办的公司之外,几乎全部厂尖仍然使用手工生产,没有迅速地向现代化的机器大生产发展"⑤。昆明及个旧尚且如此,省内"其他各县,一般工艺甚至尚未与农业分家",全省的工业生产总体上仍"停滞在手工业时代"⑥,手工业仍是云南的主要经济部门之一。

其次,手工业与农业分离程度和手工业品的商品率有所提高,家家有织机的状况开始改变。在交通方便、人口集中的部分地区,初步形成区域

---

① 张肖梅:《云南经济》第1章,第97—100页。
② 《昆明市志长编》卷十二,第300页。
③ 陈吕范:《云南冶金史》,云南人民出版社1980年版,第116页。
④ 苏汝江:《云南个旧锡业调查》。
⑤ 陈吕范:《云南冶金史》,第128页。
⑥ 张肖梅:《云南经济》第15章,第1页。

性的手工业中心。在织布业中,昆明地区 1937 年有铁机厂、机坊、织户 229 户,但其中平均有织机 15 部以上的铁机厂已有 15 家,有织机 8 部以上的更达 70 家,两者合计有织机 835 部,年产布 320624 匹,在织布业中占据了主导地位。同时,耕织结合或一家一户的织户虽有 144 家,却仅有织机 342 部,占织机总数的 29.1%,估计年产布 20 万匹,占土布总产量的 38%。① 这充分说明,以耕织结合为特征的农村家庭土布织造在昆明手工业生产中的比重已急剧下降,手工业逐渐从农业中分离出来。同样,在省内的其他一些地区也有类似情况,如昭通"三十年代初有织布机 1.4 万多架;工人 1.5 万人,已出现较大的作坊"。玉溪虽然"农村 90% 的农户从事织布业",但 1919 年亦有染织厂 4 户,年输出布匹 1120 驮。② 曲靖手工织布业中亦虽"城乡男妇约十之四五",但"所织布匹,贩销沾益、马龙、寻甸、平彝、罗平、宣威各县"③。昆明、昭通、曲靖、玉溪等地已成为辐射一定区域的织布业中心。此外,"丽江粑粑鹤庆酒,剑川木器到处有","通海酱油河西布"等谣谚,也反映了部分手工业中心的形成和名特产品的辐射情况。

然而,20 世纪 20—30 年代云南手工业在某些方面的发展,亦并非一帆风顺。手工业不仅生产规模狭小、资金匮乏、技术落后,而且遭受着封建主义、帝国主义、官僚资本主义的压迫,饱受市场竞争的煎熬。这一时期的云南手工业在行业分工日益精细和部分行业有所发展的同时,有的行业日益萎缩或走向消亡;在手工业户数增长、新设厂户大量增加的同时,大批厂户破产;整个云南手工业处于急剧的升降沉浮之中。

首先,就手工业行业而言,昆明地区传统的"乌铜走银器皿、铜锡器皿、象牙器皿等","因绌于资本,不克发展","各家营业,均有剩余"④。至 20 年代后,上述各业及滇缎、明角灯、羊皮金、绫罗、绣花挑花品等逐渐衰落消亡。⑤ 保山民国八年(1919)产蚕茧 9600 余担,经腾冲出口永昌蚕丝 5 万多市斤,并建有丝花会馆及从事纺丝业的实业公司,

---

① 董孟雄:《云南近代地方经济史研究》,云南人民出版社 1991 年版,第 184 页。
② 云南省商业志编委会编:《云南省志·商业志》,云南人民出版社 1993 年版,第 465、482 页。
③ 《续云南通志长编》卷七十三,工业。
④ 《云南概览》建设,第 80 页。
⑤ 《昆明市志长编》卷十二,第 303—307 页。

农村中也有大量缫丝作坊,但后因"四川改良丝大量出口,缅甸又自产绸缎",保山丝价大跌,"从此一蹶不振"①。

其次,由于20世纪20—30年代云南手工业生产的外部环境恶化,内部竞争加剧,而手工业户的生产规模狭小,技术落后,决定了大量手工业作坊必然走向破产的命运。1924年前,昆明的20家手工纺织户中,平均每户仅有资本6500元半开,资本不足1000元、职工人数两三人的尚有6家,占总数的30%。1936年的1924户手工业户中,每户平均有职工3.7人,有资本195.64元(国币),合半开391.28元。整个20—30年代昆明手工业的资金短缺、规模狭小由此可见一斑。因此,20年代初昆明的20户纺织手工业中,1915年、1916年、1917年三个年度开工并维持到20年代的仅各有1户,1918年开工的亦仅剩3户。同样,在矿冶业中,据《云南矿产一览表》统计,民国初年至1923年,金、银、铁、铜、铅、锌、锑、钨等矿共开办188户,但至1923年,停歇业的已达97户,占这一时期开办总数的51.06%。② 面对手工业走向破产的命运,对于"这种业已陷于由解体而又结合再趋解体的恶性循环运动中的经营方式",破产农民、手工业者及即将破产的农民和手工业者,却不能不视之为"赖以糊口活命的基本经营方式",作为"饥寒交迫中挣扎的手段"而反复经营。③ 这也正是在急剧的沉浮升降中,在手工业户批量破产的同时,新的手工业户不断出现而规模更加狭小、资本更加减少的根本原因。

二 民族工业的缓慢发展

在云南手工业升降沉浮的同时,民族工业克服重重困难,在内外环境的压力和激烈的竞争中有缓慢的发展。其主角之一正是在手工业中站稳脚跟获得了进一步发展的极少数手工业户。他们在创出名牌产品、有幸获得一定的利润和积累之后,扩大生产规模,改进生产设备,步入了近代民族资本家的行列。如宋旭初于1914年在大理创办家庭工厂制造妙香肥皂,因业务日渐扩大,1918年迁至昆明,购买机械设备,"一家八口夙兴夜寐,合力操作",最后发展成为昆明三家最大的肥皂生产企业之一——怡

---

① 《云南省志·商业志》,云南人民出版社1993年版,第518页。
② 《云南冶金史》,第136、145页。
③ 董孟雄:《云南近代地方经济史研究》,云南人民出版社1991年版,第167页。

和工厂，30年代初，仅生产所用油料就达每年20余万斤。在此期间，宋旭初还于1926年接办原丽华火柴公司，先后投资7万多元，将全部手工操作改为半机器半手工操作，扩大规模，生产安全火柴。① 宋旭初经营的火柴、肥皂及西药业逐步发展，成为这一时期为数不多的成功者之一。

在少数手工业者发展成为民族资本家的同时，部分士绅、地主、官僚也以私人身份投资办厂，加入到民族工业中来。其中，就工矿业方面而言，云南军政要员中的不少人都有自己的厂矿，石屏周三兄弟、东川赵家、马家开办的厂尖均属此类。② 庚恩旸于1922年独资创办了亚细亚烟草公司，有资本15万元，招募男女工人150人，购置了包括切烟机、干燥机、卷烟机、蒸汽发动机等在内的12部机器，利用部分云南草烟和河南、山东及国外烟叶，生产"重九""合群"等四个品牌的香烟，年生产能力达9500万支，③ 揭开了云南近代卷烟工业的序幕。

除了上述两个方面外，这一时期更多的是民族商业资本转向工业生产领域，投资兴办了一批工矿企业，构成了20世纪20—30年代云南民族工业发展的主力军。如在手工业最发达的纺织行业中，也不乏商业资本转移到生产领域中来的例子。在以国产生丝为原料、产品远销国外的缫丝、丝织业中，从事生丝贸易的各大商号纷纷投资办厂。永昌祥、茂恒、洪盛祥、福春恒等商号在生丝产地自办缫丝厂及各种加工厂，"将从农户家零星收购来的土粗条线改络整理，进一步加工为洋纺或纺丝，甚至创立了自己的名牌产品"④。在以进口或转口进入云南的棉纱为原料、产品满足本省需要的棉织业中，也有从事土布经销的大道生布庄投资设厂织布，"先仍用木机，后加用铁机，其出品改进甚多，细腻铁实。更仿照英国产品，织成二尺四宽，十丈长的大布，并在玉溪设分厂，销行全省，甚至远销贵州各地。到二十三四年后，玉溪生产之小土布遂被淘汰"。在火柴制造业中，出身行伍、从事投机商业的龙沛芝创办了大有庆、东兴两个火柴公司，董澄农创办锡庆火柴厂，个旧商人李沛阶创设大云南火柴厂，昆明商人陈德斋等创办民声火柴公司，短短几年，使昆明火柴工业的生产规模、

---

① 《昆明市志长编》卷十二，第282、280、276页。
② 《云南实业公报》第11期；孙天霖：《昆明机制卷烟工业概述》，《云南文史资料选辑》第9辑。
③ 《云南冶金史》，云南人民出版社1980年版，第116页。
④ 《云南文史资料选辑》第42辑，第19页。

生产技术都有明显改进，产品质量有所提高，以至"民国十年以后，日货火柴渐被土产所代替以至绝迹"①。而且，在这一进程中，云南火柴完成了由黄磷火柴向安全火柴的过渡，技术水平和产品质量均有提高。据《云南实业公报》的调查，这一时期昆明的13家主要民用工业企业中，商人投资创办的有9家，占70％。②而同期，董澄农由商而工的几起几落，也从一个侧面反映了民族商业资本转向工业领域的情况。

1911—1920年，董澄农以经营商业为主，创办天顺昌商号，兼做茶叶加工，但在1926年，天顺昌因资金周转不灵倒闭。1927年后一度经营鸦片、卷烟、茶叶，但由于政局变动和鸦片价格暴跌，商号再次破产，董澄农也因之负债入狱。出狱后又独资开设锡庆祥，在经营布匹、棉纱获利后，先后开办过锡庆火柴厂、永利瓷厂，并于1936年创办官商合办的云南钨锑公司，不仅垄断钨砂运销，并"购买了大片矿地自行开采"，此后还相继尝试创办过云兴玻璃厂等企业。③正是在商业有利可图但形势变动无常、风险过高的情况下，民族商业资本家"从自己的历史教训中体验到搞商业难免不遇风险，开始试图转向比较稳当可靠的工业"，在封建主义、官僚资本主义的重压下，转而屈从、仰仗地方官僚，开办官商合营的工矿企业。

这样，20世纪20—30年代，通过包括手工业的积累、官僚地主私人投资、商业资本转移等几种方式，云南民族工业的资金大大增加，民族工业获得了一定的发展。

从工业行业来看，不仅矿冶业中民族资本投资兴办的厂尖、炉房在整个生产中居于优势地位，个旧锡矿中甚至出现了拥有一千乃至二三千工人的企业。④而且纺织、制茶、火柴、肥皂、卷烟等民用工业中，民族资本创办的企业也大大增加，抗战前云南近代工业以矿冶业、民用业为主的行业体系格局初步形成。

从工业企业的生产水平来看，各行业的生产技术都有不同程度的改进，尤其是日用工业中，有的企业正是以技术改进为契机发展起来的。如

---

① 《昆明市志长编》卷十二，第287、279页。
② 同上书，第266页。
③ 杨用勋等：《董澄农经历钨砂出口及创办大成实业公司的历程》，《云南文史资料选辑》第42辑。
④ 陈吕范：《云南冶金史》，第117页。

下关制茶业中先后创制沱茶、紧茶,后者正是1923年前后,陈德先到思茅学会了揉制紧茶技术后,返回下关开厂生产的。1935年、1937年兴办的和兴织布厂、庆和织布厂,也是以使用铁机为先导,建立了有雇工50多人,分两班轮流生产的近代工厂。① 火柴工业中从生产黄磷火柴到安全火柴、肥皂业中使用机械动力,大道生织布厂、亚细亚烟草公司、德和罐头厂引进成套机器设备等,都给民族工业的发展增加了新的技术力量。也正是这些技术的改进,使部分企业站稳脚跟,赢得市场,在极为艰难的环境中有所发展。

图35 昆明幼孩工厂

从工业企业的地域分布来看,个旧继续保持着全省矿冶业的中心地位,昆明的民族工业获得了较大发展,使其消费城市的特点有所淡化,增添了一些工业城市的色彩。至1936年,按国民政府《工厂修正法》规定,使用发动机、平时雇工30人以上,或不用发动机、平时雇工50人以上的民营工厂已达32家,包括印刷厂、机器厂、火柴厂、洋碱厂、染织厂、电力工厂、制革厂、烟草厂等,共有资本880余万元,工人2200多人,每年出品货物价值350万元。② 滇西的下关,在先后开办了一批茶厂、制革厂、织布厂、肥皂厂、火柴厂后,逐步向滇西的民族工商业中心发展。③

但是,20世纪20—30年代云南民族工业的发展道路仍是十分艰难的。由于相当一部分工业企业的设备、技术、原料、产品均依赖于帝国主义国家或国际市场,依赖滇越铁路运输,决定了民族工业的发展必然受到帝国主义的压迫。法帝国主义多次增加滇越铁路运费,使国际市场上大锡涨价但大锡生产者却无利可图,棉纱原料紧缺而生产成本成倍增加。1929

---

① 《白族社会历史调查》,云南人民出版社1983年版,第166—168页。
② 张肖梅:《云南经济》第15章,第1—2页。
③ 《白族社会历史调查》,第166—169页。

年前,"法越海关苛征过境税,不只是提高税率,还以种种借口任意加收"①,更使部分民族工业的产品销售、原料采购困难重重。

不仅如此,云南民族工业的发展还受到云南地方官僚政权的压迫。除了云南地方政府不断加重的赋税、20年代的金融紊乱之外,官僚政权、官僚资本还通过种种措施,或向民族工业伸手,无偿榨取,或干脆设置障碍,禁止生产,最后改归政府垄断经营。如亚细亚烟草公司在与进口卷烟进行了长达8年的竞争后,却终"化私为公",移交省教育厅接办。②董澄农开设钨锑公司,不仅将盈利的30%上缴财政厅,余下的70%中,除自己的20股外,均以干股方式(分红者无须据实出资入股)分给当时的权贵人物。③

此外,云南军阀混战、农业凋敝、对外贸易的兴衰以及交通落后、教育科技水平较低等一系列因素,都严重地制约着民族工业的发展。20世纪30年代以降,随着官僚资本的急剧膨胀,民族工业在整个工业经济中的比重下降,面临着日益严峻的形势。

三 地方官僚资本的膨胀

民国初年,云南地方官僚资本形成后,由于财政困难、人才资金紧缺,加之欧战结束后国际市场向着不利于云南经济的方向转变,特别是云南地方官僚资本与军阀政权的天然联系,决定了官僚资本的投向主要集中在为战争服务、为地方财政服务的少数领域。其中,最重要的企业有云南兵工厂、造币厂、富滇银行、个旧锡务公司等。这几个企业在20世纪20年代的经营情况分别如下。

——云南兵工厂先后投资数百万元,增加了一批机器,至1928年,"该厂乃自行仿造40余部机器。于是适用之步枪、机关枪及子弹,方能自行制造"④。

——造币厂所铸银币,"因政局之变迁,成色不免逐渐减低",而历年所铸货币却大量增加,造币余利较为可观。1919—1928年10年间,共

---

① 万湘澄:《云南对外贸易概观》,新云南丛书社1946年版,第69页。
② 《昆明市志长编》卷十二,第267—273页。
③ 《云南文史资料选辑》第42辑,第144页。
④ 张肖梅:《云南经济》第15章,第40页。

铸银币905.8万元，镍币则在1924—1930年铸造1.3亿枚，1919—1930年累计获造币余利806.2万元。①

——富滇银行于1923年增加资本100万元，发行纸币总额1919年为650万元，政府借用160万元；1926年发行量增至3860万元，其中政府借用数达2940万元，占发行额的79%。②

——官商合办个旧锡务公司于1920年后经缪云台整顿，开

图36　1929年富滇银行发行的纸币

始利用投资一百多万元但却长期闲置的设备，开展新式炼锡。1919—1926年累计产锡6000余吨，盈利43.9万元。③

此外，1923年，商办云南自来水公司改组为官商合办，1928年则干脆收归官办，增加了一个官办企业。

但是，造币厂、富滇银行的"发展"，却使云南金融日益混乱，兵工厂完全为军阀混战服务，在经济发展中起不了多大作用。而东川矿务公司、宝华锑矿公司在第一次世界大战结束后陷入停顿，一蹶不振。20世纪20年代的云南官僚资本在云南工业生产领域的比重尚微。至1930年以后，随着云南财政状况的改善和金融秩序走向正常，官僚资本迅速发展，其投资的工业企业逐步成为云南经济中不可忽视的力量。

1930年云南整理财政金融后，财政收入大大增加，当年收入达4172万元，比1929年增长314%，实现结余192万元，次年结余更增至1238万元。④ 在这样的条件下，云南省财政厅开始在财政支出中划出一部分资金投资于金融、商业、工矿业及农业生产领域。以财政厅长陆崇仁为首的云南陆系地方官僚资本逐步形成。至抗战爆发前，陆系官僚资本下属的企业有兴文官银号、劝业银行、矿业银行、云南特货统运处、造币厂、印刷局、稼依水利工程处、开文垦殖局、云南矿业公司及官商合办锑钨公

---

① 《续云南通志长编》卷四十五，财政三，中册，第694—696页。
② 张肖梅：《云南经济》第20章，第3—4页。
③ 万湘澄：《云南对外贸易概观》，第188页。
④ 《云南省志·财政志》，云南人民出版社1994年版，第451页。

司等。

　　从陆系官僚资本的形成、发展及其所经营的企业来看，其投资的重点集中在金融、商业领域，"银行是陆系资本活动的中心"，"贸易统制是陆系掠夺财富的重要手段"①。1935年后，才提出了"以财政扶植金融，以金融促进生产，以生产充裕财政"，"使财政、金融、生产三者成为不可分之一环"的政策，②将其资本投向工、农业生产领域。其中经营较好的除原有的造币厂在整理金融中大量铸造银币外，其他还有：印刷局的资本由1930年的9万元扩大到1938年的24万元，纯收益由2万元增至12万元；③锑钨公司1936年获利旧滇币一百多万元，次年股红又增加5倍；1933年张冲主持的一平浪制盐工程处，在完成了移卤就煤工程后，交财政厅接办，盐产量有所增加，至1939年后更大见成效。④

　　但是，陆系地方官僚资本在抗战前对工业的投资为数不多，尤其是1935年筹备、1937年成立的矿业公司，虽投资总额巨大，却除建成2000瓦的电站及办公室、宿舍外，未取得实际成效。⑤陆系官僚资本在云南工业中的地位尚不突出。

　　与陆系官僚资本有所不同，这一时期形成的缪系地方官僚资本在工业中的投资及成效均较为突出。缪云台1921年曾任云南锡务公司总经理，1924年后在富滇银行任职。1928年，云南地方政府将建设厅下的农、矿两科划出，成立农矿厅，任命缪云台为厅长。缪云台以此为依托，先后创办劝业银行、炼锡公司，发展官僚资本。1934年实业厅并归建设厅，缪改任富滇银行行长。年底，进而设立了云南全省经济委员会，缪任常委，"经济委员会之性质完全为企业机关，其企业对象为生产事业而侧重于工业，尤注意促进民营事业之发展以期普遍繁荣"⑥。缪系地方官僚资本的格局正式形成，取得了民族资本所没有的优势地位。缪系地方官僚资本在形成过程中，业务方面主要是运用经济的办法管理经济，在金融、矿业等方面设法摆脱困境，谋求发展，其资本的积累膨胀大多与其经营中取得的

---

① 李珪：《云南地方官僚资本简史》，云南民族出版社1991年版，第50、58页。
② 张肖梅：《云南经济》第21章，第15页。
③ 《云南行政纪实》第6册，财政·扩充官营事业。
④ 参见《续云南通志长编》卷七十三，工业·滇西企业局。
⑤ 李珪：《云南地方官僚资本简史》，云南民族出版社1991年版，第71—72页。
⑥ 《云南行政纪实》第13册，经济一，提要。

成功密切相关。最早建立的劝业银行成功地解决了个旧锡商的资金周转问题，并在 1931 年富滇新银行亦几乎倒闭的金融风潮中应付裕如。炼锡公司经两年多的努力，炼出了可直销伦敦、纽约五金交易所的精锡，拿出了可在国际市场上平等竞争的云南工业品，开创了云南"锡业史上划时代之一页"①。此后，炼锡公司锡产量由 1933—1934 年的 900 多吨上升到 1938 年的 2445 吨，1933 年盈利仅 8 万元，1934—1938 年增至年均 40 万元（国币）。缪云台于 1934 年在富滇新银行外汇管理失败、发生汇兑风潮时就任行长，对富行管理体制、人事作了重大调整，最终从法国东方汇理银行手中夺回了外汇管理权，富行实力大增，成为云南金融、外汇市场的中心。② 正是在这样的条件下，缪云台掌握了云南精锡生产、销售和富滇新银行，并进而以金融、矿业为经济依托，以政府为后盾，加速官僚资本的膨胀。1934 年经济委员会建立后，他以"主管全省建设事务"的地位，继续管理炼锡公司，在原模范工艺厂的基础上，扩大投资，将其改建为云南五金器具制造厂。1934—1937 年，先后创设昆明电力厂、云南纺织厂、省垣附近水利工程处、开蒙垦殖局等企业，揭开了缪系资本大力发展官营工业的序幕，在云南工业史上写上了浓墨重彩的一笔。

20 世纪 30 年代，云南除缪、陆二系地方官僚资本外，亦有一些其他官营企业相继创办。其中较为重要的如教育经费独立后，教育厅接收亚细亚烟草公司，改组为南华烟草公司，并运用教育经费结余、教育公产等进行经营，增辟教育经费来源。南华烟草公司为生产性企业，1930—1932 年曾共得余利 39 万余元，但此后经营状况不佳，收效不大。

总之，20 世纪 20—30 年代云南地方官僚资本在经历了一段时期的停滞后，开始有了较大发展，尤其是缪系地方官僚资本较多地用经济的方法管理、经营工业企业并取得了明显成效，构成了云南工业近代化的重要篇章。但是，地方官僚资本的膨胀以及在矿冶、交通、金融等方面形成垄断，却给民族工业的发展带来了不小的阻力，而官僚资本所必然具有的封建性、投机性也严重地阻碍着云南工业近代化的历程。

---

① 《云南行政纪实》第 13 册，经济一，锡业。
② 参见本章第四节，《财政与金融》。

第三节　交通、外贸与商业

一　交通

民国初年，云南除原有滇越铁路外，曾拟议修建滇蜀、滇桂、滇缅铁路，并正式修筑个碧铁路，但除个碧铁路动工并于1921年建成通车外，其余均未落到实处。公路建设也仅拟议修筑大观楼马路。全省交通仍以传统的驿道为主。1919年前后，铁路方面在个碧铁路通车的基础上，1918年开工兴修鸡街至临安（今建水）的铁路，经过10年的时间，投资500余万元的鸡临线于1928年方才正式修通。1931年，由临安至石屏段亦开始修筑，经6年努力，于1936年10月10日投资800万元，全长41公里的临屏线方正式开通。至此，近代云南历史上第一条自主修筑的铁路不断延伸，累计修成了176公里975米的个碧石寸轨铁路，写下了一部艰辛曲折的近代云南铁路发展史。[①]

与铁路修筑相比较，1919—1937年云南的公路建设在经历了一段曲折的情况下，取得了更大的突破性的发展。其中1919—1928年为云南公路建设的发轫期，而1928—1937年为初步发展时期。

1919年前后，云南地方政府"感于滇越铁路之种种苛虐，亟谋自动筑路通海，于是有路政局之成立"，并对昆明至剥隘的部分路段进行了初步勘测。[②] 1921年顾品珍倒唐后，派所部杨蓁旅进行兵工筑路，于1921年6月勘测修筑昆明至黄土坡2公里长的路基，揭开了兴修公路的序幕。次年唐继尧返滇，工程停顿。唐继尧二次主滇后，对交通曾予以了一定重视，专门成立交通司，提出了修建昆明至舍资铁路的具体方案，并决定修路标准照铁路标准，但把路基加宽，"待将来通行汽车营利，再逐段铺上铁轨通行火车"。经1924—1925年努力，两年的昆明至碧鸡关全长14.9公里的路基筑成，10月举行了汽车通车典礼，第一次修通了云南供汽车行驶的公路。[③] 但"当时一切做法，颇似铁路规式"。"滇人士见用款多而

[①] 参见杨需洲《修建个碧石铁路的起因经过和结果》，《云南文史资料选辑》第37辑；《续云南通志长编》卷五十五，交通二，云南省志编纂委员会办公室1985年版，第1014—1017页。

[②] 《续云南通志长编》卷五十四，交通一，第947页。

[③] 浦光宗主编：《云南公路史》第1册，国际文化出版公司1989年版。

告成无几，有渐趋入修汽车路之一途"①。1925年开始提出了修建昆明至剥隘，昆明至大理、腾越，昆明至昭通，昆明至思茅，昆明至平彝等5条公路干道的设想，并从碧鸡关延长，向安宁修筑公路标准的路基。1926年12月，该路初步完工，修通到安宁。此外，1925年因昭通霜冻，大理地震，北京华洋义赈会拨款72.8万元赈济，并指定60%为工赈。云南地方政府借机将该项经费用于修筑昆明至大板桥公路，至1929年2月，修通了宽5米、长20公里的昆明至大板桥公路。②

1928年后，龙云政权对公路建设予以了较多重视，筹设了云南公路总局，专门办理公路修筑事宜。公路总局提出了修筑四干道八分区的规划方案。四干道为：①滇东干道，由昆明经嵩明、寻甸、马龙、曲靖至平彝；②滇东北干道，由嵩明经寻甸、会泽至昭通；③滇西干道，由昆明经安宁、罗次、禄丰、楚雄至大理；④蒙剥干道，由蒙自经开远、文山、富宁至剥隘。八区则以昆明为中心，向各地"逐步推进"。因财力不足，于是有第二期计划的改定，分全省为省道、县道、村道三种，而以速修省道、择修县道为主旨。③ 在云南地方财政状况有所改善的情况下，开始有计划地投资修路，揭开了云南公路史的新篇章。

在干道、省道方面，1936年昆明至大理、玉溪，昆明至平彝、盘县公路竣工通车，昆明至剥隘、宣威经贵州威宁至昭通、大理至丽江公路全面开工，其中部分路段先后通车。在分区公路，县道方面，昆明—呈贡—晋宁—昆阳—玉溪公路，呈贡—宜良、寻甸—会泽、曲靖—陆良—师宗—罗平，鸡街—蒙自、勐卯—南坎、芒市—畹町公路及昆明附近通往各名胜风景点（83.3公里）的县际公路先后修通，已开工或部分通车的有呈贡—澄江—江川—玉溪，宜良—陆良、蒙自—芷村，昆明—富民、安宁—元谋，玉溪—河西—通海—曲溪—建水，普洱—磨黑、开远—个旧，广通—盐兴等段。截至1937年7月，"全省新修公路3345.4公里，其中初步通车的1177.7公里，并在省外修建通车公路70公里。此外正在省境外修筑中的公路有209.9公里"④。

---

① 《续云南通志长编》卷五十四，交通一，第947页。
② 浦光宗主编：《云南公路史》，第63页。
③ 同上书，第72页。
④ 浦光宗主编：《云南公路史》，第100页。

在全面开展公路修筑的同时，1933年的云南县政建设三年实施方案中写入了各县局"修整旧道"的规定，建设厅还专门颁行了《修整旧道暂行规划》，各县开展了整修县与县之间、县内区与区、乡与乡之间道路的工作。其中1936年、1937年两年，兰坪、漾濞、江城、景谷、贡山、顺宁、陆良、宜良、牟定9县累计整修县以下旧道113条，累计完工6951里。① 1936年6月，云南省政府还通知建设厅，组织人力赶修四川峨眉—云南永善、昭通，四川汉源、会理—云南禄劝、昆明，四川西昌—云南永仁，四川巴安、荣德—云南中甸、丽江、大理及中甸—定乡，昆明—禄丰、镇南、祥云—大理，盐边—丽江的6条驿道。②

上述公路建设、旧道整修、驿道兴修等工程的实施及个碧石铁路的全线通车，使云南的交通状况得到了较大的改善，形成了铁路、公路、驿道并行的交通格局。以这些道路为依托，全省的经济和商业外贸的发展获得了较好的条件。尤其是滇东公路干线的修建，第一次沟通了云南与国内其他省区的公路运输网，加强了省际经济往来，为抗战全面爆发后全国经济文化机构、抗日部队进出开辟了重要的陆上通道。而滇西干线的修建则为滇缅公路的开通，为战时云南交通、外贸的大发展奠定了坚实的基础。当然，这一时期的公路建设由于资金技术、管理等原因，进展并不十分理想，年均修路仅90.6公里。而且各路沿线的各族人民在道路建设中义务筑路，受到了当局的残酷压迫剥削，甚至牺牲了生命。每一条新的道路上，都凝结着各族人民的辛酸和血泪。

二　对外贸易

20世纪20年代初，云南对外贸易以第一次世界大战结束后国际市场上锡价暴跌、各帝国主义国家加紧商品倾销为先导，发生了急剧而重大的转折。1919年云南外贸进口额持续增长，达1222万海关两，比1918年增加44万海关两，增长3.7%；但出口货值比1918年减少91万两，减少7%。这样一减一增，云南外贸一改往年出超态势，转而为入超，当年入超272405海关两。自此以后，云南外贸入口货值持续增长，至1926年达2191.6万两，比1919年增加969.6万两，增长79%，是1917年的2.6

---

① 浦光宗主编：《云南公路史》，第1册，第49—50页。
② 《云南行政纪实》第12册，建设3，交通。

倍。同期出口货值大起大落，1921 年降至 912.7 万两，1925 年曾上升至 1542.6 万两。但无论是增是减，出口总值均远低于进口总值，1925 年创下最高出口值的同时，仍有逆差 524.2 万两。尤其是 1926 年出口锐减，仅为 1172 万两，致使贸易逆差创下历史纪录，达到 1019.6 万两。①

在云南对外贸易形势总体上发生逆转的情况下，从事外贸的各商帮商号的经营状况也受到了重大影响。经营大锡为主的滇南个蒙帮中，执牛耳的八大号因锡价惨跌损失数百万元，倒闭者达 80% 以上。经营生丝出口为主的滇西各大商帮，不仅面临着日本人造丝大量涌入缅甸市场的竞争，而且于 1923 年后，因欠英国汇丰银行控制专营放款业务的启基贷款而大批负债倒闭，加上因连环担保受牵连者，共倒闭一百多家，占下关商号的 1/3。② 这样，经营云南进出口贸易的商帮商号在世界市场波动和激烈的竞争中发生了较大分化，中小商号有所减少，只有一些资金雄厚、经营有方，与云南地方政权、地方官僚关系密切的商号，在沉浮中站稳脚跟，实力有所发展。如滇西商帮中，福春恒在 1920—1930 年进入全盛时期，资金积累达大洋三百余万元；洪盛祥在缅甸印度等地销售石璜取得成功，外销量由每年两三千驮增至 2 万余驮，外贸业务获得了较大的发展，资本积累有所增加；③ 永昌祥 1918 年有资本 54507 元（滇币），1926 年达到 743738 元，是 1918 年的 13.6 倍。④ 个蒙帮中，八大号多负债倒闭，"惟顺成号一家，不惟没有倒号，且在尔后数十年间屡蹶屡起"⑤。恒盛公商号业务扩大，开展滇藏印贸易，并于 1924 年在印度加尔各答、噶伦堡等地开设了分号。⑥

与此同时，经营云南进出口贸易的外商洋行有所增加。截至 1923 年，仅在昆明开设的外国洋行已达 25 家。其中 1919—1923 年的五年间，新开洋行即达 11 家，⑦ 占洋行总数的 44%，洋行国别扩大为法、英、美、日、希腊、土耳其 6 国。这些洋行大力推销洋货，经营洋纱、匹头、毛货、杂

---

① 《续云南通志长编》卷七十四，商业一，第 574 页。
② 《云南省志·商业志》，云南人民出版社 1993 年版，第 40、54 页。
③ 《云南文史资料选辑》第 42 辑，第 51、29 页。
④ 杨克诚：《永昌祥简史》，《云南文史资料选辑》第 9 辑，第 75 页。
⑤ 吴溪源：《顺成号发家概略》，《云南文史资料选辑》第 9 辑，第 144 页。
⑥ 张相时：《云南恒盛公商号经营史略》，《云南文史资料选辑》第 42 辑，第 211—212 页。
⑦ 昆明市志编委会编：《昆明市志长编》卷十一，1983 年，第 379—380 页。

货、燃料、机械、食品等，大量收购大锡、猪鬃、皮革等工业原料。法商加波公司垄断了个旧锡矿生产所需的矿用物资，而徐壁雅洋行和宝多洋行联合控制了云南的猪鬃收购和加工。①

1926年后，云南陷入军阀混战，金融走向崩溃，人民购买力低下，对外贸易受到了较大影响，进出口货值大幅度下降。1926—1928年3年出口货值年均1212.7万两，比前3年平均数减少95.1万两，减少了7.3%；进口货值3年平均1843.9万两，比前3年减少160.4万两，减少了8%。但同时，由于进口额下降幅度略大于出口额下降幅度，外贸逆差有所减少，由1926年的1019.6万两逐步降至1929年的412.6万两。②

1930年后，由于修订关税条约，实行关税自主，云南地方政府的整理财政金融措施开始见效，国际市场爆发世界性经济危机，逐步转而有利于云南对外贸易的发展。因此，1930—1937年，云南对外贸易形势又开始发生了较大变化，主要表现在以下几方面。

1. 进出口总额稳中有升，贸易逆差进一步缩小并最终由入超转为出超。1934年进出口总额从"三千余万元起，三五年超过四千万，三六年超过五千万，三七年超过六千万"，"每年有新纪录之创造"。在贸易平衡方面，1934年、1935年两年，由于鸦片禁止出口，"出口方面突然损失2000万元"，仍有入超。但1936年开始，入超全面扭转，当年实现出超，开始了云南外贸史上的第二个出超期。

2. 洋货进口稳中有降，进口货物结构发生了一定变化。1929年云南进口货值为2538万元，1937年则仅1117万元，其中1935年还一度降至901万元。1937年因抗战爆发，进口值才又有所增长，但仍未恢复到1934年前的水平。在进口货中，进口棉纱最初多为印度产品及少量日本纱，20年代初始有产于上海的棉纱经越南海防由滇越铁路输入，当时仍将其视为洋货。③ 30年代以后，由于国产棉货质量好，受关税保护，逐步取代了来自印、日的洋纱、洋布。1929—1937年，国产棉纱在进口纱中的比重由3%上升到96%，国产棉布至1937年已占棉布进口总量的99%。近半个多世纪以来占云南进口货首位的洋纱、洋布从此不能立足，在云

---

① 《云南省志·商业志》，第67页。
② 《续云南通志长编》卷七十四，商业一，第574页。
③ 李珪：《云南近代经济史》，云南民族出版社1995年版，第348页。

外贸史上销声匿迹。同时,"到 1929 年关税自主以后,国产香烟的进口比重更占绝对优势,到 1935 年前后,洋烟已基本不能立足"。相反,机器及工具、车辆及零件、燃料(汽油、煤油等)进口值大幅度增长,其中机器由 1933 年的 22 万元增至 1937 年的 85 万元,车辆零件由 1933 年的 15 万元增至 1937 年的 69 万元,[①] 为云南工业、交通的发展输入了一批必须的外国设备。

3. 外销出口持续增长,出口产品的技术含量有所提高。出口商品总值由 1934 年的 1272.7 万元(国币)逐步上升到 1937 年的 3396.3 万元,是 1934 年的 2.7 倍。其中,大锡仍占出口货值的首位。且云南炼锡公司经技术改造后,生产出了达到国际标准的精锡,精锡出口量大幅度增加。同时,黄丝出口也因一些商帮筹设缫丝、解丝厂,改进技术,出口生丝更符合缅甸纺织的需要,最终在缅甸市场击败日货而有所增加。尤其是 1932 年政府豁免生丝出口税,使当年出口量比上年增加 35%,1936 年更达 4395 公担,比 1919 年增长 91.1%。[②] 此外,由于各国备战的需要,桐油、皮革、猪鬃、钨砂等出口激增,而鸦片出口因禁止而减少,使云南对外贸易进一步向健康正常的方向发展。

4. 对外贸易的范围日益扩大。1919 年前云南对外贸易的对象以法、英及其殖民地为主,30 年代后这一状况开始改变。1936—1937 年,除法、英、缅、越外,德、美、日、朝鲜、印度、泰国、新加坡、瑞士、英属太平洋岛国以及中国的香港、台湾均与云南有贸易往来,甚至进口货物的来源还包括了阿尔及尔、阿根廷、澳大利亚等国。其中德国货物进口值占进口总值的第一位,达到 16.54%,法、英两国分别退居第三位、第六位。由于日本侵华,云南长期坚持抵制日货,其进口货值仅占 2.89%,位居第八位。[③] 云南对外贸易已不再是屈从于英法及其殖民地的贸易,与世界五大洲各国平等贸易的色彩不断增强。

三 商业

民国时期,由于云南自然经济尚未全面瓦解,工农业生产落后,交通

[①] 《云南文史资料选辑》第 42 辑,第 15—17 页。

[②] 同上书,第 18 页。

[③] 《云南省志·经济综合卷》,云南人民出版社 1995 年版,第 191—192 页。

不便，故云南商业总体上呈现出依附于对外贸易和省际长途贩运的特征，尤其在20世纪20年代，这一特征更为突出。在省际贸易方面，贸易货物以鸦片、生丝、茶叶、棉货、百货为主。其中，鸦片主要由全省各地汇集昆明等地，然后贩运入川、黔、桂、粤及湘、沪等地，换回百货生丝及部分棉货。茶叶则主要销往四川、西藏，换回生丝、山货、皮革、药材。从四川等地购入的生丝则转口输出缅甸，大锡则在本省转运后出口。

就贸易的情况来看，鸦片贸易在云南地方政府的强制推行下，这一时期有较大增长，1924年仅昆明就有烟商53家。但由于受政策及政治形势的影响较大，贸易波动剧烈。1931年因政局影响，以汉口为首的烟价猛跌，盛丰、德和祥等十余家商号因之倒闭。[①] 1935年云南地方政府成立特货统运处后，鸦片贸易为政府垄断，一变而为官营商业。茶叶由于思茅商务衰退、瘟疫流行，加之种植加工中心向西北方向移动，下关成为集散中心。在国际市场上因印度等地茶产增加，竞争激烈，出口减少，省际贸易在茶叶贸易中的比重有所增加。大锡、生丝在1919—1926年受国际贸易的影响有所减少，30年代初又复上升。棉货则由洋货进口，逐步转为省际贸易。

此外，省内贸易除延伸国际贸易、省际贸易外，与人民生活密切相关的食盐、大米、纺织品、染料、日用器具等商品在各地间流转，构成了省内贸易的主流。其中，食盐由于产量下降，赋税加重，缅盐、越盐侵销边疆地区，本省产盐在1920—1932年销量持续下降，由1920年的755428.35担降至1932年的429739.12担，1933年后方才有所回升，1937年始超过1920年的水平，达到822196.99担。[②] 大米在1919—1929年，因生产凋敝，滇币贬值，价格飞涨，尤其是昆明因"县境产米谷仅足供十之二三，其余十之七八则恃富民、嵩明、禄劝、罗次、安宁、昆阳、玉溪、晋宁、呈贡等县运至市区销售"，米价涨幅更为激烈。1920年米价每斗仅6元，1929年涨至24—25元，年均涨幅在30%以上。1929年后有所下降，其中1934年比1933年上涨8.6%，为涨幅最低的年份。但1935年、1936年涨幅又达40%左右。[③] 个旧大米每年集

---

① 《云南省志·商业志》，第77页。
② 《续云南通志长编》卷五十七，盐务二，第1164页。
③ 《续云南通志长编》卷七十四，商业一，第541页。

中量约 10 万石，主要由宜良、路南、陆良、曲靖、马龙、罗平、师宗、砚山、邱北、文山、广南、屏边、弥勒运来，是省内另一主要粮食集散地。① 在纺织品方面，各地购入棉纱，销出土布。其中，曲靖 1930 年输入棉纱达 90 万元，输出土布值 70 万元。玉溪土布业发展水平较高，1919 年输出土布 1120 驮，过境 180 驮；至 30 年代，日交易棉纱达 200—300 包，土布 1.3 万匹。②

就 20 世纪 20—30 年代云南商业发展的总体趋势而言，有如下几个特点。

一、昆明的商业中心地位进一步巩固，其他商业集镇有兴有衰。昆明 1935 年共有各业商号 5242 家，比 1924 年增加 840 多家，营业额达 4000 万元，城市人口也由 1922 年的 11.9 万人增加到 14.3 万人，增长 20%。③ 在一些交通方便的地区，集镇有所发展，昭通、曲靖、玉溪、保山、下关、腾冲分别成为区域性交易中心。但同时，思茅商业衰落。而 1932—1933 年，由于滇越铁路运费上涨，滇桂公路、滇黔公路部分修通，部分货物不再由蒙自中转，蒙自快速发展的势头受到抑制，作为滇南物资集散中心的地位也受到削弱。④

二、商业资本向产业资本的转移有所增加。在激烈的市场竞争中，一部分商帮商号的资本积累加速，具备了相当实力；同时，他们在竞争中也充分体会到了单纯从事商业贩运或投机活动的风险，开始要求投资工业生产，以便稳定货源，提高商品质量，增强综合实力。因此，不少商帮开始或加大投资，从事自己熟悉的商品生产，其中较重要的有福春恒、茂恒、永昌祥在丝纺业中的投资，永昌祥、茂恒、恒盛公、铸记、兴盛和在茶业中的投资以及庆正裕投资猪鬃厂、洪盛祥投资石璜开采、锡庆祥投资火柴、肥皂工业等。⑤

三、云南商业中的半殖民地色彩有所淡化。随着抗战前民族觉醒和抵制洋货意识的加强以及云南对外贸易的变化，商人阶层实力有所发展，云南商业中对帝国主义掠夺原料、倾销商品的依附性日益减弱。不仅进口额

---

① 张肖梅：《云南经济》第 18 章，第 23 页。
② 《云南省志·商业志》，第 480—482 页。
③ 《云南省志·经济综合卷》，第 192—193 页。
④ 《云南省志·商业志》，第 446—526 页。
⑤ 《云南文史资料选辑》第 42 辑，第 130 页。

稳中有降导致了省内贩运的国货明显增加，而且大量国货直接经陆路进入云南，棉货、香烟、火柴、肥皂等商品市场已为国货占领。与此同时，云南商界反对帝国主义经济侵略的要求发展为采取切实行动，并取得了一定成效。早在1920年，云南总商会就曾发出通告，号召停运进出口货，"改走剥隘、百色，谋车路之修筑，以期运输上之自由便利"，抗议滇越铁路加价。① 1919年、1925年、1928年，云南先后三次掀起抵制洋货运动，取得了良好的效果。1931年"九·一八"事变后，云南商界再一次掀起了声势浩大的抵制日货运动，在"有几家大商号因受抵货影响……竟至宣告倒闭"的情况下，"仍旧严厉抵制"，以致日本棉布进口货值由1931年前的152.6万两降至1932年的2.8万两，且1932年进口数"皆系外商所运入"，"自此以后，一直持续到抗战发生，日货已不能进入云南市场"②。

四、云南商业中的封建因素有消有长。首先，在激烈的市场竞争中，传统的以血缘、地缘为纽带结成的商业帮会难以适应新的形势，它们纷纷要求打破血缘、地缘关系，开展跨帮别联合，实行同行业协作，维护行业利益。福春恒的衰落、庆正裕的诞生，以及永茂和、茂恒、永昌祥、庆正裕合组"滇缅生丝公司"的尝试，都从一个侧面反映了这种要求。③ 1928年国民政府颁布《修正商会法》《商民协会法》后，云南出现了以"旧派"张荫后为会长的总商会与以"新派"董澄农为代表的市商民协会间的矛盾。新旧派"业务相同，无大差别，只是一个趋新，一个守旧"。但趋新、守旧的主要差别在于，一方主张按原有帮号组建商会，另一方主张按行业组建同业公会，成立商民协会。1929年新的《商会法》《工商同业公会法》颁布后，双方达成妥协，在将各行业改组为65个同业公会的基础上，选举了昆明市商会。④ 这样，商界自身的组织开始突破传统的地缘、血缘关系及商帮、商号的组织形式，更多地以行业为纽带，纳入了同业公会之中，商界自身的封建性因素有所减弱。

其次，20世纪20年代前，云南商业中的封建牙行普遍存在，并"因

---

① 《义声报》，1920年10月27日。
② 《云南行政纪实》第17册，金融。
③ 万湘澄：《云南对外贸易概观》，第106页。
④ 龙子敏：《昆明商业团体的组织及活动概略》，《云南文史资料选辑》第9辑，第186页；《续云南通志长编》卷七十四，商业之一，第535页。

取缔不善，设行不漫无限制，牙侩每居间操纵，双方勒索，流弊滋多"。昆明市政公所设立后，云南地方政府将牙行划归市政公所办理，"厘定取缔规定并限制设行，流弊渐除"。1936年进一步改订颁布了《昆明市牙行业业规》，对牙行的经营作了一定限制，并明确规定："客商亦得自由觅主，各行不得限制"，揭开了封建牙行走向衰落的序幕。①

此外，在商业与地方政权的关系方面，云南商界在遭受封建政权沉重压迫的情况下，曾抗议政府拉佚封马、开征苛杂，但从总的趋势上看，民族商业被迫更多地向云南政界靠拢，屈从于地方势力，以利益"共享"为前提，寻求封建政权的"保护"，并借助政权的力量，谋取更大的利益。这其中，各商帮经营鸦片，以缴纳"效军费""保护费"等超经济盘剥为代价，在政府保护下开展鸦片贸易，周守正创办的庆正裕、董澄农创办云南锑钨公司等，都是较为典型的例子。这又使云南商业中的封建性因素有所发展。

五、地方官僚资本投资商业，积极谋求垄断经营。20世纪20年代中，云南地方官僚资本发展缓慢，在整个云南商业中的份额不多。但30年代初，随着财政金融状况的改善，陆、缪两系官僚资本形成并逐步向商业领域拓展、渗透，尤其是陆系地方官僚资本，借"禁烟"之机，于1935年投资1000万元成立特货统运处，直接垄断鸦片贸易。其他如兴文官银号、云南炼锡公司等，均直接从事商业活动。这些揭开了云南官僚资本逐步统治云南商业的序幕。

第四节　财政与金融

一　财政

护国运动以后，云南地方当局卷入在西南的权力争夺，地方财政完全被绑在了军阀混战的战车上，成为滇系军阀支撑战局、维系统治的工具。尤其是1919年以后，地方财政的这一特点更为突出。

在财政支出方面，云南地方政府的军事支出占据了首要地位。仅军务费一项，护国运动后"按月发经常费30万元，临时费仍另行筹措"②。经

---

① 《云南总商会有关牙行业各项规章制度卷》，昆明市工商联存档案。
② 《续云南通志长编》卷四十四，财政二，中册，第636页。

常费年支 360 万元，占支出总数的 60% 左右。1922 年后，军事费用进一步增加，当年支出达 463.4 万元，占财政总支出的 71%；1925 年更达 1157.7 万元，占总支出的 77%。相反，云南地方财政支出中用于与经济文化事业相关的实业费、交通费、教育费，不仅总量过少，而且在财政支出中的比重不断下降。其中，1922 年、1923 年、1925 年三年实业费支出均仅 5 万元，1926 年更降至 1.9 万元。该项支出已形同虚设，除维持少量机构人员开支外，更无多少实际意义。1922—1926 年云南教育、建设、实业费用支出情况如下表：

表 6—1　云南教育、建设、实业支出情况（1922—1926）　（单位：旧滇币万元）

类别＼年份	1922	1923	1924	1925	1926
总支出	649.1	749.5	869.4	1498.8	1168.9
教育费	27.8	44.0	45.0	50.8	20.4
建设费	11.9	14.3	16.1	18.9	5.8
实业费	5.2	5.2	/	5.2	1.9
教育、建设、实业费合计	44.9	63.5	/	74.9	28.1
教育、建设、实业费占总支出的比例（%）	6.9	8.5	/	5	2.4

注：本表资料来源于《续云南通志长编》卷四十四，财政二。

在财政收入方面，由于云南地瘠民贫，财源窘困，正常的财政收入在民国初年不过 440 万—700 万元，远远满足不了展开军阀混战、维系军阀政权的需要。因此，在以军事开支为主的财政支出不断增长的情况下，云南财政收支的平衡难以实现。1919 年年度赤字 11 万元，此后，除 1920 年曾一度盈余 7 万元外，1921—1929 年无一年能维持平衡。这反过来促使云南地方政府进一步采取非常规措施继续沿着军阀财政的方向增加财政收入。1919 年后，云南地方政府相继采取了以下措施。

1. 继 1918 年云南筹饷总局暗中与商会议定"运物秘议"、贩运鸦片之后，1920 年云南省议会正式通过《云南禁烟处罚款暂行章程》，正式重开烟禁。《章程》以"寓禁于征"为名，强迫全省农民种烟，鼓励商人贩卖。1924年，禁烟局下达的种烟亩数达到一百余万亩。云南地方政府则对种、运分别征收烟亩罚金、运烟罚金。1921年两项合计实收152万元，1925年增至720万元，① 成为云南财政收入中远远超过田赋、盐税等的首要大宗收入。

2. 继续通过金融机构搜刮社会财富。由于云南财政、金融均与北京政府脱离了关系，富滇银行代行金库之职，云南财政与金融的关系十分紧密。云南地方政府借此之便，大量向富滇银行借款。自1916年首次借款80万元之后，1917—1920年保持在100余万元，1921年突破200万元，1924年进而突破1000万元，1926年更高达2940万元。其中，1923年政府借款数达富滇银行纸币发行量的61%，1926年达76%。② 无限期地借款给地方政府已成为富滇银行发行纸币的主要目的。而地方政府则事实上把向富滇银行借支的纸币当做了一项经常性的财政收入。此外，云南的另一金融机构——造币厂铸造当时云南法定货币——半开的余利，当然地也构成了云南财政收入的一部分。

3. 加征苛捐杂税。由于云南军政、财政处于独立状态，云南地方政府可任意决定税种税率，各地地方官亦乘机加征苛杂。就连较为正式的酒税、牌照税、烟厘税，其"税率之增减"，也全省"难期其一致"。据调查，1920—1924年，仅昆明一地就新开征"窑捐""屠猪特捐""清油畜皮捐""护商款"4种苛杂。安宁县1919年亦抽收"货驮捐"以供警察薪饷，1923年开征随盐团捐，供团防局养团兵。③

然而，云南地方政府的上述措施却没有也不可能解决财政收支的不平衡问题。虽然1919年后，财政收入有所增长，1921—1929年九年累计收入7407万元，比1912—1920年九年多收近2000万元，年均多收200多万元。但是，财政支出增长幅度大于收入增长幅度，同期支出总额分别为10374万元和5551万元，年均多支535.9万元。因此，1920年后，财政赤字不仅从未消除，而且逐年增加，至1929年达到803万元，占同年支出数的30%，④ 一年之收，仅够三个季度的支出。

---

① 《云南鸦片与云南经济金融历史资料汇编》，第139页。
② 万湘澄：《云南对外贸易概观》，第188页。
③ 《昆明市志长编》卷十二，近代之七，第61—63页。
④ 李珪：《云南近代经济史》，云南民族出版社1995年版，第369页。

不仅如此，由于云南地方政府把滥发纸币、大量铸造成色不足的半开银币作为财政收入的重要来源之一，致使云南法定货币严重贬值，造成了剧烈的通货膨胀。这又反过来使以滇币为征收本位的财政收入本身所代表的价值量下降，实际收入减少，云南地方政府最终尝到了自己酿造的通货膨胀的苦酒，云南财政危机日益深刻。

在管理体制上，云南地方财政没有严格的预算约束，尤其是省以下各级政权自收自支，以支筹收，也没有科学的会计、审计制度。云南地方政府实行"酬佣制"，即为了奖励在军阀混战中的"有功"人员，当战争结束后便委派他们到税务征管机关任职。这不啻于正式宣布贪污中饱的合法。① 因此，实行酬佣制的厘金等税收征收中，贪污勒索成风，而收入不断减少。1923年全省列入财政收入的厘金为31万元，此后逐年递减，至1926年下降到11万元，仅为1923年的1/3。② 财政管理体制的这种特点，使面临着严重危机的云南财政走向崩溃。

1927年四镇守使发动"二·六"政变，结束了唐继尧的统治，然而，财政状况并未因之改善，反而由于政局动荡更趋恶化。1927年全年收入旧滇币578.7万元，而支出达到1898.3万元，赤字是收入的2.28倍。1928年的省财政预算中，收入不过1054.2万元，而支出高达3090.4万元，预算中就有2036.2万元的缺口，几乎要三年的预算收入才能维持一年的支出。③ 云南军阀财政已走到了它的尽头。

面对云南财政的危机，1926年云南地方政府开始采取措施，试图挽救其命运。当年6月召开的整理财政金融会议，决定全省税捐加征1倍，"以两年为限，名之曰借征"，计划增加收入2200万元，供政府偿还富滇银行借款，收销纸币。同时加征盐税（每百斤4.5元）、军饷捐，发行锡税公债等，以期增加财政收入。④ 1928年8月，龙云政府召开了第二次整理财政金融会议，此后又分别于1929年3月、1929年11月召开了第三次、第四次整顿财政金融会议。其中，第一、第二两次会议的决定并未发挥应有的作用，第三次会议之后，龙云政权才逐步采取了一系列有效措

---

① 《云南省志·财政志》，云南人民出版社1994年版，第85页。
② 《续云南通志长编》卷四十三，财政一，第517页。
③ 同上书，第505页。
④ 《续云南通志长编》卷四十三，财政一，第506页。

施,最终确立了云南地方实力派统治下的财政制度,云南财政状况开始有所改变。其主要措施有以下几项。①

一、通过各种渠道聚敛财富,增加财政收入。规定自 1930 年 1 月 1 日起,一切税收改征现金,缴纳纸币者以一比五的比例折算,财政收入因此大大增加;明令规定自 1930 年年底,废止百货厘金、商税、茶税等 60 多种,保留契税、印花税、烟酒税和牲屠税,合并田赋租课,经统一清丈土地后,征收耕地税,新开征特种消费税、特种营业税;为保证烟酒税、牲屠税的收入入库,于 1929 年 12 月将原烟酒事务总局改为烟酒牲屠事务局,直属财政厅,由商人招标征收烟酒牌照税、烟厘、烟税、牲畜税、屠宰税,中标商人兼充烟酒牲屠事务局委员。

二、在大量聚敛财富、财政收入猛增的前提下,偿还政府向富滇银行的借款,回收纸币,并通过大锡、鸦片、白银贸易,从香港回购白银,铸造半开现金,稳定金融。至 1932 年,财政厅、禁烟局共拨交纸币 3278 万余元,占政府借款总数的 71.5%。② 在此基础上,改组富滇银行为富滇新银行。1932 年,新行基金及产业有资产 1600 万元(半开),已能独立运营。③ 1932 年富滇新银行成立时,云南省政府还确认,不能把银行当做发行库,不再随便向银行借款,并将兴文当改组为兴文官银号,直属财政厅,将代理金库之职从富滇新银行中划出,交兴文官银号代理,基本实现了财政与富滇新银行金融业务的脱钩。

三、建立较为严密的内部财政管理体制,革除弊端,保证财政机构的正常运转和财政收入入库。1929 年 11 月,任命卢汉为财政厅厅长,废除酬佣制,将财政上的人事权、征收权集中于财政厅,并颁行《各征收

图 37　滇铸银币

---

① 参见《续云南通志长编》卷四十三,财政一,第 506 页;《云南省志·财政志》。
② 《续云南通志长编》卷四十三,财政一,第 506、507 页。
③ 《云南行政纪实》第 17 册,金融,富滇新银行之业务。

机关稽核员服务规则》，以法令形式规定了稽核员考核、检查各部门财务工作、推行统一会计制度的职责。1930年2—3月，先后颁布《统一会计暂行章程》《征收机关会计员办事细则》《征收机关会计主任办事细则》《征收机关会计主任及会计员考核条例》，在全省废止旧有的四柱式计账法，采用复式计账，详尽规定了会计人员的任职条件、选用程序、工作职责及考核办法，使会计制度走上了规范化的轨道。为使财政三权分立，又成立有"超然地位"的审计部门，建立审计制度，于1933年公布《云南省政府暂行审计条例》和《审计处组织规程》，建立审计处，对全省所有机关单位的财务进行审计。同时，鉴于税收招商承办已使收入大增，从酬佣制人员手中夺回征收权的工作也基本结束，而招商办税的弊病不少，财政厅逐步取消商办，税收改由各地征收机关收缴财政厅，并建立了税收的报解制度，要求各地所收均转解昆明。为便于解缴，还一度成立了蒙自、昭通、下关、腾冲、思茅5个区的分金库。

四、在保留地方财政总体独立的同时，纳入全国统一的三级财政管理系统。1930年1月，龙云向蒋介石称：云南"为贫瘠之区，向系受协省份，连年用兵，迄无宁日，经济落后，财政困难，但为仰体时艰，力图自给，减轻中央补助，为国分忧"，要求保持云南财政的相对独立。国民政府鉴于鞭长莫及，亦只有听之任之。因此，20世纪20年代末至30年代初，云南地方财政仍基本独立。但同时，云南地方政府亦在不同程度上参照执行了国民政府的某些规定，地方财政与中央财政的关系开始有所沟通。1930年即奉国民政府令革除厘金苛杂，开征特种消费税等，并按国民政府颁布的《县组织法》，在县一级设财政机构，建立县级财政。1932年后，又按中央规定，编制预算上报财政部。1934年全国第二次财政会议后，云南的预算管理、中央与地方、省县财政收支划分等也参照国民政府的有关规定有所调整，在形式上形成了中央、省、县三级财政管理体制。在实际收支上，虽然云南财政总体上仍是独立的，但在参与全国性的军事活动时，也接受了中央的财政补助费。如第二次滇桂战争中曾得中央接济军费国币75万元，粤济广毫10万元。

上述措施的实行，使云南财政收入大大增加，财政状况明显改善，财政内部管理较为严密、系统，与云南地方实力派统治相适应的财政制度逐步确立。除了中央与地方的特殊关系外，这一时期云南财政还有以下几个特点。

一、财政收支走向平衡并略有结余。自1930年财政收入4172万元旧滇币，支出3980万元（旧滇币），结余192万元之后，除1934年、1935年两年曾出现赤字共991万元（新滇币）外，30年代初的云南财政均有结余。其中，仅1932年一年即结余新滇币845万元。

二、在财政收入中，来自鸦片的收入继续增长，仍是重要财源之一。但同时随着工业的发展，来自企业的收入有所增加。这一时期对鸦片不仅继续征收"烟亩罚金""禁运罚金"，并将亩罚由每亩征现金3元提高到5元，禁运罚金改征每百两现金10元，而且加征"大烟罚金"，即当年生产的大烟至次年4月末售出者，征罚金20元。1935年还干脆组建特货统运处，垄断鸦片收、运、销。在企业收入方面，富滇新银行、造币厂、兴文官银号、云南经济委员会下属企业等有所发展，多数企业能正常经营并获利。这些企业按《公司法》的规定，组建为股份有限公司，按公司章程分配收益，其中部分上缴财政。1936年，云南地方企业营业上交财政新滇币77.6万元，占当年财政总收入的2.77%，[①] 但就来源于企业的财政收入来说，当不止此数。

三、财政支出中军事支出有所节制，经济文化支出有较大增长。在军事支出方面，由于军队缩编，战事不多，这部分开支有所减少，加之向国外购买军火等费用相当一部分在财政以外列支，故财政上支出的军事费用似乎不多。其中，1930年全年陆防两军实支军饷杂费1745.4万元，占当年财政收入的41.8%。此后虽有一定增加，但1933—1936年均未突破新滇币100万元，占财政支出总数的比重下降至10%以下。临时军费1936年为310万元，占财政支出的23%。[②] 在经济建设支出方面，1931年支出60余万元，比1930年增长15.1%，比1926年增长6.82倍；1933年更增至110.2万元（旧滇币），1935年、1936年两年亦分别为15.3万元和17.5万元（新滇币）。[③] 在教育文化支出方面，1929年云南教育经费收支独立，将全省卷烟特捐划作教育专款，由教育厅组建教育经费管理处、教育经费委员会、稽核委员会分别掌征收、使用、监督之责。龚自知任教育

[①] 张肖梅：《云南经济》第21章，财政，第31页。

[②] 《续云南通志长编》卷四十三，财政一；卷四十四，财政二，第652页。

[③] 《云南省经济综合志》编纂委员会：《云南经济大事辑要》1931年、1933年、1936年，第46、51、59页。云南经济信息报印刷厂1994年印刷。

厅厅长后，进一步建章立制，加强管理，并专设教育经费金库。这样，云南教育经费不仅得到保障，而且逐步增长，1929年收旧滇币172万元，1936年仅卷烟特捐收243.8万元（新滇币），加上其他收入共计达253万元（新滇币），按1：5折为旧滇币1265万元，是1929年的7.4倍。①

二　金融

1919年后，云南继承了民国初年的金融体制，继续保持着以富滇银行为中心的金融格局，但1919—1930年，云南金融并未走向繁荣和统一。相反，云南地方政权的财政金融政策、帝国主义的侵略、国际金银市场的波动和云南对外贸易的兴衰，对云南金融产生了重大影响，使云南金融发生了深刻的危机，走到了崩溃的边缘。

一、就云南地方政府的财政金融政策而言，随着云南军阀财政的形成，滇军在省外就地坐收坐支成为维持滇军武装力量的重要经济支柱，但1921年滇军在川战败返滇，宣告了这一敛财方式的终结。此后，云南地方政权进一步增加向银行的借支，使富滇银行发行的纸币量迅速增加，并严重超限。1922年，累计发行量已达590万元，其中政府借用310万元，发行量已超过资本额的2倍。1926年发行总量更达920万元，是资本额的6.1倍。②因此，云南法定货币滇币急剧贬值，通货膨胀愈演愈烈。以滇币与银币的比价而言，民国"十一年纸币每百元换银币98元，十二年至十五年换40元，十六年至十八年换35元，十九年和二十年换20元"③，滇币的价值仅及其面额的1/5。

二、在帝国主义的侵略方面，法国东方汇理银行对云南金融的危害最为严重，主要表现如下。

1. 发行越币，提高越币与滇币的比价，加剧滇币贬值。东方汇理银行在云南发行的纸币因"除供对越南贸易和寄往东京缴付过境税之用外，还可寄往香港、上海，当作外汇"，于是"迷信法纸，渐渐成了风气"④，"虽然滇币为云南货币之本位，但对外贸易时，全以港币及法币为准

---

① 张肖梅：《云南经济》第21章，财政与税制，第33页。
② 万湘澄：《云南对外贸易概观》，第183—188页。
③ 《续云南通志长编》卷四十五，财政三，第693页。
④ 万湘澄：《云南对外贸易概观》，第90—91页。

绳"①。基于这种情况，东方汇理银行不断提高滇币与越币的汇率。1919年前，越币每百元换滇币108—112元，1926年增至330元，1929年一年之间，"越币一百元兑换价格，由滇票四百七十元涨至九百二十元，影响所及，使滇币价值狂泻不已"②。

2. 利用特权搜运银元，动摇云南的金融基础。东方汇理银行"除收汇滇越铁路款项外，又取得了承汇并保管云南全省盐课、邮政收益和蒙自、思茅、腾越三海关关税、关余的特权"，不仅运费"以越币定价……任意增收"，而且"又有每日向富行兑取半开现金三万元之特权，此集中之现金，亦以存款方式，流入东方汇理银行"③。据统计，1914—1930年，东方汇理银行由云南运往越南的银元达1306.3万元，运往上海的墨西哥银元、中国银元为149.7万元，共计1456万元，合关平银972.6万两。④而以东方汇理银行为首，包括中法实业银行、省法邮局、蒙法邮局在内，1919—1922年由河口报验运出云南的银元共达418.3万元，其中东方汇理银行运出259.5万元。⑤

3. 千方百计截断外汇进入云南的通道，垄断云南外汇，操纵汇率，牟取暴利。东方汇理银行通过大锡跟单押汇，掌握了云南出口货物中80%的外汇，然后将外汇按其所定汇率换成滇币交付锡商。于是，云南大锡虽源源出口，却无外汇流入，而对外贸易的逆差只有用白银、越币支付，而锡商则随汇率的上涨，遭受到更严重的汇差损失和高利贷剥削。

三、在国际金银市场和云南对外贸易方面，1918年世界金价下跌，白银上涨，白银外流日益严重。云南地方政权虽曾试图借机牟利，收购黄金，鼓铸金币，但由于金币价值含量较高，流通不便，且1921年后国际市场金价上涨，金币为滇币所逐，退出流通。⑥与此同时，由于第一次世界大战结束，各帝国主义国家再次掀起倾销商品的高潮，而云南以大锡为首的各项出口货物价格急剧下降，对外贸易由出超一变而为入超，加之由于滇币贬值，商人极力购进、储积商品，使滇币脱手，导致进口贸易激

---

① 《续云南通志长编》卷四十五，财政三、金融·中册，第693页。
② 万湘澄：《云南对外贸易概观》，第90页。
③ 《续云南通志长编》卷四十五，财政三、金融·中册，第693页。
④ 《云南近代货币史资料汇编》，第178页。
⑤ 同上书，第179—181页。
⑥ 《续云南通志长编》卷四十五，财政三，第691页。

增,贸易逆差进一步加剧。1921—1926 年,云南外贸入超达年均 517.3 万两,而 1926 年则创历史最高纪录,达 1019.6 万海关两,[①] 导致了大量白银外流。

在上述各方面因素的综合作用下,1919—1926 年,滇币急剧贬值,白银外流,银价上涨,云南金融危机四伏。而唐继尧政权垮台后的三年军阀混战进一步破坏了金融秩序,使云南金融全面走向崩溃。

1929 年后,云南金融的外部环境逐步改善,龙云政权在取得军事胜利之后,召开整理财政金融会议,把财政与金融结合起来,对原有政策进行了较为系统的整理,使云南金融状况发生了较大改观。

首先,1929 年中国关税自主后,云南地方政府大幅度提高进口商品的征税额,降低出口货物税,诱导了进口贸易额的下降,外贸逆差减少,白银外流的势头有所缓解。1930 年国际市场银价下跌,大批墨西哥条银在香港积压,为云南批量购进白银、鼓铸银币创造了极为便利的条件,云南金融的外部环境开始改善。

其次,云南地方政府采取有效措施,改变云南金融形势。

1. 调整财政与金融的关系。云南地方政府在规定旧滇币与银币比价为五比一、"另定税率增加收入"的基础上,由财政"筹还(富行)欠款",并于 1930 年召开军政联席会议,宣告政府财政与具有纸币发行权的富滇银行脱钩,"政府不再向银行借款"[②]。同时,积极准备改组兴文当为兴文官银号,将富行的代理省金库之责,转交兴文官银号办理。

2. 收购银条,鼓铸银币,严禁白银外流。1930 年,整理金融委员会决定"筹集新行基金,向外购买银条,交厂鼓铸银币",并先后颁布《禁止现银出口条例》《考核现金移动办法》。1936 年还进一步规定,"无论携带现金多少,倘无证明文件,一律查禁",并借中央政府在云南推行法币、管制白银之机,"改订云南检查偷漏白银出口规则",继续加强对白银的控制。[③]

3. 改组富滇银行为富滇新银行,发行新滇币,力图统一省内货币,统一金融。经过 1930—1932 年的准备,富行"基金连同产业在内已达滇

---

① 《云南文史资料选辑》第 42 辑,第 25 页。
② 《云南行政纪实》第 17 编,金融·富行收束及新行成立。
③ 《云南行政纪实》第 2 编,金融·富行收束及新行成立·管理货币。

铸银币1600万元",已能正常开展金融业务。于是,云南省政府于1932年6月底正式改组富滇银行为富滇新银行,"仍为本省政府之发行银行",发行以半开银币为本位,面额为100元、50元、10元、5元、1元的5种纸币及二仙、五仙铜元。同时规定:①除旧滇币仍以一比五的地价流通外,禁止原殖边银行、云锡公司、个碧铁路银行发行的纸币流通,并授权富滇新银行管理外汇;①②制订"取缔钱庄换铺办法",严令收束典当行业。至

图38 1932年滇铸半圆银币

抗战前,昆明钱庄、银号大大减少,仅余鸿茂源、新源、永福昌等10家左右,典当业也由1930年前后的60多家,减至四五十家。富滇新银行的特殊地位和主导作用逐步确立、巩固。

4. 收回云南外汇管理权。富滇新银行成立后,曾拟定"办理外汇细则"20条,"大锡跟单押汇章程"17条,要求所有商人出口货物所得外汇,按富滇新银行的规定汇率,全部卖给富行。但不久"因售出申港汇款不能如期交兑,于是挤兑挤汇风潮又复发生,几致动摇富滇新银行信用"。1934年5月,云南省政府被迫调整人事,任命缪云台为富滇新银行行长,改订大锡跟单押汇办法,由富行对个旧厂商先给生产贷款,大锡跟押的五成外汇按市价卖给富滇新银行。此后,商人多乐意向富行售出外汇,富行外汇储备逐步增加,成为云南外汇买卖中心。此时法国东方汇理银行因外汇买入减少,采取了拖延云南出口货物等种种办法,阻碍云南外贸出口。云南地方政府并未妥协,并酝酿把大锡改道出口。同时滇越铁路公司因货运锐减,收入下降,与东方汇理银行发生矛盾。东方汇理银行被迫退让,于1935年6月与富滇新银行达成协议,法方所需外汇由富滇新银行以优惠价格卖给东方汇理银行、滇越铁路公司,东方汇理银行"不妨碍本省金融与富滇新银行所承办之一切金融政策,并赞助富滇新银行发

---

① 张肖梅:《云南经济》第19章,第6页。

展一切业务,安定本省金融"。富滇新银行在与东方汇理银行的斗争中取得了一定胜利,收回了外汇管理权。[①]

  这一系列措施的实行,充实了富滇新银行的资金,增加了云南的白银储备、外汇储备,稳定了滇币币值,理顺了财政与金融的关系,使云南金融向稳定、统一的方向发展。1935 年 11 月,国民党中央宣布实行法币政策,云南金融又开始面临着一个新的转折。

---

  ① 《云南行政纪实》第 17 册,金融·管理货币·管理外汇。

第七章

云南军民响应抗战

第一节 抗日救亡运动在云南的兴起

一 民族危机与救亡运动

20世纪20年代末期至30年代初期的世界资本主义经济危机波及日本，进一步促使其将侵略矛头指向窥视已久的中国。1931年9月18日，日本关东军制造震惊中外的"九·一八"事变，旋向沈阳等地发动进攻。至次年2月初，东北三省全部沦于敌手。这是在甲午战争之后，日本帝国主义直接以武力对中国大陆进行殖民掠夺的新的开端，此后其侵略势力不断向南扩张：1月28日向上海中国守军发动攻击；1933年年初进犯山海关，相继占领长城附近二十余县，威胁平津及整个华北，欲图步步实现其全面侵华的战略野心。① 至1935年，日军又采取多种威逼利诱手段或制造事端，策动河北、山东、山西、察哈尔、绥远等华北五省"自治"，使其政治、外交、财政脱离南京政府，为日本所控制。上述广大区域遂沦为日本之殖民地，遭到政治经济的残酷压迫与掠夺。中华民族面临严重的民族危机。

日本帝国主义的对华侵略行径激起中国各族各界人民强烈的反抗外侮、挽救民族危机的意识。这种意识表现为要求民族独立和解放的近代民族感，表现为寻求国家统一、共御外侮的国家感，并且形成普遍的群众性救亡运动。在这个过程中，中国共产党最早提出并始终坚持全民族抗战到底，坚持建立广泛而持久的抗日民族统一战线。"九·一八"事变后，中

---

① 张宪文：《中华民国史纲》，河南人民出版社1985年版，第380页。

华苏维埃共和国中央工农革命委员会发表《为满洲事变宣言》；不久，中共中央又作出《中央关于日本帝国主义强占满洲事变的决议》。1935年年底红军长征到达陕北后，毛泽东在瓦窑堡党的活动分子会议上作了《论反对日本帝国主义的策略》的报告，提出和民族资产阶级在抗日条件下重新建立统一战线的可能性和重要性，号召党"组织千千万万的民众，调动浩浩荡荡的革命军"①，去完成打垮日本帝国主义的任务。1936年12月9日，在中共领导下，北平学生发起了轰轰烈烈的反对"华北自治"的抗日示威游行，在全国激起巨大反响，各地学生及爱国群众纷纷集会游行，声援北平学生的反日运动。

云南人民自近代以来深受英、法侵略，与帝国主义列强进行过长期的捍卫主权的斗争。当中华民族面临危机时，云南各族人民表现出高昂的爱国热情和强烈的反抗外来侵略的要求。在"九·一八"事变尚未发生，日本军队在长春西北郊制造"万宝山事件"，并开枪伤害中国农民后，昆明出版的《云南民国日报》于1931年9月1日刊登署名文章，提出"反日不是个体的、局部的，是要全国总动员才行"，无论"汉满蒙回藏、士农兵工商，不拘男女老幼，各个都要实行个人的任务"②。"九·一八"事变后的第十天，昆明各阶层举行闭市一天，"志哀国耻"，由各中小学校学生组织市街宣传队，在全市各街巷宣讲揭露日本军侵占东北的暴行，沿途高呼口号，号召全省民众团结起来，一致誓死抗日。广大民众"争相观听，人山人海，络绎不绝……街谈巷议皆以国难为急，舆论所归，均一致主张对日决一死战。人人激发天良，皆曰愿效前驱。虽死无恨"③。此后，新闻报刊持续登载呼吁抗日的文章，民众性救亡运动亦持续不断。10月3日，由各学校和昆明市商会等机关团体组成的省市反日护侨救国会组织反日民众大会，地点在教导团（云南陆军讲武学校内，今科技馆处）大操场，参加者近3万人，有学生、工人、郊区农民和一些工商企业主，会后举行游行示威，并冲击了在昆的日本洋行。④

抗日救亡运动迅速向全省各地和各族各界发展。11月22日，在开远

---

① 《毛泽东选集》第一卷，人民出版社1991年版，第155页。
② 昆明市志编委会编：《昆明市志长编》卷十，第284页。
③ 《云南民国日报》，1931年9月30日，第4版。
④ 参阅《昆明市志长编》卷十，第287—289页。

成立了滇越铁道区抗日救国总会，会上通电"呈请中央对日宣战，争我民族生存"①。1932年2月25日，省邮工同人在邮务工会集会，组成云南邮工抗日救国五人团，以抗日救国为宗旨，"规劝国人，不买日货"，"随时准备为国牺牲"②。"九·一八"事变后到抗战全面爆发前，有许多少数民族优秀子弟奔赴抗日前线或参加到队伍中，如白族人周保中1932年从莫斯科学习回国后留在东北，与当地人民组织并领导抗日民主联军，坚持敌后抗日达十余年。

爱国学生是群众性救亡运动中的一支重要力量，其特点是以组织的方式，进行长期的和多种形式的抗日救亡运动。1931年10月，昆明省立第一中学率先组成学生义勇军，发表宣言号召同学："同人等负籍滇垣，求学一堂，惧大难之来临，哀国亡之无日，同仇敌忾，志切请缨，爱组织青年义勇军，誓以铁血与虏相拼，以报复不共戴天之国仇，而挽回垂亡之国运。"③在昆明及全省重要城市的学生中，抗日组织较为普遍地成立起来，它们以宣传、集会、歌咏、街头剧等形式，唤起全民抗日的热情。

从"九·一八"事变到"七·七"事变全面抗战爆发前的时期内，云南救亡运动随着时局的变化，不断出现高潮。初期以群众性抗日组织涌现，宣传呼吁一致对外和抵制日货等为主要内容。1932年"一·二八"事变后，云南又掀起支援十九路军上海抗战的运动。1月30日，昆明抗日救国会组织发动各界捐资慰劳前线官兵和抗日民众，昆明华安机器厂59名工人捐资滇币4561元，并通电"希望各界同胞短衣节食，解囊相助，以壮军心"④；省立第一师范学校的学生每人捐款8元；东陆大学捐款15000余元；爱国商人也慷慨捐赠药物等物资，以鼓励十九路军将士"努力杀贼，复我疆土"⑤。捐款捐物支援前线活动一直持续到抗战胜利。

---

① 《民国日报》，1931年11月28日，第4版。
② 《邮工组织抗日》，《民生日报》，1932年2月26日，第3版。
③ 《云南民国日报》，1931年10月22日，第3版。
④ 刘竹影：《云南工人的抗日救亡运动》，《云南全民抗战》，云南大学出版社1995年版，第56页。
⑤ 《云南民国日报》，1931年12月18日，第4版。

图39　1937年9月18日"学抗会"举行集会

图40　昆华女中学生在街头演出

红军长征过云南以及1935年北平"一二·九"运动爆发后，中共云南地方党组织得以恢复重建。中共云南省临时工作委员会及中共昆明支部为了加强对全省爱国抗日救亡运动的领导，成立了云南各界及学生的爱国组织，进一步推动了运动的广泛、深入和持续发展。1936年11月，中共云南省临时工委组织领导秘密成立了"云南省各界抗日救国联合会"，通过了成立宣言和《云南抗日救国联合会章程》，救国会出版会刊《救亡》。1937年5月，以昆华女中、昆华师范学校救国分会为基础成立了"昆明学生救国联合会"（简称"学联"）。1937年8月18日，中共云南临时工委决定争取建立合法公开的学生组织，在昆明学联基础上，由1936年12月成立的云南学生救国联合会及昆明学生救国会发起，经国民党云南省党部同意，成立了"云南学生抗敌后援会"（简称"学抗会"），并在各校成立分会。①

"九·一八"事变后，云南的抗日救亡运动从未停止过。尽管执行蒋介石不抵抗政策的国民党党团组织等曾对运动进行过阻挠或破坏，但救亡的高潮仍不断出现。特别是中共云南地方党组织恢复重建后，对运动的发展起到了领导和组织的作用，为全面抗战后党领导的抗日统一战线的建立和发展积蓄了力量。

二 云南地方政府与西安事变

云南以龙云为首的地方政府对蒋介石南京政府处于一种相对的半独立状态，仅仅表面上听奉号令而已。但由于龙云上台后获得蒋的承认，因此在若干重大问题上或公开场面，云南省政府均表示支持蒋介石。在抗日问题上，龙云政府的态度较为审慎，初期主要是"拥蒋抗日"，以后亦有一个变化的过程。

"九·一八"事变发生，龙云以讨逆军第十路总指挥及云南省政府的名义给省总商会发布饬令，要求"当此内患未宁，外侮复至，我军民惟有坚忍沉毅，力持镇静，取稳建团结之态度，务须避免轨外行动，免为反动所乘，致滋口实，贻害大局"②。

红军长征过程中，中共方面也通过多种渠道对地方实力派做工作。1935年，中共上海地下组织通过陈赓雅以"云南旅沪同乡会"的名义给龙云写信，向他申明红军抗日救国的宗旨，希望其"以保存实力为重，不要与红军过分为难"。红二、六军团长征至贵州毕节时，萧克、王震等领导联名写信给龙云及滇军将领孙渡等，建议双方缔结抗日停战协定。红军长征至宣威，贺龙指示李达给龙云写信，"劝他不要阻击过境红军"③。龙云所部滇军亦曾按蒋介石布置配合其中央军参加围追堵截红军长征，但

---

① 参阅李天柱《云南学生抗日救亡运动的发展》，见《大西南的抗日救亡运动》，重庆文史书店1987年版，第38—39页。又见中共云南省委党史研究室《中共云南地方史》，第217、221页。

② 《昆明市志长编》卷十，第354页。

③ 袁丁、李继红：《团结合作、共赴国难》，见《云南全民抗战》，第4页。

一方面，地方实力派既怕红军，也疑惧蒋介石中央军将自己吞没，因此以"保存实力"为第一宗旨；另一方面，全国全省的抗日要求已经成为潮流，中国共产党各地组织通过各种渠道所进行的抗日统战工作也对云南地方实力派产生了重要影响，促使其"对过境红军未作过多的重大阻击"①。

1936年年初，国民党集团内部长期与蒋有权力之争的桂系向蒋要求兼领贵州，此事遭龙云极力反对，他向蒋表示："近年以来，故值政局摇动，人事变迁，而黔终未为反动所归并者，因滇本此意旨，从旁维持耳。窃念滇之追随委座，虽只八年，而时局如何动荡，人心如何反侧，皆始终不渝者，一则为正义，一则为委座。"②此后两广事变发生，李宗仁、白崇禧以抗日为号召，以倒蒋为目标，声言"非反蒋不能抗日，非反蒋不能救亡"。蒋介石大军兵临两广欲武力解决。龙云一方面表示支持蒋，并在《云南日报》以社论的形式警告在粤等地的滇系各势力不得妄图依附两广，颠覆滇省政权。龙云又电告各方，声言："桂粤不度德量力，认国难为对人之机会，实不啻中日人以华制华之政策，稍具良心者，决不附和。"③另一方面，龙云也同情和支持李、白及陈济棠的抗战主张，在蒋介石与两广间颇进行了一番斡旋，努力求得事变之和平解决。

1936年，蒋介石亲自督促在西北的东北军、西北军将领张学良、杨虎城"剿共"，引起痛失家园、颠沛流离的东北军及西北军将士的严重不满。在中国共产党抗日民族统一战线工作及全国人民要求抗日的热潮影响下，12月12日，张、杨毅然发动"兵谏"，向蒋要求停止内战，一致对外，联共抗日，为蒋拒绝后，遂将其扣留于西安，此即震惊中外的"西安事变"。

事变震动全国。对于国民党政府来说，各地方实力派的态度此时显得举足轻重，而且事关抗日大计，也为全国上下所瞩目。当时广西方面李宗仁等向行政院孔祥熙表示"自应遵命，维持大局"，但并不同意南京政府派兵"讨伐"张、杨。李宗仁、白崇禧、李济深等16人向全国发出通电，主张西安事变应和平解决；以抗日统一全国，立即对日宣战；确立举

---

① 《云南全民抗战》，第4页。
② 《龙云为桂系向蒋介石要求兼领黔地一事再致陈布雷电》，《云南档案史料》第7期，第51页。
③ 《龙云复攀菘甫鱼西参秘电的秘电》（1936年6月9日），《云南档案史料》第7期，第55页。

国一致政府，反对独裁政治；并要求将派出进攻西安的中央军立即开至绥远前线。① 另外，四川刘湘也通电主张和平解决。

经历了红军长征过云南的影响，龙云对西安事变的反应较为谨慎。当时国民党内部若干强有力的势力主张坚决进行军事讨伐，并电邀龙云等实力派人物至南京"共商至计"，要求其发表通电表示拥护中央。12月14日，龙云先致电张学良，认为张之举动"自属谋国，具有苦衷"，表示理解，又提请张"务盼再加思索，为国家保一线生机，为环境留相当余地"②。同时也发出表示拥护中央的通电，但婉拒了何应钦等人要求赴宁的电文。在给刘湘的电文中（12月18日），龙云认为"秦变起后，学良已走极端。然考其与私人往来电，又尚有犹豫之处；顷又释铭三（蒋鼎文，字铭三，随蒋被扣，12月18日携蒋停止轰炸西安的手令被释回南京）东归，将来似惟有军事、政治双方并进，或有转圜之机。舍此而外，亦无其他极妙之法"③。基本上还是表现出拥蒋抗日的倾向。

中共方面从民族利益出发，主张在有利于抗日的前提下和平解决西安事变，在周恩来等人的努力下，蒋介石接受了一致抗日的条件。12月25日蒋被释放回南京，西安事变和平解决。中共以民族利益为重，主张团结合作一致抗日的方针，使龙云等西南实力人物感到钦佩，他们均由衷地表示拥护。

20世纪30年代，抗日救亡形成全国性的历史潮流。在亡国灭种的民族危机面前，中华民族的爱国主义精神得到极大发扬，它要求社会各阶层、各团体及每一分子团结起来挽救危难。这时，国共合作抗日局面初步奠定。在这一过程中，龙云等地方军政实力人物面对这样一个事实：国家、民族的整体利益大于地方利益。西安事变后，云南实力派与中共方面的关系发生了新的变化，他们对于民族矛盾上升的现实也有了新的认识。

---

① 应德田：《西安事变与张学良将军》，见全国政协编《西安事变资料选编》第1集，第92页。

② 《龙云致张学良电》（1936年12月14日），《西安事变档案史料选编》，档案出版社1986年版，第250页。

③ 《龙云复刘湘密电》（1936年12月18日），《西安事变档案史料选编》，第261页。

第二节　滇军开赴抗日前线

一　编组军队

日军从东北、绥远各个方向上侵吞威胁华北地区，1937年7月7日晚，驻丰台日军又以士兵"失踪"要求搜查为名，向宛平县城发动猛烈进攻。"七·七"卢沟桥事变爆发，日本帝国主义向中国发动了全面的大规模侵略战争，也成为中国人民实行全面抗战之开端。

7月8日，中共中央发布《中国共产党为日军进攻卢沟桥通电》，号召全国同胞和军队团结起来实行全民抗战。7月15日，中共中央将《中国共产党为公布国共合作宣言》交给国民党中央。中共从有利于国共合作、动员全民抗战大局出发，在坚持本党独立自主政策的同时，承认了国民党作为执政党的地位。同时表示："红军主力，准备随时调动抗日，并已下令各军十天内准备完毕，待命出动。"① 许多爱国将领通电请缨杀敌；爱国民众的救亡运动以呼吁政府出兵和支援前线为主要内容，进入新的高潮。

7月16日、17日，国民党当局接连在庐山举行谈话会，蒋介石称："此事能否结束（指卢沟桥事件），就是最后关头的境界"，"如果战端一开，那就是地无分南北，年无分老幼，无论何人，皆有守土抗战之责任，皆应抱定牺牲一切之决心。"② 虽然国民党当局仍寄希望于国际社会"调停"战火，但已开始逐步将重点放在反对日本侵略者方面，并在军事上作了紧急部署，向河北调动军队。在庐山谈话后不久，蒋介石即召集各省军政长官赴南京参加"国防会议"，商讨抗日问题。

云南方面对此作出了积极反应。8月8日，龙云乘欧亚航空公司飞机离开昆明赴南京，当日晚在成都停留时曾与四川军政首脑晤谈组织军队参加抗日问题。次日飞机在西安停留加油时，国民党陕西省主席蒋鼎文对龙云说，中共有几位负责人要搭龙云飞机到南京，龙云表示欢迎。于是周恩来、朱德、叶剑英与龙云一同乘机赴宁。朱、叶两人是龙云的讲武堂先后

---

① 张宪文：《中华民国史纲》，河南人民出版社1985年版，第469页。
② 张逢舟：《近五十年中国与日本》，四川人民出版社1987年版，第287—288页。

图 41　昆明人民送滇军出征

同学，大家"一见如故，非常亲热"①。

8月10日，到达南京的龙云向记者发表谈话表示："现在国难异常严重，已属最后关头……本人除竭诚拥护既定国策，接受命令外，别无何种意见贡献，事已至此，现应少说废话，多负责任。身为地方行政负责者，当尽以地方所有之人力财力，贡献国家，牺牲一切，奋斗到底，俾期挽救危亡。"② 这番话，也反映了云南各族人民的抗战心声。

在与蒋介石等政府要员的会谈中，龙云表示回昆后即组编一个军开赴前线，并视战争情况再编组军队参加抗日。关于开辟南方战区和针对日本南进策略，龙云建议即刻着手修筑滇缅铁路和滇缅公路，以直通印度洋出海口；并表示公路由地方负担，中央补助；铁路由中央负责，地方协助。

8月22日，龙云回到昆明，召集各方面负责人开会商议编组军队，决定拨款新滇币一万元，以云南原有之滇黔绥署近卫团、炮兵团、工兵团等部队进行整编。仅28天后，整编完成，国民党中央军事委员会定其番号为"国民革命军陆军第六十军"，辖3师6旅12团，约4万人。其序列如下：

---

① 龙云：《抗战前后我的几点回忆》，《文史资料选辑》第17辑，第53页。
② 龚自知：《随节入京记》，《云南文史丛刊》第3辑，第107页。

图42　第六十军出征将领合影（1937.10.6）

军长：卢汉

参谋长：赵锦雯

第一八二师师长：安恩溥，参谋长：阎旭

第五三九旅旅长：高振鸿

第一〇七七团团长：余建勋

第一〇七八团团长：董文英

第五四〇旅旅长：郭建臣

第一〇七九团团长：杨炳麟

第一〇八〇团团长：龙云阶

第一八三师师长：高荫槐

第五四一旅旅长：杨宏光

第一〇八一团团长：潘朔端

第一〇八二团团长：严家训

第五四二旅旅长：陈钟书

第一〇八三团团长：莫肇衡

第一〇八四团团长：常子华

第一八四师师长：张冲

第五四三旅旅长：万保邦

第一〇八五团团长：曾泽生

第一〇八六团团长：杨洪元

第五四四旅旅长：王炳章

第一〇八七团团长：王开宇

第一〇八八团团长：邱秉常

军部直属一个炮兵团，一个战地服务团。各级军官多由滇军中资历较深、能力较强的人担任。云南人民将自己的优秀儿女派到了抗日前线。

10月5日，第六十军在昆明举行誓师，各族各界群众献旗欢送，群情激动，高呼"卢军长打！三师长杀！杀！杀！誓死倭寇，保卫祖国！"中共云南地下党组织积极支持滇军出师抗战，通过第一八四师师长张冲的关系，派党员张永和、杨重、王立中等人参加到该师。10月8日起，部队分别由昆明、曲靖两地出发，徒步取道贵阳，经镇远入湘西。经40余日行军，于11月下旬到达长沙集结。

二 徐州会战

1937年11月下旬，日军攻陷上海，为实现其在中国大陆速战速决的战略意图，遂分三路向南京进逼，势头十分凶猛。国民政府主席林森率部分政府机关迁往重庆。蒋介石由于仍幻想"九国公约"签字国会议出面干涉日本，遂同意唐生智等将领的主张，决定固守南京。为此，他电告云南龙云"决固守南京"，同时催促尚在行军中的第六十军到达长沙后即"搭车跟进，勿稍迟延"。11月30日蒋给龙云的密电说："固守南京，部署已定。必须持久以决最后胜负。最近期间俄（国）必出兵助我。国际形势亦将大变。此乃确有把握也。"[1] 他又向唐生智等人布置说："现在云南部队三个师装备齐全，兵力充实，又有作战经验，不久就可到达武汉。我将亲自率领这个部队从皖南方面来解南京之围。"[2]

但蒋介石仅在政略上与外交上对南京保卫战期望甚殷，军事上却无有力的准备与布置。滇军于11月底方赶至长沙，正准备转向南京。但12月5日，日军开始进攻南京，至13日便入城。古城南京遭日军野蛮洗劫，中国军民被屠杀者达30万人以上，此即惨绝人寰的"南京大屠杀"。

---

[1] 《蒋介石为固守南京并望滇军赴京增援电》，云南省档案馆藏，106-3-100/124。

[2] 宋希濂文：《文史资料选辑》第12辑，第23页。

京沪等地的进攻得手使侵华日军基本达成了其在中国大陆南北夹击、分进合围国民党军主力的战略构想。南线日军以京沪杭为据点，欲沿津浦路北进徐州；北线日军以平津为据点，分由平汉、津浦路南下。是年年底，北线两路日军分别攻入河南境内及鲁南，与南线日军已成呼应之数，将国民党数十万大军压迫于徐州等地。

此时，尽管战局发展于我不利，但全国人民抗战热情不减，并以各种形式支援前线，鼓励官兵奋勇杀敌。在晋察绥作战的八路军第115师在人民群众的支援下取得平型关大捷，进一步鼓舞了全国人民的抗日信心。滇军开赴前线后，昆明的云南妇女抗战后援会立即筹备组织第六十军战地服务团。12月13日服务团出发，于次年元月到达长沙第六十军驻地。这支由60余名青年女学生组成的服务团的到来，给六十军将士以极大鼓舞。云南地方政府也表达了坚定的抗战决心，龙云电请蒋介石："凡我中央各领袖，均须依照钧座持久抗战之意旨以为归宿，勿稍分歧，方能步调一致。"[1]

1938年年初德国"调停"失败，蒋介石认为日方所提的承认伪满洲国等多项和谈条件"损于国家主权甚巨，实无考虑余地"[2]，遂决定在徐州附近组织大战役阻止日军南北会师。1月11日，蒋介石召集第一、第五两战区高级军官开会，在开封逮捕了拱手让敌在山东长驱直入的山东省主席、第三集团军司令韩复榘，旋在武汉予以枪决，"确使抗战阵营中精神为之一振"[3]。第五战区制定了在徐州附近集结兵力，"对沿津浦铁道及沂河南下之敌切实阻击，然后以主力由南面转取攻势、歼灭敌军"[4] 的作战方针。

徐州会战分为二个阶段：2—4月的台儿庄阻敌阶段和此后的徐州撤退阶段。云南第六十军主要参加了后一阶段的战斗，承担了在台儿庄阻敌以掩护主力后撤的任务。

---

[1] 《龙云恳坚持抗战既定国策贯彻始终勿稍分歧电》（1937年12月23日），云南省档案馆藏，106-3-105/108。

[2] 《蒋介石询对国家前途观察意见电》（1938年1月2日），云南省档案馆藏，106-3-105/127。

[3] 广西政协文史委员会编：《李宗仁回忆录》下册，1980年，第716页。

[4] 《徐州会战作战指导方案》，《抗日战争正面战场》上册，江苏古籍出版社1987年版，第556页。

国民党方面在徐州北线台儿庄周围部署了孙连仲的第二集团军、汤恩伯的第二十军团；其北又以庞炳勋第三军团正面守卫临沂，堵截沿台潍路南下之日军第五师团；以川军第二十二集团军第四十一、第四十五两个军防守滕县一带，阻止日军沿津浦线南下，并以第三集团军第十二、第五十五两个军配置在川军西侧郓城、巨野一带，以防日军从鲁西向徐州迂回。在徐州南线，集中了第二十一集团军廖磊所部第七、第四十八两军以及于学忠第五十一军、张自忠第五十九军布防蚌埠等地，阻击北进的敌军，以保证"南段不动"，使南北之敌不能会师。

3月3日，日军进逼临沂、滕县，全力向台儿庄合围。国民党将军奋勇阻击，与敌反复争夺。川军第一二二师师长王铭章阵前壮烈殉国。至17日滕县失陷，中国军队在第五战区司令长官李宗仁指挥下决定放开津清正面，诱敌深入以歼之。激战至4月7日，上述作战意图基本实现。在台儿庄歼敌矶谷师团万一千余人，取得台儿庄大捷。这样，在徐州会战第一阶段，中国方面取得重大胜利。

在第二阶段的徐州作战中，情况却急转直下。

日军因台儿庄之败，以为徐州附近集结了中国大批军队。日军大本营遂决定增派军队，在华中、华北两方面协力作战，以求在徐州附近歼灭中国军队主力。日军第二军第五、第十师团加紧对孙连仲、汤恩伯集团的滞留作战，以第十六、第一一四师团和独立第五旅团为其增援；又从关东军抽调两个混成旅团编入华北方面军。在南线，日华中派遣军稻叶四郎第六师团4月下旬渡江占领安徽和县，进袭合肥，力图切断中国军队南退之路。至此，敌华北、华中两个方向的主力都已投入徐州作战。

中国军队初因台儿庄之胜利，欲求在徐州决战。但统帅部与战区指挥官意见不尽一致，且战线过长，统一部署不力，4月下旬至5月初南线蚌埠等地为日军突破；北线日军再度围攻台儿庄，徐州附近中国军队50余万人开始逐步向武汉方面撤退。在这个节骨眼上，滇军第六十军奉命调徐州，承担起掩护大军撤退的任务。

此时日军加强了对徐州北台儿庄的进攻，板垣、矶谷两师团在第三、第十一和第一一六师团的策应下于4月中旬再犯台儿庄、临沂一带，事前经周密准备，使用了当时所拥有较为先进的大量陆、空作战现代武器，志在必得。4月19日，滇军第六十军到达兰封，接到李宗仁命令直赴徐州以北。军长卢汉乃率全军紧急北上，于21日后沿台儿庄以东运河北岸之陈瓦房、邢家楼、五圣堂等地布防。

经过与日军精锐师团及机械化坦克部队的先期作战，中国军队已总结出一些战术经验。在第六十军开赴徐州时，龙云曾以电报指示卢汉守城战术，认为守城时，"最好城上勿庸十分设备"，而应"环城构筑立射工事，其交通概由内城脚通行，愈多愈妙"①。22日，卢汉部署以第一八二师居中，第一八三、一八四两师分居两翼进入阵地，迅即构筑工事。

然而原驻守该地之汤恩伯等部得知第六十军前来接防，未及进行交接换防即开始后撤。日军乘隙以步兵两个联队约4千余人、炮30门、坦克20余辆向缺口猛冲，与我第一八三师猝然遭遇。第一八三师尹国华营为全军先头部队，乍遇强敌，与之展开肉搏战，士兵面对日军七八辆坦克毫不畏惧，以束集手榴弹将其炸毁。该营激战三昼夜不退，使六十军后续部队得以展开构筑防御工事。全营除一名士兵生还外，营长以下500余名官兵尽数壮烈牺牲。

前锋接敌后，第一八三师陈钟书旅奋勇前进，抢占邢家楼、五圣堂，与迂回陈瓦房之敌展开激战；第一八二、第一八四两师分别从两侧进入阵地。22日战斗，第一八三师第五四二旅旅长陈钟书、第一〇八一团团副黄云龙相继阵亡，团长潘朔端负伤。23日，第一八二师集结之黄石山等地又遭敌猛袭，敌以坦克掩护步兵反复冲杀，蒲旺守军杨炳麟团、辛庄守军龙云阶团不顾死伤甚重，以轻重机枪阻敌步兵，以手榴弹炸毁数辆坦克。杨炳麟团长阵前负伤。双方逐点逐村争夺，在犬牙交错中形成对峙。

接敌两日，滇军以血肉之躯与敌坦克搏斗，伤亡惨重。然而面对具备多兵种机动作战能力的日军，第六十军将士自卢汉始，上下一心，众志成城，以前所未有的牺牲精神，背水死战，始终未被压过运河北岸，用鲜血和生命保住了刚刚进入的阵地，为中国军队主力后撤赢得了时间。

23日夜，情况略有改观。卢汉总结了两日血战的经验，果断调整部署：以第一八三、第一八二两师连夜抢修工事，挖掘步兵掩体，并分别于东庄、火石埠及杨庄、湖山、窝山等地构筑第二道防线。第一八四师防守的黄庄、李庄、五圣堂一线，正当台儿庄正东面，敌屡以重兵突击。卢汉与师长张冲反复研究，认为台儿庄正东无险可守、工事不坚，而东南之禹王山为附近制高点，有险可据，可在侧翼攻击来犯之敌。次日晨，第一八

---

① 《龙云指示守城战法电》（1938年3月23日），云南省档案馆藏，106-3-1380/44-46。

四师一部向五圣堂以北方向出击,主力转移至禹王山,迅速构筑工事。

经过调整后的布置基本顶住了次日敌之猛攻,士兵沉着冷静,以掩体蔽弹雨,俟敌接近时,以反冲锋歼敌,但因伤亡惨重,敌主攻方向五圣堂、邢家楼等地最终陷敌。第一〇八〇、第一〇八四团团长龙云阶、常子华一死一伤;第1083团团长莫肇衡伤重,他以血溅衣书写"壮志未酬身先死",书毕而亡;另有严家训、董文英、陈浩如等团长阵亡。从24日到26日,第六十军不顾牺牲,与敌逐点争夺,始终在两道防线间阻敌,使其不能进入台儿庄南下。27日后,第六十军主力转移至禹王山,全军形成以禹王山为中心,由东庄、火石埠、李家圩、枣庄营及其以东组成第一道防线和以赵村、赵家渡口、古梁王城、房庄、胜阳山及西泇河西岸组成第二道防线,之间尚有部分中间阵地,左右两翼又有台儿庄、西黄石山两个有力据点为依托,战区司令部后来配属的两个炮营则配置在禹王山左侧。依据这些防线,第六十军一直坚守到5月中旬。

此时,在决战之机早已逝去、大部主力已经南撤的情况下,5月16日,第五战区司令长官李宗仁决定放弃徐州,令各部队向日军兵力不足的豫、皖、鄂等地突围。5月18日,第六十军撤过运河,在日军占领徐州前夕脱围而出,向武汉南下。

第六十军配合徐州战区指挥部的战役布置,正面阻止日军对台儿庄的进攻达20余日,粉碎了其南下合围徐州中国军队的企图牵制了敌精锐师团,使中国军队主力得以安全脱离敌人包围。同时歼敌第五、第十师团所部4000余名,① 缴获甚多。而第六十军亦伤亡过半,其中旅长以下军官牺牲177人,负伤380人。②

第六十军台儿庄抗敌不仅集中地体现了云南人民及全国人民宁死不做亡国奴的牺牲精神和爱国热情,而且反映出地方部队在抗击日军中的顽强战斗能力,这是抗战初期正面战场的重要特点之一。滇军官兵在台儿庄的战斗,振奋了全国军民的民族自豪感和抗战勇气,为抗战的最后胜利作出了重要贡献。

---

① 此数字各种资料有较大出入。据日本防卫厅编《中国事变陆军作战史》第二卷第一分册所载资料为1500人。这里所引数据见孙代兴等主编《云南抗日战争史》,第70页。

② 《第60军徐州战役战斗详报》,《云南文史丛刊》1982年第2期。

三 其他重要战役

全面抗战伊始，云南即已显示出作为全国抗战大后方的重要性。此前那种对国民政府的半独立状态已有所改变。1937年年底至1938年年初，举凡重要军事外交大计，蒋介石均电告龙云并征询意见；而云南方面也不断向前线输送云南所有之人力物力，如早先订购的较为先进的法国武器等。

1938年4月下旬，主要以招募新兵组建的第五十八军在昆明编成，军长为孙渡，下辖新编第十、十一、十二共3个师12个团，另配有一所野战医院和由云南青年学生组成的战地服务团。7月24日，第五十八军誓师出征，旋加入保卫武汉战役。

徐州失守后，武汉成为拒敌于长江北岸的最主要战略据点。为了扼守这一水陆要冲，国民政府在汉口成立了以陈诚为司令长官的第九战区，由徐州撤退于皖、豫、鄂等地的军队经过调整，大多列入第九战区作战序列。

武汉保卫战，中国军队以第五、第九两个战区所属14个集团军共57个军、129个师并配合骑炮工兵及部分飞机军舰，总兵力达100余万人，且有山川河湖便于防御作战的有利条件。但与徐州作战之后期阶段一样，中国军队指挥系统繁复，并未作积极防御，兵力虽多但未形成强大的制敌力量，而是陷入被动阻敌。这样，战役开始后，虽然不少部队与敌进行了顽强战斗，但仍有多处为敌突破。

6月9日，蒋介石发表声明说："现在战局关键不在一城一地之能否据守，最要紧的是一方面选择有利地区，以击破敌人主力，一方面在其他地区以及敌军后方，尽量消耗敌人的力量。"① 实际上已表露出无坚守武汉之意，当天武汉军政机关开始撤退。8月，第六十军以在台儿庄阻敌战功，扩编为第三十军团，以卢汉为军团长兼第六十军军长，另拨第49师、第102师编入。第一八二、第一八三师伤亡过半，回昆明重新组建。第30军团列入武汉卫戍区黄冈、鄂城要塞部队。9月，第三十军团再度扩编为第一集团军。初以龙云为总司令、卢汉代职，旋以卢任总司令，下辖第60军和由昆明赶到武汉的第五十八军，另由这两军各抽一个师组成新编

---

① 张篷舟：《近五十年中国与日本》第三卷，第98页。

第三军，以原第一八四师师长张冲任军长。至此，云南派出的抗日队伍发展到三个军。

9月下旬，卢汉部调武汉东南之阳新、排市布防。此地为敌第十一军司令冈村宁次率5个师团在占领九江后，沿长江两岸向西猛攻武汉的重点区域，战况惨烈。卢汉在10月4日的电文中说："当面之敌为第三十五混合联队，附有伪军一部，共约七千余人，在排市东石梯、白门楼、颜子山之线与职（卢汉）军一八四师接触。数日以来、无日不在激战中。敌人每攻阵地，相持至一日不能攻入，即放毒气。江日（3日）拂晓至午，敌分三股正向我仰天堂阵地攻击，其一部已在排市及富河东端与我一八三师沿河对峙。"① 至10月13日，担任排市东正面阻敌任务的第一八四师，在"予敌以最大之消耗"的同时，官兵伤亡亦多，"全师统计现只剩千余人"，同时附近阳新等地已陷敌手。10月中旬，在敌对武汉包围圈已基本形成并步步缩紧的情况下，国民党军开始撤离武汉。25日，武汉弃守。

图43　云南报道第60军战况　　　图44　朱德致龙云的信（1938.8.21）

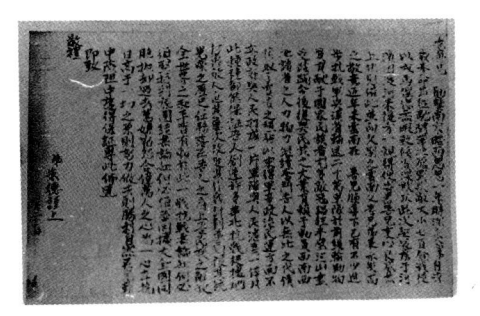

1938年年底，卢汉部第一集团军又参加了崇阳阻敌之战。之后转战于鄂、赣、浙等地，先后参加长沙会战、常德会战、长衡会战等重大战

---

① 《卢汉呈排市战况电》（1938年10月4日），云南省档案馆藏，106-3-686/43/48。

役。1940年9月，第六十军第一八四、第一八二两师调回云南驻防滇南，不久又在蒙自设立第一集团军总部，以防日军犯我滇南边界，有效地阻止了日军从越南等地向我进犯。第五十八军、新三军等部队留在湘鄂一带抗日前线直至抗战胜利。

云南护国战争后驻于广东等地的滇军，所属序列多有变迁：抗战初期北调，参加华北战场的抗日斗争。其中第三军参加了山西中条山战役。在此次战役中，第三军军长唐淮源、第十二师师长寸性奇二将军壮烈殉国。云南军队在全国参加抗战，表现了云南人民在民族危机面前强烈的爱国主义精神和挽救民族危亡的责任感，在云南历史上写下了光辉的一页。1938年8月21日，朱德致函龙云，对此予以了充分的肯定。信中说："抗战军兴，滇省输送20万军队于前线，输送物资，贡献于国家民族者尤多。敌寇猖狂，半壁河山尽受蹂躏，今后复兴民族之大业，有赖于动员西南诸省之人力物力，继续奋斗。"[①]

第三节　滇缅印战区与云南

一　日军之南进战略与太平洋战局

日本帝国主义原对中国制定的军事目标是"在三个月内打垮中国"。但是自淞沪抗战开始，经南京保卫战、徐州会战和武汉会战，尽管日军占据了中国大片土地，但中国抗日军民仍然在各个战场保持存在，并予敌人以打击。国民党军主力逐步向西南转移，支撑着重庆的国民政府；而中国共产党领导的八路军、新四军广泛发动群众，进行有效的游击战争，开辟了广阔的敌后战场。到1938年年底，在敌占区的华北、华东和西北先后开辟了冀东、冀中、晋西南、晋西北、晋冀豫边区以及苏南、皖西等抗日根据地，不少地区还建立了人民抗日政权。在这些地区，仅八路军便对敌作战1500余次，歼灭日伪军5万余人，牵制了大量侵华日军。[②]这样，日军在对华军事上陷入泥淖，除非连续不断加大投入中国的兵力，否则即便是维持现状也非常困难。而对于日本来说，加大兵力投入显然难以

[①]《朱德致龙云函》，中共云南省委党史研究室编：《党组织恢复重建和抗日救亡运动》，云南民族出版社1990年版，第62页。

[②] 张宪文主编：《中华民国史纲》，河南人民出版社1985年版，第524页。

做到。

1938年9月7日，日本大本营在御前会议上作出进攻中国华南地区的决定，其目的在于切断广州这条中国对外联络的补给线，同时配合其即将展开的东南亚攻势。10月底，广州被日军侵占。12月6日，日陆军省和参谋本部决定："虽应利用攻占汉口、广州之余势，努力解决事变，但一定要迅速取得成果，预料尚有困难。为了对付长期作战，当将以前的对华处理办法明确修改，适应新的形势，作为处理秋季会战后的统一方针。"这个方针的要点是："为了准备下次国际形势的转变，必须在各方面努力减少驻屯的兵力和驻地兵力的消耗。"所谓形势转变，即配合德国在欧洲的行动，应对日趋紧张的日美关系。同时，"努力切断（敌方）残余的对外联络线，特别是输入武器的路线"和加紧在华进行"亲日政权的扶植"[1]。虽然当年年底在中国出现了汪精卫等人叛国投敌并成立日本傀儡政权的行径，但并未使日本摆脱军事困境。

1939年5月，日军在伪满洲国与苏联交界地区进行军事挑衅。7月，日本关东军第二十三师团及第七师团和若干空军向哈拉哈河以西的苏军发动进攻。苏军在朱可夫将军指挥下，于8月中下旬发动反攻并重创日军。日军关东军不可战胜的神话破灭，同时也使关东军及陆军坚持"北进"的战略在日政府失去支持。此后其侵略重点目标转向"南进"，即夺取东南亚富庶地区及产油地区并欲图继续西进英属印度。为此，8月30日，阿部信行任首相兼外相的新内阁成立后，即抛出一份《外交政策纲要》，其制定的目标"即向英国施加压力使之对日本作出让步，不再允许使用滇缅公路向中国国民党人提供援助，用这种方法在英美之间塞进一个楔子"[2]。

与此同时，在中国全面抗战爆发后，日本与英、美的关系也发生了变化。战争初期，美国孤立主义政策占上风，英国则奉行所谓"中立"政策。但随着日本对华侵略的扩大，英美在华利益受到很大影响。同时日美之间在太平洋上摩擦不断，促使美国对华政策有所转变，开始在经济上给

---

[1] 彭明主编：《中国现代史资料选辑》第五册，中国人民大学出版社1989年版，第1—3页。

[2] 参阅［英］约翰·科斯特洛著《太平洋战争》，王伟等译，东方出版社1985年版，第77页。

予中国一定的支持，并在外交上向日本施加压力。1940年3月汪伪政府成立后，美国外交部发表声明强调重庆国民政府是中国唯一的合法政府。此外，美国政府于1939年废除了《日美通商要约》，停止供给日本钢铁、石油等战略物资。这也促使日本走上"南进"之路，并不惜与美国诉诸战争。

1941年12月7日，日军偷袭珍珠港，太平洋战争爆发。日军同时在东南亚各地展开全面攻势，缅甸是其重点攻略地区之一。其战略目标，一是切断当时中国唯一畅通的与盟国联系的陆上运输线；二是欲从缅甸进入云南以威胁重庆政府，尽快从在华军事泥淖中抽身；三是从缅甸西进印度，可以驱逐英国势力，配合德国，切断英、美通过印度洋、太平洋的联络。而美国方面则力图确保中国战场牵制日陆军主力，以保障其太平洋战场的防御作战及今后的进攻。

二 滇缅印交通线

1931年，云南省政府设立全省公路总局，各县设立公路分局，修建滇东、滇东北、滇西、昆（明）剥（隘）四大省内公路干道。其中滇东、滇东北二道经贵州、四川通往内地；昆剥线经广西至广东；滇西线是接通由昆明至缅甸、中经大半个云南省的重要通道，即后来著名的"滇缅公路"。至抗战爆发前，滇东线修筑通车至平彝（今富源）；滇西段通车至下关；滇东北线通车至宣威；滇桂公路尚在分段修筑中。[①] 国际交通方面，20世纪20—30年代，云南对滇越铁路依赖尤重。该铁路可由昆明直至越南海防港。抗战前，由该铁路输入云南的物资逐年增加。抗战之初，云南方面亦曾藉此国际通道输入军火武器用于前方抗战。1938年年初，云南与法商龙东公司于1937年7月订购的一批枪炮弹药原拟由越南运入昆明交货，然"法政府以军械现刻不能由越南通过。故对于上述械弹不允厂方制造出口，如改由香港交货方能准许"[②]。此举导致通过这条重要的国际通道的中国战时物资的运输中断。在中国东部沿海国际通道为日军截断后，从云南方向沟通陆上对外运输线具有重要意义，直接影响全国抗战大局。

---

① 参阅云南省政府编《云南概览》，建设，1937年。
② 《龙云致外交部王部长电》（1938年4月12日），云南省档案馆藏，106-3-1505/77。

1937年8月南京的国防会议上，由龙云提议，确定尽快利用云南滇西干道修筑滇缅公路。10月，交通部拨款200万元，次长王芃生专此赴昆会同省政府办理限期修通该路。其时，昆明至下关411.6公里已经通车，但尚需加工，需新筑下关至畹町段长547.8公里才能沟通缅甸。该段工程艰巨，途中需翻越横断山纵谷区的许多高山，跨越漾濞江、胜备江、澜沧江、怒江等急流大河，施工极为艰巨。

11月初，开始测量路线。同时省政府派缪云台赴缅与缅甸政府联系，希望缅甸政府同意修建腊戌至国界畹町段，随后又确定以木姐作为滇缅公路衔接点。12月，下关至畹町全线动工，由附近各县每天抽调民工15万—20万人组成筑路大军，其中除汉族外，还有彝、白、回、傣、景颇、阿昌、傈僳、苗等多个少数民族。从昆明至下关的东段，自禄丰以西为土路通车，未铺路面，路基宽度不足，桥涵多为临时性，也予以重铺、拓宽、加固，因此滇缅公路几乎相当于全线重修。各族民工及技术人员风餐露宿，全凭手挖肩扛，充分体现了云南人民全力投入支援抗战的爱国精神。

1938年8月31日，滇缅公路全线初告通车。该路由昆明至畹町全长959.4公里，"共有土方1998.4万立方米；石方1875.5万立方米；永久式桥梁206座；半永久式桥梁271座；临时式桥梁59座；石涵洞2198个；木涵洞1114个；石挡墙15堵；铺路碎石111万立方米"。据有关部门的大约估计，筑路过程中，因爆破、坠落、土石方重压等原因死亡的民工不少于两三千人。①

这样，在滇越铁路军火运输中断后，滇缅公路立即成为战时中国对外进出物资的主要通道。1939年3月，美国驻华大使詹森奉罗斯福之命对该路进行视察后认为："第一缺乏机器，第二纯系人力开辟，全赖沿途人民的艰苦耐劳精神。这种精神是全世界任何民族所不及的。"② 1939年的11个月中，通过滇缅公路运入中国的武器及其他物资共27980吨，平均每月2000多吨。1940年7月，英国政府屈服于日本的压力，宣布封闭滇缅公路，禁止军械、汽油、汽车及铁路材料等物资经缅甸运入我国。在我国强烈抗议和美、苏提出谴责后，10月又重新开放。9月，日军入侵印度

---

① 浦光宗主编：《云南公路史》，国际文化出版公司1989年版，第300、301页。
② 参阅龙云《抗战前后我的几点回忆》，《文史资料选辑》第17辑。

支那北部，滇越铁路完全中断，我国未沦陷区对外联系的主要陆上通道仅存滇缅公路一条，运输量更大。1941年运输物资达132193吨，其中汽油占1/3。[①] 1941年中国远征军入缅作战，也主要靠这条公路运送。

日军为保证其南进战略的实施，派出大量飞机轰炸滇缅路上的桥梁。从1940年10月到1942年10月，日军不断出动飞机轰炸怒江上的惠通桥和澜沧江上的功果桥，仅在日机开始轰炸后的4个月时间内，两桥分别被炸6次和16次，护桥员工和民工们随炸随修，保障运输线路畅通。[②] 1940年6月始，还在许多路段加铺柏油路，以适应日益加大的运输要求。

在日军侵入滇西前，滇缅公路是西南抗战后方的输血管，是抗日战争的生命线。它不仅向前方输送军用物资，也输入了大量的民用物资，保障着后方人民的生产生活。这条路的畅通，使日本大本营封锁中国以达到削弱我军民抗战意志、迫使重庆政府投降的目的彻底落空。这条路沟通了滇缅战区中国军队与盟国军队的直接联系，使中国抗战与世界反法西斯战争联为一体。

为保卫滇缅公路，1941年8月，由中美双方商定在美招募美籍退役及预备役空军人员组成美国空军志愿队来华参战。队长陈纳德率队先后到达昆明、呈贡、沾益等机场，最初以100架P40型飞机进行保卫滇缅公路、阻止日军侵缅及由缅侵滇的空中战斗。12月20日，10架日机轰炸昆明，被志愿队飞机击落9架。在此后的两个月中，志愿队共击落日机217架，成绩斐然，以其机身图案而被广泛称誉为"飞虎队"。1942年7月，"飞虎队"改编为美陆军第23航空中队，1943年改为陆军第14航空队。"飞虎队"共作战50余次，击落日机299架，自己仅损失飞机73架。[③]

1942年日军侵入缅甸，中美又合作开辟了由印度阿萨姆到中国昆明的空中航空补给线，即飞越喜马拉雅山的"驼峰航线"。是年春，由美陆军航空队组成空运队，用运输机开始空运，当年4—5月的运输量不足百吨，1943年年底达到月运量上万吨，1945年7月突破7.1万吨。1942年5月—1945年8月，"驼峰"飞行达8万多架次，从印度运到中国的物资

[①] 龚学遂：《中国战时交通史》，商务印书馆1947年版，第99页。
[②] 徐康明：《中国远征军战史》，军事科学出版社1995年版，第30、31页。
[③] 《云南百科全书》，中国大百科全书出版社1999年版，第311页。

达 70 万吨以上，从中国运到印度的物资 2 万余吨，人员 3 万余人。①

图45　史迪威（中）和美国空军司令阿诺德将军（左一）、
陈纳德（左二）、英军将领约翰·迪尔（右二）、
美空军第十队克雷顿·比瑟尔（右一）在一起

　　1942 年 5 月以后，日军由缅甸侵入中国云南怒江以西，滇缅公路遂被切断。中国与盟军的联系及物资运送就只有依靠飞越喜马拉雅山脉的中印"驼峰航线"了。中美空中勇士在地勤人员和中缅印人民的支援下，通过驼峰航线，从印度汀江机场向昆明等地运送了大量战时物资。

　　1944 年，随着滇西缅北盟军的反攻，为打通一条新的出海通道，又在云南成立了"保密公路第一、第二工程处"。两个处分别负责从云南保山至缅甸密支那的国内段和国外段公路的修筑。该公路在保山接滇缅公路，分经腾冲及畹町至缅甸密支那。由密支那通往印度雷多段由中国驻印军与美军和中缅印民工在反攻过程中同时修筑，整条公路即中印公路，1945 年 1 月 28 日该路通车，被重庆政府命名为"史迪威公路"。在 1944 年修筑公路时，还同时修成从印度加尔各答至中国昆明的输油管道。中印公路为驻印军的反攻作战运送了大批物资，而从 1945 年 6 月起启用的中印油管月输油量达 1.8 万吨。②

---

①　吴相湘：《第二次中日战争史》下册，台北综合月刊社 1974 年版，第 1098 页；古江：《飞越驼峰》，《抗战时期西南的交通》，云南人民出版社 1992 年版，第 248 页。

②　胡文义：《中印油管》，《抗战时期西南的交通》，云南人民出版社 1992 年版，第 417 页。

在整个抗战期间，云南始终承担着沟通中外联络孔道这一重要任务，为中国抗战及东南亚地区的反法西斯战争的最终胜利作出了不可磨灭的贡献。

三　远征军入缅作战

日本在东南亚的楔入以封锁中国东南沿线为目的，先是强行驻兵越南北部，后是挑起泰国与法属越南的冲突，以此为直接侵入该地区做准备。1940年6月，法国维希政府驻日大使安里代表其政府同意日本军事监视团进驻河内，目的是对"至越南的北部港口和通向中国各边境地区的公路、铁路终点，实地视察、检查有无物资运入中国"，中越运输线被切断。7月，法方向日方提供了一份中国尚存于海防港的物资清单，其中有钢铁6700余吨、钢轨6000余吨，汽车3753台以及机械、纺织品、盐等大量物资。①

11月下旬，日军又策动泰国发动对法属越南的进攻，日军以保护日侨为名，调动海空军至海南岛及越南、柬埔寨和泰国沿海，为侵入该地区布置了军事力量。

1941年11月，在日军袭击珍珠港前，日军大本营拟就了同时进攻东南亚的作战计划，成立"南方军"，规定第五十五师团和驻南京的第三十三师团由长江出海至曼谷，承担进攻缅甸的任务。12月8日（日本时间），在袭击珍珠港的同时，日军分别在马来亚北部和泰国登陆，空军轰炸美在菲律宾的基地，陆军第38师团进攻香港。上午11时40分，日本天皇裕仁颁布对英美宣战诏书，日政府发表对英美宣战声明。至此，中国抗战与太平洋战争联为一体。

太平洋战争爆发前，中国军民的坚持对日抗战也引起了对日采取遏制政策的美国当局的重视，促使它逐渐采取了若干支持中国抗战的措施。1939—1940年，美国政府向中国政府提供了大量的贷款以帮助稳定中国经济。美国还宣布愿意与日本一起放弃在华法权，要求日本从中国及印度支那撤走军队。太平洋战争爆发后，美国就更加重视中国战区的地位，并努力采取措施促使中国进一步发挥牵制日军陆军主力的作用。如在关于缅甸部队指挥的问题上，英国首相丘吉尔曾写信给英驻印度军总司令韦维尔

---

① 王辅：《日军侵华战争》第3册，辽宁人民出版社1990年版，第1152—1553页。

将军说："美国三军参谋长坚持要把缅甸归你指挥，唯一的原因就是他们认为你会迁就中国，并打通滇缅路，这是争取世界胜利所不可缺少的措施。"①

英国对中国的抗日战争原采取所谓的"中立"，但随着日军在东南亚侵略活动的不断猖獗，已严重影响其远东利益。太平洋战争爆发后的第二天，英国军舰"威尔士亲王号"和"反击号"被日海军击沉。英皇家海、陆军无力抵抗日军的攻势。这些事实迫使英国转变了对华态度。另外，中国坚持抗日也提高了自身的国际声望。丘吉尔说："当我们想起中国人在孤立无援而武装恶劣的情况下，坚持抗日已经多久；当我们看到我们在日本人手下过着什么样的艰难的日子，我就不能了解我们为什么不欢迎中国人的援助。"②

12月下旬在美国华盛顿举行了"阿卡迪亚会议"，25日拟订了联合国宣言。由于美国的支持，中国作为世界四大国（美、英、中、苏）之一，第一次正式出现在国际舞台上。军事方面，盟军在中、越、缅、泰地区建立中国战区统帅部，以蒋介石为战区最高统帅，美国派史迪威将军任中缅印战区指挥官和蒋介石的参谋长。几乎同时，在重庆由蒋介石主持召开盟军东亚军事会议，美国方面"坚定地认为当务之急是要使那条不可或缺的供应线保持畅通"③，蒋介石要求英军派遣部队参与防守滇缅路，而英军则以其"兵力分散"为由，要求中国派军队入缅。会议最终达成《中英共同防御滇缅路协定》，中国方面派出远征军入缅协防，保卫滇缅路的畅通，并打通至印度公路；美国方面将陈纳德将军的美国志愿航空队改编为第十大队，划归中国战区帮助作战和空运，同时派遣军事代表来华帮助训练军队。

是年年底，中国远征军组成并集结于滇西。其序列为：第五军辖3个师又4个团，军长杜聿明；第六军辖3个师，军长甘丽初；第三十三军辖4个师，军长张轸。其中第五军为中国军队中之精锐，配备坦克、炮兵、工兵和汽车各一个团。

当盟军筹备建立中国战区时，日军已在泰国等地登陆。远征军甫经组

---

① 丘吉尔：《第二次世界大战回忆录》第4卷，时代文艺出版社1994年版，第127页。
② 同上书，第126页。
③ ［英］约翰·科斯特洛：《太平洋战争》上册，东方出版社1985年版，第218页。

成，中方主张早日进入缅甸，以布置阻止日军北上。然英方并无坚守缅甸之决心，而是争取时间布置其印度防线，并未同意远征军早日入缅布防，使盟军在缅战局失去了对日以逸待劳之先机。

图46　戴安澜（1904—1942）
安徽无为人

图47　孙立人（1900—1990）
安徽庐江人

1942年1月，在泰国的日军第五十五、第三十三师团由泰国沿泰缅边境攻入毛淡棉，2月初渡过萨尔温江，追击溃败的英军；下旬向南进攻仰光。2月中旬始，我远征军虽仓促入缅，但仰光之失已在指日之间。3月8日，日军进入仰光，英军已先期撤离。

3月底4月初，日第十5军之第五十六、第十八师团先后在仰光登陆，与由泰国攻入缅甸的第五十五、第三十三两师团会合后，随即分三路向缅甸北部和我滇西全力进攻。其中第三十三师团为西路，目的是攻占缅甸北部密支那等地，封锁和切断我国与印度之间的交通；第五十五、第十八师团为中路主攻，由曼德勒至八莫交通线攻滇西；第五十六师团为东路，沿萨尔温江北上进攻滇西。

我远征军仓促入缅，在已失先机的情况下防堵日军，"自始至终呈被动态势"[①]。匆匆布署之下，以杜聿明第五军于缅甸中部交通枢纽曼德勒阻击日本中路主攻；以甘丽初第六军阻敌军第三十三师团；张轸第六十六

[①]　何应钦：《日军侵华八年抗战史》，台湾传记文学出版社1974年版，第193页。

军于第五军之后作为机动；同时英军之第一军团位于西路，与中国方面第五军并肩阻敌。

战斗结果，我第六军于4月中旬在机动部队第六十六军第三十八师的支援下取得收复仁安羌油田的胜利，一度成功地阻止日军北上。但中路战况激烈，在第五军对日进行多层次阻击时，4月18日西路英军后撤，第五军右侧完全暴露，不得不后撤。日军第五十五、第五十六两师团快速进击，遂将我东、西两部隔断。4月29日敌占领腊戍，切断北部我第五军通向国内的道路。5月，我位于东部的第六军及第五军二〇〇师等部队沿中缅边境退回云南；第六十六军亦由缅北退入滇西；而第五军之新编第二十二师及第六十六军之第三十八师（师长孙立人）分别退入印度英帕尔等地。第二〇〇师师长戴安澜将军在突围中受伤，5月26日在缅北茅邦村不幸牺牲，这是中国军队在远征作战中最早为国捐躯的高级将领（少将）。

5月1日，蒋介石电令军事委员会驻滇参谋团林蔚对保山、畹町间桥梁做"完全破坏准备"。3日，林蔚复电："边境潞（怒）、澜两江桥正准备破坏中，龙陵以西破路托樵峰部长就近饬县发动民众，准备实施。"① 当日，日军先头部队攻入畹町，4日攻占龙陵县城。5日上午，我工兵将怒江惠通桥炸断。② 是日夜，日军五百余人乘橡皮艇渡江，被我守军与东岸沿江民众大部歼灭，日军遂被阻隔于怒江西岸。5月10日，日军占领腾冲。至此，怒江以西中国国土沦陷，云南由抗战大后方同时变为抗日前线。5月28日，自腾冲撤退的我部分海关人员及群众逃至怒江上游栗柴坝渡口准备渡江，日军追至，"民众相率投水者数十人，余悉被俘，敌以绳缚，使跪于前，用机枪扫射，全数毙命"③。

日军占领怒江以西，我滇西陆上国际运输线被切断。但日军被中国军民阻隔于怒江以西，也未能实现其"从云南进攻我国大后方"④之战略目标。

---

① 《抗日战争正面战场》，江苏古籍出版社1987年版，第1428页。
② 高熺奎：《炸毁惠通桥目睹记》，《保山市文史资料选辑》第4辑。
③ 方国瑜：《抗日战争滇西战事篇》，《云南文史资料选辑》第13辑。
④ 王辅：《日军侵华战争》第3册，辽宁人民出版社1990年版，第1686页。

第四节　抗日民族统一战线在云南

一　中共云南地方党组织的发展

中央红军长征到达陕北后，确立了毛泽东领导地位的中共中央为动员全民抗战，确定了建立抗日民族统一战线的策略方针，其主要内容与特点是：动员和依靠包括工、农及小资产阶级在内的人民大众这一抗日的基本力量；同时鉴于民族资产阶级在日本侵略、必欲使我殖民化的新形势下，其左翼可能参加抗日，另一部分可能取中立态度的特点，争取他们参加到抗日阵营中。1935年10月，中共中央发出《关于目前反日讨蒋的秘密指示信》，指出要做"上层统一战线"的工作，包括国民党官员、重要人士、中上级军官、中央委员等，还特别强调把争取国民党军队放在首位。① 此后又将"反蒋抗日"改变为"逼蒋抗日"，并与地方实力派和民主党派建立联系与合作。中国共产党在抗日民族统一战线中，"坚持独立自主的原则，采取'发展进步势力，争取中间势力，孤立顽固势力'的方针，执行'又团结又斗争，以斗争求团结'的政策"②。坚持抗战、坚持团结、坚持进步，在全国争取了最广泛的抗日力量，打退了国民党顽固派发动的反共高潮，最终取得了抗日战争的伟大胜利。在这个过程中，中国共产党的力量及其领导的人民武装力量也得到了巨大的发展。

云南正是以"地方实力派"为主的地区，在抗战中又有着特殊的地位和作用。中共云南地方党组织贯彻执行中央统一战线的策略方针，"团结云南各族、各阶层爱国力量，领导了波澜壮阔的抗日救亡运动，为挽救中华民族危亡的命运作出了贡献。并为争取抗战的胜利，以至解放战争时期党的工作的深入发展，打下了工作基础"③。

全面抗战爆发前后，云南的中共地方党组织主要有1935年11月建立的中共云南临时工作委员会（简称"临工委"）。1937年7月，中共南方临时工作委员会（在香港）派云南籍党员李群杰回昆，于当月底成立中

---

① 《中共中央关于目前反日讨蒋的秘密指示信》，1935年10月，转见王功安、毛磊主编《国共两党关系史》，武汉出版社1988年版，第335页。
② 吕正操：《统一战线大事记·序言》，中国经济出版社1988年版。
③ 中共云南省委党史研究室编：《党组织恢复重建和抗日救亡运动》，云南民族出版社1990年版，第5页。

共昆明支部,由李群杰任书记,唐登岷任宣传委员。昆明支部的主要任务是开展抗日救亡和统一战线工作。1937年9月,云南临工委书记李浩然至上海联系和汇报工作(这时期云南临工委由上海党组织领导),上海党组织决定李浩然留下工作,指示由费炳继任云南临工委书记。上海、南京沦陷后,云南临工委又派李立贤于1938年2月至武汉找上级党组织联系。李由八路军驻武汉办事处介绍赴延安,向中央组织部报告了云南的情况。在此前后,中共昆明支部也委派党员到延安向中央汇报了工作。6月,中央长江局根据云南"两个党组织等情况",委派马子卿为巡视员,赴昆听取了昆明支部与云南临工委的汇报。8月,两个组织合并为中共云南省特别委员会,李群杰任书记。9月,中共中央在延安召开六届六中全会,会上决定撤销长江局,成立南方局、中原局、东南局,其中"南方局代表党中央领导南方国民党统治区和沦陷区域党的各项工作"[①],书记为周恩来。1939年1月29日,南方局派马子卿再次到昆,传达了南方局关于批准在原云南省特委的基础上成立中共云南工作委员会(简称"省工委")的决定。至1941年,先后由李群杰、费炳、马子卿担任省工委书记。省工委设有工人工作委员会、青年运动委员会和妇女工作部等工作机构。到1941年皖南事变前,全省党员发展到300人左右。在罗平县还建立了县委。[②]

1939年1月国民党召开五届五中全会后,顽固派不断掀起反共高潮。1940年11月6日,毛泽东致电周恩来,指示:加强对内外联络,制止投降分裂;积极加紧统战工作,团结一切能团结的力量;党在国统区的组织,必须"全部的完全的有秩序的隐蔽起来,并准备长期埋伏,积蓄力量,以待时机"[③]。为贯彻这一方针,南方局提出"勤业、勤学、勤交友"的"三勤"政策。这时,在云南也出现了国民党特务企图破坏中共地下党组织、国民党当局敦促龙云设立旨在反共的"党政军联席汇报会"以及中共罗平县委书记刘璧华等人被捕等一系列反共事件与反动活动的情况下,中共云南省工委采取措施,执行南方局上述指示,将昆明及全省各地

[①] 南方局党史资料征集小组编:《南方局党史资料·大事记》,重庆出版社1986年版,第30页。
[②] 马子卿:《巡视云南报告》,见《党组织恢复重建和抗日救亡运动》,第95页。
[③] 南方局党史资料征集小组编:《南方局党史资料·大事记》,重庆出版社1986年版,第121页。

图48　1940—1941年中共云南省工委所在地（昆明五华坊25号）

的党员相继隐蔽转移，全省组织实行一条线的单线联系办法。党员注意职业化、社会化和群众化，利用职业或各种渠道，继续开展统战工作。在中共工作基础较好的罗平县，至1944年，全县16个乡中，经过合法程序，中共党员逐步掌握了9个乡政权。①

二　救亡运动的开展

中共云南地方党组织恢复、重建并与上级党建立联系和调整组织的这段时期，正是全面抗战初始的阶段。云南地方党组织投入到对大后方抗日救亡运动的组织领导中，使运动更加深入地蓬勃开展。其中一个显著的特点就是参加运动的社会阶层更加广泛。

首先是青年学生。这是救亡运动中的一支重要力量。继1937年8月成立云南学生抗敌后援会后，当9月各校开学时，学抗会的各校分会也纷纷建立起来。云南各界妇女还组织了妇女抗敌后援会，后援会随即发起组织云南省妇女战地服务团，许多学生参加了战地服务团，随第六十军、第五十八军等开赴抗日前线。中共地下党组织派党员赵国徽和李家鼎主持成立了有学生、教师及工人参加的五百余人的"民众歌咏团"，到学校、工

---

① 参阅中共云南省委党史研究室编《新民主主义革命时期中共云南地方党史简编》，云南人民出版社1991年版。又见全国政协西南文史协作会议编《抗战时期内迁西南的高等院校》，贵州民族出版社1988年版，第2页。

厂和农村教唱抗日歌曲。9月18日还组织了万人大合唱。以民众歌咏团为核心，先后组织了1938年"五·九"国耻纪念大会、"七·七"抗战周年大会、9月保卫武汉火炬大游行、12月反对汪精卫示威火炬游行，1939年"九·一八"纪念游行等活动。

华北等地沦陷后，北大、清华、南开三所大学师生经长沙迁至昆明，为云南的救亡运动注入了新的活力。1938年4月2日，合并后的三校正式组成"国立西南联合大学"。在三校迁移过程中，在长沙至昆明段组织了湘黔步行团，"凡步行学生，沿途作调查、采集等工作，藉明各地风土民情，使此迁移之举，本身即富教育意义"①。1938年2月，中共昆明支部组织建立了党的秘密外围组织"云南青年抗日先锋队"（简称"抗先"），指定李家鼎、唐登岷任正副队长，并在昆华师范、昆华女中、昆华工校、云大附中等学校中建立了秘密的"抗先"中队、小队组织。8月，"抗先"与西南联大学生中的"中华民族解放先锋队"队员合并成立"中华民族解放先锋队云南地方部队"（"民先"），总队长易周、副总队长李家鼎。这个组织在西南联大、云南大学、民众歌咏团以及全省许多县建立了区队、小队或小组，成为党领导抗日救亡运动的中坚力量。② 随着形势的变化，"民先"撤销，其中许多骨干加入了中国共产党。

虽然国民党党团组织力图破坏和瓦解中共地方党组织领导的活动和团体，但是在青年学生中，"在学校中，我们的力量比起他们总占些优势（如联大、中大、云大中，国民党的力量更小）。特别是在今天的学校当局，都还表面上站在无偏无倚学者立场的情况下，对于我们给了一些相当有利的条件"③。

其次是工农群众。从1936年始，云南地方党组织在昆明及若干县的工人、农民中组织秘密读书会、贫农小组和公开的工人夜校，学习文化、宣传马列主义和中共的抗日救亡主张，培养进步分子，逐步发展党员。从1939年中到1940年初，全省党员从190余人发展到247人。④ 1939年5月1日，昆明有5000多工人参加"五一"国际劳动节纪念大会。1941

---

① 《国立西南联合大学校史资料》，云南人民出版社1986年版，第10页。
② 中共云南省委党研究室：《中共云南地方史》第1卷，云南人民出版社2001年版，第224、229页。
③ 马子卿：《云南工作报告》，《党组织恢复重建与抗日救亡运动》，第102页。
④ 中共云南省委党研究室：《中共云南地方史》第1卷，第233页。

年，建立读书会或开展了党的工作的企业有云南火柴厂、云南纺纱厂、云南制革厂、昆明大道生织布厂以及滇缅铁路工程局、一平浪盐厂等数十家企业。在农村，1937年7月，省临工委派樊子诚到沾益牙东中学以教书为掩护建立工作据点，① 8月在该中学举办"小教师资训练班"，吸收了30余人参加，通过宣讲抗日救国道理，为发展党的组织和开展农村工作培养干部。② 11月，成立了中共罗平党支部。国民党掀起反共逆流后，许多党员转移到农村和少数民族地区开展工作，逐渐在滇东、滇南和滇西建立了许多工作据点。

图49　张冲（1901—1980）
云南泸西人

再次是知识界和民主人士。抗战时期，一大批文化界爱国人士随西南联大等学校进入云南，其中许多人有较高的学术地位以及社会影响。他们的到来，使昆明的文化空气十分活跃。在中共地下党组织的领导、支持和影响下，一大批宣传抗日的刊物或印刷品创办起来，如《南方》《火山》《救亡》《前哨》《战时知识》《云南学生》《民众歌咏》等。1938年秋，"中华全国文艺界抗敌协会昆明分会"成立，出版刊物《文化岗位》（后改名《西南文艺》），刊载抗日救亡和争民主的作品。中共云南地方党组织通过在《云南日报》的党员，组织秘密党支部，"使《云南日报》在这一历史时期，基本宣传了坚持抗战的思想，其版面特别是国际国内版和副刊《南风》，反映明显的进步倾向。报纸还先后刊载了《毛泽东论中日战争》（作者史诺），《毛泽东谈抗战前途》（作者陆诒）等文章。……在云南产生了很大影响"③。

最后是滇军官兵。1937年10月，第六十军开赴抗日前线，云南临工委派党员张永和、杨重、刘孟田等参加到滇军中。第六十军驻武汉期间，

---

① 《曲靖史志通讯》1989年第2期，第25页。
② 《曲靖史志通讯》1989年第3期，第24页。
③ 中共云南省委党史研究室编：《新民主主义革命时期云南地方党史简编》，云南人民出版社1991年版，第72、73页。

中共中央根据第一八四师师长张冲的请求，派遣张天虚、薛子正、张子斋等人到滇军工作，并在第一八四师建立了党的支部。由蒋南生、刘孟田等与新招收的一批进步青年组成了师政工队，在滇军官兵中进行政治思想宣传、教育工作，对激励滇军士兵在抗日前线不畏生死、英勇杀敌起到很大作用。第五十八军组建时，地下党员杨守沫、马仲明等也加入该军。这些工作，"不仅对促进云南地方政府出兵抗战，滇军在抗日前线英勇扰敌起了重要作用，也推动了云南抗日民族统一战线的发展，在滇军中还留下了非常重要的影响"。

三 对地方实力派的统战工作

中共方面为动员一切可能的力量参加抗战，对于与蒋介石集团有各种利益冲突的地方实力派开展了多渠道、多层次的统战工作，不仅争取到了其中许多人投入挽救民族危亡的抗日活动中，而且通过抗战，双方建立了联系，使其得以了解和感受中共抗日救亡与争取民主的主张、方针、政策，从而产生了深远的政治影响。

1937年8月，龙云在赴南京途中，在西安与中共代表周恩来、朱德、叶剑英同机到南京。途中及国防会议期间，周、朱等人与龙云数次会晤，向他讲解了"中共的抗日民族统一战线方针，支持和鼓励龙云积极出兵的抗战热情，交流对坚持抗战的主张，中共领导人赠予龙云《抗日救国十大纲领》，鼓励其为抗日作出贡献。龙云表示赞同中共抗日救国的主张"[①]。1938年1月，龙云电邀曾随红军长征到延安的周素园到昆明，聘其为云南省政府咨议。周受中共中央委托，对龙云开展了很多抗日救亡的宣传、统战工作，并营救了一批被云南当局关押的中共党员出狱。

皖南事变前后，中共云南省工委一方面执行南方局"隐蔽精干、长期埋伏、积蓄力量、以待时机"的方针，另一方面根据云南实际，继续通过各种渠道加强对地方上层的统战工作。省工委分工李群杰（纳西族）负责统战工作，"布置凡有条件的党员都要做上层统战工作，不断向龙云及其决策集团成员宣传中共抗日民族统一战线的主张，通过多种途径影响龙云"[②]。1940年9月，朱德、吴玉章又分别以师生、故交关系给国民党

[①] 中共云南省委党研究室：《中共云南地方史》第1卷，第242页。
[②] 袁丁、李继红：《团结合作共赴国难》，《云南全民抗战》，第5、7页。

元老、著名爱国人士李根源写信，盛赞他的爱国热情，吁请他发挥影响，策动抗御南进日军。① 11月，《新华日报》专门派记者到昆明访问龙云与李根源，介绍了中国共产党今后抗战的主张，两人都向记者表示了抗战到底的态度。皖南事变发生后，省工委将朱德、彭德怀的电文以及周恩来为江南死难烈士致哀的题词等，分送给龙云等人，向其揭露事变真相。这时，国民党特务康泽到昆明，向云南军政当局施加压力，要求逮捕中共党员和破坏地方党组织。省工委一面做好应变准备，另一面组织各方面力量，委托统战人士与龙云及其僚属见面交谈，陈明利害，"提出康泽的反共计划得以实现，只能把云南安定局面搞乱"。同时通过李根源、张冲等人做工作，"由他们出面反对康泽到云南进行的反共活动，在中共的工作和影响下，李根源和张冲致电蒋介石，公开反对康泽的反共活动，西南联大校方也致电国民政府教育部，要求'维护和尊重西南联大民主自由的校风'，拒绝康泽集中训练学生的计划。最后，龙云以'拿不出证据'为由拒绝实行大逮捕，使反共计划落空"②。

中共云南省工委还根据南方局的指示，向龙云提出十条建议："一、坚持团结抗日，才能得到各方面的支持，对国家作出贡献。二、与川、康邓锡侯、潘文华、刘文辉合作，互相支援。三、与共产党和民主党派取得联系，互相配合。四、与社会民主爱国人士多接近，帮助其解决困难，争取支持。五、对中央军进驻云南要加以限制防范，如杜聿明在昆明的防守司令部，其醉翁之意是明显的。六、蒋介石把中央特务和宪兵十三团派到云南，主要是对龙，要限制其活动。七、要搞好社会秩序，明文规定昆明治安由宪警维持，其他任何机关不得在市区搜查、捕人。八、增强地方军事实力，改进军人政治工作。九、独立自主办好地方经济。十、支持办好地方性、进步性报纸。"③

在中共各级组织的上述统战工作争取下，龙云对云南的抗日救亡及民主运动采取了默许或同情的态度，云南地方当局也始终站在抗日行列中，并为抗战作出了值得肯定的贡献。皖南事变后，龙云在云南发出通令，严

---

① 《朱德上李印泉书》，《党组织恢复重建和抗日救亡运动》，第63、65页。
② 袁丁、李继红：《团结合作共赴国难》，《云南全民抗线》，第8页。
③ 文见云南师范大学内"一二一纪念馆"展品。又参阅孙代兴、吴宝璋主编《云南抗日战争史》，云南大学出版社1995年版，第30页。

禁任意非法捕人，并下令"不得藉故限制和危害民众活动，有关当局必须协助并领导各社会团体，发动民众，组织人民自卫队等武装半武装团体，共同保乡，以济时艰"。这样，在反共逆流中，"国民党顽固派企图破坏云南党组织的阴谋始终未能得逞，党的组织未遭破坏，并且巩固和发展了各界和各阶层人士参加到抗日民族统一战线"①。

1943年8月，龙云同民主同盟中央委员罗隆基会谈时，表示希望会见周恩来。中共云南省工委向南方局汇报了这一情况。10月，南方局派华岗为中共代表到昆明，以云南大学教师身份为掩护，与龙云建立了直接联系。次年3月，经龙云同意并提供电台，在滇黔绥署内设立了党的秘密电台，由南方局派到云南的党员杨重才负责，与中共中央和南方局直接建立了联系。

此外，中共各级组织及云南地方党组织还通过各种渠道对滇上层军官及各界人士进行统战工作。如党中央和南方局1941年派朱家璧（云南人）回云南，在滇军中任营长，对卢汉、卢浚泉等滇军将领开展统战工作；1942年，南方局派周新民以民盟成员身份到昆明，帮助民盟在知识界发展组织，并于1943年5月成立了民盟昆明支部，吸引了包括龙云以及民族资本家朱健飞、金龙章等人在内的一批上层人士成为秘密盟员，在全省各地也积极争取团结地方士绅和民族上层人士。

在八年抗战过程中，云南各族各界人民"坚持抗日、坚持团结、坚持进步"。中共各级组织及地方党通过大量的统战工作，动员了全省各族人民以多种方式投身于抗日斗争，抗日救亡的宣传运动坚定了全省各族各界各阶层对抗战必胜的信心。中共党组织对于地方实力派的抗日举措给予了充分赞扬和多方面的支持，争取其始终留在抗日阵营中。同时，以龙云为首的云南地方实力派通过亲身参加挽救危亡的伟大抗日战争，政治态度也发生了重大转变，对云南民主运动、救亡运动采取默许或支持态度，并未追随国民党顽固派。沦陷区南迁的学校及文化界人士为云南带来了良好的文化、民主气氛，这些使抗战时期的云南成为大后方的"民主堡垒"。

---

① 《新民主主义革命时期中共云南地方党史简编》，第95页。

第八章

抗日战争在云南的胜利

第一节 滇西、缅北的反攻作战

一 滇西沦陷区人民的敌后斗争

日军于1942年5月中旬占领怒江以西中国领土后，欲渡怒江未果，旋以一部沿怒江北上至中国泸水地区。这样，日军就占领了中国怒江以西北起泸水、南达孟定的狭长地带共约3万平方公里、50余万人口的国土。①滇西成为抗日前线，由缅北退回国内的中国远征军据怒江天堑设防；沦陷区畹町、陇川、盈江、梁河、潞西、腾冲各县、设治局群众及部分军队则在敌后展开游击战，打击日军，保卫滇西领土。

日军第五十五师团置缅北，第五十六师团防守滇西及缅北等地。第五十六师团以司令部置龙陵，并在怒江西岸建立了腊戌、龙陵、腾冲、松山、平达、滚弄6个守备区，各区及畹町设立据点，②又设"地方维持委员会"等伪组织，以汉奸土豪充任其职。维持会下设"军政班"，网罗各地"地痞无赖之徒"，欲图长期占据滇西国土。日寇对中国民众实行法西斯统治，"奸淫抢掳，无所不为，居民视如恶兽"③。在腾冲城，"事态演变以来，腾冲人民死于枪刺之下，暴露死骨于荒野者已逾二千人。房屋毁于兵火者已逾万栋，骡马损失达三千匹，谷物损失达百万石，财产被劫掠者，近50亿。遂使人民父失其子，妻失其夫，居则无以遮蔽风雨，行则

---

① 谢本书、吴显明：《滇西抗战述略》，《云南文史资料选辑》第39辑，第5页。
② 张天祝：《滇西腾冲抗战大事记》，《腾冲文史资料》第1辑，第13页。
③ 方国瑜：《抗日战争滇西战事篇》，《云南文史资料选辑》第19辑，第9页。

无以图谋生活"①。建立伪组织后，日军还在乡村"设保、甲，实行连保、连坐，发良民证，强迫各村寨轮流给行政班送粮米、猪、鸡、牛、羊、肉、鸡蛋、豆腐、蔬菜等物资，供应日军。规定的数量、质量稍有不足，送去的人即被扣押，待送齐后，方才放回"②。日军还在各村寨强抓民伕或"送往密支那充当炮灰"，稍有反抗，即抓人打人，以灌盐水、大火烤、坐水牢等种种酷刑予以折磨。继5月占据怒江以西后，日军还对各地实行扫荡，烧杀抢掠、奸污妇女，蹂躏滇西人民，并不断派飞机轰炸怒江东岸的保山等地。

面对日军的法西斯残暴统治，滇西汉、傣、景颇、佤等各族人民奋起反抗，以各种形式展开对敌斗争。同时，中国远征军在坚守怒江东岸的基础上，派出部分队伍至西岸组织游击队打击敌人。

在腾冲，当日军入城时，腾冲原县长邱天培、腾龙边区监督龙绳武等人先敌而逃，国民党军驻腾护路第三营营长也率部撤退，腾冲城中及附近各村寨群众只好相继撤离或逃难。危难之际，腾冲著名士绅张问德本着爱国爱乡忠诚与热情，毅然以抗日为己任。他与刘楚湘等人于6月6日组织了"腾冲县临时政务委员会"（县政府），以刘楚湘任主任委员代行县长职权，并将县机关迁移至寺山寨。7月2日成立县政府，张问德任县长，并成立了自卫队。③ 抗敌县政府组织民众以夜色为掩护，冒险回城，搬运公私财物往乡间山区疏散。据统计，他们先后将大约10万驮棉纱、布匹、蚕丝等物资搬运越过高黎贡山和怒江送回内地，④ 各村寨群众亦"多白昼避入山林，昏夜始归，料理家务，黎明复出，往返率由小径，无敢行大路者"⑤。

这时，在怒江东岸布防的第二期中国远征军之第十一集团军宋希濂部接到重庆军事委员会的命令，要求该部"反攻腾冲、龙陵，并派一部分兵力向腾冲西南地区之莲山、盈江、梁河等地前进，另派一个加强连向密

---

① 腾冲县长张问德：《复田岛函》（1943年9月12日），《云南档案史料》第11期，第33页。
② 熊文定：《腾冲军民抗战片断》，《腾冲文史资料选辑》第1辑，第79页。
③ 《腾冲县政府三十二年度工作报告书》，《云南档案史料》第11期，第25页。
④ 《腾冲县志稿·商业志》，1983年稿本。
⑤ 方国瑜：《抗日战争滇西战事篇》，第9页。

支那、八莫间地区挺进，迎接入缅军第五军的部队回国"①。5月中旬，宋部预备第二师在怒江惠人桥附近渡江向腾冲前进；第八十八师、第三十六师之一部亦分别在惠通桥下游攀枝花等地渡江向龙陵等地攻击前进。攻击持续5天，遭日军顽强阻击。28日，第八十八师一部在龙松公路上击毙日军一名大队长，得敌第五十六师团作战计划一份及地图一张，方知敌主力15000人至20000人驻在滇西芒市、龙陵各地。经上报后，按蒋介石命令于5月31日"将主力撤回，固守怒江，留一部分在西岸打游击"②。

图50　张问德（1881—1956）　图51　张问德痛斥侵略者的　图52　李根源《告滇
　　　云南腾冲人　　　　　　　　　　《答田岛书》　　　　　　　　西父老书》

向腾冲攻击之预备第二师第五、第六团，于5月20日在腾冲城东南橄榄寨向敌发起攻击，战况激烈，我方伤亡600余人。其中一部进至腾冲城郊飞凤山，持续攻击十余天，歼敌近百名，因后续力量不足，第六团与预二师师部遂沿龙川江北上至双虹桥、瓦甸、界头一带进行游击战，师部暂驻界头；第五团继续向腾冲城南之勐连一带进行游击活动。5月26日，该团第三营在香柏嘴与勐连乡乡长杨绍贵所率领的武装群众伏击由龙陵来的日军辎重汽车，歼敌30余名并缴获部分武器弹药及日方军事文件，伏

---

①　宋希濂：《远征军在滇西的整训和反攻》，《远征印缅抗战》，中国文史出版社1990年版，第46页。

②　宋希濂：《远征军在滇西的整训和反攻》，第47页。

击中，杨绍贵英勇牺牲。

预备第二师之第四团在副师长洪行的带领下，于8月初运动至腾冲城西南方之芒东，以芒东为据点，在腾冲、梁河两县交界处与当地群众武装相配合展开游击战，截断敌腾冲—八莫间的交通联络。日军纠集兵力多次对芒东地区进行"扫荡"。第四团与河东乡杨青榜民团、梁河县景颇族山官尚自贵武装以及九保镇爱国士绅赵宝贵、赵宝忠领导的腾冲南汉乡抗敌大队等军民武装，分别在20日、25日和月底伏击和击退前来"扫荡"之敌，予敌重创，保住了这一抗日据点。

8月，在腾冲城北马站、碗窑一带活动的预二师第五团一部在群众的配合下，在双山伏击日军，歼敌大队长三井以下百余人。此后日军又对腾南、腾北各地多次进行"扫荡"，中国军民以多种游击战术，利用熟知地形等有利条件与敌周旋，基本保住了各游击区。预二师各团及群众抗日武装在敌后长期坚持下来。

腾冲抗日民众除直接参加战斗外，还在抗敌县政府的领导组织下，开展多种形式的支援前线活动。主要有：一、组织便衣队。按全县5个区的区划成立5个壮丁中队，其任务为支援作战，在沦陷区则除奸或搜集敌方情报、破坏敌占区交通设施等。二、设立担架运输队，运送伤员或物资。这些运输路途相当遥远且为山路，有时伤员护送需越高黎贡山到怒江东岸。"对于抗战助力很大，伤病兵员大都获得保全"[1]。三、设置递步哨及情报网，传送所需通信器材、紧急情报文件等。四、组织军民合作站。在界头、瓦甸、江苴、固东、白石岩、古永等处设立合作站，"举凡军队借用物品、代购物品、输力供应、派遣向导等，并由军民合作站负责，由军队派驻政工人员维持秩序"[2]。上述举措，一直持续到中国军队大反攻胜利。

在龙陵、潞西等地，抗日民众在第一期远征军出国时组织了龙潞游击支队，队长朱嘉锡。随后，龙潞支队经批准列入昆明行营直接指挥，行营方面指定支队的任务主要为八项：1. 袭击敌人侧背，伺机夜袭、截击、伏击；2. 破坏敌交通及补给，扰乱敌人后方；3. 侦察敌情，向导我军作战；4. 帮助我军之通信及联络；5. 严防汉奸离间并破坏敌伪组织；6. 对

---

[1] 尹明德：《滇西军民抗战概况》，《腾冲文史资料选辑》第1辑，第63页。
[2] 《腾冲县政府三十二度工作报告书》，《云南档案史料》第11期，第16页。

于我军一切补给之运输；7. 战区内对于我军伤病官员之救护；8. 关于活动区域内其他应行注意事项。①

1942年5月龙陵、潞西等地陷敌后，游击支队在芒市、龙陵间展开游击战，并按上述部署任务，在敌后破坏交通，并进行了袭击猛戛、象达伏击、猛卯反扫荡等多次战斗。②

在潞西县，300余名傣、汉族青年组成潞西青年救国团，领导人为教师谷祖汉和原云南警备学校学生杨炳南。在盈江县，以傣族土司刀京版为首组成了滇西边区自卫军。该县蛮允区以小学校长许本和为首组织了滇西自卫军抗日游击队。盈江西部山区由李扎弄率领组织了以景颇族群众为主的抗日游击中队。在瑞丽县，有景颇族、汉族组织的三户单抗日游击队。在怒江西岸泸水等地，第十一集团军派遣的游击队得到当地傈僳等各族人民的支援。在阿佤山区，当地佤族人民在第一期远征军由缅甸退入云南后，组织了阿佤山抗日游击队、卡佤山区自卫支队等抗日武装。

滇西人民在日寇占领期间，开展了长期的多种形式的艰苦卓绝的对敌斗争，充分显示了中华各族儿女不畏强暴、誓死捍卫家园的浩然正气。这些斗争牵制了日占领军，使东岸中国第二期远征军、驻印度军及盟军得以较充分地整训、集结。当反攻开始时，滇西人民又给予中国军队充分支持，为滇西大反攻及抗战的最后胜利作出了贡献。

二 远征军与盟军的反攻

1942年的美国南太平洋战略以澳大利亚和缅甸、印度与中国基地为对日作战的两翼。缅甸战役过程中，罗斯福总统认为，"如果缅甸失守，依我看来，我方整个的局势包括澳大利亚在内，将面临严重的威胁"③。对于英军而言，缅甸失陷则直接对其印度防务构成威胁。当日军北进缅甸时，英军仓促西撤，随即忙于部署其东印度防线。丘吉尔认为，如果日军

---

① 《昆明行营颁发云宁区守备指挥部及龙潞游击支队工作大纲训令》（1941年6月13日），《云南档案史料》第26期，第8页。

② 《云南档案史料》第26期载龙潞支队"工作大纲"之时间为1941年6月。但有资料说该支队成立于1942年龙陵陷敌后。参阅王开秀《（龙陵）潞西抗日游击队片断回忆》，《云南文史资料选辑》第25辑，第176页。暂存疑。

③ 丘吉尔：《罗斯福致澳大利亚总理的信》（1942年2月20日），《第二次世界大战回忆录》，第4卷，第149页。

继续西进,"将造成我们在整个中东的崩溃",甚至带来日、德在中东会师的危险。其时印度群众反对英殖民主义情绪甚高,稳定印度、将日军阻止于缅甸是英方的最低要求。由此,美、英均对日军占据缅北滇西感到严重不安。

然而罗斯福与丘吉尔为第二次世界大战盟军确定的战略原则是"欧洲第一"。当1942年日军在缅甸北进时,德军的坦克亦在北非沙漠上隆隆开进;在大西洋甚至美国近海,德国海军以潜艇战击沉大量英、美物资运输船。因此,"中国和印度在同盟国1942年战略重点尺度上所处的位置甚至更低。原来答应向蒋介石提供的B—24'解放者式'轰炸机被调往中东,韦维尔将军(英驻印军司令)同样失去了原来分配给他守卫印度边界的一个英国师"[①]。当时中国战区的战略目标已被美军参谋部归结为"维持中国作战"[②]。

鉴于日军占领滇西缅北对我方军事及战略运输的严重威胁以及日军在华南的进攻,中国方面迫切要求驻印盟军尽早确定反攻缅甸的时间,同时要求美国方面提供反攻的军需物资。但是,英国方面对反攻日期避而不谈,美国方面也"对中国的援助主要还是停留在口头上","罗斯福在给蒋介石的信中,避而不谈蒋介石要求中国要在英美参谋会议和掌握军火的工作中平起平坐的问题"[③]。6月23日,美陆军部又将驻印度的第十航空队调往埃及。[④]

在此严重局面下,国民政府一方面以部分军队深入怒江以西开展游击战,另一方面向英美施加压力。6月29日,蒋介石向英美发出最后通牒,"包括三点要求:除非美国在9月之前派三个师去印度援助重新打通滇缅公路;8月份开始派500架战斗机来中国作战;同时开始每月飞越驼峰送交五千吨物资,否则就'勾销'中国战场"[⑤]。

最初的阶段中,能够通过驼峰航线空运到昆明的物资相当有限,大量的物资堆积在印度英帕尔等地,直接处于日军威胁之下。在这种现实状况

[①] [英]约翰·科斯特洛:《太平洋战争》上册,第417页。
[②] 梁敬錞:《史迪威事件》,台湾商务印书馆1972年版,第218页。
[③] [美]罗伯特·达莱克:《罗斯福与美国对外政策》,商务印书馆1984年版,第507页。
[④] 戴孝庆等主编:《中国远征军入缅抗战纪实》,西南师范大学出版社1990年版,第145页。
[⑤] [美]罗伯特·达莱克:《罗斯福与美国对外政策》,第508页。

及蒋介石的压力下，美国方面开始注重和研究缅甸反攻的问题。8月，中国战区参谋长史迪威拟就了收复缅甸的计划提交英美参谋长联席会议。美参谋长马歇尔的作战司也在提交联合参谋长委员会的文件中发出警告说："除非盟国对华援助有所增加，中国可能与日本讲和，因此使得日本可以腾出一些师来用于其他地方。虽然美国对中国提供一些空中支援，这种援助，加上可能空运前往中国的相当少的武器，不能令人相信足以使中国继续作战。"因此建议联合参谋长委员会"考虑于下一个干燥季节，1942年10月至1943年5月，收复缅甸。或许预料联合参谋长委员会会采纳这项建议"①。然而计划仍因英方军事首脑的反对而未被参谋长委员会采纳。此后，这个最初被命名为"安纳吉姆"的缅甸反攻计划历经卡萨布兰卡会议、三叉戟会议、开罗会议的争吵不断被延误，直至1943年年底在美、英、苏三国首脑的德黑兰会议上才被确定下来。这是第二次世界大战中盟军方面提出较早、实施条件最先具备而被延误时间最长的军事战略计划。计划中，英美方面将战役的目的概括为："（1）打开通向中国的道路，向中国提供补给，使中国继续把战争进行下去；（2）通过打开通向中国的道路，并且充分使用运输机，使我们自己处于能彻底轰炸日本本土的地位。"②计划在军事上的部署主要为：向缅北地区展开反攻，从云南及印度东部雷多两个方向实施。最初"安纳吉姆"计划中的英美联合海军舰队控制孟加拉湾并实施仰光登陆以配合缅北攻势的内容被取消了。③这无疑使缅北滇西的反攻增加了难度。

在外交努力的同时，中国军队积极为反攻进行准备。1943年4月，中国远征军司令长官部在滇西重镇楚雄成立（1944年2月反攻前，长官部前移至保山），陈诚任司令长官（10月陈诚因病，以卫立煌任司令长官）。远征军在滇部队编成如下序列：

第十一集团军。总司令宋希濂，副总司令黄杰。下辖第二军（军长王凌云）、第六军（军长黄杰）、第七十一军（军长钟彬）及直辖第三十六师（军长李志鹏）、第二〇〇师（师长高吉人）等。

---

① 《史迪威在华使命》，《中华民国史资料丛稿》译稿第2辑，中华书局1978年版，第39、40页。

② 《德黑兰、雅尔塔、波茨坦会议文件集》，生活·读书·新知三联书店1978年版，第41页。

③ 参阅《远征军印缅抗战》，中国文史出版社1990年版，第52页。

第二十集团军。总司令霍揆彰,副总司令方天。下辖第五十三军(军长周福成)、第五十四军(军长方天)以及炮团、工兵团等。

此外,第八军(军长何绍周)、第九十三师(师长吕国铨)及陈纳德航空队归远征军司令长官部直辖。

5月,军事委员会驻滇干训团在昆明成立,原在大理的滇西战时工作干训团改为驻滇干训团大理分团,分别对部队干部实行整训、补充。

图53 卫立煌(1897—1960)
安徽合肥人

图54 霍揆彰(1901—1953)
湖南郾县人

1942年,由缅北退入印度境内的第一期远征军改称"中国驻印军",并赴印度比哈尔邦兰姆伽进行整训。6月在当地设立训练营地,史迪威将军任训练营长官,提出训练10万人的计划。之后由国内空运补充兵员,由美国方面按租借法案给予12个军的军械装备。8月成立中国驻印军总指挥部,史迪威任总指挥,罗卓英任副总指挥。所辖部队原编为新1军,后国内空运至兰姆伽部队约5万人,部队编为以下序列:新编第一军(军长孙立人),下辖新三十八和新三十两个师及战车营;新编第六军(军长廖耀湘),下辖新二十二师和第十四、第五十师,此外,总指挥部直辖有炮团、工兵团、辎重兵团和一个中美混合团。

经过一年多的艰苦训练,中国驻印军"在艰难曲折中锤炼成为一支精兵,挑起了首先反攻缅北的重任"[①]。

[①] 徐康明:《中国远征军战史》,军事科学出版社1995年版,第211页。

整个滇西缅北的反攻战主要从三个方向进行：一是驻印军以印度东北角的雷多为基地，从缅甸最北端展开攻势，南下攻略密支那、八莫、南坎等地，重新打通滇缅交通线；二是英国第十四集团军以英帕尔为基地，目标是缅甸中部交通枢纽曼德勒；三是驻滇远征军渡怒江向西攻击，歼敌滇西驻军后与中国驻印军会合。

图55　龙云、缪云台与在滇美军

此时日军之基本态势为：第十八师团驻缅甸北端，第五十六师团驻滇西。此外，由密支那至龙陵，尚驻有其第二、第五十三、第四十九师团之各一部，上述各部均由1943年3月成立的缅甸方面军司令官河边正三中将指挥。是年年底至次年春中国军队展开攻势时，整个驻缅甸日军已增至10个师团，方面军直辖第四十九师团外，又分别编为第十五军（英帕尔，下辖第十五、第三十一、第三十三师团）、第三十三军（缅北、滇西，下辖第十八、第五十六、第五十三师团）和第二十八军（缅甸南部，下辖第二、第五十四、第五十五师团）。

1943年10月，中国驻印军开始向缅北推进。盟军拟在收复缅北的同时，新建一条由印度阿萨姆邦铁路终点雷多起始，经缅甸新背洋、密支那、八莫到中国滇西的中印公路以及输油管，因此驻印军边修公路边战斗，行进极为艰苦。在丛林中，"我军凭借优势的火力，先用各种火炮进行广泛射击，把敌阵周围的森林炸得枝叶尽秃，只剩下一根根枯焦的木桩，如同大火烧过一样，使敌人阵地完全暴露出来。在炮击的同时，步兵掘壕前进，围绕敌阵构筑包围工事。将敌阵围住后，然后用迫击炮、火箭筒、喷火器、机枪及手榴弹等，一齐向敌阵猛烈发射。这种打法，才能彻底消灭敌人"。中国军队在前面战斗，"美国筑路部队和油管敷设工程队，紧紧在驻印军后尾跟进，日进数英里，几乎是部队打到哪里，他们就跟到哪里"①。11月，新三十八师占领新背洋。12月18日，该师经月余苦战，攻占敌重要据点于邦。

图56　史迪威驱车视察缅北前沿阵地

　　12月下旬，进攻部队又增加新三十师及美军第五三〇七混成团，遂分三路继续向密支那方向攻击：新第二十二师在右，向达罗进攻；新第三八十师在左，攻取太伯长及甘卡等地；美军第五三〇七部队与中国军队组成的突击支队也从于邦向太克里南下进攻。从新背洋至孟关，地图上距离不足百公里，但丛林作战极为艰苦，中国军队经3个月苦战，于1944年3月5日占领孟关。新二十二师与新三十八师在此会合，继续南下攻取密支那以西的另一个重要据点——孟拱。在此过程中，英军部分空降部队空降于孟拱西南的莫宁等地，随即赶建了机场，切断了敌18师团的后方运输线。英军亦开始北上攻击孟拱。

　　孟拱之战，中国军队取得大捷，同时部队作战能力大大提高。廖耀湘

---

①　王及人：《从印度整训到反攻告捷》，《远征军印缅抗战》，第325—326页。

在给蒋介石的报告中说："我此次战斗，与敌及美军比较结果，已恢复革命军及民族之自信力……如国军有现代装备，良好补给及卫生，训练指挥适当，以同等兵力即能击溃日寇。"①

6月25日，在予敌重创后，中国驻印军又攻占孟拱。在孟拱河谷战役中，驻印军共计击毙日军第一二八联队联队长钉本昌利大佐以下6800余人，俘敌原藤大佐以下约180人，缴获火炮77门、汽车160辆，步机枪约2600支及弹药等甚多。②

缅北中国军队的攻势及驻滇远征军的渡江作战使缅北以及曼德勒的日军处境十分危险。为改变这种不利态势，日缅甸方面军策划向西进攻印度英帕尔，然后继续北上进入阿萨姆邦，包抄中国驻印军据点，切断盟军向缅北的攻势。3月8日始，日军调集第三十三师团、第十五师团、第三十一师团等部向英、印军驻守的英帕尔发起进攻。3月下旬，第三十三师团进攻受挫，英第四军团3个军打破敌包围圈并使其遭到重大伤亡。日军旋分三路再度迂回英帕尔平原。英、印驻英帕尔军坚守过程中，英援军第三军以火车运输赶抵迪马普尔，随即向日第三十一师团进攻。至6月底，彻底粉碎日军对英帕尔之围攻，并歼灭上述3个日军师团的主力。

当日军第十五师团投入英帕尔的战役时，中国驻印军正拟进攻密支那，其时蒋介石接到英国方面求援，由于担心日军攻势可能切断中国驻印军据点及退路，"重蹈第一远征军的覆辙"，因而准备"力主暂缓向密支那发起攻击，以观事态发展"③。但史迪威及郑洞国、廖耀湘均认为应利用日第十五军主力进攻英帕尔，密支那之第十八师团将无后援之机进攻密支那。于是年4月下旬组成了中美联合突击兵团。该兵团由3个支队组成：H支队，美军上校亨特指挥，辖第五十师第一五〇团、美军第五三〇七混成团（该团代号"加拉哈德部队"）第1营以及辎重连、山炮连；K支队，美军上校金尼逊指挥，辖新三十师第八十八团，加拉哈德第三营；M支队，美军上校麦吉指挥，辖加拉哈德第2营和克钦突击队（当地克

---

① 《廖耀湘报告在孟关与美军联合作战情况电》，《中国现代史资料选辑》第5辑，第578页。

② 秦孝仪主编：《中华民国重要史料初编——对日抗战时期》第二编，作战经过（三），台湾，中国国民党中央委员会党史委员会1981年版，第455页。

③ 戴庆孝等主编：《中国远征军入缅抗战纪实》，第289页。

钦族人参加）。①4月28日后，各突击支队由太克里出发南下，在缅北丛林中披荆斩棘前进，全靠空投补给和无线电联络。途中数次与敌遭遇，H、K两支队中、美军队互相支援，终在5月中旬分别到达密支那附近。16日，在美军飞机的支援下，突击部队奇袭密支那机场，17日完全占领机场。清除跑道后，当天即有大批盟军飞机在机场降落，支援部队随飞机到达，中美混合突击部队在机场周围警戒并歼灭残敌。密支那机场的夺取，使得缅北战场局势顿时改观，盟军掌握了主动权。7月下旬至8月初，盟军攻占了整个密支那城。

上述缅北方向中国驻印军及美军从1943年10月展开的攻势，至次年已取得初步战果，同时中美联军及工兵还一面作战，一面修筑从雷多经缅北接通滇缅公路的中印公路。1944年春，战役处于攻坚阶段。此时在滇西方向，怒江以西沦陷区军民的敌后抗日斗争亦处于冬春之际的困难时期；而在怒江东岸，远征军第十一、第二十集团军主力尚未采取渡江行动。

此时，日军在中国内地中南地区发动豫、湘、桂战役，旨在打通平汉、粤汉铁路，掌握由广州港口至内地的交通线。由此，对日作战区域深入至中国南方的衡阳、桂林、柳州、南宁、镇南关一线，严重威胁国民政府陪都重庆。因此，蒋介石难以下决心让远征军渡江作战。

1944年3月17日，美国总统罗斯福致电蒋介石，敦促他下令驻云南部队发起攻势，以配合缅北作战。蒋回答说，美方这是"坚持要她（中国）做超过她能力的事，势将招致灾难"，结果将会是"日军将侵入云南及四川，新疆的叛乱及共产党在山西的活动将出现新局面以推进他们布尔什维克化这个国家的计划"②。中国共产党及其领导的敌后武装力量的日益强大，云南方面民主运动的发展，乃是使蒋最感棘手的问题。

但这时滇西缅北的战役已成为盟军整个太平洋攻势中的一部分，美国方面遂以减少和停止对华物资供应相威胁，处于各种压力下的蒋介石不得不于4月14日下达了展开怒江攻势的命令。远征军作战目标是歼敌滇西驻军，并且与缅北中国新一军会师。

怒江西岸的日军有第五十六师团和第二、第四十九师团各一部，兵力

---

① 参阅王楚英《中国远征军印缅抗战概述》，《远征军印缅抗战》，第130页。
② 《中华民国史资料丛稿》译稿，《史迪威资料》，第90页。

仍较雄厚，且可利用怒江西岸高黎贡山据险固守。战事对中国远征军来说将十分艰苦。

5月11日夜，中国军队开始渡江。具体战役部署是：以第二十集团军为攻击集团，集中第五十三军、第五十四军及第六军之预备第二师共5个师的兵力，由栗柴坝、双虹桥、惠人桥等地渡江，攻取腾冲，此为右路集团；第十一集团军在左路为防守集团，除负责防守怒江东岸阻敌窜入外，另由各师抽一个加强团在三江口、惠通桥等地渡江；此后赶至的第八军在中路，亦由惠通桥附近渡江。后两支渡江部队以策应第二十集团军并攻取芒市、龙陵等地为作战目标。是日夜，中国军队以橡皮筏等渡江船具强渡怒江成功。次日，新三十九师一个加强团攻占红木树取得支撑点。

14日后，重庆方面鉴于中国驻印军已开始攻击密支那，判断敌难以在短期内调动大量部队增援滇西，"遂下令远征军应迅速攻占腾冲、龙陵，与驻印军会师缅北，打通中印公路，即以主力渡河扩张结果。远征军长官部随即变更部署，以第二十集团军配属预备第二师为右集团军，攻击腾冲；第十一集团军（缺预备第二师）为左集团军，攻击龙陵、芒市"[1]。第十一集团军主力随即渡江。

至5月下旬，在怒江西岸沿高黎贡山脉，从北起马面关、南迄平戛街数百公里的战线上，中国左、右两集团军经过艰苦战斗，均取得立足点。滇西民众积极协助作战，提供军需，搬运伤员。美军则提供空中支援，第十四航空队多次轰炸腾冲、龙陵及平达等地的日军据点，并向中国军队空投军需装备。美方还派出野战流动医院随同行动，中国军队渡江过程中，美国工兵部队给予了极大帮助。这是全面抗战开始以来中国军队正面战场的首次大规模反攻作战，蒋介石致电远征军长官部说："此次渡江出击之胜负，不仅关乎我国之荣辱，且为我国抗战全局成败之所系。务希各级将领，竭智尽力，达成使命。"[2]

6月初始，中国军队开始滇西反攻战的第二阶段战役——攻坚歼敌，其间进行的主要战役如下。

攻克北斋公房制高点。北斋公房海拔3000多米，是中国军队渡江后由腾冲北向腾冲城攻击的必经要点。日军利用险峻地势，以第五十六师团

---

[1] 宋希濂：《远征军在滇西的整训和反攻》，《远征印缅抗战》，第66页。
[2] 《中国民国重要史料初编——对日抗战时期》第二编，作战经过（三），第472页。

第一四八联队固守。中国第一九八师与第三十六师一部采取迂回战术，以一部正面进攻，另以主力向北迂回攻击。由于道路险峻，饥冻致死的人马达数百之多。①6月16日终攻克北斋公房。

攻占南斋公房。该点位于江苴之东，是攻取江苴、瓦甸等地的必经咽喉，形势与北斋公房类似。中国右路集团第五十三军之一一六师仍采取迂回战术，于6月21日攻克南斋公房。上述两要点占据后，两部队会攻江苴、瓦甸、桥头、界头等地，使右路集团形成南下攻击腾冲城之有利态势。

腾冲城攻坚。腾冲历来为滇西文化之邦，明代建有条石垒筑之城墙，高大坚固，号称"铁城"。城外又有来凤、飞凤、蜚凤和宝凤四山为屏障。6月27日，远征军右路集团之预备第二师、第三十六师、第一九八师、第一三〇师从东、北、南三个方向逼进腾冲城，至7月上旬占领飞凤、蜚凤、宝凤山等制高点，对腾冲城形成合围态势。8月20日，在空军支援下，中国军队以火炮及火焰喷射器向腾冲城及城郊西南的来凤山日军猛攻，在城墙上炸开缺口多处，乃得突入城内。8月下旬，又进一步廓清来凤山残敌。日军继续利用城内房屋街巷与中国军队逐点争夺，酷烈的战斗持续到9月9日，敌守军第一四八联队联队长藏重康美大佐被炸死，城内主要据点被我攻克。当天，蒋介石下令腾冲城必须在9月18日国耻纪念日之前夺回，中国军队加强了攻势，终于在9月14日收复腾冲全城，至此，滇西反攻战取得决定性胜利。是役战果，共俘敌军官3名、士兵52名、营妓18名、毙敌军官50余名、士兵3000余名，缴获火炮15门、轻重机枪50挺、步枪800余支及汽车10辆等。我方亦伤亡5000余人。②

松山战役。右路集团进攻腾冲的同时，我左路集团亦发起松山战役，进击龙陵、芒市的咽喉据点。此处是滇缅公路过惠通桥后怒江西岸第一个要冲，我方势在必夺，日军势在必守。日第五十六师团之一一三联队及一个野炮大队凭山势险峻构筑工事，欲以有隧道相连的堡垒群阻止中国军队。

---

① 《第20集团军腾冲战役战斗经过》，《抗日战争正面战场》下册，第1508页。
② 《中国民国重要史料初编——对日抗战时期》第二编，第508页。又据《第20集团军腾冲会战经过概要》载：毙敌军官百余名，士兵6000名；我方伤亡官佐1334名；士兵17275名。见《保山地区史志文辑——抗日战争专辑》之二，第9—10页。

6月初，第十一集团军第七十一军以一部进攻松山，另一部向南迂回龙陵并切断龙陵之敌增援松山的通道。当龙陵、芒市之敌向松山方向增援反扑时，我新第三十九师由龙江桥南下，与第七十一军之第八十八师在龙陵东北郊与敌对峙，使松山之敌处于孤立无援局面。然该部凭借地势堡垒固守，中国军队进攻多日迄未奏效。7月初，远征军长官部派第八军之精锐荣誉第一师主力向松山、龙陵方向增援，开始第二次进攻，虽配以飞机及火炮轮番轰炸，但敌仍据险固守，我军仅占领敌部分前沿阵地。7月下旬，第八军主力第八十二师、第一〇三师再次增援。远征军司令长官卫立煌、第十一集团军司令宋希濂、第八军军长何绍周亲临松山前线视察。我军由第八军组织尖兵团攻坚，展开第三次攻势。从8月初始，逐个攻占敌阵地，通过以挖掘坑道、地下爆破等多种战术破敌阵地、堡垒，加之我军官兵殊死前进，终于9月7日占领松山。是役我军伤亡巨大，但终为在滇西扫清残敌打开了胜利之门。

图57 中印公路通车

收复龙陵、芒市。龙陵是敌第五十六师团重点盘踞的地区。6月初，第七十一军之新第二十八师向松山发起攻击时，该军之第八十七、第八十八师向南迂回攻击龙陵，切断敌芒市驻军与龙陵间的公路通道，并占领龙陵城外围广林坡、老东坡等据点。日军于6月中旬由腾冲等地调集援兵，迫使我第八十七、第八十八师退出已占领的据点并转入防御。8月中旬，中国军队在荣誉第一师及新第三十九师之各一部的增援下再次转入反攻，又占龙陵外围据点。然日军仍从遮放、芒市等地拼凑援兵，我军攻击进展缓慢。9月上旬，驻昆明的第五军第二〇〇师长途赴援赶至，我右路集团第五十四军第三十四师亦由腾冲南下投入战斗。战斗持续至10月，我军对龙陵形成合围之势。29日，我军发起总攻，至11月3日收复龙陵全城。守城日军在付出重大伤亡后，部分残敌乘黑夜突围出走。

远征军在滇西反攻战胜局基本确定的情况下乘胜进击，于11月20日收复芒市，12月1日收复遮放，1945年1月20日收复畹町。至此，中国滇西沦陷区国土全部收复。

1月27日，中国远征军同驻印军在缅境芒友的会师，标志着滇西反攻战取得辉煌胜利。次日，一批由雷多出发的新卡车经畹町进入中国，中印公路通车，① 滇缅公路全线恢复，中印输油管通油。中国军队作战目标完全实现。

图58　沿中印公路首批到达昆明的车队

缅北、滇西反攻战从1943年10月到1945年1月底，历时近一年半。据统计，整个战役中，日军伤亡和被俘共21057人。中国军队也付出了巨

---

① 浦光宗主编：《云南公路史》第一册，国际文化出版公司1989年版，第205页。

大牺牲，远征军官兵阵亡达26697人，伤35541人，失踪4056人。[①] 此后，新一军又参加了光复缅甸的战役，直至1945年5月才奉命回国。

缅北滇西反攻作战，是以中国军队为主，在滇西各族抗日民众的积极支援配合下，在盟军特别是美军方面的协助下进行的一次具有国际反法西斯战略意义的重大军事行动。它的胜利，稳定了盟军远东局势，使英、美得以全力组织欧洲作战和在南太平洋发动对日反攻。它稳固了中国战场，通过缅甸这个有港口的攻击基地的光复，英美海陆军构成了沟通南太平洋及东南亚地区的对日战线，从而避免了美军在中国及东南亚等地投入大量兵力进行陆上作战。

滇西缅北开始的反攻战是中国抗日战争正面战场的首次大规模反攻，其胜利彻底地消除了日军由云南发动军事行动的可能性，稳定了抗战决战阶段后方的局势。日军在滇西缅北的重大损失和中国军队战斗力的提高，大大地鼓舞了中国和东南亚各地日军占领区人民的抗敌勇气，成为中国抗日战争胜利的先声。

第二节　滇军入越受降

一　滇南防务

1940年6月，日本强行派军事监视团进入越南，目的在于阻止中国通过滇越铁路运输物资。9月，在广西的日军第5师团由镇南关进入越南北部。10月，第5师团调离，驻越日军为以西村琢磨为司令官的印度支那派遣军约5000人、隈部正美大佐的第21独立飞行队和海军第14航空队。日空军分驻于嘉林、海防等地，不时飞至中国云南地区进行侦察、轰炸。1941年7月日本确定"南进"计划后，饭田祥二郎的第25军又进入西贡，其中一部为进攻缅甸及东南亚准备。驻越南北部地区的为田中久一中将的第21师团和飞行队。

日军在越南的行动对中国滇南地区构成严重威胁；日飞机直接深入中国；滇越铁路亦停运，云南防务压力极大。时滇军大部在内地各战场参加抗战，兵力相当空虚。有鉴于此，军事委员会昆明行营主任龙云从1940

---

① 《远征军司令长官部所属各战列部队各战役伤亡官兵骡马统计表》，见《抗日战争的正面战场》，河南人民出版社1987年版，第307页。

年 6 月中旬起多次给蒋介石、何应钦及新成立的第一集团军司令卢汉打电报，"恳准即抽调第一集团军回滇，俾厚军力，而资应付"①。9 月起，经蒋介石批准，第六十军逐渐调回云南。最初在昆明设滇南作战军，旋在蒙自设立第一集团军总部，辖第六十军之第一八二、第一八四师和新组建的 6 个旅，随后这 6 个旅编为第一路军和第二路军，分别辖 3 个旅，以卢浚泉、张冲分任第一、第二路军指挥。

1943 年，第一、第二路军各旅加上绥署护卫团扩编为 7 个暂编师，其序列为：暂十八师，师长卢浚泉；暂十九师，师长龙绳武；暂二十师，师长安纯三；暂二十一师，师长邱秉常；暂二十二师，师长杨炳麟；暂二十三师，师长潘朔端；暂二十四师，师长龙绳祖。其中暂十九、第二十三、第二十四 3 个师由龙云直接辖制，余归卢汉指挥。

1945 年初，第一集团军改置第一方面军，卢汉为方面军总司令，指挥第一、第九两个集团军。其中第一集团军有第六十军和以暂十八、暂二十、暂二十二师新编的第九十三军（军长分别为万保邦、卢浚泉）。第九集团军为中央嫡系部队，司令官关麟征，原辖第五十二、第六十二两个军，后又调入第五十三军。方面军司令部移驻开远。

卢汉所部在滇南沿滇越边境之河口、金平、屏边、马关、麻栗坡以及个旧、建水、蒙自等地方布防，有力地形成对越北日军的遏制态势，使其不能进入滇境与进攻滇西的日军会合。

在滇西中国远征军反攻后，滇南驻军亦采取反攻行动。第一方面军司令部决定以蛮耗、新街、马关、麻栗坡为第一线阵地，石屏、个旧、蒙自、文山、西畴、富宁为第二线阵地；各部除"作韧强之防御"外，应以有利战机"相机击敌"。6 月，何应钦电令卢汉部各军"固守滇南既设阵地，并严密搜索越北敌情，与敌保持接触，如敌撤退，应不失时机以有力之一部进入越境"②。6 月中旬，各部开始进攻，经过大小 32 次战斗，至 8 月中旬，毙敌 300 余人，缴获轻重武器 200 余件。在强大压力下，越北日军终在 8 月下旬"分向我军接洽投降"。

---

① 《龙云请调一集团军回滇助防电》（1940 年 6 月 20 日），《滇军抗战密电集》，云南省档案馆 1995 年编印，第 386 页。

② 《续云南通志长编》，第 107 页。

二 胜利与受降

1945年7月，在德国法西斯已战败，日本帝国主义处于孤立的情况下，盟国首脑杜鲁门、丘吉尔、斯大林在波茨坦会晤。会后发布了以中、美、英三国政府名义促令日本政府投降的《波茨坦公告》。但日本拒绝接受公告。盟军方面遂以强大空中力量打击日本本土；美军亦加紧在南太平洋的攻势。8月6日和9日，美国轰炸机在日本广岛和长崎先后投掷两颗原子弹。8月8日，苏联对日宣战，百万红军于9日进入中国东北进攻日本关东军。

8月9日，毛泽东发表《对日寇的最后一战》声明。10日，朱德总司令命令中国共产党所领导的武装力量向日军展开全面反攻。正面战场的国民党部队也先后投入反攻。

日本帝国主义发动全面侵华战争8年，在中国军民的英勇抗击下，损失惨重。据统计，8年中被中国军队击毙的日陆军为385200人，海军19400人。[①] 中国军民及盟军发动全面攻势的强大压力下，日本帝国主义已处于人力、物力、财力消耗殆尽的境地，侵略战争再也无法继续下去了。8月14日，日本政府照会美、英、苏、中四国政府，表示接受《波茨坦公告》。15日，日本天皇裕仁发布《停战诏书》，宣布无条件投降。9月2日和9日，日本代表分别在东京湾美军战舰上和南京，向盟军及中国政府签署无条件投降书。世界反法西斯战争取得最后胜利，中国军民浴血奋战8年，终于取得抗日战争的全面胜利。

8月17日，盟军统帅部发布命令："台湾及北纬16度以北法属印度支那境内的日本高级指挥官以及所有陆海军和辅助部队应向蒋介石委员长投降。"北纬16度以南的区域由英国军队受降。据此，8月20日，第一方面军司令卢汉将军被蒋介石任命为越北受降区受降司令官。9月9日，日本中国派遣军司令冈村宁次在南京向中国陆军总司令何应钦上将签署投降书后，国民党军事当局指定了15个受降区，其中第一方面军所部第五十二、第六十、第六十二、第九十三军和3个暂编师负责接受越北区域日军投降。日投降代表为第三十八军司令官土桥勇逸中将，其部队为第三十八军（司令部在西贡）、第二十一师团（师团长三国直福中将）、独立混

[①] 王辅：《日军侵华战争》第4册，第2806页。

成第三十四旅团（旅团长服部尚志少将）。办理受降地点为河内。①

近代以来，中国屡遭列强侵略。经8年浴血奋战，中国终以战胜国的身份接受日军投降。对此，全国人民与身负赴境外受降重任的第一方面军将士无不感到欢欣鼓舞，"这没有疑问地是我国历史上相当光荣的一页"②。

方面军受降主官卢汉在受任后即积极部署，于8月底通知日军土桥勇逸司令速派洽降代表携带证件及所部人员装备表册，前往中国第一方面军司令部驻地开远洽降。9月1日，土桥勇逸的参谋长酒井干城中佐和第21师团参谋长三好秀男少佐及译员等8人，由美军联络官陪同到达开远。次日下午1时，中国方面军参谋长马锳接见日军代表，宣读方面军受降备忘录，命令日军"各就所在驻地，候本司令官所属之部队到达时，应立即命令负责交代地区后到达指定集中之地点"，命令日军妥为保管所属物资弹药，听候接收。③日代表呈递表册后退出。同日晚9时，马锳再致酒井干城第二至第五号备忘录，逐次指定日驻越北陆、海、空军之集中地点，令其将各类战争物资集中于河内。3日上午，中方组成第一方面军特派驻河内前进指挥所，以方面军副参谋长尹继勋少将为主任，参谋谢崇琦为先遣参谋组组长。谢与酒井干城于当日飞往河内筹备有关事宜。

9月中旬，第一方面军各军并列成5路，分向越北义安、河内、海防前进。暂编第十九、暂编第二十三师等随第六十军进驻河内。至下旬，各部队克服道路困难，全部到达指定集结地区，总计5个军、3个独立师共20万人。重庆国民政府财政、外交、经济、交通等部门各派一名代表组成入越受降顾问团，于9月19日至河内配合受降工作。在河内，中国军队受到当地华侨的热烈欢迎。

受降仪式安排在前法国驻越南总督府内进行。该府为一座三层法式大厦，"中作塔形，分左右两翼，前为大理石台阶。大厦前广场立旗杆，高悬国民政府国旗。办公室内的摆设布置颇富丽堂皇"④。

9月28日，正式仪式举行。自晨起，城内各重要交通街道由中国士

---

① 参阅《续云南通志长编》大事记，抗战三。
② 《卢司令官接受越南日军投降》，《云南民国日报》，1945年9月17日社论。
③ 《续云南通志长编》上册，第136页。
④ 凌其翰：《在河内接受日本投降内幕》，世界知识出版社1984年版，第12页。

兵严密布岗，气氛森严。总督府大礼堂四周悬挂中、美、英、苏四国国旗，正中高悬孙中山像。受降主官卢汉坐于礼堂中央，参谋长马锳、副参谋长尹继勋陪坐两侧；外向左为盟军代表席，右为高级将领席；次后为来宾席。中方顾问团、驻越侨民机关负责人、美军滇南驻军司令嘉礼格将军、越南越盟党政府官员、法国远东司令亚历山大（以个人资格观礼）以及各国记者数百人"临场观礼"。仪式开始，由方面军司令部第三处处长杨家杰引导日军土桥勇逸、三国直福、服部尚志等人步入礼堂，北向站立。卢汉宣读《中国战区中国陆军第一方面军司令部第 1 号训令》，宣布即日起驻越南北纬 16 度以北地区的日军，"完全受本司令官节制指挥"，"办理投降"事宜。读毕，由土桥勇逸在"受领证"上签字，完全"遵照执行"①，签毕即退席。

同日，方面军发布布告，声明中国军队入越受降任务为"接受日本侵略军之投降，解除其武装，并遣散之。中国军队非为越南之征服者或压迫者，而为越南人民之友人及解放者"。要求当地"各级行政机构一仍旧惯，互相发挥效能，保证和平，维持秩序。凡现有行政人员，亦应各就岗位，安心服务，努力工作"②。同时宣布保护越南人民及各国正当侨民之合法权益，希望全体越南人民与中国军队切实合作。

受降仪式后，全面接收工作由方面军司令部主持开始。各军奉命接收以下地区，分别解除日军武装，接收军品物资：第六十军负责义顺区，自夫炎、越曾以南至北纬 16 度线以北区域；第九十三军负责南河区，自越池、北宁、甘阳至太平、清化、和平间地区；第五十二军负责海防区，解除太原、北宁、太平之线日军武装；第五十三军集结海防地区。

日军在越南人数最多时达 10 万人，1945 年以后随着在各战场的失败而几次抽调，向中国军队投降时仅余 3 万余人。各接管区查明实在人数，俱报表册登记，除押解广州审判战犯 189 名外，实有官兵 29802 人。③ 在河内、海防、土伦等地，分别设置 3 个集结地，成立战俘管理处，约束战俘、管理生活、实施教育等。至 1946 年 4 月，上述官兵及部分日侨经卫生检疫并注射后，分乘美军提供的 9 艘运兵船遣送回日本。土桥勇逸等人

---

① 《续云南通志长编》，第 143—145 页。
② 凌其翰：《在河内接受日本投降内幕》，第 132 页。
③ 《续云南通志长编》上册，第 272 页。

列为战犯被押解至广州。

至此，中国第一方面军受降事宜顺利结束。在此前后，方面军所属各军已分别安排回国。

战时在中国内地作战的原滇军第58军、新3军分别参加了南昌、九江等地的对日受降。

第九战区被列为第5个受降区，受降主官为战区司令长官薛岳。9月14日，第五十八军军长鲁道源奉命代表薛岳在南昌受降，接受日军第十三师团、独立混成第二十二、第八十四、第八十七旅团、独立步兵第七旅团等约66830名官兵的投降，日军投降代表为原第十一军司令官笠原幸雄中将。鲁道源军长在受降仪式的训话中说："吾人同集此间，缔结一庄严之协定，俾将恢复和平。深盼自此庄严之时刻以后，由过去流血中产生更完美之世界，以信义谅解为基础，同致力于和平光明之大道。"① 此语道出了云南人民及全国人民的心声。

新三军仍属第九战区，军长杨宏光奉薛岳之命，接受敌第十一军驻九江部队及由广西、湖南退到九江的日军投降。新三军在受降后被缩编为第一八三师，并入第五十八军。新三军在抗战最艰苦的时期编成，长期在赣、鄂、湘、桂地区转战，牺牲了许多云南子弟兵，取得不少重要战绩。这是一支因抗日而产生，随着抗日战争的胜利而结束的光荣的军队。

中国从长期遭受帝国主义野蛮侵略到作为世界强国之一与美、苏、英等国共同发布敦促日本投降的公告，再到派出军队接受日军投降，这种巨大转变使全国和云南人民无不感到欢欣鼓舞、扬眉吐气。同时这一事实也极大地鼓舞着亚洲殖民地半殖民地国家和人民的民族解放斗争，特别是鼓舞着与中国山水相连的越南人民。在中国入越军队遣散侵越日本军队后，此前作为法国殖民地的越南，掀起了要求独立的民族解放运动高潮。

第三节　昆明"十·三"事件

一　事件经过

当云南人民还沉浸在抗战胜利的欢庆气氛中时，1945年10月3日，

---

① 黄声远：《壮志千秋·陆军第58军抗日战史》，上海汉文正楷印书局1947年版，第162—163页。

昆明却突然发生了震动全国的"十·三"武力倒龙事件。这一事件的过程富于戏剧性，而究其背景，却使人们喜庆的心情重新蒙上阴影——这是蒋介石集团发动内战的前奏。

1945年10月2日深夜，驻防昆明的国民党中央嫡系、昆明防守司令部（辖第五军、第八军等部）之重兵，在司令官杜聿明的指挥下，悄然包围云南省政府所在地五华山，同时第四十五师包围滇系暂编第二十四师龙绳祖部驻地；巫家坝机场守备司令郑延笈奉命严格控制机场，以防龙云逃走；宪兵第十三团则奉命负责昆明市区各交通要道之检查；昆明防守司令部通信营占领昆明各电报、电话机关，切断龙云与外界一切往来电报，截断电话线。部署极为严密。

10月3日凌晨，杜部开始行动。驻北校场的暂编第二十四师除一个团士兵放假回家外，余部很快表示愿意缴械；北门宪兵大队亦同意缴械；东门宪门大队则以武力相拒，一时枪声四起，双方接火；北门、北校场的滇系部队及宪兵听到枪声，反目开火。五华山有两连警卫兵力，亦奋力相拒。

当时执勤的昆明市警察局北城三分局发现有异动，立即反映到龙云的副官处，然未引起重视。市警察局认为事已急迫，迅速分别向云南警备司令禄国藩和威远街龙云公馆电话报告。龙云家刚接电话便中断，卫兵发现公馆已被包围，这时，有人从门缝中丢进来一封信。[①] 信的署名为杜聿明、李宗黄，[②] 大意为他们是"奉命"改组云南省政府云云。龙云认为事已至急，必须上五华山处置。于是他身穿便衣，不带随从，从第五军士兵所不熟悉的背街小巷上了五华山，与先后脱险的张冲、龙绳祖等人会合。张冲、龙绳祖指挥警卫抵抗，龙云本人则发出"勘乱"电报，说杜聿明叛变，围攻昆明城，命第一方面军司令卢汉率入越受降部队回攻昆明。但因线路已被切断，电报无法发出。五华山警卫部队与杜聿明部僵持到天亮。

3日晨，杜聿明派人将蒋介石电令交给龙云，内容如下：

一、昆明委员长行营、昆明警备司令部、昆明宪兵司令部着一律撤销；昆明军事委员会委员长行营主任、陆军副总司令、云南省政府委员兼

---

① 赵鼎盛：《回忆龙云被迫下台以后》，《云南文史资料选辑》第23辑，第144页。

② 李宗黄为云南人，被蒋任为云南省代主席，事变前刚回滇。

主席、兼军管区司令龙云，着即免除本兼各职；云南地方部队交昆明防守司令官杜聿明接收改编。

二、任命卢汉为云南省政府主席；在卢汉未到任以前，由云南省民政厅厅长李宗黄代理。

三、任命龙云为军事委员会军事参议院院长。①

当天，蒋介石又电催龙云起程就任新职，并要龙云"能树立楷模，为党与国共休戚也……以慰公私，而全始终"②。在杜聿明、李宗黄等人的催促下，龙云口头已答应赴渝，但仍盼望在越南的卢汉能有所动作，并一度"准备突围到滇南，以调回在越南的部队反击"③。4日，龙云初步同意赴渝，但表示要第五军退出昆明市区。昆明行营参议胡瑛等人将情况电告蒋介石，后者

图59　龙云（1884—1962）云南昭通人

坚持龙云须于5日赴渝，并在回电中威胁说："如逾期不至，则将以违抗命令，别有企图视之，中正亦爱莫能助。"④ 5日，行政院长宋子文到昆劝说龙云。龙云遂同意于6日与宋子文、何应钦（刚由越南返昆）等人一同飞重庆。一场风波遂告结束。

7日，龙云在宋子文陪同下见蒋介石，质问蒋为何身为中央领导，竟然以"非常手段"去改组一个地方政府、调动一名下级的职务？"这样做，恐对国人留下不良影响"。而蒋则推说这是杜聿明"搞错了"⑤。随后，蒋介石发布命令：杜聿明处理云南问题失当，着即撤职查办；另调关麟征任云南警备总司令。⑥ 云南的地方军警部队、地方保安团队多为关麟征部所收编。

国民党政府还都南京后，龙云被安排在中央路156号洋房居住，一直处于军统特务监视中。1948年秋，在得悉蒋有意将来安排他去台湾时，

---

① 昆明《正义报》，1945年10月4日。
② 申庆壁：《李宗黄先生操危虑深》，载台湾《近代中国》第56期，第218页。
③ 龙云：《抗战前后我的几点回忆》，《云南文史资料选辑》第17辑，第64页。
④ 胡以钦：《1945年云南省政府改组经过侧记》，《贵州史丛刊》1983年第1期，第77页。
⑤ 龙云：《抗战前后我的几点回忆》。
⑥ 参阅杜聿明《蒋介石武力解决龙云的经过》，《文史资料选辑》第5辑。

龙云在友人的帮助下秘密逃离南京潜赴香港，在港加入民革并进行反蒋、反内战民主活动。1949年8月14日，龙云与黄绍竑等44人联名发表《我们对于现阶段中国革命的认识与主张》，明确表示脱离国民党。

武力倒龙，可以说是蒋介石蓄谋已久的，其目的在于瓦解以龙云为中心的云南地方势力，以中央嫡系势力掌握云南军政大权，将颇有战斗力的滇军调至东北，最终使云南成为其内战棋盘上的棋子。

二 蒋龙矛盾的由来

蒋介石与龙云的矛盾，除个人因素外，更主要的是蒋介石所代表的官僚资本势力与龙云所代表的地方势力之间的矛盾。而更为蒋介石所不能容忍的，是抗战中后期龙云与中共方面保持着良好的往来关系。在中共各级组织及云南地下党的积极争取下，云南的抗日民族统一战线不断巩固和发展，龙云对昆明日益高涨的爱国民主运动采取同情、默许、保护的态度。因此从这一角度上看，龙云与蒋介石的矛盾，更有政治主张上的分歧。

1935年，在对长征中的红军进行围追堵截时，蒋介石曾详细视察过云、贵、川三省，惊叹三省物藏之丰富、人力之雄厚。在峨眉军官训练团对三省各级官员的演讲中，他说："我们本部18省哪怕失去15省，只要滇、川、黔三省能够巩固无恙，一定可以战胜任何强敌，恢复一切失地，复兴国家，完成革命。"[①] 抗战初国民党政府迁都重庆，中央系势力深入四川军、政、经济各界并逐渐左右了四川大局；贵州地方势力历来实力较弱，中央军一进驻即掌握了其局势。云南情况则不如蒋意，因此蒋也采取了一些措施渗透和控制云南。

一是加强军统势力在滇的力量与活动。1938年以前，军统局虽在云南设站，但人员很少，活动有限。1938年后，人员发展较多，活动频繁，并收集有关云南地方政府的情报。当年军统云南站一度撤销，但次年春即又重建，仍以情报活动为主。该站特务均以公开职业和身份作掩护，暗中监视云南方面的举动。1940年，军统又在滇南、滇西等地建立组织，如河口组、开远组、大理组等。远征军举行滇西反攻前，军统局在昆成立滇缅办事处，"配合远征军军事行动和监视云南地方实力派"，"统一领导在滇、缅、泰、越方面的特务工作"。至抗战后期，"军统在云南方面掌握

---

① 台湾传记文学社：《传记文学》1987年7月号，第65页。

控制有一二十个公开机关,在公开机关与秘密机关配合下,军统在云南的工作,已进入半公开阶段"①。其重要任务之一是破坏中共地下组织及其领导的爱国民主运动,而且往往敦促云南地方当局出面。如康泽到云南,要求龙云抓捕中共地下党员,龙云以"没有证据"予以拒绝。

二是以中央系部队控制云南。地方实力派对这一点很敏感,抗战初地方部队编入军事委员会陆军序列并出征抗战后,云南实力空虚,龙云又采取措施成立了几个旅,在地方加紧训练保安团队。中央军在编组远征军时进入云南,龙云顾全抗战大局欣然接受,但要求中央军不得进驻昆明市区。后蒋介石在昆明设防守司令部,龙云只同意第5军驻滇东杨林、曲靖、沾益间。但第5军最终还是驻进昆明西郊,防守司令一职也由杜聿明担任。

至1942年,进入云南的中央军有第二军、第五军、第六军、第八军、第五十二军、第五十三军、第五十四军、第六十六军、第七十一军等。分属第五集团军(杜聿明)、第九集团军(关麟征)、第十一集团军(宋希濂)和第二十集团军(霍揆彰)。其中第十一、第二十集团军为远征军,驻滇西;第九集团军驻滇南;第五集团军驻昆明附近。1943年年初设远征军长官部于楚雄。1944年12月,又在昆明设立中国战区陆军总司令部,以参谋总长何应钦任陆军总司令,龙云、卫立煌为副总司令,负责西南各战区各部队统一指挥、作战及整训。何应钦将在西南的部队编为4个方面军,分别以卢汉、张发奎、汤恩伯、王耀武为司令。龙云位置可谓高矣,然而他对于驻滇各军,至多能通过卢汉指挥滇系之第六十、第九十三军而已,以致龙云认为副总司令一职"徒负虚名",迟迟不愿就职。

经济问题也是引致双方矛盾的焦点之一。1940年国民政府进入云南的机关、人员不少,蒋介石要求龙云划分国家财政与地方财政,并要求龙云将地方资本所积存的物资、现金一概交给中央。龙云以将部分银元移出省财政厅等手段相对抗。又抗战初期滇越铁路尚通车时,进出物资很多,龙云规定收取"特种消费税",而这些物资中属中央政权及其官僚资本集团者甚多。中央迁滇有关单位认为在海关税外再纳税,是为重征,名之曰"龙云税"。龙云却以抗战后方需巩固国防、补充军实为名坚持征收。

---

① 赵振銮:《龙云与蒋介石的合与分之我见》,云南省历史研究所:《研究集刊》1983年第2期。

云南省经济委员会所属富滇新银行实际是省政府的金库和准备银行，历史上该行发行的滇币一直在全省通行。1939 年，国民政府在云南设立云南贸易委员会，规定外汇管理改由中央统一主持办理，富滇新银行管理外汇方面的职能"即从此告一结束"①。紧接着又规定集中白银之责任由中央金融机构负责执行；富滇新银行还被迫放弃商业贷款，其"全部力量从事生产建设事业之投资或放款"。1942 年 7 月，国民党政府实行钞票统一发行，14 日指令云南省政府：所有地方钞券，"自应一并改由中央银行接收，以符统一发行之旨"②。逐渐取代了富滇新银行在云南的独特地位。云南省政当局采取明退暗拖政策，在 1943 年 3 月公告收回滇币时，只公布收 10 元、5 元、1 元三种，未公布收发行过的 50 元、100 元两种。此时，总计新滇币 77382 万元中，50 元和 100 元合计为 59243 万元，占了大部分。③ 另富滇新银行密呈省政府，拟以云南半开银元"随币售买，以资收换"，要求提半开 10 万元售卖。龙云批示："本省富滇新银行半开银币不但为一般所注意，财政部亦不无垂涎。此次收回 10 元以下之滇票，应提半开数万元，由行负责直接另量照市出售，以作收回滇票基金。"④ 实际上，"另量出售"乃虚张声势，收兑资金龙云另饬云南花纱布分配委员会垫支，以后由富滇新银行归还，白银由此得到转移。

一个要限制、控制，另一个要反限制、反控制，双方矛盾不断激化。抗战中后期，随着国民党顽固势力不断掀起反共高潮，蒋介石逐渐集党、政、军大权于一身，其专制独裁即使在国民党内也是愈演愈烈，引致国民党内许多倾向或同情民主人士和地方实力派的不满，龙云就是其中之一。中共方面长期细致的统战工作更推动着这些人倾向民主，这当然更为蒋介石所忌恨。

三 滇军赴东北

将滇军调到东北为内战做准备，是武力倒龙谋略的重要一环。为此，蒋介石也作了一番周密布置。

---

① 《云南行政纪实》第 17 册，金融。
② 《云南省政府秘书处档案》，106 - 4 - 45，第 137 页。
③ 云南金融研究所编：《云南近代货币史资料汇编》，第 344 页。
④ 《云南省政府秘书处档案》，106 - 4 - 1665。

在卢汉第一方面军入越受降前,所属部队中除第六十、第九十三军为滇系外,暂编第十九师、暂编第二十四师的师长分别为龙云的两个儿子龙绳武和龙绳祖,暂编第二十三师师长为潘朔端。这3个师是抗战中后期在云南组建的,赴越临行前龙云曾要求将其师留驻云南,但蒋介石仅同意留暂二十四师龙绳祖部。龙云也就没有坚持,但为防不测,龙云曾密嘱卢汉:一旦后方有事,闻讯即火速回军。①

开始入越后,滇系两个军主要集结于河内,海防港为第五十二军(中央系)驻防;另第九十三师驻于滇越边境一带。这时,原未列入受降部队序列的第五十三军突然奉命集结于滇南河口一带,名为拨归第一方面军指挥,实则使之处于截断滇军归路的态势。对入越各军、师的推进计划和配备位置,蒋介石和何应钦亲自过问,何应钦在昆明、重庆、河内等地多次往来。

10月1日,何应钦飞抵河内视察,国民党空军副司令王叔铭亲自驾机,与第九集团军司令关麟征亦一同到达河内。关与卢汉见面后即声称要"看望第五十二军旧部",前往海防港;王叔铭却给卢汉带来一封蒋介石的亲笔信,内容为:抗战胜利,国家急需统一军令政令。为加强中央,巩固地方,特任龙云为军事参议院院长,调中枢供职以全其晚节。并委任卢汉为云南省政府主席,李宗黄为民政厅厅长。在卢汉未到任前,由李宗黄为代理省主席。②

卢汉与方面军军法处处长范承枢商议认为,"委"卢汉为云南省主席而不是"兼"主席,这就意味着要解除卢汉的军职。虽有部分滇系军官主张以武力打回云南,但形格势禁,最终还是按兵不动。10月下旬,蒋介石电召卢汉赴渝参加复员整军会议,卢汉准备了省主席必须兼任保安部队司令,否则就辞职不干的"上中下"对策。但最终结果是:允许云南省设保安司令部以卢汉兼司令;但不撤销云南警备司令部并以关麟征为司令;第六十、第九十三两军直接由越南调东北;云南省政府人事安排由卢汉与行政院长宋子文"会商办理"。无奈之下,卢汉于12月1日就任云南省政府主席。

按蒋介石原来的部署,卢汉也当不成省主席。在1945年7月23日召

---

① 龙云:《抗战前后我的几点回忆》。
② 范承枢:《卢汉就任云南省主席的经过》,《文史资料选辑》第86辑,第73页。

见李宗黄时，蒋曾这样说："国军反攻即将展开，卢汉将随何（应钦）总司令反攻。在过渡期间暂以卢汉负云南省政府主席的名义，而以兄（李宗黄）任民政厅长兼代主席，到了相当时刻，再为真除。这样做法，对政略的运用，较有裨益。"① 只是因为昆明民主运动在发展，很快又爆发了震惊全国的"一二·一"运动，李宗黄在滇声名狼藉，卢汉才坐稳了省主席位子。

11月，按蒋介石在整军会议上的布置，在河内对滇系各军、师进行了如下整编：第六十、第九十三两军各编成3个师，精减人员；原暂编独立第十九师、第二十三师取消番号，裁汰后分别编入第六十、第九十三下属军各师；各军、师长人选亦多有变动。12月10日，何应钦令这两个军改归徐州绥署之第二绥靖区第一集团军孙渡序列。未及开拔，蒋介石又令两军"暂归东北保安司令长官杜聿明指挥"②。1946年年初，两个军陆续被转运至东北长春等地。

滇军原是一支地方性很强的军队，但在抗战中，广大官兵感于全国、全省人民的抗战热情，没有辜负全省各族人民的重托，为抗战胜利作出了重大贡献。同时，在滇军广大官兵中，国家、民族意识和爱国民主思想的影响日益广泛，加之中共方面的努力、争取工作，成为其中许多官兵以后在东北毅然走上起义光明之路的政治基础。

---

① 申庆壁：《李宗黄先生操危虑深》，台湾《近代中国》第56期，第218页。
② 《续云南通志长编》上册，第134页。

第九章

抗战时期的云南经济

第一节 战时的农村经济

抗战时期是云南经济发展史上一个较为特殊的阶段。在战时经济条件下，一方面，广大人民群众除直接投身抗日救亡运动外，更多的群众和基层乡村农民对发展生产以支援抗战投注了极大的热情；另一方面，地方政府亦采取若干措施，促进农作技术的提高和为生产发展创造条件；再者，滇缅公路的通车及若干县乡公路的兴修，亦促进了农村市场的繁荣和农村家庭手工业的发展，并在部分地区形成一定规模。因此，抗战时期是云南农业生产进步较快的时期。由于战时物资需求量较大，对云南农业亦存在较大压力。滇缅公路一度中断后，外部输入粮、棉随之中断，因而云南农民承担着较重的粮赋负担，同时也为抗战胜利作出了较大贡献。

一 战时农业的压力

云南作为抗战后方，首先有内地机关、学校和军队迁入后骤然增加的人口与军供压力。[①] 从1937年开始，有中法大学、同济大学（1940年迁四川）、国立艺专以及西南联大、中山大学等学校迁入昆明、大理、澄江等地。1938年，随着华东、华中国土的沦陷，又有大量工商企业迁入云南，若干政府机关也进入云南。1941年滇西缅北战场开辟，国民党军队

---

① 根据多种资料，1936年云南省人口总数为1200余万人，1938年增加34余万人，1939年后则呈下降趋势。云南省人口有因战争流亡散失的，亦有战时统计不全的因素。另，军队人数当不在滇省统计内。

陆续进入滇境者数达 60 余万人。① 在滇西反攻时期，保山、腾冲等地，保山一县提供军粮的情况是："三十一年（1942）初，我远征军第五、六两军，出援缅甸，保山路当孔道，需要大量军粮补给……一月，县府奉令提积谷三万九千公担，碾发军粮一万三千大包，接济军食，嗣后以征实拨还。三月，又奉令提碾积谷一万二千大包，拨款购谷填仓。并奉令采购三次，共二万大包。"同年还开支破坏滇缅公路桥梁等阻敌工程用食米 183292 斤，招待伤兵、难民用食米 754496 斤。1943 年，"共拨军粮 64106 大包，及拨还 8 月借垫谷 6000 大包。嗣后，又代 11 集团军采购 12000 大包，每大包价款 1900 元；71 军采购 1000 大包，每大包价款 2000 元"（每大包合 3 公石）。而当年保山县人口总计仅 270985 人，② 负担极重。1944 年，"增援军开来保山，日需粮食 5 万余斤……正值民间青黄不接，而军粮又万分紧迫，乃决定：凡贷放民间积谷，一律免息收回；如借户确无法归还，得向富户借垫，秋收后再为偿还富户。乡、镇、保、甲动员催粮，各乡镇规定逐日交粮数目，兵站车辆随时在各乡镇公所等待运输。人民有粮食，不论 30 斤、50 斤，均借垫一空。积少成多，每日均凑交四五百大包，运济前方"。从 1942 年至 1945 年，保山县共采购军粮 6.5 万大包，征田赋交粮 198000 大包，动用积谷 78884 大包。此外，尚供应其余军需品计柴薪 23648235 斤，豆料 8923808 斤，马草 19061574 斤，猪牛肉 464599 斤，枋板 238121 丈，棺木 13350 副，家具炊具等 68184 件。滇西沿线下关、云龙、永平、昌宁、镇康等许多县亦向军队提供了大量军粮与军需。③

其次是在全省范围动员增加积谷。1936 年，云南储备积谷 240 余万京石（每京石 140 斤），已有一定数量。1937 年全面抗战爆发后，国民党政府指示各地多备军粮，云南省民政厅拟定新抽积谷办法，实行分期抽填积谷，即以滇西、滇东和滇南公路、铁路附近产谷各属共 40 余县列为第一期抽填区域，限于当年 12 月底以前抽足；其余各县为第二期抽填区域，

---

① 参阅谢本书《近代云南各族人民的爱国主义斗争》，云南民族出版社 1991 年版，第 252 页。

② 云南省档案馆编：《云南省档案史料丛编·近代云南人口史料》第 2 辑，上册，第 110 页。

③ 方国瑜：《保山县志稿·卷六·抗战期间协助军事》，《保山地区史志文辑》抗日战争专辑之四，第 304—310 页。

限于1938年年底前抽足。抽填数额，原拟每亩田加抽谷一京斗，旋因土地肥瘠不同，仍改按旧额之每户一京石，各再照额增填三成。以全省户数233万余户计算，"除旧积谷数外，本年底可增积谷69万余京石（1937），二十七年（1938）底亦可照增此数"①。1937年10月，行政院电令各省尽量收买新谷以备急需，云南省财政厅即筹旧滇币100万元，在全省采购新谷5万京石。同时，省政府饬令各县"如有存款者，统限于本年秋收后一律买谷填仓。如不遵办，查明即予惩处"。次年，民政厅派出视察员巡察全省，催各县以存款买谷还仓。1939年初，又按内政部要求，按原标准数增填三成基础上，"再增填一成，共计四成"，而当年产谷较多之昆明、富民等50县，"一律增填积谷二成"。其中部分交昆明粮食管物处平价，以平抑当时昆明高涨的粮价；另以部分留为地方机关、学校之食用。当年年底，民政厅统计全省实有积谷328万余石，较1937年增加约50%。② 1940年，省政府拟定《优待出征军人条例实施细则》，规定凡出征壮丁或军官家属，确系家庭贫寒者，"应派积谷得予免除"。

到1940年年底，积谷数额已达558万余京石，实存数为322万余京石。其间除少量因灾拖欠者外，还有部分用于救济灾荒或平抑粮价，大多则为提供军粮，"于民食军粮俾益匪浅"。如1942年9月，驻滇南第9集团军"拨借文山等6县积谷，接济军粮"，其数达44万大包。③ 国民党财政部、粮食部亦于当年向云南省政府借用积谷120万公石，大多用于驻滇军队之军粮供应。1945年抗战胜利前夕，省民政厅在给省政府的报告中说："以本省各属自三十二年度（1943）后，灾歉频仍，而大军云集，供应浩繁，更以征实征购借数量比年递增，人民负担奇重，农村经济异常凋敝。只原仰体军事第一，胜利第一之义旨，不得不勉力以赴事机。际兹日本已要求无条件投降，战事结束，指日可期，此石粮食消耗数量当可减少。亟应安定农村，使民稍得苏息。"④

再次，农民除负担新增积谷外，更沉重的压力来自田赋的增加及劳役的摊派。云南省政府于1928年开始在全省范围内实施清丈田地，持续时

---

① 《云南行政纪实》第4册，民政仓储·各属积谷。
② 《续云南通志长编》中册，第266、270页。
③ 同上书，第275、276页。
④ 同上书，第284页。

间长达12年。1940年，除边远梁河、潞西、贡山、瑞丽等19个县或设治局未清丈外，已完成清丈的110县属中，得新亩积2852.3万亩，较清丈前有大幅度增加。① 在清丈过程中，即拟定了《云南省财政厅征收耕地税章程》，改田赋为耕地税，厘定耕地税按耕地好坏分三等九则，定率计征。税分正税与附加税，附加税为正税的1—4倍。清丈中颁发清丈执照为土地所有权的唯一凭证，收取执照费作为清丈开支，对于农民来说，此亦为一笔不小的负担。清丈前，昆明等91县旧赋额为新滇币131万元，清丈后，新税额即迅升至297万元，增加一倍以上。

1939年11月，省政府将耕地税正税征税率提高一倍，次年又调整税率，各等则税率由上等上则每亩征国币1.5元依次递减。附加税方面，从1937年起，因抗日需加强地方自卫，征收耕地附加税解决县保安队的装备经费。

抗战进入相持阶段后，中原及沿海大片国土沦陷，国统区仅限于西南、西北诸省。1941年6月，国民政府为保证粮食来源，决定各省田赋统归中央接管，并改征实物，旋在各省成立财政部田赋管理处。龙云主政时期的云南原征货币，是年即将昆明等63县改征实物（稻谷），征率为原税额每国币1元改征稻谷1斗2升；其余县仍征国币，以上年原税额每1元国币现征国币6元。1942年，云南省政府根据行政院《战时田赋征收实物暂行通则》制定了《云南省战时田赋征收实物及随赋征购粮食实施办法》，扩大征收实物县属至107县，定征率为1斗5升，同时带征县级公粮5升，共计2斗（低于全国统一规定原国币1元改征粮食4斗）。而情况特殊仍征币的16个县，征率为原国币1元征国币30元，带征公粮款10元，合计40元。此外，为满足军需及公粮，在征实的同时，又办理粮食征购。当时云南"征购价远低于时价，而且不全给现金，一部分价款只发给粮食库券或美国储蓄券，遂将征购变为征借"②。1943年，云南大部分地区遭受水旱灾害，"初则霜雪扬威，小春不景；继而水旱失调，栽插违时；益以虫蝗助虐，风雹交侵。田中禾稻或中道枯焦，或扬花未实。灾区广达96属，占全省行政单位80％"③。当年经报国民政府，征实核减

---

① 《云南省志·财政志》，云南人民出版社1994年版，第55页。
② 同上书，第58页。
③ 《云南档案史料》1991年第2期，第19页。

30万石，公粮及征购部分"仍如旧额"。1941—1946年云南征实、征购具体情况见表9—1。①

表9—1　　　　1941—1946年云南征实、征购数额

年份	赋别	配征数（万石）	收起数（万石）	折征国币区收起数（万元）
1941年	征实	90	90.4183	2347.7382
1942年	征实 征购 县公粮	150 200 50	173.1860 270.4182 56.2922	535.3277
1943年	征实 征购 县公粮	120 200 50	117.2608 199.5562 45.2822	1638.6978
1944年	征实 征购 县公粮	150 210 50	160.7503 213.7013 53.77	2000.9493
1945年	征实 征购 县公粮	150 150 50	125.8754 145.4833 42.8834	13734.5040
1946年	征实 征购 县公粮	75 37.5	36.06	

除遭灾的当年外，云南各年度均基本完成各项征购数，不少年份甚至超额完成。为此，云南人民特别是广大农民付出了极大的代价。抗战最后几年中，粮荒问题一直困扰全省和人口集中的省会昆明，但云南人民为了抗日救亡和争取滇西抗战的最后胜利，克服重重困难，忍饥挨饿，保障了军粮、公粮的供给。1944年，云南省参议会在讨论解决昆明粮荒问题时，认为本省"于省府主席龙公领导之下，既抱定效忠职责之决心。而朝野人士，亦各瞭知大义，热忱赞助。愈以全省民众一致认清立场，不惜毁家

---

① 据《云南省志·财政志》，第60、61页。

纾难，踊跃报纳，率各勉为应付。收效之大，得未曾有"①。

二 农业的进步

抗战伊始，改进滇省后方农业、增加农产品产量是全省上下一致的努力目标，其主要进步反映在以下几个方面：

第一，主要农作物播种面积与产量均有提高。1937年9月，云南省政府建设厅通令各县区"一面于原种田地之外设法加种稻麦，俾各县粮食不惟足以自给，且能储积多数，用备非常需要。一面调查公私荒山荒地，凡能种植稻麦杂粮者，均应由地方官绅督饬人民大量种植，以充实后方生产，增强抗战资源及其力量"②。1938年8月，省政府又颁布《云南省承垦公私荒地暂行办法》，规定私人开荒地者，垦荒后3年始缴纳田赋，土地耕作权无偿归承垦人。据建设厅登记，1943年垦荒领证数为4298亩，1944年为5857亩。③ 稻、麦等主要农作物的播种面积与产量均有所提高（见表9—2）。

表9—2　　　1937—1945年云南主要农作物播种面积、产量

		1937年	1938年	1943年	1944年	1945年
稻	面积（亩）	985.4000	1145.3612	1036.6519	1096.4417	992.0068
	产量（担）	3297.6000	3889.0716	3795.6831	3189.1140	3235.2106
玉米	面积（亩）	483.1000	450.9581		488.9400	493.8294
	产量（担）	892.2000	522.7008		762.7400	755.1126
大豆	面积（亩）	167.4000	173.6667		189.8084	189.8084
	产量（担）	505.4400	285.3336		293.0000	301.7900
高粱	面积（亩）	42.7000	42.5983		45.2800	46.1856
	产量（担）	80.7600	63.1500		61.1200	62.3424
大麦	面积（亩）	216.8000	240.2887		150.6200	149.1130
	产量（担）	317.6600	336.3672		215.3933	213.2394

---

① 《昆明市粮荒节略》，《云南档案史料》1991年第2期，第18页。
② 《云南行政纪实》第10册，建设一，农业。
③ 李培林：《云南近代农业概述》，《云南近代经济史文集》，《经济问题探索》杂志社1988年版，第162页。

续表

		1937年	1938年	1943年	1944年	1945年
小麦	面积（亩）	439.9000	485.1913	535.8520	497.5000	507.4500
小麦	产量（担）	692.6400	716.2992	729.3159	832.8366	849.4933
蚕豆	面积（亩）	583.5000	662.9755	493.9562	612.4585	624.7076
蚕豆	产量（担）	988.4000	1013.2032	753.9933	918.6877	937.0614
豌豆	面积（亩）	196.8000	228.1727		214.5782	214.5782
豌豆	产量（担）	224.4000	264.3600		253.2022	253.2022

资料来源：云南省人民政府财政经济委员会编：《云南经济资料》，1950年。

由表可以看出，各种农作物播种面积基本呈上升趋势，特别是1938年增加较快。产量方面，除1943年因全省大面积灾害，豆类、高粱、玉米产量有所下降外，稻、麦（大麦、小麦）等保持战前水平。而在20世纪30年代末期至40年代初，稻谷产量有较大幅度的提高。

第二，农田水利建设事业有较大进步。云南多为山地，水利灌溉对农业有着尤为重要的意义。龙云执政时期已由建设厅水利局在全省督导兴办了若干水利工程。1937年，建设厅拟订了以防洪、灌溉为主要内容的年度水利工程计划方案，要求各地以摊集、私人捐助、公款拨助、招集股份等方式筹集工程经费。1938年年底，由经济部与省水利局订立合作协议，由经济部出资150万元，省出资50万元作为办理云南农田水利工程贷款基金，并由双方组成云南省农田水利贷款委员会。[1] 次年初，委员会派遣技术人员分赴全省进行工程考察，为确定工程项目收集详细资料，同时筹备在各县设立水利协会，作为当地水利工程的承办者。至1940年5月，省水利贷款委员会在全省拟定了9个较大的水利工程，计划需贷款国币一千万元，完成后受益田亩达32万亩。工程主要分布在昆明、宜良、弥勒、建水、文山、罗平、沾益、陆良、昭通等县区。这些工程因筹款等原因先后开工，至抗战胜利后的20世纪40年代末为止，已投入运行使用的工程项目见表9—3。

---

[1] 参阅张肖梅《云南经济》第14章，水利，中国国民经济研究所1942年版，第10页。

表9—3　　　　　20世纪40年代末云南建成水利工程

工程名称及主要内容	受益面积（亩）	备注
宜良文公渠（引水）	30000	使用中
宜良龙公渠（引水）	17000	使用中
弥勒甸惠梁（引水）	12000	
沾益华惠渠（蓄水灌溉）	40000	
蒙自草坝（开河排洪）	80000	工程仍在继续
鲁甸邵家闸（引水）	16200	
宾川西平渠（蓄水灌溉）	26454	
昆明马料河（抽水工程）	5000	
昆明明家地（抽水工程）	1600	
昆明谷昌水库（水库）	25000	
昆明官渡（抽水）	6000	未达计划灌溉面积
昆明三合营（抽水）	5000	未达计划灌溉面积
昆明灵源乡（抽水）	6000	未达计划灌溉面积

资料来源：云南省财政经济委员会编：《云南经济资料》，1950年，第60、61页。

其中昆明、宜良、弥勒、沾益等地水利工程规模较大，初步奠定了此后当地水利建设的雏形。宜良文公渠、宜良龙公渠、弥勒甸惠渠、沾益华惠渠为当时有名的"四渠工程"，均于1943年完工，受益田亩达8万亩。此外，嵩明县嘉丽泽排水工程、姚安县晴蛉河治河灌溉工程、晋宁马家塘蓄水工程、玉溪大沙河治河工程、祥云中河治河灌溉工程等也于1943年后陆续开始建设。[①] 工程技术方面也有所进步，例如，对昆明附近盘龙江、金汁河、宝象河以及海口河等的治理，事先有较为详备的计划方案，并将防洪、灌溉作统筹考虑。

第三，农技推广与经济作物种植取得成效。1936年年底，云南省建设厅组织了各方面专家参加的调查团赴滇南及思普沿边一带进行农业调查，调查报告认为思普所属及南峤（今勐海县勐遮一带）、佛海（今勐海）等县"平原较多，土壤肥沃，最宜垦殖"。建设厅遂于1937年先后在蒙自、南峤、文山设立农林场，以农林专员管理其事，开展咖啡、茶、油桐等经济作物的种植，并在文山农林场种植三七，由技术员培育种子，当年文山、

---

① 丘勤宝：《云南水利问题》，新云南丛书社1947年版，第82页。

西畴试验场获红子20万粒，以10万粒由该场试种，另10万粒分发文山、西畴、砚山等县农民领种。① 思普农林场占地约2万亩，1938年首期种植200亩，以稻谷、茶叶、棉花、油桐、樟脑、金鸡纳等为主要种植品种。

20世纪30年代初始，云南省择地举办棉作试验场。1934年，宾川试验场试种美棉品种效果较好，亩产量约达120斤，"人民要求发籽者亦渐踊跃"。省经济委员会在昆明兴办纺纱厂后，1936年省政府决定由建设厅筹设棉业处，以推广种植，满足需求。此后两年，棉业处在宾川、弥渡、元谋、华宁、开远、曲溪（今建水曲江）、弥勒、建水设棉业推广所，示范亩积达200余亩。第二年，全省种棉面积即由上年的3747亩迅增至3万亩，1938年又增至5.2万亩，② 种棉县达24个。1939年，全省有81县、局种棉，产量达7644270斤。③ 此后至抗战胜利，一直维持600万—700万斤的年产量。虽有如此发展，但云南棉花产量与需求量仍有较大差额，昆明、云南二纺织厂所需棉花仍大量依靠引进印缅及湘鄂棉花解决。

20世纪40年代初，云南试种美烟成功。1941年年初成立烟草改进所，负责引进美种烟草的试种与推广，经在昆明、富民试种，选定金圆种作为推广对象。试种过程中建立了烤房，改变了此前云南烟叶依靠自然晾晒的状况。同时向农民推广和培训栽植与烘烤技术，均取得较好效果。1948年开始大面积推广，种植面积与产量迅速上升以致成为云南最重要的经济作物之一（见表9—4）。

表9—4　　　　　　　　1941—1945年云南烟叶产量表

年　份	种植县（个）	面积（亩）	产量（斤）
1941年	2	180	3800
1942年	7	2727	123632
1943年	13	14292	921502
1944年	15	23594	1893196
1945年	16	27552	1800000

资料来源：《云南经济资料》，第33页。

---

① 《云南行政纪实》第10册，建设一，农业·开广区农林场之设置。
② 《云南行政纪实》第10册，建设一，棉业之推进。
③ 《云南经济资料》，云南省人民政府财政经济委员会编印，1950年版，第37页。

在农技、农作机构设置方面，1938年4月，国民政府在滇设立中央农业实验所工作站，职员由负责棉作、稻作、麦作、病虫害、蚕桑等方面的技术专家组成，随后又成立农技机畜产改进所、稻麦改进所、蚕桑改进所、茶叶改进委员会等。省建设厅与中央农业试验所合作成立了云南农业改进所，下设森林、畜牧兽医、农艺、园艺、热带作物等系和农业经济、植物病虫害、水旱灾害等3个研究室。这些机构与研究室进行品种改良、病虫害防治的研究与技术推广工作，并且兴办了一些实验场。例如，畜产改进所在昆明设立畜牧试验场，在宣威举办生产猪场，以便改良畜种；稻麦改进所调查、试验了本省小麦品种200余种，省外、国外品种300余种；[1] 蚕桑改进所在安宁长坡开垦荒地千余亩设立生产农场，建立新式蚕室，播种桑子，并从四川购进大量桑子桑苗向各地推广。[2]

云南省经济委员会则兴办了具有近代农场性质的开蒙垦殖局。该局于1937年8月成立，设局长及总务、工务、农务、财务4课，有职员100余人，雇有职工500余名，每月发给工资，从事农垦，另视需求雇若干短工。1938—1939年年底，已开出水田3万余亩从事种植。除自种万余亩外，该局另招佃户500余户耕种，所收获量按局三佃七分配。

三　农村土地关系

1. 土地占有

根据战前的官方统计数，1932年云南全省从事农业的人口有2430194人，其中佃农807967人，半自耕农610073人，自耕农1012106人；佃农占农业人口的33.25%，半自耕农占25.1%，自耕农占41.65%。[3] 1934年国民政府行政院复兴委员会派员在云南昆明、禄丰、玉溪、马龙、开远5县进行农村调查，所得各县6个村土地占有情况分别如下。[4]

昆明——大部分耕地系自有者占总户数的48.05%；大部分耕地系租来者占51.95%。

---

[1] 参阅张肖梅《云南经济》第11章第7节，第122页。
[2] 《云南行政纪实》第10册，建设一，农业·畜产之改进·稻麦之改进。
[3] 《续云南通志长编》，农业一，第249页。
[4] 《云南省农村调查》，商务印书馆1935年版，第77页。

禄丰——自有耕地者占 52.70%；租佃耕地者占 47.30%。
玉溪——自有耕地者占 34.15%；租佃耕地者占 65.85%。
马龙——自有耕地者占 56.52%；租佃耕地者占 43.48%。
开远（两个村）——佃农、雇农占 77.56%。

在开远调查的两个村中，列为地主的仅 1 户，有地 6 亩；列为自耕农的 6 户，有地 13 亩；而佃农、雇农、半自耕农共 43 户，所耕种的土地则多达 350 余亩，这些土地的所有者"大都不在农村而住在城内，土地所有权与土地使用成了分离现象，佃农与地主对立的事实严重的存在着"，"农村内大部分之土地（几达百分之九十）是被住在城内的地主剥夺殆尽，农村只剩许多无地的农民了"①。其余各县情况亦大致相仿。此外，上述调查比较了 1928—1934 年的土地所有权变化情形，大致是"地主兼自耕农（指地主中有部分田地自行雇工经营，而不是以租佃形式交佃户耕种，实亦地主——笔者注）户数的百分比减少，而土地所有的百分比在增加。自耕农与半自耕农的户数和土地所有百分比均在减少"②。反映出地主经济体制下土地所有权集中的趋势。据张肖梅《云南经济》一书提供的数据，1911 年云南省有报告的 14 个县中，佃农占农户总数的 29%，而至 1933 年即上升至 39%。抗战爆发后，土地向少数人集中的趋势仍然没有缓解。1937 年，上述受调查的 5 县中，贫农占全县农户总数的比例，最低的玉溪占 58.59%，最高的开远占 87.76%，③ 农村贫困化日益严重。又 1940 年农民银行在澄江县调查 17 个村 988 户农民的情况，无地或有少量土地（4 亩以下）的贫农、雇农多达 590 户，占调查总户数的 59.12%。再据费孝通先生的实地调查，昆明附近农村无田户达 31%。④

上述区域系以汉族为主及地主经济占主要地位的云南内地或交通较便利的区域，在汉族与少数民族杂居的区域情况也基本相同。例如镇南（今南华县）沙村，由彭村、官村、雨村、哈村 4 个小自然村组成，"彭村系地主所在地，所属田地比较肥沃。官村内有自耕农两家及彭村迁来之地主数户，余则概系佃农。雨、哈两村，亦全系佃农。全区共有人口

---

① 《云南省农村调查》，第 254、258 页。
② 同上书，第 87 页。
③ 张肖梅：《云南经济》第六章，第 5 页。
④ 同上书，第 2、5 页。

1564人，地主系一汉族大姓，虽曾分居两村，但人口仅有205人，余侧全是佃农。该区夷人（少数民族），在数十年前亦有地主及自耕农……今除它迁者外，已全沦为佃农，共1191人，占全区人口75%"①。而在抗战时期，官产、寺庙地产等也增加较快。

在边远及以少数民族为主的若干地区，尚存在土地原始公有制、领主占有全部或大部土地以及奴隶制等土地所有形态。

2. 租佃关系

佃户向地主租种土地，大多以实物地租形式缴纳租额，亦有少量以实物折算缴纳货币地租的，前者占90%左右。实物地租中，定额租又较分成租为普遍。其租率"最高者征收到占物产额80%以上者，普通总在50%左右"②。分成租率则因等级不同而定，如滇东曲靖、富源、沾益、马龙等县，一般上田为主六佃四，中田各半，下田为主四佃六。货币地租亦分田地等级直接规定于租佃契约中，如开远上田约12元，中田约9元，下田约7元。

1940年驻滇的中央农民银行、交通银行等曾对部分农村进行调查，结果表明地租额较战前有升高之势，如澄江租率占全年收获量的60%，华宁、江川占80%，禄丰占61%（据费孝通调查数据），昆明高达88%。

佃户向地主租地还须缴纳押金，亦视田地等级而定。除地租外，佃户还须为地主服劳役或出义务工若干。佃农、雇农与地主间的关系，一般由契约约定，通常不存在永佃权，佃户人身亦相对自由。但农村中的实际情形往往是，地主多兼官僚豪绅或高利货主多重身份，对佃户或逼之以权势，或依靠流氓"当临时狗腿子。跟随地主恶霸行坐不离，如债户家在乡间，则阻止不准回家；家在城镇，则横跨当门，监视出入，上厕与俱"③。长期以来，高利贷亦在农村肆虐，不仅佃农，许多半自耕农、自耕农亦因举借高利贷而破产。

抗日战争时期云南农村经济的基本特征，可作如下概括。

其一，农村土地关系与土地制度较战前没有任何值得肯定的重大变

---

① 杨堃：《云南农村》第5章，见《云南史地辑要》，云南省立昆华民众教育馆1949年版，第15页。
② 张肖梅：《云南经济》第六章，第9页。
③ 《昆明市志长编》卷十一，第141页。

化，相反，土地集中呈日益严重的趋势，地租剥削不断加重，高利贷盘剥助虐其间。而且，由于抗战期间各地举办保安团队及战时权力集中，农村呈现更为明显的官僚地主一体化现象，许多军政官僚同时兼为大地主、地主、商人甚至高利贷者。同时，官产土地也在扩大。这些都加重了广大农民的负担。

其二，国民党政府实行的田赋征实征购（在云南实为征借）政策，保障了战时军粮、公粮的供应，地方积谷制度也发挥了重要作用，在若干地区还对抑制高涨的粮价产生了积极作用。但是，田赋征实征借加重了农民特别是自耕农、半自耕农、佃农、雇农的负担，例如积谷按户数缴纳，加剧了无地农民的破产，使抗战时期成为农民负担沉重的历史时期。国民政府及云南地方政府的若干农政措施，例如，兴修水利、扩大经济作物栽培等，其积极作用应予以肯定。

其三，云南农民在封建剥削日趋繁酷，田赋、劳役奇重，并不断遭受灾害袭击的情况下，基于支援抗战、挽救国家民族危亡的爱国热情，做到了"毁家纾难"，出粮出工出力，承担了本省抗战所需农产品供应及伕役负担，云南还多次向国民党中央借出积谷、军粮，可以说是创造了一个奇迹。云南及后方各省各族人民是国统区抗战力量得以存在的一个重要基础。

其四，抗战后期，云南农村经济已濒于破产，农民严重贫困化，农产品商品化很低。据国民政府粮食部资料，战前的1931—1937年，包括四川、云南、贵州、湖南、广西等省区在内的后方各省，可供市场销售的余粮占总产量的14.5%，而至1941年，这一数字已下降至12.3%。实行征实征借后，市场销售量更迅速下降，1942年"政府通过田赋改征实物和实行强制性定价收购粮食，业已销纳（后方各省）可供于市场的稻麦之半数"①。1945年年底，农民银行驻昆机构对师宗县农村的调查报告中说："全县可耕地大部均为地主所有，农民所需耕地多系租佃而来，租额甚重……耕种所需资金，亦全靠高利贷而来……一般农民收入少而支出多，生活极为困苦。又无副业投入可资补助。加以各项摊派繁重，半自耕农则

---

① 《抗日战争时期国民政府财政经济战略措施研究》，西南财经大学出版社1988年版，第68页。

被迫出卖仅有之田地，赖以维持。佃农则多有负债过重而逃亡他乡。"①抗战胜利后，云南农民亟须轻徭薄赋，休养生息。

第二节　企业内迁与云南工业的发展

一　沿海等各地企业的内迁

"七·七"事变后，华北日军大举南下，同时在上海附近登陆并迅速向南京、杭州等中国近代工业较为集中的地区发动攻势，直接威胁国民政府的经济重心区域。1937年7月底，国民政府资源委员会奉军事委员会密令，派员赴上海"克日组织上海工厂迁移委员会……不畏艰苦，冒险迁移"。按照随后确定的方案，列入迁移范围的有五金、机械、化学、冶炼、橡胶、燃气等行业。迁移的第一目的地是武汉。② 1938年，日军又向武汉等地发动攻势。国民政府决心以西南诸内地省区为重点开发的区域，各类企业遂向这些地区再度迁移。至沦陷止，上海市迁出民营企业148家，机件物资1.24万吨；至1938年2月底，上海民营企业又有59家再度内移，其中大部迁到四川，少数迁到昆明及湘西等地。③

国民政府各部及资源委员会所属官办企业方面情况亦大致相同。武汉战役开始前，蒋介石原拟在"平汉、粤汉线以西的地带建立新的工业中心，以中国西部作为抗战建国的大后方"。武汉吃紧后，又拟定工业基地的建设"以四川、云南、贵州、湘西为主"的方案，并按此方案迅速布置企业内迁。④ 随后又将这些地区工业建设的重点确定为："开发各种矿产，建立国营重工业，而于民营工业及乡村手工业为普遍之调整与提倡。"⑤ 截至1939年年底，内迁各种性质的工业企业达410家，其行业以机械最多（168家），纺织、化学、电器次之（92家、54家、28家），以

---

①　见李培林《云南近代农业概述》，《云南近代经济史文集》，第172页。
②　《上海迁移工厂案》，彭明主编：《中国现代史资料选辑》第5册，中国人民大学出版社1989年版，第300页。
③　孙果达：《抗战初期上海民营工厂内迁经过》，《抗战时期内迁西南的工商企业》，云南人民出版社1989年版，第18、26页。
④　《抗日战争时期国民政府财政经济战略措施研究》，第205页。
⑤　《国民党政府经济部关于战时经济建设的工作报告》，《民国档案》1989年第3期，第7页。

及钢铁、食品、文教等。①企业内迁虽然是迫于战局骤变的仓促应变之举，但在广大工人和人民群众的支持下，抢救出不少重要设备，成为后方工业的一个重要的发展基础。

此外，一些官、民营的商业企业也在这一时期迁往西南，例如，中国茶叶公司迁渝后，又与云南省经济委员会合作在滇设立"云南中国茶叶贸易有限公司"；民营"昆明东南兴业公司"系由浙江辗转迁至昆明的，战后发展为驰名省城的"东南兴百货公司"，并在缅甸仰光设分公司；著名食品企业"冠生园"也是在1938—1939年由上海迁到重庆、昆明的。

迁滇企业的特点主要是：国民政府资源委员会及各部所属的官营企业较多而民营企业较少；工业企业较多而商业企业较少。有不少民营企业特别是商业企业，多以本部设在重庆而在昆明开设分店或分行，例如冠生园食品厂以及中国茶叶公司等。迁滇的官办工业企业又以国防、机械等重工业、化学工业为主，择其重要者分述如下。

中央机器厂——1936年年底资源委员会筹建于湖南湘潭，为我国第一个大型机械制造企业，是20世纪30年代中期开始实施的重工业五年建设计划重点项目，也是机械行业的唯一企业。②其主要产品计划包括航空发动机、动力机械、工具机具等。负责人王守竞。1938年4月因战局逼进湖南，遂决定迁往昆明，选址于昆明北郊黑龙潭附近的茨坝，即今之昆明机床厂。当时迁滇工具机器等达5000余吨，员工200余人。迁移工作至为艰巨，"所有运滇物品，均先到株州，由广东、九龙、香港，再由越南海防经滇越铁路运入昆明……员工们以抗敌救国之决心，同仇敌忾之气势，不怕牺牲之精神，竟以神奇之速度，于1938年5月，就把大批设备、器材陆续运达昆明，创造了大型厂快速转移的奇迹"③。1939年年初，中央机器厂正式开工，资本总额为国币800万元，④分有蒸汽透平、锅炉、煤气机、发电机、汽车等5个分厂，主要产品有汽车用煤气机（煤气动力汽车用）、柴油机、纺织机械、制茶机、抽水机、锅炉、枪炮零件、炼油设备、起重设备等军用、民用品以及许多战时必需物品，例如滇缅公路

---

① 黄立人等：《抗战时期国民党政府开发西南的历史评考》，《历史档案》1986年第2期，第116页。
② 参阅陈真编《中国近代工业史资料》第3辑，三联书店1961年版，第839页。
③ 《抗战时期内迁西南的工商企业》，第82页。
④ 张肖梅：《云南经济》第15章，第40页。

桥所用的钢索桩柱等，成为战时后方机械制造业的支柱性企业。"根据1943年的统计资料，建厂4年，在主要产品方面，动力机完成了4580马力，发电机4120KW，工具机388具，小工具达8713件，纺纱机6180锭，各类机械500部。产品总值，以1939年指数为100计算，1940年为584.38，1941年为1136.95，1942年为6771.71，1943年8月15日止，已达到9550.02"①。此时，中央机器厂已发展至7个分厂，员工近1500人。其间，在滇越铁路及滇缅公路交通一度中断时，许多外购原材料无法运入，生产曾一度受到较大影响；1941年日机曾多次轰炸厂区，其中8月12日一次曾炸毁厂房、仓库等多间。②员工"白天进山洞隐蔽，晚上搞生产"，以巨大的爱国热情坚持工作，克服困难，使企业生产一直没有中断。

经1945年战后裁减，已发展到2500名员工的中央机器厂仅剩下数百人。1946年后更名为昆明机器厂。

中央电工器材厂——亦为资源委员会重工业建设计划的重点企业之一，1936年7月设筹备委员会开始筹建，计划设电线、管泡、电话、电机等4个厂。1937年年初勘定湖南湘潭为厂址并破土动工。战局紧张后，第一厂——电线厂先期迁昆明，其余各厂仍在湘潭加紧筹建。至1939年，第三、第四厂（电话厂、电机厂）均迁至昆明西郊马街，第二厂——管泡厂迁桂林。是年至次年，各厂先后投产，其间员工克服了敌机轰炸毁坏部分厂房、设备的种种困难，迅速恢复和维持生产。其产品主要是各类电线、电机、开关、电池（干电池、蓄电池）、灯泡等（见表9—5）。

表9—5　　　　1939—1945年中央电工器材厂主要产品产量

品名	单位	1939年	1940年	1941年	1942年	1943年	1944年	1945年
电线	吨	300	420	850	700	650	750	660
电机	马力	2600	6600	12700	22000	17300	12400	11400
电池	万只	180	250	380	360	450	320	330
灯泡	万只	30	48	32	85	130	170	90

资料来源：《抗战前后的中央电工器材厂》，《抗战时期内迁西南的工商企业》，第95页。

---

① 《抗战时期内迁西南的工商企业》，第85、86页。
② 《续云南通志长编》下册，工业，第370页。

产品主要供军队、政府使用，销售对象中民用普通客户仅占4%。战后该厂多经改组，总办事处迁至南京，分厂多迁至沿海地区，昆明仅留中央电工器材厂分厂。

中央无线电器材厂——1935年9月筹设于长沙。1938年长沙大火后迁桂林并在昆明设分厂。1940年分厂投产，"以全力制造军用（收发报）机件，以应前方急需"[1]。美国志愿航空队亦用其生产的无线电报话发送机。此外还生产电表、轻型内燃发电机、电动发电机及各类仪表等产品。

兵工署第22工厂——国民政府军政部在抗战爆发前筹建一批兵工企业，于1936年9月在南京设第22工厂筹备处。1937年8月选址于重庆建厂，旋因重庆空袭频繁，于次年初迁昆明南郊。1939年元旦正式建设成功投产。1940年10月因日机轰炸又迁海口，即今云南光学仪器厂。1942年与军政部兵工署第51工厂（新建）合并改称兵工署第53工厂。主要产品为军事光学器材，如望远镜、炮用瞄准镜、象限仪、磁针仪等。1942年与第51厂合并为第53厂后至1945年止，共生产望远镜11250具，炮兵用象限仪100具，行军指北针31310件；另组成11个修理队，在后方各省为军队修理光学器材。[2]

中央垒允飞机制造厂——1934年10月由中美合办，地址浙江，称中央杭州飞机制造厂。1935年春开始制造美式诺斯罗普新型金属轰炸机。1937年8月迁至武汉。1938年又迁昆明，拟选址昆明北郊菠萝村，因法国政府禁止以滇越铁路运输军事设备，遂决定利用滇缅公路之便，在得到英国、缅甸政府保证条件下，选址于中缅边境附近中方一侧之垒允（今瑞丽雷允）设厂。中美双方工程技术人员、工人以及大量当地少数民族群众经过艰苦拓荒，在一片荒地上建起了"一个人烟稠密的相当近代化的工厂区"，其中两座主厂房各长150米并建有飞机跑道。至1939年7月建成投产到1940年10月，制造霍克—Ⅲ式战斗机30架、莱茵教练机30架；组装CM—21截击机5架，P—40战斗机20架，DC—3运输机3架；改装勃兰卡教练机8架、比奇克拉夫特海岸巡逻机4架，有力地支持了整

---

[1] 《续云南通志长编》下册，工业，第371页。
[2] 霍建明、袁家福：《第22兵工厂抗战迁滇纪实》，《抗战时期内迁西南的工商企业》，第144页。

个中缅战区的对日空中作战。① 1940 年年底厂区遭日飞机轰炸，部分人员开始疏散。太平洋战争爆发后，美方向中方移交垒允厂。1942 年日军北犯缅甸，垒允厂迁怒江以西之保山，一批来不及撤运的器材设备被炸毁，所有厂房被放火焚烧，生产全部停止。1943 年，中美合营合同结束，设于昆明的办事处亦告终止。

空军第一飞机制造厂——隶属国民政府航空委员会，原址湖南韶关，1938 年始迁昆明西郊昭宗村。1940 年建成后，由美国技术人员协助试制成功"复兴号"双翼轻型飞机，共生产 20 余架。1942 年后又生产苏式 E—15 双翼飞机 30 余架用于作战。② 旋因滇西战事吃紧，迁部分设备于贵阳建立分厂，1946 年仍回迁昆明。1949 年迁台湾，终止了该厂在昆历史。

综上所述，抗战初期迁至昆明等地的大型官办企业，以军事、航空、机械等服务于战争需求的行业为主，投资大，规模大，在当时技术、工艺及设备方面均为国内领先，为抗战胜利作出了重要贡献。

国民政府除资源委员会及军事部门有较多企业迁滇外，经济部、交通部及银行系统亦有部分所属企业迁滇。如经济部之光大瓷业公司，1936 年建于江西南昌，抗战开始辗转迁于云南曲靖，1941 年开工，专营制造电瓷、日用瓷、耐火砖等产品，亦有一定规模。

二　云南地方资本与国民政府的在滇投资

1937 年 12 月，国民政府军事委员会颁布《非常时期农矿工商管理条例》，提出适应战时需要的工业总动员计划，其要点除强化对公、私营各类企业的管理及统制煤油、汽油等外，另有完成军用品自给自足、维持制造日用工业品的工厂并予积极推进等项。1938 年 3 月，国民党临时全国代表大会上又通过《抗战建国纲领》与《非常时期经济方案》，要求扩大战时生产，并将后方工业建设的方针确定为"开发矿产，树立重工业基础，鼓励轻工业的经营，发展各地之手工业"③。因此，抗战期间国民政府在后方各省特别是川、滇、黔、桂、湘等地投入了较多的工业建设资

---

① 云南军工志办公室：《中美合办的中央飞机制造厂及迁滇建立垒允厂始末》，《抗战时期内迁西南的工商企业》，第 162 页。
② 杨福星：《空军第一飞机制造厂迁滇纪略》，《抗战时期内迁西南的工商企业》，第 168、169 页。
③ 《抗日战争时期国民政府财政经济战略措施研究》，第 20 页。

金，其中主要由资源委员会、经济部及军政部兵工署等部门完成各类投资，主要方向是矿业、冶金、燃料动力、化学、机械等基础行业和若干战时急需的日用品制造业。另外，在交通方面亦有较大投入，如修筑滇缅公路。

与此同时，云南地方政府在抗战爆发前亦积累了一定经济实力，抗战中地方资本亦较大幅度地参加到云南近代工业的投资行列，其代表即云南省经济委员会。云南省政府筹组经济委员会这一"关于工业建设的专设机构"的指导思想即认为，"自第一次世界大战之后，因社会经济之演进而使公营事业日渐进展。各国近十余年来关系国防之主要及特种工业渐趋于公营。此亦顺应潮流及经济改革必然之事实"[①]。由此战前经济委员会即开始投资于云南工业，举办了一批企业，如云南纺织厂、云南电气制铜厂、云南五金器具制造厂等，均有一定生产规模。在抗战中，其投资方向除各类基础行业外，还较注意轻工业及日用品制造业。

表9—6　　　　　抗战时期云南企业投资经营情况

企业名称	成立时间	业务范围	投资者	资本（万元）	备注
冶炼业					
中国电力制钢厂	1939年	炼工具钢	经济部、经委会商股	200	其中经济部投30万元
昆明电冶厂	1939年	炼铜、铝	资委会独资	130	原名昆明炼铜厂，1945年改今名
云南钢铁厂	1939年	炼钢、铁	资委会、经委会军政部兵工署	2000	在今安宁
云南电气制铜厂	1939年	炼精铜	经委会、商股	约10	在昆明市
机械业					
中央机器厂	1939年				内迁企业

---

① 《云南行政纪实》，经济一，提要。

续表

企业名称	成立时间	业务范围	投资者	资本（万元）	备注
电器工业					
中央电工器材厂	1939年				内迁企业
中央无线电器材厂	1938年				内迁企业
矿业					
明良煤矿公司（宜良可保）	1925年	采煤	资委会、商股	280（1939）	资委会投资220万元
宣明煤矿公司（宣威）	1940年	采煤	资委会、经委会	200	各100万元
滇中矿务局（易门）	1939年	采铁矿石	资委会、经委会	约100	原名易门铁矿局
云南锡业公司（个旧）	1939年	采炼大锡	资委会、经委会及中国银行	5000	以原个旧锡矿注入资金
滇北矿务局（会泽）	1939年	采炼铜、铅、锌	经委会、资委会	2100（1945）	经委会投750万元，以原东川矿业公司改建
云南矿业公司（开远）	1937年	开采锡矿	省政府及商股	300	商股30万元
昆华煤铁特种股份有限公司（泸西、易门）	1937年	采煤、铁矿	兵工署、商股	160	官商股各半
化工业					
云南酒精厂（开远）	1940年	生产酒精	经济部、资委会、经委会	350	经委会50万元
曲靖动力酒精厂	1943年	生产酒精	浙、赣铁路业务处主办	100	
昆明化工材料厂	1938年	苏打、酸类	资委会	62（1939）	
大成实业公司（昆明）	1940年	电石、燃料	省企业局、商股	460	企业局150万

续表

企业名称	成立时间	业务范围	投资者	资本（万元）	备注
草坝酒精厂（蒙自）	1943年	动力酒精	省经委会、中央四银行	500	为云南蚕业新村公司之附属厂
云南恒通化学工业公司（昆明）	1943年	酒精、制糖	省企业局、省内银行及商股	5000	以原恒通酒精厂改建
光华化学工业公司（昆明·富源）	1942年	沥青、氨水等	省企业局、商股	1000	企业局投300万元
利滇化工厂（宜良）	1943年	液体燃料	省经委会、商股	1500	
安达炼油厂（昆明）	1943年	液体燃料	省企业局	824	
大利实业公司造酸厂	1944年	烧碱等	经委会、商股	700	
新华化学制药公司	1940年	各种西药	省企业局、商股	400	官商股各半
昆明制酸厂	1939年	各种酸类	商股民营	200	
其他行业					
光大瓷业公司（曲靖）	1937年	瓷器、耐火砖	经济部、经委会	1000（1946）	
云丰造纸厂（昆明）	1941年		经济部、经委会、交通银行	120	经济部30万元、交通银行10万元
云南橡胶厂（昆明）	1939年	轮胎、橡胶零件	经济部、经委会、商股	200	
华新水泥公司（昆明）	1939年	水泥	资委会、经委会、交通及中国银行	60	经委会24万元
云南蚕业新村公司（蒙自）	1942年	制蚕丝、酒精、制糖	经委会、中央四银行	2500	

续表

企业名称	成立时间	业务范围	投资者	资本（万元）	备注
云南蚕丝公司（昆明）	1939年	生丝、绸纱	经委会	1000	
昆湖电厂（昆明）	1938年	发电	资委会	2578（1943）	
裕滇纺织公司（昆明）	1940年	纺纱	经委会及中国交通银行	2000	
裕云机器厂（昆明）	1943年	纺纱机械	经委会	6500（1944）	
鼎新印刷厂（昆明）	1942年	印刷	经委会	150	1944年一度停工
德和机器厂（昆明）	1940年	制钻床等	私营	5	
裕滇磷肥厂（昆阳）	1942年	磷肥	资委会、中国银行		

资料来源：陈真编：《中国近代工业史资料》第3辑；重庆档案馆编：《抗战后方冶金工业史料》，重庆出版社1987年版；《云南行政纪实》，经济；张肖梅：《云南经济》；云南省志编委会：《续云南通志长编》，工业。

在这种历史条件下，国民政府中央资本与云南地方资本乃携手合作投资云南工矿业，同时有部分企业还吸收了一些民间商股参与。抗战时期成为云南工矿业投资数额巨大且相当集中的历史时期，一些原为云南地方资本单独经营的企业，此时也吸引了国民政府各部门的投资目光。当然，双方的这种合作投资也广泛涉及农业、商贸特别是外贸业，但工矿业所占比重最大，其主要情形见表9—6（其中国民政府资源委员会简称"资委会"，云南省经济委员会简称"经委会"）。

云南省经济委员会在20世纪40年代后还投资于能源工业，如1943年开始投资建设各类小电站，包括战时一直在建设中的云南矿业公司开远水电厂，1942年始设筹备处、战后始正式发电的下关玉龙水力发电厂，筹建于1939年、因滇西战事而停顿、战后重新建设的腾冲叠水河水力发电厂，等等。1944年，省经济委员会与西南联大工学院（原清华大学工学院）合作，设立云南省水力发电勘测队，对云南金沙江、南盘江、澜沧江和怒江等水系的许多河流进行了勘察，制成大量图表，获得了许多珍贵资料。

三　民营工业、手工业与工业合作

这里所指的民营工业即非官僚集团或国家资本所投资和经营的企业，并不是一般意义上相对于外国资本而言的民族资本。抗战期间，西南后方的民营工业一度有较大发展，这主要是由下列因素促成的。

其一，部分沿海地区民营工业加入内迁行列。据统计，整个沿海、江浙及武汉等地的内迁企业中，经工矿调整处协助迁移到大后方的民营企业有 448 家，物资 70900 余吨，技术工人 12080 人，加上自行拆迁的企业合计有 600 余家，流入内地资金约 5 亿元。[①] 这些资金尽管只占沿海民营企业的 1/3，但对民营工业相当薄弱的西南地区而言却是一个飞跃的发展。当然，这些企业中的大多数迁到重庆，迁到昆明、贵阳、桂林等地的只占少数。

其二，国民政府对民营工业在一定程度上采取了引导、扶助的政策，例如组织沿海企业内迁。抗战初期所确定的关于民营事业的经营方针为：（1）引导并奖励民间资力用于正当生产途径，而禁阻或避免其投机操纵扰乱市场的行为；（2）促进正当事业的合理利润，而禁阻其过分高利及居奇垄断的行为；（3）在每一时期就经济建设的需要着想，指出亟待生产的物品，尽先协助并督导其生产，对不合需要而专图营利的事业，则酌予限制；（4）对民营事业辅导奖励之中即寓监督管制之意，以期能逐渐指导并纳入生产计划。[②]

其三，抗战时期由于交通及外贸的部分中断或相当程度的阻隔，使原在国内占有不小市场的外国工业品、日用品，如火柴、油料、棉纱、纸等物资匮乏，给后方民营工业提供了市场刺激。

其四，商业资本及社会游资在物资紧缺、物价居高不下且步步上扬的刺激下，部分地投入至生产领域。

[①] 国民政府统计处编：《后方工业统计概况》，见《抗日战争时期国民政府财政经济战略措施研究》，第 214 页。

[②] 谭熙鸿主编：《十年来之中国经济》下册，中华书局 1948 年版。

民营企业多集中于民用五金、电器制造、化工、饮食、纺织及文化用品等行业。一般情况下，这些企业资本额较小，生产规模有限，多以半手工、半机械从事生产。其中较有影响或维持生产时间较长的有如下一些企业。

德和机器厂——由吴仲亚、胡宗铨等人筹办。1940年开工，初时以国币5万元创办，至1945年资本额为1800万元（其中有货币贬值的因素）。制造钻床、刨床、车床等机械。地址在昆明绥靖路（今长春路），"职工数不过百人，在昆明民营机械厂中，尚称楚楚可观者"[①]。

中南钢铁厂——1943年创办于昆明木行街，资本国币20万元，生产门锁、铰链等日用五金。

兴华锯木厂——1943年由沈荣伯、胡奎两人合办于曲靖。以锯制板材为主要业务，职工最多时达500人。"适值美军来华助战，云集昆明，兴建大批营房，急需多量木材，该厂乃努力生产"[②]。

大成实业公司——由董澄农、施嘉干创办于1939年年初，先后在昆明兴办嘉农面粉厂、利工电石厂、农村纺纱厂、联谊钢铁厂、新成炼油厂及大昌营造厂。旋由省财政厅加入1/3官股演变为官商合办。各厂规模均小，其中农村纺纱厂、大昌营造厂不久即停工结束。初创时资本为国币450万元，董澄农为云南较有实力之商业资本家，大成实业公司亦为商业资本转向生产投资之较为成功者。董澄农还广泛投资于昆华煤铁公司、耀龙电灯公司以及个旧锡矿等官商合办企业。[③]

昆明市酒业公会——1938年昆明市酒商29户创办同业公会于金碧路，设酒房酿制市酒，日出市酒100公斤。

昆明制酸厂——1939年创办，资本国币200万元，"为抗战后在昆首先供给社会需要酸类之工厂……尤以滇越、滇缅两路被敌封锁，来源外断，赖该厂供给其他需用各工厂之三种酸品，不致因缺酸停工。故该厂业务，亦赖以维持进行。"[④]

均益洋碱公司——初创于1926年，抗战中招股扩充，生产金钟牌洗

[①] 《续云南通志长编》下册，工业，第384、387页。

[②] 同上。

[③] 参阅杨宪典《喜州志》，大理白族自治州南诏史研究学会1988年版，第175页；《续云南通志长编》下册，工业一，第391页。

[④] 《续云南通志长编》下册，工业，第412页。

衣肥皂，产量逐年上升。

工光企业公司——1938年成立，系商营承办土木工程之建筑公司，后又设厂制造柏油代用品、油毛毡、电池等。有西南工业公司（制柏油、油毡）、西南铁工厂、西南建筑公司及光耀蓄电池制造厂等4家企业。

滇新企业公司面粉厂——1944年在黑林铺设厂，生产飞马牌各类面粉，"营业甚旺"。

大华企业公司——1941年由吴斌父子创办于昆明，下设纺织厂、碾米厂等，并营运输、贸易。

此外，永胜瓷业公司、昆明长城窑业公司等亦为民营工业之较成功者。

抗战胜利前夕，特别是战后，民营企业又呈衰落之势。其原因一是战后资金外流，二是部分产品失去市场，更主要的原因则是民营企业无法与中央、地方官营企业相竞争。即使在抗战初期，许多民营企业或民间资金也纷纷寻求与官营资本合作的投资机会；甚或一些原来较为纯粹的民营企业亦努力寻求官股投入，其结果往往导致民营资本的萎缩。

手工业方面则基本维持战前的水平，企业较集中于农村副业，例如纺织、粮油加工、铁木农具加工修造、竹木藤器编造和手工艺品等。据1940年建设厅有关部门的调查，全省靠内区域的大多数县"就已得之资料……最普遍之工业，当推织布业为第一，土法木机，几无县无之，家数少者五家，多者至五百家以上，产量少者二千匹，多者七万万以上。其次为铁器业，金银首饰业，虽尚未甚普遍，而凡稍具规模之县份，则亦每县均有。少者三五家，多者至三十余家。铁器之生产，少者年三千余斤，多者达二三十万斤，皆制日用器皿及农具之用……窑业亦甚普遍，有只一座者，有多至五十座者，产品即碗罐壶砖之类"[①]。

许多手工产品成为具有地方特点的驰名产品，且在相当程度上实现了商品化。例如玉溪、通海、河西（通海）一带的土布产品，"为滇省之冠，织布工人以女子为多，占（河西）全县人口十分之五六，全县织布机有一万五千至二万台，为该县农民唯之一副业，于每年一、二、七、八、十一、十二农闲时为其工作时期，每年约销棉纱一千四百大件，年产

[①] 张邦翰：《云南之工矿业》，《云南实业通讯》1940年第2卷第4期，第28页。

土布约二十五万匹。产品……多销昆明或附近各县"①。亦有形成工场专营者，如下关有庆和染织工厂、同祥织布厂等，均购入铁木织布机，雇工经营，多以计件付酬。②

制糖业为滇南及滇西许多县的重要农村副业，"经营者如蔗农即系善于制糖之乡人，商人设者甚少"③。生产方式有自种自制，合伙榨制以及专门的榨房代蔗农榨制。产量1934—1938年年均在5000余万旧（市）斤（滇南、滇西共32个县统计）。

鹤庆县有经营手工卷纸烟者。烟叶系巍山县所产，烟纸由昆明购入省外产品，卷烟机"仅木架一座，厚布一方而已。卷烟工作全由童工为之，熟练之童工，每日可卷得纸烟二千余支，工资每千支目前约合新币伍拾元"④。这类制烟场所有300余家，全县每月产卷烟2000万支左右，行销滇西各县。滇南各县产烟区则多有制烟丝出售者。鹤庆的手工艺人打制的金、银、铜器远销滇西北及西藏等地。

一些少数民族聚居区亦有一些传统手工业品，如梁河设治局的金银器加工、藤竹器编制，中甸的毛毯、毛毡手工编织，佛海（今勐海）之制茶，剑川及兰坪县之木工雕刻等。

工业合作运动之宗旨为"由自助互助而求共存共荣"。20世纪30年代初期在中国兴起，国民政府设有合作事业委员会。云南于1938年8月正式设立合作委员会，其使命一是"利用政治机构引导人民由认识合作利益而达于组织合作社"，二是"随时供给技术指导予资金便利。一面授予合作社之知识及技能借以培养人民运用资金、从事生产之能力，一面指导其动向、纠正其错误，使之发生国家政策所需要之效力"⑤。随后，富滇新银行以年息四厘的低利息借给合作事业委员会贷款基金100万元，中国银行、农民银行亦参加对农村贷款。由是云南合作事业先由农村开展，重点扶持木棉、茶叶、蚕桑等项，给予技术指导、培训等，同时提倡农村手工业，促成手工业者之间的联合和扩大城乡日用品的生产规模。未几，又成立省及县合作金库，承办上项贷款。工业方面，中国工业合作协会于

---

① 《云南棉产与棉纺织业》，农本局《棉业经济参考资料》1943年第12期，第6页。
② 张肖梅：《云南经济》第15章，第19页。
③ 曹丽瀛、刘辰：《云南之糖业》，油印本，1940年。
④ 《鹤庆的手工纸烟业》，《工业生活》1944年第1卷第2号，第25页。
⑤ 《云南行政纪实》第16册，经济四，合作事业委员会。

1939年年初始在昆明设立办事处，推广工业合作。至次年年底，云南工业合作社发展到34家，其中有制革业、印刷业、化工业及食品业等。工合协会组织分布在昆明、大理、玉溪、曲靖、开远、永胜等地。①

四　工业发展的基本状况

战时云南省工业发展的基本状况可概括为如下几点。

1. 沿海企业内迁及国民政府以西南地区为抗战建国工业发展重点区域的政策，在相当程度上改变了我国近代工业集中分布于沿海的不平衡状况，在工业生产力布局趋向合理发展方面前进了一大步。抗战爆发前，西南地区近代工业基础相当薄弱。据实业部1937年9月的统计，当时全国按工厂法规定达到拥有动力和30名以上工人这一标准的企业共有3935家，其中仅上海就有1279家，占32.5%，而西南、西北广大地区仅有237家，占6%，而这237家中又有115家集中在西部相对发达的四川省。②

在云南，战前具有一定规模并使用机器进行生产的企业，仅限于个旧、东川等地的矿业公司和昆明耀龙电灯公司等为数很少的行业。而至20世纪40年代初，云南在纺织、军工、五金、机械、制革、造纸、印刷等行业中较广泛地或部分地引进了近代机器生产；同时兴起了一些原来基本处于空白的行业，例如化学工业、建材业、化肥制造、钢铁冶炼、橡胶制品、光学仪器等。值得一提的是，冶炼业除新建起云南钢铁厂、中国电力制钢厂等企业外，一些原有企业经加大投资、改组结构和更新设备后，生产技术有较大提高。例如昆明炼铜厂之电解铜，"其产品均能达99.95%左右之纯度，是与舶来品相抗衡"③。滇北矿务局之落雪铜矿的矿产品，"据国内专家估计，其质量在我国堪称第一，故自上年度起（1944），产量已自月产10吨起增至40吨"④。以中央机器厂为代表的机械制造业的兴起，对促进云南纺织、轻工、日用工业的近代化改造有着很大的促进作用；以云南钢铁厂为代表的基础工业的投产，为改善各行各业

---

① 张肖梅：《云南经济》第15章，第90页。
② 陈真编：《中国近代工业史资料》第4辑，第92、97页。
③ 重庆档案馆等编：《抗战后方冶金工业史料》，重庆出版社1988年版，第621页。
④ 陈真编：《中国近代工业史资料》第3辑，第1252页。

特别是交通基础设施提供了有利条件。

抗战时期，在交通条件有相当改善的基础上，矿冶业仍是云南近代工业的龙头行业，同时初步形成了包括以电力为主的能源和机械、化工、纺织在内的工业体系，为此后云南工业经济的进一步发展奠定了一定的基础。但是，能源业集中于电力，不仅单一且仍滞后于整个工业的发展；日用轻工、纺织等仍处于相当薄弱的阶段；一些行业如化肥制造等仅仅处于开端。

2. 国民政府以西南为战时工业建设重点区域的政策是为适应抗战需求的而制定的，企业内迁则是客观局势之使然。因此，资源委员会、经济部、兵工署等部门在滇投资或举办的企业，基本属于适应战时需求的工业部门，如军火、钢铁、燃料等。这些企业的产品有力地支援了抗战，而内迁企业中的日用产品行业则为大后方军民提供了生活必需品，其中有相当数量还是民营性质的。因此，抗战时期后方工业发展的最主要的意义在于它作为国统区抗战的一部分而存在，其发展主要是由战时需求决定的。由于军工、重工、能源供应、交通行业等所需投资巨大，这就决定了其官办性和与市场供求存在相当距离。许多企业的产品如昆明炼铜厂的电解铜"数年来全部供给兵工及电气工业之应用"[1]，而这类工业在一定时期内需持续不断的投入，当投入不能持续或需求量变化时，企业生产很容易衰退。1942年以后，后方许多大规模的企业产量就呈下降趋势。

3. 国民党中央、地方国家资本在抗战时期工矿业发展中确立了垄断地位，如前所述，这种垄断地位一方面是通过投资兴建企业而确立的，另一方面则是通过战时物资甚至生产的统制（统营统销）而确立的。例如昆明的火柴业，抗战前有大云南、锡庆、东兴、利华、民声、瑞和、大有庆等7家民营厂，至1938年，"云南全省的商办火柴厂，一律被财（政）厅派人接收了去，统制统销，在昆明拓东路成立总管理处，外县成立分处，管理制造销售事宜。昆明的7家厂并为两个厂"[2]。据经济部统计资料，至1942年，国民政府的工业资本在后方近代工业资本总额中已占69.58%，在冶炼、水电、制造等行业中，国家资本更占绝对优势（见表9—7）。

---

[1] 陈真编：《抗战后方冶金工业史料》，第621页。
[2] 《昆明市志长编》卷十二。

举凡能源、重工、机械、纺织、冶炼等重要行业，国家资本均占50%以上的比重。抗战后期，国家资本额所占比重又呈上升趋势。例如云南省经济委员会主办之云南纺织厂，初创时国币120万元，资本官商各半，"后增为二千万元，由云南省经济委员会统筹办理"①，官股额所占比重远远超过50%；再如昆明市自来水厂，"原系官商合办，商股股本，除耀龙公司8千元外，余仅2600余元……现本市人口增加，关于公用事业尤须积极整理，故市府业已向德商购订新机……如责商股添筹股本，势所难能。市府即饬由水厂拟具退还商股办法，提付该厂股东大会研议结果。各商股亦自愿退股，完全改为官办"②。20世纪40年代初，后方物价高涨，一般民营业资金筹措相当困难，其原占据的阵地遂呈逐渐缩小态势。

表9—7　　1942年国民党统治区公、民营资本各业所占比重表③

行业	公营比重（%）	民营比重（%）	行业	公营比重（%）	民营比重（%）
水电业	89	11	化学工业	75	25
冶炼业	90	10	饮食品业	23	77
金属品业	3	97	纺织业	49	51
机器制造	73	27	服饰品业	8	92
电器制造	89	11	文化业	16	84
木材及建筑业	4	96	其他	6	94
土石品业	49	51			

抗战时期，云南的工业进入了前所未有的发展时期，形成了一个黄金时代。据国民政府的统计，1940年在西南已建成八大工业区，共有工业企业846个，其中重庆区429个，川中区187个，昆明区80个。④ 以昆明为中心的战时工业生产企业，在西南八大工业中心中处第三位。昆明形成了海口、马街、茨坝、安宁四个工业区，并且创造了中国第一根电线、第一架望远镜、第一辆组装汽车、第一炉电力炼制的钢水等许多中国第一，

---

① 《续云南通志长编》下册，工业。
② 《云南日报》，1938年12月8日。
③ 经济部统计处编：《后方工业概况统计》。
④ 经济部在国民参政会上所作之《经济部报告》（1941年3月），重庆市档案馆藏。

还生产出飞机、枪弹、炸药等军工产品，支援了抗战。

第三节　财政、金融与商业

一　财政、金融

晚清以降，云南政权更迭，省级、地方财政混乱。20世纪20年代后期省政澄清，省府遂大力整顿省级财政。时国民党政府无力染指西南，云南省级财政处于相对独立状态。30年代初，省政府收回一度为军人或地方把持的各项税收，规定县级除教育经费独立外，其他各项经费一律由省统收统支，并在省财政厅内设立县地方财政委员会。地方各项经费收支，经县财政委员会议决，再呈请省政府核准。① 因此，抗战前云南财政是以省级财政为主体。

1934年，国民政府召开全国第二次财政会议，意欲统一其统治区各地自行其是的财政混乱状况，颁行《划分省县收支五项原则》，实行中央、省、县三级财政收支。1935年又明确了三级财政收入的范围，逐渐将各级财政收支税种或各级分成比例法规化、条文化。这些规定及管理体制云南并未全部照章执行，直至30年代中期，以省级财政为主体的财政收支体制仍是云南特点。

抗战爆发前后，云南财政较前主要有下列诸端变化。

一是核定税种，取消名目繁杂、收入较少的若干税种或予以合并。战前核定征收的，除盐税外，保留烟酒税、印花税、特种消费税（国民政府令改为营业税，云南以"情形特殊"为由，仍征特种消费税）、田赋、屠宰税、契税、特种营业税等7种。

二是改变征收本位。此前各项税收均以纸币为征收本位，由于纸币币值不稳，此后各项税收改为征收滇铸半元银币（俗称"半开"），以此为征收本位。以纸币缴纳者，规定以5元抵半开现金一元，税额不变。

三是整理金融。改组旧富滇银行为富滇新银行，这一举措"成为本省金融机构上之一转折点"②，扭转了金融混乱局面。该行收毁旧滇票及其他银行发行的钞票和各种票证债券，并由省政府授权发行可以兑现金的

---

① 参阅《云南省志·财政志》，云南人民出版社1994年版。
② 《云南行政纪实》第17册，金融，富滇银行之收束及富滇新银行之成立。

新滇币。"规定半开二枚合一元为新滇币的单位，纸币与现金同时在市面流通。公私单位一律以新滇币计价。"① 至此全省币制划一，至战前已基本稳定，新滇币及半开银元取得合法统治地位。另富滇新银行奉令将财政改税后增加的收入购买生银，鼓铸半开银币2500万元投入流通。同时，省政府授权富滇新银行管理外汇，还加强了对征税机关和会计制度、稽核制度的管理、整顿、检查，制定和颁布了一批相应法规。上述以地方货币为主、以省级财政为主体的财政金融体制一直延续到了20世纪30年代末期。

在抗战全面爆发后至20世纪40年代初为止，上述财政体制的实绩大致可以概括为：在适应和保障战时军政需求的条件下，通过此前已展开的耕地清丈工作，实际上大大地增加了农业方面（耕地税）的收入；工业方面，"注重官营事业之发展，俾向以租税收入为主之财政，渐变为以官营事业为主，开发富源。使征课之对象，由人为转变于自然，促进生产，重视国民经济利益之发展，以培养税源"②。截至1942年年底，富滇新银行"直接间接投资或放款于国防民生各种生产事业，又兼办保险业务，合作金融暨社会服务事业……共为国币（法币）17010万元"③。应该指明，自20世纪30年代初整顿财政金融后，到1940年前后，是云南对国民政府经济独立性较强的阶段，时间较为短暂，财政基本内容是扩大农业收入，增加工业投资，财政金融一体化，外汇贸易统制化。

自20世纪30年代末40年代初开始，云南军政、经济相对独立性逐渐失去，财政金融与国民政府逐渐一体化。

一体化的进程首先始于法币政策的推行。早在1935年11月，国民政府即令以中央、中国、交通、农民四银行发行之钞票定为国家法币，所有全国赋税及公私款项之收付均以法币为合法货币，并收兑民间银圆。云南虽奉令定法币与新滇币之比值为一比二，但一直借故拖延执行法币政策。在财政部同意新滇币作为法币之辅币继续流通的情况下，前者仍保持着云南主币的地位。1937年5月，上述四银行在昆明等重要城市设分支机构，

---

① 汤国彦主编：《云南历史货币》，云南人民出版社1989年版，第29页。
② 张肖梅：《云南经济》第21章，财政，第7页。
③ 云南省档案馆、省经济研究所：《云南近代金融档案史料选编》第1辑上册，第88页。

并在云南省各县普遍设立法币兑换所，推行法币，收兑白银。① 而云南方面已抢在分行设立之前发行新滇币 2500 万元，收兑银币。② 省政府规定自 15 日起以法币为准，但新滇币及铜辅币"一律照旧行使"，而银币、白银则须"在三个月内，向各该地方富滇新银行所设法币兑换所或分行办事处，兑换法币或新币"③。直至 40 年代初，新滇币仍在流通。

1942 年 7 月，财政部要求云南省政府必须在两年内收回新滇币，同时四行在滇分支机构已普遍开展业务，原由富滇新银行统制的外贸亦交由中央办理。至此，法币逐渐占据云南流通领域。1944 年 4 月，富滇新银行发布通告，全数收回原所发行之新滇币。开始先收 10 元以下新币券，至 1945 年 9 月，收回发行数的 80%，50 元、100 元面值之新币券仍在继续回收之中。而在边远地区，仍有半开银币在流通之中。

其次是划分国税与地方税。20 世纪 30 年代中期以来，国民政府财政部就开始制定和颁行划分中央、省、县三级财政收支范围的若干规定或要求，但一直未能在云南全面推行。抗战全面爆发后，经国民政府多次督促并与云南省政府反复磋商，终于 1940 年 7 月起按国民政府规定划定并执行国家、地方收支标准。其要点如下。④

1. 收入方面。凡性质属全国统一的划为国家税，主要有关税、盐税、烟酒税、印花税、卷烟税、特种消费税、矿税、茶粮税等；划为地方税的有田赋、营业税、屠宰税及契税等小税种。

2. 支出方面。云南省财政厅原来负担之军费、司法费、党务费、外交费、高校教育费等由中央统一拨给。驻滇中央军（滇军由国家统一改编、给予番号后视同中央军）费用亦由中央承担。

3. 财政部在滇设立云南区国税局负责各项征税事宜。

至此，云南财政纳入国民政府中央财政统一管理，以省级财政为主体的云南财政体制得以改变。

再次，建立县级财政。1939 年 9 月，国民政府颁布《县各级组织纲要》，在国统区推行"新县制"，按土地面积、人口、经济、交通等状况，

---

① 《云南近代金融档案史料选编》第 1 辑，上册。
② 《云南历史货币》，第 31 页。
③ 《云南近代金融档案史料选编》第 1 辑，上册。
④ 参阅《云南省志·财政志》；张肖梅《云南经济》第 21 章，第 7 页。

图 60 国民政府发行的纸币

将县划为一至六等,并建以相应的财政收支体制。地方税中最主要的一项,即耕地税划为县级收入。按有关资料,云南已于是年初将耕地税划为县级收入,"以为开发地方生产"之用。[①] 该项收入成为县级财政的主要来源。国统区财政体制实际成为中央、县二级,省级财政基本划入中央财政管理。然而这种局面并未持久,1941年3月国民党第五届中执委第八

---

① 参阅张肖梅《云南经济》第21章,第9页;《云南省志·财政志》;《云南行政纪实》,财政二,确定县财政基础。

次会议通过了《各省田赋暂归中央接管以便统筹而资整理案》，规定"查战时财政利在统筹……为调整国地收支并平衡土地担负起见，亟应仍将各省田赋收归中央整顿征收，以适应抗战需要"[①]。即实行田赋征实、征购（云南实为征借）。

财政管理体制的改变，结果其一是适应战时需求，支持了抗战，特别是滇西方面开辟战场后，财力的集中有利于军事部署的安排保障。其二是省级财政几乎取消，大大削弱了省级经济实力。其三，在理论上说，建立和充实县级财政，有利于地方农村的复兴及各项事业的发展。其四，对于最初对中央具相对独立状态的云南而言，最重要的结果是在经济上抽走了维持独立局面的基础。抗战结束时，云南所谓相对独立已经不存在了。这也是胜利之日蒋介石敢于对龙云断然采取军事强制手段，将其调离云南的原因所在。

当然，当时的云南省政当局也并非在40年代后完全成为国民政府的一个行政办事机构，地方实力派的经济实力不过是遭到严重削弱而已。仍然留下的地方税中仍有少量收入，同时省政当局以种种方式，力图保存自身经济实力，如拖延法币的推行、转移库存白银等。直至抗战胜利，富滇新银行所发行的新滇币仍有大半未收回，1944年在财政部压力下收回的，大多也只是10元面值以下券，而该行所发行新滇币中，50元、100元两种面值券合计达59243万元，10元以下面值券合计仅为18139万元，[②] 只是前者的1/4左右。

在取消省级财政的同时，省政当局采取转移措施，于1942年年初成立云南省企业局，将原省财政厅举办或投资的官营事业全部交企业局，计27个单位，投资总额为法币1.14亿元。另财政厅准备银行兴文银行的现金、金银、外币等共折合新滇币2.26亿元以及沙金336.97两，"一起拨交企业局接管"[③]。

从抗战爆发到1941年，国民政府各部委与云南地方当局合作，在云南工农业方面投资举办了不少企业与项目，以适应战时需求。1941年以后，中央各方面投资减少。云南方面由于省级财政的取消，投资实力大为

---

① 《中国国民党历次代表大会中央全会资料》，光明日报出版社1985年版，第688页。
② 云南金融研究所编：《云南近代史货币资料汇编》，第344页。
③ 《云南省志·财政志》，第176页。

减弱。但省企业局仍以官商合股或与中央官股合作的形式投资兴办了不少企业，如云南酒精厂（1941）、云南木棉公司（1945）、裕云机器厂（1943）等。省企业局 1942—1945 年历年投资总额情况：[1] 1942 年为 88722740 法币元；1943 年为 216644400 法币元；1944 年为 306688495 法币元；1945 年为 390527556 法币元。

二 商业、贸易

1. 商路与货运。云南商业货运之最具特色者，即"山间铃响马帮来"，以马帮长途翻山越岭贩返货物为主的方式，至少延续至 20 世纪 40 年代以后。在滇越铁路修通后，由于帝国主义的把持和运费的昂贵，其对全省商业交易的影响是有限的。近代云南腹地的主要城镇，初步形成以公路运输为商业货运的主要方式的时代，是在抗日战争后期，以滇缅公路及若干县级公路的修通为标志。在抗战期间，除滇缅公路外，尚有下述重要公路修通并投入使用。

滇黔公路——战前已基本竣工通车，1937 年 11 月最后修筑昆明至胜境关段 243.7 公里内石拱桥 6 座。这是云南与内地连通的第一条公路，称为"西南公路"，1938 年湘桂铁路通车至金城江（广西境内）后，其商路作用大大发挥。

川滇公路滇段——从四川泸州起经贵州毕节、威宁到云南宣威、沾益接滇黔公路，1939 年 12 月全线通车。另外修筑了由威宁至昭通一段，改变了整个昭通地区基本无公路的状况，使川、黔、滇三省通过这条路连接了起来，是云南第二条与内地连接的公路。泸州、宣威均为出产丰富之地，抗战中后期"跑泸州"成为一条重要商路。

呈罗公路——由呈贡三岔口至罗平板桥，并与贵州兴义至江底的公路贯通，长 280 余公里，1940 年 6 月路基全面完成。板桥镇为传统食盐市场，贵州兴义地区食用盐均在此采购转运。此路修通后，由昆明至板桥的食盐运输部分地使用了汽车。

滇桂公路——筹划很早，抗战初始修开远至砚山段，1940 年 5 月通车。

在抗战爆发后的几年中，云南省内还继续修成或部分新修以下县道：

---

[1] 云南省财政志编纂办公室编：《云南省财政志》（中华民国时期），第 200 页。

寻甸—会泽（185.7 公里）

曲靖—陆良（67.2 公里）

安丰营—武定—元谋（187.5 公里）

玉溪—建水（138.8 公里）

昆明—玉溪（102.3 公里）

鸡街—个旧（21.2 公里）

昆明—富民（39 公里）

广通—盐兴（今禄丰黑井，56.8 公里）

祥云—宾川（50.1 公里）

下关—巍山（61.5 公里）

呈贡—澄江（24 公里）

师宗—泸西—弥勒（88.4 公里）

安宁—易门（43 公里）

保山—昌宁—顺宁（今凤庆，177 公里，后又决定延伸至云县，218.9 公里，至 1940 年仍在修筑中）

武定—禄劝（8 公里）[①]

抗战初期投了较多人力物力修筑滇缅公路和滇川、滇黔路，适应了战时需要，而且带动了附近地区经济及商贸的发展。云南省基本形成以滇西、滇东公路国道、滇南铁道（滇越铁路）为主干的交通商贸线路；同时一批县道与干道相接，一定程度地改变了过去完全以马帮运输为主的商运方式，使云南许多土特产品得以大量外销，如茶叶、宣威火腿、药材、玉石等。

但是，运输车辆稀少仍在限制商贸的进一步发展。在滇西滇缅公路等线路上，20 世纪 40 年代初之公路运价，普通货物以汽车运输，每吨每公里之运费为 1.5 元，而以马帮则每吨每公里运费为 1.8 元（国币），[②] 是以运价并未大幅度降低。汽车数量"以西南公路局为最多……至昆明者不过 100 余辆。云南汽车公司亦有 100 余辆，公路局汽车营业处有 6 辆，平益商行有 20 余辆。合计在昆明运输者有 200 余辆"[③]。其余重要商业城

[①] 参阅《云南公路史》第 1 册，国际文化出版公司 1989 年版，第 136—140 页。

[②] 张印堂：《滇西经济地理》，国立云南大学西南文化研究室 1943 年版，第 24、25 页。

[③] 张肖梅：《云南经济》第 18 章，第 12 页。

市如大理、开远、玉溪、曲靖等，汽车数量更少。相较之下，滇越铁路商运价值更大一些。

2. 市场与货品。就全省范围而言，主要的商业市场仍是区域性的、小范围的定期赶场集市贸易。在大多数县，县城即集市贸易的中心市场，"较大者有商号二三十家，或少至五六家。除圩期外，并不若何繁盛"①。在边远少数民族聚居的部分区域，还存着以物易物的古老交易方式。

在传统外贸路线上，云南自开设对外商埠以来所形成的蒙自、思茅、腾冲等地，仍是重要的商品集散地。滇缅公路修通后，沿线商贸十分活跃，并形成下关、楚雄、保山等新兴的商贸集散地；滇东方向，随着滇黔、滇川公路的修筑，宣威、昭通、曲靖、宜良等地也成为商贸中心；昆明则是连接和辐射上述各集散地的中心区域。据抗战初期实业部的调查，当时昆明有商号2400余家，从业人员近万人，资本总额500余万元（国币），年营业额1670余万元。

昆明交易物品中，战前以煤油、汽油、棉纱为大宗进口转运品，各地土特产品则由昆明经滇越铁路出口。抗战以后，棉纱上升为第一宗贸易品，每年大量由外地输入转运全省或供昆明纺纱厂之用，贸易额在千万元以上。其来源各时期变化较大，其中海外品印、缅棉纱自滇越铁路通车后一直进口量较大，国内品以上海为主，次及天津、江浙各地，其销路省内占大多数。随着战时与内地交通的阻隔，昆明棉纱、丝制品也销往贵州、四川等地，销量逐年上升；同时海外进口品也渐增加。此外，云南皮货、药材、桐油、茶叶也批量销往内地各省或外销。20世纪40年代初以来，一些洋货，如卷烟及日用品等，进口量逐渐增加。

民营商业中较大的商号，主要有经营长途贩运的迤西帮、迤南帮和迤东帮等商帮及其组织，其中永昌祥、锡庆祥、洪盛祥、茂恒、福春恒等均有较雄厚的资本，在云南各主要口岸和集散地均设商号。迤西帮经营的主要物品是棉纱，其次为锡矿。另广东商人历来在滇经营贸易颇有实力，仅在昆明的商号就多达50余家，亦经营棉纱、日用品等。由华侨经营的永利商号（总号名永茂和，设于缅甸境内）在滇缅路通车后，"经营业务转移到这条公路的几个重点地区，根据业务需要，我们把总号迁往昆明，撤销了'永利'牌号……国内有下关、保山、腾冲三个分号，国外有腊成、

---

① 《续云南通志长编》，商业，第542页。

曼德勒、仰光三个分号……集中力量，开展滇缅贸易"①。1936年成立的德利新记商号，资金5.7万元银币，专营桐油，1945年发展至资本500万元法币，业务也发展至贵州各地。②

3. 专卖与管制。1941年4月国民党五届中执委八次会议通过《孔祥熙等关于筹办盐、糖、烟、酒、茶叶、火柴六种消费品专卖的提案》，至此开始上述物品的专卖。专卖首先在川康各地推行，云南于次年9月执行。专卖的主要内容有："政府专卖物品，以统制产制、整购分销为初步实施办法。其零售业务仍利用现有商店经营，但须经政府登记给予特许营业证，并须按照政府规定办法经营买卖。政府专卖以使人民得公平享受公平负担为主旨。专卖物品寓税于价，实行专卖以后，不再对物课税。"③针对各种专卖品，还规定了若干条例、规则，如《盐专卖暂行条例》《收盐规则》《运盐规则》《销盐规则》《战时食糖专卖暂行条例》《食糖经销商零售商特许章程》等，从产、购、运、批发、零售各个环节做了较详细的规定。为此在财政部下设立了各专项专卖局或专卖公司，在地区设分公司、办事处、业务所等机构。专卖的程序为：产制成本加合法利润为收购价；收购价加专卖利益为批发价；批发价加商业利润和运费为二级批发价；最后加零售利润为零售价。每个环节价格均规定最高限价。除最后一个环节外，其余环节均为官营或招商承办。专卖利益收入甚多，如盐的专卖利益，1942年实收12亿余元，1943年为15亿余元；食糖的专卖利益为收购价格的30%；烟的专卖利益为收购价格的50%；火柴约为20%；等等。④

专卖大大增加了国民政府财政收入，缓解了物资紧张局面，保障了军事及政府需求与控制，也有利于稳定市场，保证人民最低基本需要；但专卖给原经营专卖品生产的许多民营企业带来不利影响。上述各类专卖，在抗战胜利前后逐渐取消。

茶叶的统制实际早已由中国茶叶公司推行。1938年12月由该公司与云南富滇新银行合组云南茶叶贸易公司，在凤庆、勐海成立该公司之制茶

---

① 李镜天：《永茂和商号经营史略》，《昆明文史资料选辑》第7辑下册，第159页。
② 《抗战时期内迁西南的工商企业》，第376、379页。
③ 国民政府财政部档案（一四八）5625，中国第二历史档案馆藏。
④ 参阅《抗日战争时期国民政府财政经济战略措施研究》第4章，第155、157、158页。

厂各一座；在宜良成立种茶场，逐渐形成垄断云南茶叶的出口贸易。

4. 对外贸易。在近代云南经济史和财政史上，对外贸易占有重要的地位。自1889年蒙自开关起直至1945年抗战胜利，云南均维持较高的对外出口额，其中在1912—1918年还处于出超的有利地位。这一方面刺激了主要出口物品如大锡的生产，同时也成为地方财政收入的一个重要来源，历来受到政府的重视。抗战爆发前，云南省政府就已开始了对外贸的管理与统制活动。

外贸管制初始于20世纪30年代中期，主要出于两方面的原因：一是厉行禁烟后外贸出口额损失近半数；[①] 二是法国东方汇理银行长期操纵外汇，盘剥云南外贸之收益。此外，外商大量向云南倾销商品，使1919年至20世纪30年代初的云南外贸处于入超地位。云南省经济委员会及富滇新银行成立后，省政府授权富行管理外汇。"凡出口商所得外款全部卖与本行，入口商所需外汇亦由本行审核售给。"实行管理后，"因汇价由本行预付及牌价规定之合理，出口商取得资金活动愈能刺激生产，不惟应归（富行）管理者，不肯逃避，即不在管理范围者，亦自动将所得外款售与本行，于是本行之外汇愈多，除分配商业市场、政府需要及工业建设而外，复能以积蓄外汇，为发行之准备至足。而外汇市场之掌握权，遂由法商东方汇理银行转移至本行"[②]。

在战时需求扩大及沿海口岸被敌封锁后，云南进出口贸易更趋活跃，成为近代史上外贸发展迅速且持续出超的时期。从开始回升的1933年至1945年，"在这13年中，有二年入超，其他各年均出超，相抵后共出超6240万美元。……1940年出口1981.2万美元，进口761.9万美元，1941年为历史最高水平，出口5869.8万美元，进口2922.1万美元。1945年又下降到出口1585万美元，进口2281.8万美元"[③]。

1938年6月，云南又设立隶属于经济委员会的云南进出口贸易管理委员会，并在昆明、个旧、腾冲、思茅设办事处，将洋纱、棉布、油类、建筑材料等进口货和金属矿物、矿砂、油类（主要是桐油）、茶叶、杂粮、生丝等出口货列入管理贸易范围。国民政府亦制定若干外贸政策，并

---

① 参阅张肖梅《云南经济》第16章第1节，第1、2页。
② 《云南近代金融档案史料选编》第1辑上册，第96页。
③ 陈茜：《云南对外贸易的历史概述》，《思想战线》1980年第3期，第12页。

通过成立于1937年9月的"贸易调整委员会"及其下属中国茶叶公司、复兴公司、东南运输处等单位，实施外销物资的管制；矿产品则由资源委员会下属钨、锑、锡、汞4个专业管理处与国外贸易事务所实施管制。这些机构和单位基本都在云南设有办事处与分公司。例如贸易调整委员会于1939年11月在昆明设云南分会，"负责办理出口产品收购结汇事宜"，同时规定"该会成立以后，关于云南省及邻省结汇之货物，概须向分会申请，并经分会审核后，分向中（央）交（通）富（滇）三银行办理结汇。至分会所收矿产，交付资源委员会，桐油茶叶交付贸易委员会，猪鬃交付中央信托局。至于外汇结价，按照中交（银行）挂牌结算"①。结果形成了国民政府经济部门对云南外汇的直接统制。同期还宣布了出口货物结汇办法，"凡出口货所得之外汇，应照港币100元折合国币104.5元之比率，售与中央指定之银行"②。富滇新银行办理外汇"至此遂告结束"。

抗战时期，云南外贸出口货物仍以大锡为主，1937年出口93930公担，1938年出口92968公担；其次为药材，1937年出口价值225978元，1938年又增加40%左右；猪鬃1938年出口达4654公担，价值130万美元；皮革大部分销往美国，1940年出口达157万张，价值106万美元；桐油1938年出口18942公担，价值31.3万美元。茶叶1936年出口7782公担，价值6.9万美元。③

进口货物则为机器工具、运输工具如汽车、洋纱及棉织品、各种油料等，其中许多货物如汽油、汽车，均为满足战时军需而进口的，民间使用较少。洋纱、棉织品、染料等主要供云南各纱厂使用。外贸管制后，许多物品又转供川、黔、桂等内地省份。

云南民营商号历来有经营对缅、印及越南等东南亚国家民间贸易的传统，随着滇缅公路与国内川、黔公路的修通，这一贸易又通过滇藏线到达尼泊尔及印度，运入了大批棉纱及战时急需物资。

---

① 张肖梅：《云南经济》第16章，第9页。
② 《云南近代金融档案史料选编》第1辑上册，第97页。
③ 陈茜：《云南对外贸易的历史概述》。

第十章

从"一二·一"运动到卢汉主滇

第一节 "一二·一"运动的爆发

一 "一二·一"运动前夕

1945年8月，日本宣布无条件投降，中国人民十四年抗战终于取得了最后胜利，中国社会发展进入了一个新的历史时期。在这一时期，中国人民和国民党统治集团之间的矛盾上升为国内的主要矛盾。以蒋介石为首的国民党统治集团企图在中国建立其大地主大资产阶级专制的独裁统治，而以中国共产党为代表的中国人民，则要求把中国建成一个人民大众的新民主主义国家。因此，"建什么国的斗争"，是当时中国两个前途和两种命运的斗争，它构成了新时期内国内斗争的主要内容。

抗日战争胜利后，中国共产党代表全国人民的意志和要求，及时提出以下政治主张："巩固国内团结，保证国内和平，实现民主，改善民生，以便在和平民主团结的基础上，实现全国的统一，建设独立自由与富强的新中国。"① 为了避免内战，争取和平，1945年8月，中共中央主席毛泽东不畏艰险，亲赴重庆与蒋介石进行和平谈判。经过43天艰苦的谈判，国共双方代表达成和平协议，签订了《会谈纪要》（即《双十协定》），迫使蒋介石承认了和平团结的方针和人民的某些民主权利。但是，蒋介石玩弄假和平真内战的两手花招，一方面同中共代表进行和谈，制造和平假象，另一方面又在加紧进行内战准备。1945年8月29日，国民党陆军总司令何应钦下令国民党各战区大量印发蒋介石在十年内战期间编写的

---

① 《毛泽东选集》第4卷，人民出版社1991年版，第1155页。

《剿匪手本》，同时，秘密下达了进攻解放区的命令。9月，国民党军队进犯上党、张家口和豫鄂两省解放区，接着又向晋冀鲁豫解放区的豫北和冀南发动进攻。截至11月，国民党进攻解放区的兵力已达120万人，全国内战的危险已迫在眉睫。

在内战危机日趋严重的情况下，中国共产党号召："全国人民动员起来，用一切方法制止内战。"① 全国各阶层人民热烈响应中共号召。9月初，昆明学联举行"从胜利到和平晚会"，表示坚决反对内战。10月，重庆各进步社会团体纷纷发表声明或谈话，呼吁制止内战，撤退驻华美军，建议召开政治协商会议。11月19日，重庆文化界、工商界代表500多人举行反内战大会，成立反内战联合会，号召全国人民用实际行动起来制止内战。与此同时，成都、西安、贵阳等地人民也积极开展反内战运动。

在云南，昆明是抗战时期大后方民主力量较为集中的地区之一，有"民主堡垒"之称。抗战相持阶段国民党顽固派掀起反共高潮后，中共云南地方党组织按照中央和南方局的指示，实行"长期埋伏，积蓄力量，以待时机"的方针，在昆明及全省各地开展"勤业、勤学、勤交友"和"职业化、社会化、合法化"工作，利用多种形式组织和领导爱国民主运动，巩固和发展抗日民族统一战线。1940年年底至1941年年初，中共中央南方局多次派员指示云南省工委"隐蔽精干"。10月，按照南方局"精简组织层次、缩小党的领导机构"的指示，组成了由郑伯克、侯方岳、刘清3人为领导班子的新一届中共云南省工委。到1942年，云南"党组织隐蔽在人民群众中，人民群众又紧密地团结在党的周围，使得皖南事变后的几年中，国民党特务千方百计破坏中共云南地方组织的图谋都未能得逞"②。党组织得到巩固发展并建立起广泛的社会关系，在各行各界联络着一批民主人士和进步青年。1943年7月以党领导的秘密读书会"五九"读书社为基础建立了新民主主义者联盟。1945年1月建立云南民主青年同盟（民青），该组织在省工委的领导下发展较快，在昆明20多所大中学校中建立了支部或分支部。同年7月1日，云南民主工人同盟（工盟）也在进步工人中建立起来，工盟成员广泛分布在中央机器厂、53兵工厂、滇越铁路等工矿企业和邮政、电信、自来水公司等行业中。

---

① 《毛泽东选集》第4卷，第1170页。
② 中共云南省委党史研究室：《中共云南地方史》第1卷，第267页。

图61 郑伯克（1909—2008）
四川沐川人

图62 侯方岳（1915—2006）
四川广安人

1945年11月21日，西南联大民主青年同盟组织联大冬青社、文艺社、社会科学研究会、南院女同学会等15个进步学生社团组织，向联大、云大、中法大学、省立英语专科学校等四大学学生自治会建议召开时事晚会，发表反内战通电。四大学学生自治会联席会接受上述建议，决定于11月25日举行反内战时事晚会。

二 反内战时事晚会

国民党云南地方当局为了阻止昆明学生举行反内战时事晚会，由国民党云南省党部主任委员、代理云南省主席李宗黄紧急召集党政军联席会议商讨对策，会上讨论并通过了不准学生举行集会和游行的禁令。禁令刊登在次日昆明各家报纸上。

联大、云大等昆明四大学爱国学生蔑视地方当局的非法禁令，如期在联大新校舍（今云南师范大学）举行时事晚会。全市大中学校师生和社会各界人士6000多人参加晚会。钱端升、费孝通、伍启元、潘大逵等4位大学教授应邀在晚会上发表演讲，他们一致要求制止内战，反对美国干涉中国内政，要求成立联合政府。在教授们发表演讲的过程中，奉命包围联大新校舍的国民党军队不断向会场上空开枪射击，还不时发射小钢炮，进行威胁和破坏。潜入会场的国民党特务采取掐断会场电源、扰乱会场秩序等卑劣手段进行捣乱破坏，和国民党的武力威胁里应外合。一个冒充所谓"王老百姓"的特务头目，竟强行登上讲台大放厥词，胡说什么"这不是打内战，是政府平内乱”①，竭力为国民党反动派发动内战的罪责辩解。对于他的谬论，与会者嗤之以鼻，愤怒地把他轰下台，并将其逐出会场。学生当场揭穿了这个特务头目的真面目，原来他是国民党云南省党部执行委员兼中统局云南调查统计室主任，名叫查宗藩。② 最后，晚会在通过了致国共两党要求制止内战、呼吁美国青年反对美军参加中国内战等通电后结束。

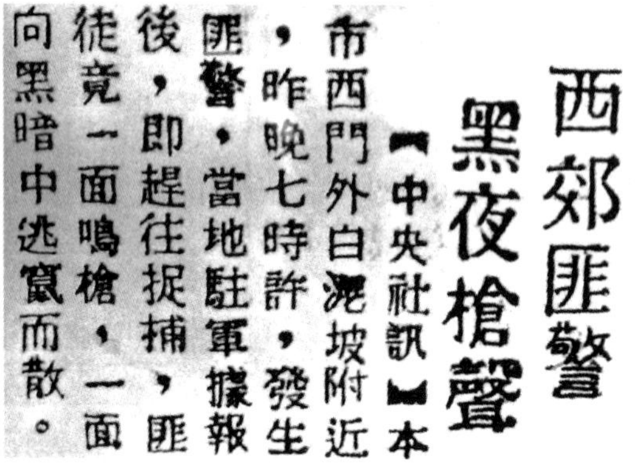
西郊匪警

黑夜槍聲

【中央社訊】本市西門外白泥坡附近，昨晚七時許，發生匪警，當地駐軍據報後，即趕往捉捕，匪徒竟一面鳴槍，一面向黑暗中逃竄而散。

图 63　国民党中央社对西南联大时事晚会进行造谣诬蔑的报道

26 日，昆明《中央日报》登出题为“西郊匪警，黑夜枪声”的消息，竟然把前晚参加时事晚会的师生诬蔑为“匪”，这就激起了正在酝酿罢课的联大学生的愤怒。当天下午，联大学生自治会召开代表大会，一致通过了罢课决议，宣布自即日起举行罢课。云南大学、中法大学、英语专科学校等三大学和一些中学学生踊跃响应，纷纷举行罢课。至 11 月 29 日，全市参加罢课的大中学校已达 31 所（当时全市有大中学校 44 所）。

11 月 28 日，罢课各校先后成立了罢课委员会（简称罢委会），不久，在各校罢委会基础上成立了全市大中学生罢课联合委员会（简称罢联），作为罢课的领导机构。同日，罢联发表《昆明市大中学生为反对内战及

---

① 洪德铭：《第一把火——忆“一二·一”学生运动》，中央团校青运史研究室：《青运史研究资料》1980 年第 2 期。

② 郑伯克：《回顾一二·一运动》，中共云南省委党史资料征集委员会编：《云南党史通讯》1985 年第 2 期。

抗议武装干涉集会告全国同胞书》（即著名的《罢课宣言》），对国民党云南地方当局破坏时事晚会的暴行表示强烈抗议，宣布全市学生已从11月26日起举行总罢课，并向当局提出以下要求：一是关于对当前国是的主张要求：立即制止内战；反对美国政府助长中国内战，立即撤退驻华美军；成立民主联合政府；保障人民的言论、集会、结社、游行和人身等自由。二是关于对时事晚会事件的要求：追究射击联大事件的责任；取消党政军联席会议关于禁止集会游行之非法禁令；保障同学身体自由，不得任意捕人；中央社更正诬蔑联大师生之谬论，并向与会者致歉。①

实现全市学生总罢课后，罢联每天组织100多个宣传队上街宣传，揭露国民党当局武装镇压反内战时事晚会的真相，宣传反内战的意义，以争取社会各界人士的同情和支持。同时，罢联编辑出版《罢联通讯》（油印）和《罢委会通讯》（铅印）等两份小报，以便及时报道罢课动态，指导运动的健康发展。昆明学生因其举行的反内战时事晚会遭到国民党当局的武装干涉而举行总罢课，揭开了反内战争、民主的一二·一运动的序幕。

三 "一二·一"惨案

昆明学生罢课后，国民党中央指示李宗黄、关麟征（云南警备司令部司令）等对昆明学生爱国运动采取"以宣传对宣传，以组织对组织，以行动对行动"的镇压方针。② 为此，国民党的宣传媒介大造舆论，对昆明学生的爱国运动极尽造谣诬蔑之能事，胡说什么昆明学生的反内战、争民主斗争是"受人利用"。与此相配合，国民党、三青团的骨干分子和特务在全市贴标语，散传单大肆散布"共产党制造内乱"的谎言，恣意撕毁学生贴出的反内战标语，凡是来不及撕毁的，就统统盖上刻有"赤匪"二字的印戳。11月27日，李宗黄召集全市各大中学校负责人和宪警机关负责人参加的紧急会议，命令各校务必在翌日复课，并宣布由省党部在各校组织"反罢课委员会"和"行动委员会"，以便从学校内部来破坏学生罢课。李宗黄密令国民党各级党部选派得力人员前往中央军校第五分校集中聆训，然后前往各学校对罢课学生进行殴打或逮捕。从11月28日起，

---

① 《一二·一运动史料选编》上，云南人民出版社1980年版，第60页。
② 《白区工作的回顾与探讨——郑伯克回忆录》，中共党史出版社1999年版，第269页。

大批武装特务闯进各罢课学校，强迫学生复课。李宗黄威胁说："必要时不惜流血！"关麟征也在记者招待会上扬言："学生有在校内开会的自由，我有在校外开枪的自由。"① 30 日，发生一连串学生宣传队在街上宣传时被宪警、暴徒殴打和逮捕的事件。同时，当局指使暴徒分别闯进中法大学、云南大学、联大师范学院和《新华日报》昆明营业处，寻衅闹事，殴打师生，涂写标语。种种迹象表明，国民党当局准备血腥镇压昆明学生爱国运动的阴谋，正在紧锣密鼓地策划之中。

根据事态的发展，中共云南省工委负责人指示民青和罢联组织，要对敌人可能进行的大规模屠杀阴谋提高警惕，并认真研究对策。11 月 30 日，罢联召开紧急会议，作出以下决定：立即通知各校加强戒备，要求各校同学在今明两天暂时停止街头宣传，个人不要单独外出。

12 月 1 日是卢汉就任云南省主席典礼举行之时，李宗黄等人别有用心地选择了这一天来向爱国学生下手。当天上午 8 时，在五华山举行的省主席交接仪式结束后，李宗黄就匆匆前往国民党省党部（位于华山南路），对集合在那里的国民党、三青团骨干分子和便衣特务进行动员。他鼓动说："这是大家效忠党国的时机，我们要以宣传对宣传，以流血对流血，进行还击！"② 省党部调统室主任查宗藩在讲话中要求党徒们要踊跃参加"戡乱建国"③。散会后，由查宗藩、周绅（三青团云南支团部秘书兼宣传股长）、傅培德（富春中学训育主任）等人带队，分别率领由军警、党团骨干、特务、暴徒组成的队伍，携带着棍棒、石块、手榴弹等凶器，分头前往云大、联大新校舍、联大师范学院和联大工学院等处，对手无寸铁的爱国学生施暴镇压。

上午 10 时，一群暴徒闯入云大大门后，撕毁壁报、标语，捣毁岗警棚和桌椅，并打伤学生多人。当他们冲上石阶时，由于受到学生们居高临下的英勇反击而受阻，被迫退出云大，呼啸而去。

当联大学生获悉暴徒闯入云大行凶破坏的消息后，立即紧急动员起来进行自卫戒备。随即一群佩戴军官总队符号的军人和着黄色军服的人，气

---

① 洪德铭：《第一把火——忆"一二·一"学生运动》，中央团校青运史研究室编：《青运史研究资料》1980 年第 2 期。
② 沈沉：《昆明"一二·一"惨案侧记》，《云南文史丛刊》1985 年第 1 期。
③ 郑伯克：《回顾一二·一运动》，中共云南省委党史资料征集委员会编：《云南党史通讯》1985 年第 2 期。

图64 于再（1921—1945）
浙江杭州人

图65 潘琰（1915—1945）
江苏徐州人

势汹汹地来到新校舍门前，诡称要进校内看壁报，遭学生拒绝后，一部分暴徒强行闯进校门后，用木棍、石块殴打学生和校警。学生们群起反击，把闯进来的暴徒逐出校门。此时，校门内学生高喊"中国人不打中国人"的口号，有的学生还爬上梯子劝说校门外的暴徒不要攻击学生。当一名暴徒准备向校内投掷手榴弹时，被刚好路过这里的南菁中学教师、共产党员于再劝阻，暴徒急将于再推向路边，并把即将爆炸的一枚手榴弹扔向他身边。随即手榴弹爆炸，于再倒在血泊中，被炸成重伤。于再被送往医院抢救无效，于当晚不幸去世。暴徒们还准备冲进校内行凶，但因受到学生们的坚决抵抗而没有得逞，只得悻悻而去。

上午12时左右，一群着便衣或军服的暴徒在三青团云南支团部秘书兼宣传股长周绅的带领下，强行闯进联大师范学院，投掷了一枚手榴弹，幸未伤人。师院学生立即退入隔壁的昆华工校，联合昆工同学进行反击，将暴徒赶出校门。恼羞成怒的暴徒从门隙中扔进两枚手榴弹，炸伤学生多人，师院学生李鲁连当场被炸死。暴徒再次冲入校门，以铁棒、木棍毒打学生，已受伤躺在血泊中的女生潘琰（共产党员）又被暴徒以尖头铁棍猛刺其腹部，生命垂危。年仅17岁的昆工学生张华昌也被炸成重伤。受重伤的师院学生还有缪祥烈等人。潘、张二人因伤势过重，于当晚在医院去世。暴徒行凶后扬长而去。

当天，遭到国民党军、警、特、暴徒袭击和骚扰的还有联大工学院、联大附中、昆华女中和《新华日报》昆明营业处等单位。

图66 李鲁连（1927—1945）
浙江嵊县人

图67 张华昌（1929—1945）
云南曲靖人

  以上就是国民党当局有预谋、有组织制造的"一二·一"惨案。在这次惨案中，有4名爱国青年惨遭杀害，50多人受重伤和轻伤。血淋淋的事实彻底暴露了国民党反动派的狰狞面目。1946年2月，闻一多先生在其所撰写的《"一二·一"运动始动末记》一文中指出："'一二·一'是中华民国建国以来最黑暗的一天，但也就在这一天，死难四烈士的血给中华民族打开了一条生路。"①

第二节 "一二·一"运动的历史意义

一 "一二·一"惨案激起的强烈反响

  四位青年英勇地倒下去，千万个青年更坚定地站起来，他们决心踏着烈士的血迹前进。在联大新校舍，在罢委会领导下，迅速修复了被暴徒打毁的校门，同学们组织起来进行校内巡逻，随时准备着对付暴徒的再次袭击。潘琰、李鲁连二位烈士的遗体被停放在学校图书馆内，由数十名学生轮流守护着。同学们在赶印《一二·一惨案实录》、《罢委会通讯》等宣传品。联大师院全体学生动员起来，轮流守夜，加强戒备。联大工院的

---

① 《一二·一运动史料选编》上，第6页。

30多名学生踊跃为受伤同学献血。住在郊区龙头村的云大附中学生，纷纷自发前来云大住宿，和云大的大哥哥、大姐姐们并肩战斗。总之，一切都在紧张而有序地进行着，充分体现了学生们化悲痛为力量，誓与反动派斗争到底的决心。

在惨案发生后的当天下午，中共云南省工委及时与联大党组织负责人碰头，分析当前形势，研究斗争对策，作出以下决定：加强罢联领导机构并扩大以学生为主力的战斗队伍，争取工人、职业青年、教师及公务人员等各方面的支援，利用反动派内部矛盾，集中力量，向李宗黄、关麟征为首的反动派大举反攻。[1] 根据上述决定，罢联领导全市学生开展了以下四项工作。

（一）发表声明，散发文告，说明惨案真相，揭露反动派的暴行。12月6日，联大、云大、云大附中、昆华女中等34所大中学校学生联合发表《昆明大中学生为一二·一惨案告全国同胞书》，控诉国民党当局血腥镇压昆明学生爱国运动的法西斯暴行，质问反动派："青年何罪？人民爱国运动何罪？……而负责保护人民之党政军当局，竟视人民为敌人，任意屠杀，国法何在？公理何在？正义更何在？"《告全国同胞书》中除重申《罢课宣言》所提八项要求外，又就"一二·一"惨案向当局提出以下三项要求：严惩惨案的主谋凶犯关麟征、李宗黄和邱清泉（国民党第五军军长）；负担死难同学抚恤费、受伤同学医药费；赔偿一切公私损失。[2]

（二）开展广泛、深入的宣传活动，不断巩固并扩大斗争的成果。从惨案发生后的第二天起，罢联每天出动100—150个宣传队（每队10多人）上街宣传。宣传活动以讲演为主，同时配合歌咏和诗歌朗诵，散发传单，书写标语和进行募捐，是一种综合性的宣传活动。宣传队从"一二·一"惨案讲起，揭露反动派血腥屠杀爱国青年的暴行，再联系到国民党的内战政策，着重说明学生为什么要反内战、反独裁和要求成立联合政府的道理。联大剧艺社学生自编自演的《凯旋》《匪警》《潘琰传》《告地状》《审判前夕》等活报剧和话剧，揭露反动派，教育人民，在社会上产生了很大影响。

（三）揭露反动派的阴谋诡计，使其陷于更加孤立的境地。"一二·

---

[1] 中共云南省委党史研究室：《中共云南地方史》第一卷，第335页。
[2] 《一二·一运动史料选编》上，第161页。

一"惨案发生后，全国舆论哗然，云南国民党当局成为众矢之的。他们为了蒙混过关，先是企图以向学生做一点片面让步来敷衍塞责，继而进行抵赖，乃至妄图嫁祸于中国共产党。对于反动派玩弄的种种花招，罢联进行了针锋相对的斗争。12月1日晚，关麟征在招待记者时，要求他们不要再刺激学生的情绪。当天傍晚和次日上午，他两次前往联大新校舍表示所谓的"道歉"，但学生们对他的虚伪行为嗤之以鼻，并当面指出"你就是杀害四烈士的罪魁祸首！"4日，关麟征派人往联大新校舍送来两口棺材和50万元法币，但遭到学生方面的严词拒绝。由于理亏心虚，国民党中央也被迫向云南军政当局发出电令："暂停武力镇压，以免事态扩大。"①

国民党当局为了给自己开脱罪责，竟不顾事实地歪曲说："一二·一"惨案是联大学生与第二军官总队学员之间因"误会"而发生的殴斗事件。对此，罢联发表《郑重启事》予以驳斥，指出，被学生捕获的一名参与攻打联大新校舍的军官总队学员曾供认："彼等受大队长命令，分三路向指定区域进行。"可见"一二·一"惨案"显系有组织有计划之行动"，而决不是什么"误会"②。

经过一番精心策划以后，12月4日，云南警备总部表演了一幕"公审"凶手的闹剧。这次所谓"军法会审"的主要成员是由蒋介石钦定的：李宗黄和关麟征任"陪审官"，第五军军法处长宋长治任"审讯法官"，卢汉任"审判长"。"公审"时，由一个假凶手捏造谎言说：一个所谓名为姜凯的"共党分子"，以金钱和官职收买他和另一名"凶手"，要他们向联大师院学生投掷手榴弹。③ 这样，反动派就把它一手策划和制造的"一二·一"惨案的罪责推到了中国共产党身上。"公审"后，由卢汉和关麟征报请蒋介石批准，判处两名假凶手死刑，将所谓"教唆犯"的姜凯则令"通缉归案"。这就是由蒋介石幕后指挥、李宗黄和关麟征亲自导演的"公审"和"惩凶"丑剧。

12月5日，罢联发表《紧急启事》指出，当局所谓的"公审"，"显

---

① 郑伯克：《回顾一二·一运动》，中共云南省委党史资料征集委员会编：《云南党史通讯》1985年第2期。
② 《一二·一运动史料选编》上，第161页。
③ 昆明《中央日报》，1945年12月5日。

系准备好演出之一幕滑稽剧……联大师生无参与演出者义务,故拒绝出席"①。中共中央南方局机关报《新华日报》也指出,国民党反动派抄袭希特勒制造国会纵火案以嫁祸德国共产党的故伎,企图把它在昆明屠杀爱国青年、殴打教授的责任推给中国共产党的阴谋是注定要失败的,因为任何捏造的谎言都不能够掩盖用血写成的昆明惨案的事实。②

(四)举行灵堂公祭。为了哀悼"一二·一"惨案死难四烈士,也为了揭露反动派和教育人民,罢联决定扩大举行四烈士公祭活动。罢联发布讣告宣布,从12月4日至24日为公祭时间,敬请各界人士和烈士亲友莅临西南联大新校舍灵堂奠祭。灵堂设在联大新校舍图书馆。每天前来吊唁的人们络绎不绝,他们中有学生、教师、工人、农民、市民、职员、士兵、军官和社会知名人士,还有和尚、尼姑等宗教界人士。在为时20天的公祭期间,前来参加祭吊的人数总计约15万人次(当时昆明市人口30万),参加公祭的机关、团体近700个,其中有中国民主同盟云南支部、中苏文化协会昆明分会、云南妇女联谊会、省市商会、省佛教会、基督教青年会学生服务处、清真铎报社、省参议会全体驻会委员等,所送挽联在千副以上。③

图 68 公祭死难烈士

---

① 《一二·一运动史料选编》上,第166页。
② 同上书,第213页。
③ 郑伯克:《回顾一二·一运动》,中共云南省委党史资料征集委员会编:《云南党史通讯》1985年第2期。

"一二·一"惨案发生后,立即在全国各阶层人民中激起了强烈的反响。中国共产党对昆明学生的爱国运动给予了极大的关怀,12月4日,《新华日报》发表短评,号召全国正义人士给昆明学生以一切可能的援助。12月7日,中共中央机关报《解放日报》发表社论指出:"昆明惨案是当前全国政治的一个缩影",表示"我们声援在苦难中的昆明学生与教授,因为他们的奋斗,就是为独立、自由、幸福的新中国的斗争,是这个斗争的一部分"①。

　　12月1日下午,云南大学71位教职员发表《告各界书》指出:国民党士兵和"便衣队"屠杀同学的暴行,"实开民国史上未曾有之恶例",要求地方当局合理解决问题。② 2日,联大教授会开会,在几位教授分别报告了12月1日惨案中联大学生伤亡情形后,通过了派代表参加死难学生入殓仪式和成立法律委员会控告罪犯等几项决议。③ 应联大学生自治会请求,联大教授会又在12月4日的会议上作出了"自即日起全校停课七天"以抗议军政当局的暴行等几项决议。④ 6日,昆明30所大中学校近300位教师联名发表《罢教宣言》,宣布"决于即日起一致罢教,至学生复课日止,以示抗议",并向当局提出惩凶、取消非法禁会等三项要求。⑤ 联大讲师、教员、助教及附校教员联合会也发表声明,宣布罢教。全市大中学校教师以罢教、控告"一二·一"惨案的罪魁祸首等行动来支援学生的正义斗争,是最有力的支援,具有重要意义。对此,《新华日报》在一篇社论中给予了很高评价,认为是"过去任何一次学生运动中所未曾有过的"⑥。

　　12月2日,中国民主同盟云南支部发表声明,对国民党反动派摧残文化、蹂躏民权、草菅人命的暴行提出严重抗议,并表示声援爱国学生的斗争。3日,《人民周报》《大路周报》《文艺新报》《民主周刊》《昆明新报》《时代评论》《妇女旬刊》等进步报刊发表联合声明,对"一二·

---

① 《一二·一运动史料选编》上,第216—218页。
② 同上书,第154页。
③ 《一二·一运动史料汇编》第4辑,第86页。
④ 同上。
⑤ 《一二·一运动史料选编》上,第167—168页。
⑥ 《新华日报》1945年12月9日社论;《中国青年的光荣》,载《一二·一运动史料选编》上,第213—214页。

一"惨案表示严重抗议,向当局提出严惩肇事祸首、撤销禁止集会游行的非法决议、组织联合政府等五项要求。昆明联大校友会发表声明,对母校师长和同学表示敬意,为"一二·一"惨案向全国提出控告,呼吁全国同胞援助昆明学生的爱国运动。① 昆明各界人士以捐款和参加烈士公祭等方式来声援学生的爱国运动。云南地方开明士绅和实力派代表人物对青年学生的悲惨遭遇也表示了关切和同情。省临时参议会驻会委员会开会作出请省府设法制止暴行、保障学生安全等项决议后,全体委员前往四烈士灵堂进行吊唁。前省主席龙云的夫人顾映秋和次子龙绳祖分别捐款50万元和10万元,资助罢联活动经费。一位主持正义的中学校长表示,欢迎其他中学因参加罢课而被开除学籍的学生来本校就学。路南、昭通、宣威、沾益、大理、鹤庆、罗平、弥勒、泸西、建水、石屏、玉溪、元江、新平、安宁、华宁、大姚等省内各地的中小学校师生在"一二·一"惨案发生后,纷纷以募捐或罢课方式声援昆明学生爱国运动。

全国各地也热烈展开了对昆明学生爱国运动的声援活动。12月9日,重庆各界反内战联合会等团体联合发起追悼昆明遇难师生大会,各界人士3000多人出席。主祭人沈钧儒在大会上宣读的悼词说:"反对内战是人民的公意,昆明师生为反对内战而英勇牺牲了,我们都要跟着他们走!"大会在通过慰问昆明死难师生亲属、要求公审"一二·一"惨案的祸首等项决议后闭幕。会后举行四烈士公祭三天,参加公祭者达万余人。董必武、王若飞代表中国共产党献花致祭。公祭期间,收到各界人士为昆明学生捐款150万元。② 同日,成都各大中学校学生5000多人集会,追悼昆明"一二·一"惨案死难师生,会后举行了示威游行。1946年1月13日,上海举行于再烈士追悼大会,大中学师生、小学教师和各界人士约2万人参加大会。宋庆龄向追悼大会送的挽幛上写着"为民前驱"。著名诗人柳亚子在大会上发表的讲演中,表示坚信:民主政治在中国一定要实现,青年的血一定不会白流。③ 会后,举行了声势浩大的示威游行。在贵州遵义,浙江大学学生于12月12日罢课一小时,以表示哀悼"一二·一"惨案的死难者,慰问受伤者,抗议屠杀四烈士的罪魁祸首,并决定全校学

---

① 《一二·一运动史料选编》上,第222—230页。
② 洪德铭:《第一把火——忆"一二·一"学生运动》。
③ 于再先生纪念委员会编:《一二·一民主运动纪念集》。

生素食一天，以节约所得捐献给昆明的同学。西安、贵阳、武汉、广州、长沙、杭州、南京、福州、桂林等城市的青年学生也都以各种不同方式举行了声援昆明同学的活动。

12月9日，延安各界青年举行"一二·九"运动十周年纪念大会，周恩来在大会上发表讲话，充分肯定了昆明学生爱国运动的地位和作用。他说："我们处在新的'一二·九'时期，昆明惨案就是新的'一二·九'"，"五四青年运动未完成的任务，由'一二·九'青年运动继承起来，'一二·九'未完成的任务，由今天的青年运动继承起来。"① 大会一致通过了给昆明师生的慰问电。② 此外，晋察冀、山东、晋绥等解放区的首府，也都举行了声援昆明师生的群众大会。

二 罢课期间的尖锐斗争

昆明学生在《罢课宣言》和《为"一二·一"惨案告全国同胞书》两个文告中向国民党当局提出了七项具体要求，并把它作为复课的条件，表示只有这些要求得到满足后，"方能考虑复课问题"。而国民党当局的既定方针是千方百计强迫学生无条件复课。12月7日，蒋介石发表《告教育界书》，一方面假惺惺地表示将对惨案"作公平负责之处置"，另一方面则又威胁说："目前一切问题必以恢复课业为前提，以正当手续为解决，否则政府纵如何爱护青年，亦不能放弃其维护教育、安定秩序之职责。"而对学生最关心的惩凶问题则避而不谈。③ 对此，罢联发表文告指出："目前一切问题决不能以恢复课业为前提，而应以死者瞑目、罪有攸归的'正当手续'为解决之前提，否则法纪何在？人权何在？"④ 9日，卢汉、朱经农（国民党政府教育部次长）和霍揆彰（关麟征"停职议处"后，任代理云南警备总司令）等人代表国民党云南地方当局，同联大、云大等四大学校负责人和学生代表谈判复课问题。在谈判中，卢汉表示云南地方当局愿意接受学生提出的关于丧葬、医药、赡养和赔偿等要求，但对其他要求如惩凶等则表示拒绝。当时在场的代理北大校长、联大常委之

---

① 《解放日报》，1945年12月10日。见《一二·一运动史料选编》上，第2页。
② 《一二·一运动史料选编》下，第15页。
③ 同上书，第24页。
④ 同上书，第23页。

一的傅斯年则对学生代表说:"此事(按指学生提出的惩凶要求)除呈请中央严办外,学校当循法律程序解决,对李宗黄等决不宽容。"最后,学生代表郑重声明:"在中央应负责处置诸点尚无合理解决之前,同学碍难复课。"① 这就等于宣告了这次谈判的失败。次日,《中央日报》竟不顾事实刊登消息说:"学潮已得合理解决,各校学生即将复课。"对此,罢联在《罢委会通讯》上及时公布了谈判真相,揭穿了《中央日报》编造的谣言。

"一二·一"惨案发生后不久,北大代校长、联大常委傅斯年奉命由重庆飞抵昆明,以帮助当局扑灭昆明学生的爱国运动。傅斯年在联大教授会中进行分化瓦解,极力阻挠教授会对学生爱国运动的支持,提出由教授会作出决议,劝导学生"先行复课","如果学生不听,教授可以集体辞职"。他还指责闻一多、吴晗等进步教授煽动学生罢课。闻一多先生从来不隐瞒他对学生爱国运动的同情和支持,他理直气壮地表示:"在学生遭受打击需要支援的时候,我们怎能忍心逼着学生复课?"②

蒋介石的亲自干预,卢汉的奉命劝说,傅斯年的软硬兼施等都未能迫使学生屈服,但是对联大和云大两校当局和教授会起了作用,迫使两校当局和教授会放弃了其对学生爱国运动的同情和支持态度,转而对学生施加压力,以迫使他们尽快复课。12月11日、12日,联大常委会和云大校务会分别开会,通过了要求学生须在12月17日复课的决议。对此,两校学生予以抵制,他们于12月16日晚在联大新校舍举行反内战座谈会,会后举行了有两千多人参加的校内游行,表示决心坚持罢课,从而使两校当局要求学生限期复课的决议落空。随即联大教授会又作出限期复课的决议,态度更加强硬,要求联大学生务必在12月20日以前复课,并威胁说:"同人在校所司何事,尸位之讥义不能受,亦当有以自处。"③ 云大当局和教授会也作出相同的决议,要求云大学生务必在20日以前复课。18日,云大校长熊庆来向国民党教育部发出"引咎辞职"电报,联大常委梅贻琦则表示他不愿再管学生的事了,当局要怎么办就怎么办。12月13日,

---

① 《一二·一运动史料选编》下,第28页。
② 洪德铭:《第一把火——忆"一二·一"学生运动》,中央团校青运史研究室:《青运史研究资料》1980年第3期。
③ 《一二·一运动史料选编》下,第44页。

卢汉致函联大和云大当局负责人，要求"务请约束贵校学生，自明日起停止一切校外活动，否则，此一责任应由校方负之"①。翌日，卢汉、霍揆彰联名密电蒋介石说："处理昆明学潮，职等与朱次长（朱经农）、傅校长（傅斯年）等已尽最大努力期早平息，照常上课……昨又由汉函云大、联大两校负责使学生停止一切校外活动，并限校长于十七日复课。如果无效，决遵钧示为最后之处置，刻已准备待命。"②卢、霍所谓"最后之处置"的含义，无非就是像傅斯年曾扬言的那样，即解散联大或联大师生提前复员。种种迹象表明，事态的发展已经到了严重的程度。围绕着复课问题的斗争愈演愈烈，到12月中旬，已达到白热化程度。如何打破僵局，引导运动健康向前发展，已成为摆在学生面前的一个必须予以正确解决的关键问题。

三 从"停灵复课"到烈士下葬

在形势发展的紧要关头，学生内部就复课问题展开了一场大辩论，辩论的焦点是，罢课应该是有限期的，还是无限期的。主张无限期罢课者提出"内战停止时方才复课"，"罢课要做到美军退出中国为止"，反对复课，反对对复课条件做任何修改。主张有限期罢课者则认为，在斗争取得一定胜利以后，应适可而止，结束罢课，采取新的斗争方式，继续进行反内战、争民主运动，因此主张对复课条件作必要的修改，争取在复课条件得到基本满足后开始复课。由于当时国内形势已经发生重大变化，"全国人民注目的政治中心问题已经转移到召开政治协商会议，而不是昆明学生罢课了"③。因此，主张无限期罢课是错误的。在中共云南省工委正在组织复课时，接到中共中央南方局来信，"指出运动已在政治上获得重大战果，应改变斗争方式及时复课"④。省工委经多方征求意见和深思熟虑后，作出了"停灵复课"的重大决策。所谓"停灵复课"，一方面表示学生将在一定条件下开始复课，另一方面又表示，在学生向当局提出的复课要求还未得到满足时，就暂不举行四烈士殡葬仪式，仍要继续进行斗争。这样

---

① 《一二•一运动史料选编》下，第35页。
② 同上书，第35—36页。
③ 程法伋：《联大后期学生自治会活动的一些情况》，见《云南现代史研究资料》第9辑。
④ 郑伯克：《回顾一二•一运动》，中共云南省委党史资料征集委员会编：《云南党史通讯》1985年第2期。

就把斗争的原则性和灵活性结合起来，做到了有理、有利、有节。但是，为了顺利实现"停灵复课"的目标，就必须对原来提出的复课条件作必要的修改，把其中那些不可能达到的要求（如惩凶）降下来，使其既不损害学生的基本要求，又有可能迫使国民党当局接受。

12月16日，联大学生自治会代表大会开会讨论复课问题，经过一番激烈争论后，基本上通过了对复课条件作适当修改的决议。22日举行的罢联第四次代表大会，正式确认了修改后的五项复课条件，并由罢联正式向国民党云南地方当局进行交涉。修改后的复课条件，主要是对惩凶要求作了较大的修改，将要求当局严惩李、关、邱等凶犯修改为由联大教授会向学生作出必须给予李、关等人以行政上的撤职处分的保证。经过这样修改，实质上就等于放弃了惩凶的要求。这样做是必要的，因为只有如此，才有可能迫使当局接受其他复课条件，从而使运动避免陷入旷日持久的僵局，落实"停灵复课"的决定。

在罢联作出修改复课条件的决定后，联大教授会根据学生要求，作出了以下书面保证："除军事负责首脑人员（按：指关麟征）已经政府停职议处外，教授会并请求政府对行政负责首脑人员（按：指李宗黄）先行撤职，决以去就力争，促其实现"，"自本日（12月22日）起，以两个月为求此事实现之最大期限"[1]。其实，联大教授会的保证只是联大教授会的一厢情愿，对云南地方当局并无丝毫约束力。与此同时，蒋介石鉴于当时国内外形势对他实施内战的既定方针不利，为了蒙蔽舆论，决定继续打着假和平、假民主的招牌，因此，当他从外地回到重庆后，就立即电示卢汉对学生要"忍让为重"[2]。

12月23日，罢联举行第五次代表大会，审议了复课条件实施的情况，认为其中除第四项"即中央社更正诬蔑师生的荒谬言论"外，其余四项"已获圆满答复"。12月24日，联大常委梅贻琦和云大校长熊庆来联合举行记者招待会，发表谈话指出，地方当局"应负激成罢课风潮之责任"，对"暴徒闯入学校，捣毁校具，殴杀学生"，负有不可推卸的责任。他们要求"负责之当局应受应有之处分"[3]。梅、熊二先生的公开谈

---

[1] 《一二·一运动史料选编》下，第45页。
[2] 同上书，第58页。
[3] 同上书，第48—49页。

话，公布了事实真相，伸张了正义，是对学生爱国运动的同情和支持。昆明《中央日报》等国民党官方报纸被迫刊登了梅、熊二先生在记者招待会的谈话。至此，罢联所提出的五项复课条件已经全部得到实现。25日，罢联在征得参加单位的同意后，正式发表《复课宣言》，宣布全市大中学生从12月27日开始"停灵复课"。"停灵复课"的实现，宣告了"一二·一"运动罢课阶段的结束。此后，斗争的焦点转移到四烈士出殡与反对四烈士出殡的问题上。

1946年3月4日，国民党当局任命李宗黄为"党政考核委员会"秘书长。为此，昆明学联发表声明，宣布罢课一天，以示抗议李宗黄升官，并向政府当局提出以下要求：收回任用李宗黄的成命，依法严惩李宗黄、关麟征和邱清泉，立即发给丧葬、抚恤及赔偿等费。①

昆明学联为了进一步巩固并发展运动的胜利成果，决心不惜一切代价地坚持举行四烈士出殡游行。但是，国民党中央和云南地方当局深知，举行四烈士出殡游行，无异于一次政治示威，必将在广大人民群众中产生巨大的影响，因此表示将竭力予以反对和阻止。1946年1月，国民党政府教育部长朱家骅曾致电卢汉说："闻此次死亡学生棺柩尚停于联大校内，存亡均感不安，且夜长梦多，重生枝节。务恳迅行设法，力促即行安土，俾全校情绪，更得安定。"据此，卢汉当即授意昆明商界头面人物邓应春以同乡身份去"劝导"张华昌烈士的父亲，要他请求学联同意，将其儿子的棺木在旧历年前先行移出安葬，并越俎代庖地为烈士父亲拟好了一封致学联的函稿，托词"爱子心切，渴望早日入土"。但是，烈士的父亲看穿了邓氏的所作所为别有用心，因此事先不辞而别地离开昆明回曲靖老家去了。② 这对地方当局企图以分化瓦解、各个击破的办法来破坏四烈士出殡游行的企图是一个致命打击。

3月11日，云南省政府根据原先同学生方面达成的协议，垫支5000万元法币交联大和云大当局代收，作为"一二·一"惨案善后费用（此前教育部已拨款1000万元作为惨案善后费用）。国民党当局异想天开地以为这样就可以息事宁人，防止学生举行出殡活动了。但是，学生方面认为，出殡游行的目的"既以慰烈士在天之灵，亦以坚我全国人民为和平

---

① 《一二·一运动史料选编》下，第80—81页。
② 同上书，第70—71页。

民主奋斗之志"①,因此,决心不惜任何代价举行烈士出殡游行。

1946年2月27日,昆明市学联代表大会正式作出于3月17日举行出殡游行的决定。此后随着出殡日期的临近,围绕着出殡的斗争也就日趋激烈。为了反对出殡游行,云南地方当局假借昆明市人民团体的名义,提出四条反对的理由,即:(1)"凶死者"照地方习惯不应出殡;(2)宣传意义多于哀凄,不似出殡;(3)影响治安,不宜出殡;(4)棺木与墓地均在联大校内,不必出殡。② 以上"四不"的要害,就是惧怕出殡在政治上产生巨大影响,对国民党当局极为不利,因此表示坚决反对。3月14日,云南地方党政军头目和新闻界开会商讨破坏出殡对策,会上决定:"发动昆明父老及各社团通电反对,十七日如果出殡,则全市罢市一日,表示不同情,及有关报纸加以批评,并即日分头争取学生,运用谣言攻势,期使参加出殡游行之人员尽量减少。"③ 出殡游行的前夕,即3月16日,云南省政府及各公团还致函联大常委梅贻琦和云大校长熊庆来,威胁说:"因恐发生意外,请劝告学生团体,将死难同学就地公葬,勿举行出殡仪式。"④

无论当局施加如何巨大的压力进行阻挠和破坏,全市广大学生举行四烈士出殡游行的决心和意志是不可动摇的。但是,为了尽量减小阻力,顺利举行出殡,学生代表在与地方当局的谈判中也作了一定的让步,同意在出殡过程中,不喊口号,不贴标语。

3月17日,全市3万大中学生按原订计划举行了规模空前的四烈士出殡游行。这一天,由学生组成的送葬队伍,肩负着四烈士的灵柩,在"自由钟"之声引导下,举着"民主使徒""你们死了还有我们"的标语牌,浩浩荡荡地走过昆明市的通衢要道。出殡队伍中除学生外,还有教师、市民和宗教界人士。游行队伍虽然没有喊口号,也没有贴标语,但是,他们高举着的挽联,高唱着的挽歌,护送着的四辆灵车,却是更加有力的口号和标语,使反动派闻风丧胆,惊恐万状。殡仪队伍游行经过的主要路口,分别设着各学校和社会团体的路祭台,每次路祭都是对反动派的

---

① 《一二·一运动史料选编》下,第87页。
② 同上书,第86页。
③ 同上书,第85页。
④ 同上书,第86页。

一次愤怒控诉和声讨。在送殡队伍行经的街道，不时地响起如泣如诉的《送葬歌》：

> 天在哭，
> 地在号，
> 风唱着揪心的悲歌。
> 英勇的烈士啊，
> 你们被谁陷害了？
> 你们被谁惨杀了？
> 那是中国的法西斯，
> 那是中国的反动者
> ……
> 今天送你们到那永久的安息地，
> 明天让我们踏着你们的血迹，
> 誓把那反动的势力消灭！①

这一天，昆明市成千上万的市民涌上街头，挤满了人行道，挤满了每一处高地和每一座楼房的窗口，以悲愤的心情送别为反内战争民主而英勇献身的四位烈士。

出殡队伍在下午五时回到联大新校舍的墓地后，举行了公葬典礼。学联代表宣读的祭文说："安息吧，我们的伙伴们！你们未完成的任务，让我们来承担。"表达了全市大中学生的共同心声。主祭人联大训导长查良钊先生作简短致辞后，陪祭人闻一多和吴晗先生发表了简短的讲话。闻先生在讲话中表示："凶手没有惩，我们要追他们到海角天涯，这一辈子追不着，下辈子还要追，这血债是要还的！"② 当天，学联发表《为一二·一死难烈士举殡告全国同胞书》，表示一定要继承四烈士的遗志，为建立一个自由、民主、和平的新中国而奋斗！③

四烈士的出殡和公葬典礼是对杀害四烈士的国民党反动派罪行的再次

---

① 《一二·一运动史料选编》下，第246—247页。
② 同上书，第102页。
③ 同上书，第90页。

控诉和声讨，也是对昆明和平民主力量的检阅和战斗动员。它既标志着"一二·一"运动的胜利结束，又预示着更加伟大斗争的开始。

四　"一二·一"运动的历史意义

"一二·一"运动继承和发扬了中国青年运动的光荣革命传统，在抗战胜利后中国历史发展的转折时期，在国民党统治后方，率先举起反内战、争民主的旗帜，反对国民党政府奉行的内战独裁政策，把国统区人民的爱国民主运动推向了高潮。"一二·一"运动的历史意义是巨大的，概括地讲，主要表现在以下四个方面。

（一）"一二·一"运动进一步揭露了国民党政府坚持内战、独裁政策的真面目，进一步提高了全国人民的政治觉悟，把国统区正在发展的爱国民主运动推向一个新高潮。"一二·一"运动以反对内战、要求和平，反对独裁、要求民主为斗争目标，为了实现这一目标昆明学生进行了可歌可泣的斗争，四位热血青年为此献出了宝贵的生命。国民党反动派对昆明学生爱国运动恨之入骨，必欲置之死地而后快，因为"谁要和平，谁在国民党当局眼中就是敌人，哪怕手无寸铁，也要加以威吓，最后就置之死地"[①]。国民党当局极力宣扬"内乱非内战"的谬论，否认中国存在内战的事实，谁要反对内战，谁就被视为眼中钉、肉中刺，就要受到严厉制裁。国民党宣传媒介把昆明爱国学生提出反内战、反独裁、成立联合政府的政治要求，说成是"为共产党摇旗呐喊"，"岂不就是'反政府'、'反蒋主席'直截了当的别称"；国民党特务高喊"反反内战"口号，叫嚣谁反对内战，谁就是"赤匪"；国民党军政当局武装干涉学生举行的反内战时事晚会，成立所谓"反罢课委员会"以破坏学生罢课运动，制造"一二·一"惨案等一系列的所作所为，就使它反共反人民的狰狞面目暴露无遗。在运动中，昆明广大爱国学生无情揭露国民党当局内战独裁政策的反动本质，并与之进行了针锋相对的斗争，这就使广大人民群众受到了教育和鼓舞，提高了政治觉悟，更加自觉地投入到反内战、争民主运动的伟大斗争行列。"一二·一"运动期间，在全国范围内出现了一个以声援昆明学生正义斗争为特点的爱国民主运动的高潮，它配合了解放区军民胜利反击国民党军队的斗争，给国民党反动派以沉重打击，成为促成1946年

[①]　1945年12月7日《解放日报》社论，见《一二·一运动史料选编》上，第217页。

1月召开政治协商会议的一个重要因素。正如毛泽东所指出的，"一二·一"运动"使反动派陷于孤立，使我党获得广大的同盟者，扩大在我党影响下的民族民主统一战线"①。

（二）"一二·一"运动进一步提高了中国共产党的威望，扩大了中国共产党的影响。"一二·一"运动是在中共中央发出"全国人民动员起来，用一切方法制止内战"的伟大号召下举行的；昆明学生在运动中提出"立即制止内战""组织民主联合政府"等政治要求，是中国共产党早已公开提出的政治主张；中共中央和南方局通过《解放日报》《新华日报》对昆明学生爱国运动给予关怀、声援和指导；共产党员和民青盟员在斗争中充分发挥了先锋模范作用，这一切事实说明，中国共产党的政治主张已经深入人心，受到广大学生的衷心拥护和热烈响应，广大学生从自己的亲身经历中感受到共产党在领导着他们进行斗争。社会有识之士也从运动能够取得重大胜利的结果来断定共产党在领导着昆明学生的爱国运动，如一位商人曾说："龙云偌大的兵力，中央还是把他解决了，几个学生，中央便弄到无可奈何，这可见共产党有本事。"12月5日云南警备总部参谋长吴丽川在记者招待会上诬称"此次学潮（暗指昆明学生'一二·一'爱国运动）有人在后操纵"②，也从反面证明了共产党在昆明学生爱国运动中的领导作用。

国民党当局原来以为用给学生戴"红帽子"的办法就可以把他们吓倒，使他们对共产党敬而远之，因此诬蔑学生爱国运动是"有计划阴谋之政潮"，咒骂一切拥护反内战的人是"赤匪"。但是，事实恰恰相反，广大学生不但没有被吓倒，却反而更加坚定地投入反内战、争民主运动，更加自觉地拥护共产党的领导。在他们心目中，共产党已不再是青面獠牙的可怕怪物，而成了可亲可敬的崇高形象。针对国民党宣传机器诬蔑昆明学生举行罢课是受共产党利用的谎言，昆明学生斩钉截铁地回答说："我们昆明全市学生，完全出于青年热忱而罢课，所谓'受人利用'全系无的放矢！"联大著名教授张奚若也痛加驳斥，他说：如果我们害了盲肠炎非开刀割治不可，共产党也说，害了盲肠炎非开刀割治不可，那么难道我

---

① 《毛泽东选集》第4卷，人民出版社1991年版，第1177页。
② 《一二·一运动史料选编》上，第177页。

们因为害怕被别人说是受共产党利用,就不敢开刀割治而等死吗?①

国民党反动派血腥屠杀昆明爱国青年的暴行,使其在全国人民和广大学生中威信扫地。"一二·一"运动后,昆明《中央日报》社社长钱沧硕感叹说:"本党(按:指国民党)已丧失人心,只要有机会,共产党一声号召,群众便乘机而攻。我中央社在昆明成为人们发誓的口头语(如说请相信我的话,我又不是中央社)。"② 国民党及其"中央社"由于在"一二·一"运动中的丑恶表现,已使它在广大人民群众中声名狼藉,威信扫地。

(三)"一二·一"运动培养和造就了一大批革命骨干,为解放战争时期第二条战线的开辟做了思想上和组织上的准备,为人民解放战争的最后胜利作出了重要贡献。从"一二·一"运动中涌现出来的一大批积极分子,在运动后分别加入共产党及其外围组织云南民主青年同盟,使昆明学生中的共产党员由原来的20多人增加到100多人,民青盟员由原来的300人左右增加到600多人。共产党和民青组织由于加入了一大批新生力量而进一步增强了战斗力,这也是"一二·一"运动所取得的一个重要成果。一大批经过"一二·一"运动洗礼的青年学生,后来坚定地走上了革命道路,踊跃参加共产党领导的武装斗争和其他革命工作,成为坚强的革命战士。1946年春夏间,中共云南省工委遵照南方局的指示,把昆明地区的一批共产党员和民青盟员输送给南方局安排工作,其中有的被分配到各解放区工作;有的被分配到北平、天津、上海、武汉、重庆等城市,从事学运工作、军队工作、党的地下工作或其他革命工作。继续留在云南工作的"一二·一"运动的积极参加者,有的作为爱国民主运动的领导者或骨干,继续进行斗争;有的奔赴农村或游击区,从事党的地下工作或革命武装斗争。截至1949年,昆明地下党组织输送去云南农村或游击区工作的共产党员、民青盟员和学运积极分子总数在两万人以上。中国人民解放军滇桂黔边区纵队及其所属支队、团、营三级干部和政工人员中,有不少人就是"一二·一"运动中的骨干和积极分子。③

---

① 《罢课就是受人利用吗?》,《一二·一运动史料选编》上,第93页。

② 转引自蒋中礼《一二·一运动的历史和现实意义》,《云南师范大学学报》(哲学社会科学版)1988年第5期。

③ "一二·一"运动史编写组编:《一二·一运动史》,云南大学出版社1989年版,第165页。

（四）"一二·一"运动是我国新民主主义革命时期青运史上的一个重要里程碑。"一二·一"运动同五四运动、"一二·九"运动一样，发生在我国历史发展的重要转折时期，它作为整个革命事业的一重要组成部分、一个方面军，创造了杰出的历史功绩。周恩来在1945年延安青年纪念"一二·九"运动十周年大会上曾指出，"我们处在新的一二·九时期，昆明惨案就是新的一二·九"，"一二·九未完成的任务，由今天的青年运动继承起来"①。

在中国两个前途和两种命运处于激烈斗争的历史关头，昆明广大爱国学生奋起举行反内战、争民主运动，沉重地打击了顽固坚持内战和独裁政策的国民党的反动统治，揭开了我国人民解放战争时期反对美蒋反动派的第二条战线的序幕。"一二·一"运动"是中国青年的一面光辉的旗帜！它光荣地出现在中国青年运动的历史上，正如五四、一二·九一样，放射着灿烂的光芒！"②

第三节　卢汉主滇及其军政措施

一　就任云南省主席前后

抗战胜利后，卢汉奉命率第一方面军赴越南接受日本投降。蒋介石的意图是，借受降之机把滇军主力调离云南，以为其尔后解决云南省主席龙云做准备。在后来发生的由蒋介石一手策划和指挥的"十三"事件时，蒋介石下令解除龙云在云南的本兼各职，令其赴重庆就任有职无权的军事委员会军事参议院院长一职，同时任命卢汉为云南省主席，在其未到任前，由投靠蒋介石的云南人李宗黄任民政厅厅长代理省主席。蒋介石任命卢汉为云南省主席，固然有打龙拉卢、安抚云南军民的用心，但其真正的目的是最终以李宗黄取代卢汉，以实现其长期梦寐以求的在云南建立国民党中央的直接统治。

蒋介石在任命卢汉为云南省政府主席时，并未提及卢的军职问题，而在倒龙后，他又下令在云南设置警备总司令部，任命关麟征为司令，这就表明卢汉任的军职在事实上已被解除。卢汉深知没有统兵权的省主席只是

---

① 《新华日报》，1945年12月13日。
② 《论一二·一青年运动》，载《新华日报》，1945年12月1日。

一个有职无权的光杆省主席,就只能任凭蒋介石摆布。对此,卢汉是不甘心的,决心要向蒋介石争统兵权,并已做好思想准备,如不达目的就决心辞去省主席职务。1945年10月,蒋介石电召卢汉赴重庆参加复员整军会议。卢汉在去重庆之前,曾同其幕僚商量对策,提出了上、中、下三策。上策:蒋允许撤销云南省警备总司令部,设立由省主席兼任司令的云南省保安司令部;中策:蒋不许撤销云南省警备总司令部,但允许设立由省主席兼任司令的云南省保安司令部;下策:蒋既不许撤销云南省警备总司令部,亦不许设立由省主席兼任司令的云南省保安司令部。根据以上分析,卢汉决定:争取上策,确保中策,拒绝下策,并做了这样的思想准备:"如果蒋只让走下策,那还是坚决不干,以免贻患将来。"①

11月初,卢汉到重庆后,采取以攻为守的策略,向蒋介石提出辞职请求。蒋介石因考虑到"李宗黄在云南搞得不洽人意",故表示拒绝卢的辞职请求,坚持要他回云南就任省主席职,并说"六十、九十三两军将来调山东胶济铁路沿线,仍由你(卢汉)指挥"。蒋卢之间几经讨价还价后,终于达成如下协议:卢汉收回辞职请求,表示服从国民党中央;蒋介石同意卢汉设立云南省保发司令部(卢兼任司令),但不同意撤销云南省警备总司令部;蒋介石答应给卢汉以六十、九十三两军(均系滇军)的人事调整权,并同意卢汉与行政院长宋子文会商云南省政府厅长、委员的人事安排。② 这是一项互相让步、各得其所的折中协议,实现了卢汉"确保中策"的目标。

1945年11月25日,卢汉由重庆飞回昆明,经过一番紧张的筹备后,定于12月1日举行就任省主席典礼。而这一天正是李宗黄、关麟征等策划和指挥的"一二·一"惨案发生的日子。李宗黄等认为,他们在云南之所以不得人心,乃是由于"云南之旧势力与左倾的力量结合发起'拥卢(汉)倒关(麟征)驱李(宗黄)'运动"③。他们之所以选择在卢汉就任省主席这一天向学生举起屠刀,就是企图拖卢汉下水,使其从上任伊始就把前途同蒋介石统治集团的命运紧紧联系在一起。但是,事与愿违,李宗黄等制造"一二·一"惨案以后,在云南更加不得人心,以致被云

---

① 范承枢:《卢汉任云南省主席的经过》,《文史资料选辑》第86辑,第78页。
② 同上。
③ 转引自谢本书、牛鸿宾著《卢汉传》,四川民族出版社1990年版,第120页。

南人民唾弃，关麟征被"停职议处"，李宗黄以"另有任用"调离，两人双双被逐出云南。

卢汉知道，李宗黄等策划并制造"一二·一"惨案，其目的不仅是针对爱国学生，同时也针对他本人。因此，他在"一二·一"运动整个过程中，始终采取与李、关等有所区别的谨慎态度：一方面，作为云南地方政权的代表，他不得不执行蒋介石的指令，对学生施加巨大压力，要他们尽快复课；另一方面，作为云南地方势力的代表人物，他对青年学生的爱国运动给予了一定的同情和关心，尽量把自己置于不同爱国学生直接冲突的地位。根据卢汉的这种态度，中共云南省工委遵照中共中央南方局的指示精神，对他采取了"又斗争又争取，以争取为主"的方针，① 在运动中始终把斗争锋芒对准以李、关为首的云南国民党反动派，而对卢汉则采取争取和团结的态度。"一二·一"运动的胜利，给国民党反动派在云南的统治以沉重打击，也为卢汉掌握治滇实权、成为有职有权的云南省主席创造了一定的有利条件。

二 治滇举措

卢汉在云南省政府主席的就职宣言中说："目前本人认为最重要的工作，首在如何维持地方治安，力求社会安定，使人民得以安居乐业。"② 卢汉把"保境安民"作为其治滇的首要目标。为了完成这一政治目标，他从就任省主席之日起，就始终不渝地把建立和发展云南地方武装作为一件头等大事来抓。卢汉在云南省主席任内，以建立地方武装、"保境安民"为纲，在军事、政治、经济等各方面实行了一系列重要措施。

第一，卢汉把建立和发展云南地方武装作为他治滇举措中的核心内容，给予了极大关注，并不遗余力地去争取实现。卢汉在越南被迫把滇军两个军交给蒋介石去当内战炮灰后，带着第一方面军司令部的一个警卫团回到云南，以其为省政府的警卫部队。1945年10月，卢汉在重庆向蒋介石争取到建立云南省保安司令部的许可，从而向着建立云南地方武装迈出了重要的第一步。1946年6月，云南省保安司令部正式组建，卢汉兼任司令，下辖四个保安总队和一个独立大队，每队有士兵1400人，相当于

---

① 转引自周涛等《一九四九年昆明起义述论》，《思想战线》1989年第5期。
② 《文史资料选辑》第86辑，第85页。

正规军的一个团。云南省警备司令部总司令霍揆彰为了削弱卢汉的实力，遂通过陈诚以国防部名义宣布，将云南省保安司令部和省府警卫营的指挥与人事管理权划归云南省警备司令部，使保安司令卢汉徒有虚名。在万般无奈下，经卢汉派人向霍揆彰说情后，霍才勉强答应将省警卫营的指挥人事权留给卢汉掌握。① 卢汉决不甘心于被剥夺兵权的尴尬处境，决心要利用一切有利时机去摆脱此种处境。1946年5月30日，滇军第一八四师师长潘朔端率部在辽宁海城宣布起义，产生了巨大的政治影响。蒋介石为了稳定其军心，特令卢汉赴东北对滇军将士进行安抚，卢汉乘机向蒋介石要求兵权。同年7月，霍揆彰指使特务在昆明杀害著名民主人士李公朴和闻一多，激起了全国人民的公愤和声讨。为了平息众怒，蒋介石命陆军总司令顾祝同前往昆明处理善后，并令卢汉协助，卢汉乘机再次向顾提出了掌握兵权的要求。经过上述两次事件后，卢汉终于迫使蒋介石作出让步，使他获得了对云南省保安司令部的指挥权，并取得了对云南警备总部的节制指挥权。② 此后，卢汉再接再厉，不断扩充和壮大云南省保安部队。1948年，省保安部队改编为6个团，不久又扩充为18个团，总兵力达3万余人。1949年年初，卢汉获准将省保安团改编为3个保安旅，并获准在滇西重建一八四师。同年夏，蒋介石为适应其在云南建立反共反人民基地的需要，批准卢汉将云南保安部队扩充为两个军（即七十四、九十三两军），在全省各专县也建立和发展地方武装，每个专区设一保安营，为常备兵；每县设一自卫队，为预备兵。对边远地区的土司和地主武装，卢汉委以守备司令或剿匪指挥头衔，以示笼络和利用。云南保安部队迅速发展壮大的结果，一方面进一步巩固和加强了卢汉的统治地位，使卢汉的统治方式更具以军事控制为主的特点；另一方面也大大加强了以卢汉为首的云南地方势力在同蒋介石国民党中央斗争中的实力和地位。

第二，进行若干改良性质的政治改革。卢汉实施的改革包括"用新人""行新政"两方面内容。所谓"用新人"，即对干部任用、考核和培训，也就是关于人事制度的改革。采取的措施主要有：由卢汉巡视省内各地，对现任县长的政绩进行直接考核；举办县长考试，对被录取者授予相应官职；开办省训团，分别培训省内各级各类干部。卢汉原计划于1946

---

① 杨适生：《顾祝同到昆明处理李、闻案的经过》，《云南文史资料选辑》第1辑，第5页。
② 《文史资料选辑》第86辑，第90页。

年5—6月出巡考核，后因故推迟到同年9—10月进行，先后前往玉溪、曲靖专区的部分县进行考核，考核结果是更换了数名县长。1946—1947年，卢汉进行过几次出巡考核，以后就没有再进行了。举办县长考试是省府选拔干部的一种方式，具体做法是，由省府统一命题进行笔试，凡被录取者即委以相应的官职。1946—1948年，先后举行过9次考试，总共录取200余人，其中"大部已经委署"①。仅凭应试者的笔试成绩来作为是否委以官职的依据，而不考虑其实际工作能力和经验，这种做法本身存在着严重的缺陷，后来在实践中确实出现了很多弊端，因而被停止。"云南省地方行政人员训练团"，简称"省训团"，创建于1948年年底，卢汉自兼团长，下设教务、训育和总务3组，学员来源有二，一是军政机关保送，二是公开招考录取。他们分别被编入县长班、自治班或财政班，接受训练。省训团开设的课程有以下专题：云南政治，云南经济，云南合作事业，云南社会调查，云南土地问题，农业技术问题等。云南大学教授秦瓒、江应樑等曾应聘在该团授课。1949年省训团3个班共毕业学员300多人，大部分被委任为县长、县级科长、局长或区长。由于当时国内局势急转直下，国民党政权岌岌可危，因此，被委任者或不敢前往就任，或难以赴任，虽有少数上任者，也未能有所作为。

卢汉极力主张建立"选贤任能"的人事制度，但是由他委任的大多数专员、县长却几乎都是过去跟随他的军人。如昆明市长，昭通、丽江、缅宁（今临沧）、思普、个旧、大理、玉溪、楚雄、蒙自、文山等专区的专员，都是从前他麾下师长一级的将领，县长中不少人曾是过去在他部下任过师长或团长的军人。事实证明，由于历史和社会的局限，卢汉仍然不能摆脱"任人唯亲"的旧观念和旧传统。

卢汉改革的另一个主要内容是"行新政"。其主要措施有两项，一是推行"法制化"，二是实行合署办公和均薪制。1946年8月，卢汉取得云南省保安司令部的指挥权后，开始掌握了全省军政实权，使其政权趋于稳定。为了进一步巩固和加强他在云南的统治地位，他又提出了实行"法制化"的口号。卢汉说："关于政治方面，我追求'法制化'，换言之可说'制度化'，今后在行政上建立些必要的经常制度，使经常事件，皆有

---

① 谢本书、牛鸿宾：《卢汉传》，四川民族出版社1990年版，第132页。

规范可循。"① 为了付诸实施，卢汉派原第一方面军军法处长范承枢兼省府法制室主任，令他将龙云时期的云南单行法令加以整理、修正和补充，然后编印成册，以作为全省各级行政机关施政的依据。卢汉任内曾先后制定了《云南省县政府组织规程》、《云南省行政督察专员兼区保安司令编制表》、《云南省政府合署办公细则》等主要行政法规，并制定文官惩戒程序，对军政机关人员实行"勒限铨叙"，推行出版法、审订法等法规。此外，卢汉还把"法制化"方针推广到经济方面，先后制定了《云南人民企业股份有限公司章程》、《云南人民企业股份有限公司组织规程》《股权行使办法》等法规，据以组成云南人民企业股份有限公司，简称人企公司。②

实行合署办公和均薪制，是卢汉"行新政"的主要措施之一。卢汉主滇时期，全省财政收入来自税收和中央政府的补助，往往入不敷出。为了对付财政困难，节约行政开支，卢汉实行裁员简政、合署办公，将省政府几个厅处人员裁减1/2左右，省府机关只留民政、财政、教育、建设等四厅及秘书、会计两处；裁撤社会、卫生、警务、田粮等处和地政局、视察室，其所管业务分别由上述四厅二处接管；③ 所留厅处集中于五华山光复楼，合署办公；省府机关人员和保安部队军官实行均薪制，不论职别官阶，每人每月发给薪金半开银币40元。但是，由于对被裁减职员没有妥善安置，而一般公务员和保安部队军官的低微薪金又难以维持家人生计，因此弄得怨声载道。④

第三，提出并实行若干恢复社会经济的措施。抗战胜利后，业已精疲力竭的云南人民需要休养生息，以恢复残破的家园；千疮百孔的云南社会经济需要医治战争创伤，在恢复的基础上再求发展。但是，国民党蒋介石集团违背人民的愿望，不顾人民的死活，执意要发动反共反人民的内战，以重建其大地主大资产阶级专政的独裁统治。在这样背景下上台主滇的卢汉，原想对恢复和发展云南社会经济做一番认真的努力，然而在全面内战的环境下，恢复社会经济已经十分艰难，发展社会经济更是谈不上，因而

---

① 《云南日报》，1947年4月11日。
② 《文史资料选辑》第86辑，第88页。
③ 《文史资料选辑》第86辑，第88页。
④ 《文史资料选辑》第50辑，第190页。

只能勉为其难地做了一些恢复经济的工作。在他主滇四年中，所做恢复云南社会经济的工作主要是两项，一项是恢复农业，另一项是以建立云南"人企公司"为契机，恢复云南的工商业和金融业。

（一）恢复农业生产。对于农业在整个国民经济中的重要地位，卢汉是有一定的认识的，他曾说："谈经济建设前而不特别注重农业，则一切均无从说起。要发展农业，固然要建设农业，就是要发展工商业，也要建设农业……目前本省政府急应做些农业建设的工作。"① 为了把残破不堪的云南农业尽快恢复起来，卢汉从云南实际情况出发，按照需要和可能相结合的原则，采取了以下措施。

其一，兴办小型水利。兴办小型水利，投资少，工期短，见效快，是恢复云南农业生产的一项切实可行的措施。1946—1949年，全省兴办的主要小型水利如下：1946年，整修昆明西郊明家地和马料河两处抽水工程，完成后分别比上年增加灌溉面积630亩和2268亩；同年春，在昆明县的六合、依禄、瓦窑、太家河等四处修筑蓄水堰塘，完成后约可灌溉耕田2860余亩；② 修筑官渡镇抽水工程，计划灌田6000余亩，实际完成后未达计划灌田亩数；1946—1947年修筑盘龙江上游的谷昌水库，竣工后可灌田25000亩；1947年修筑马龙县方朗村拦河工程，筑坝引水灌溉，计划受益耕田7300亩，后因经费困难未能全部完工，故实际受益仅为3000余亩；1947年，在曲靖、平彝（今富源）两县交界的多系铺开挖排洪沟，受益农田4000亩；1948年修建通海县东华乡抽水工程，完成后可灌田2000亩；同年动工兴建的曲靖恭家坝拦河蓄水闸工程、祥云县荞甸浑水海蓄水灌溉工程，均因中途经费困难而未完成。③

其二，发放农贷，救济贫困农户。贫苦农民因缺乏资金而影响农业生产，故政府以拨款或低利贷款方式给予扶持。如1948年省府拨款1000万元，委托各县合作金库代办农贷。同年6月，由人企公司拨款以低利贷给贫困农户，期限为一年。此外，将原由省民政厅管理的积谷转由省合作事业管理处经办，逐年贷放全省各地仓储。但在不少地区，因管理不善，发生了严重的积谷舞弊案件，经手人贪污中饱，不仅鲸吞息谷，甚至鲸吞本

---

① 转引自谢本书、牛鸿宾《卢汉传》，第142页。
② 昆明市志编纂委员会：《昆明市志长编》卷十一，第220—222页。
③ 谢本书、牛鸿宾：《卢汉传》，第142—143页。

谷。后来，地方保甲长直接插手积谷管理，以致多收息谷，从中舞弊，①遂使积谷从济农变为病农措施，反而更加重了农民的负担。

其三，提倡和鼓励种植美种烟叶。发展农村经济作物、提倡和鼓励种植美种烟叶，也是卢汉主滇期间扶持云南农业生产的一项重要措施。云南引进种植美种烟叶"金园"品种始于1939—1940年，从1942年起在全省推广。1946年又从美国引进"大金园"烟叶品种，经实验证明，此品种最适宜在云南省推广，此后它就逐渐取代"金园"品种而成为全省烤烟生产的主要品种。②自1946年起，全省烟叶产量迅猛增加，1947年、1948年的总产量分别为651万市斤、3684万市斤，种植县从37个增加到72个。③

其四，减轻农民负担。减轻农民负担也是扶持农业生产的一项重要措施。1946年年初，经云南省政府请示中央政府批准，将全省1944年年度以前所欠田粮予以"分别核免"。抗战胜利后，国民政府"曾郑重宣布豁免全国田赋一年"，但后来又出尔反尔，宣布1946年度"征实征借仍须照旧完纳"。对此，省参议会除电行政院要求仍照原来许诺给予豁免外，又提出"按年征一百五十万石配额分两年各减免一半，即民国三十五、六（1946、1947）两年配额减为七十五万石"。卢汉也积极配合，宣布将1947年云南省征实自定为75万石，征借37.5万石。中央政府被迫作出让步，批准云南请求，卢汉在1948年召开的省参议会上正式宣布："本省本年度田赋业经中央核减为七十五万石，照案拨给省级三成。"④

（二）筹组"云南省人民企业公司"（简称人企公司）。以龙云、卢汉为代表的云南地方势力为了更好地控制和掌握云南地方官僚资本的财产，早有将缪、陆两大地方财团合并，统一接管两大财团所属银行、企业的打算。国民党中央势力也想染指云南地方官僚资本的财产，企图将其据为己有。因此，为了争夺云南地方官僚资本的财产，云南地方势力和国民党中央之间曾经进行了一场激烈的斗争。龙云主政末期，曾有将缪、陆两财团掌握的云南省经济委员会和云南省企业局合并为一个机构的计划，但

---

① 杨克诚：《云南缪系地方官僚资本概述》，《云南文史资料选辑》第2辑，第67—68页。
② 徐天骝：《云南引进和栽培烤烟的史料》，《云南文史资料选辑》第16辑，第245页。
③ 谢本书、牛鸿宾：《卢汉传》，第146页。
④ 甘舞等：《国民党云南省参议会三种政治势力斗争情况的回忆》，《云南文史资料选辑》第13辑，第204—205页。

该计划呈报中央政府经济部时未获批准。1945年10月，蒋介石下令冻结云南经委会和企业局的财产，封存富滇新银行的库存金银。卢汉就任省主席后，继续积极争取筹建人企公司，把它作为反对国民党中央控制云南的一项重要内容。1945年12月，卢汉关于设立人企公司的提议在省政府例会上获得通过，随即成立了由缪云台等人组成的筹备组，推举出以卢汉为临时董事长的临时董事会，加快了筹建工作的步伐。1947年1月，卢汉乘在南京参加国民党代表大会之机，请求蒋介石批准解除前冻结云南资产的禁令，蒋因要笼络卢汉以支持其反共反人民的内战政策，遂答应了卢汉的请求，并在经济部获准备案，这就为人企公司的建立争取到合法地位，使筹建工作进入实质性阶段。在筹建过程中，围绕着人企公司总经理和董事会、监事会成员的人选问题，实质上是人企公司由谁控制的问题，在云南地方势力与国民党中央势力之间，又展开了一番激烈的争夺。卢汉充分利用其作为省主席的职权和影响，力挫国民党中央势力的夺权计划，把对人企公司的控制权牢牢掌握在以他为首的云南地方势力的手中。

1947年5月，人企公司第一次股东代表大会在昆明举行，宣告人企公司正式成立。在大会上，卢汉被推举为人企公司董事会董事长，缪云台被推举为总经理，同时选举产生了董事会和监事会的组成人员。卢汉在大会讲话中，在谈到人企公司的性质时宣称，它是"云南全省人民私有之民营公司，不但民有民营，所获利益并为民享，在合法范围以内，营运业务，不受任何政治权力之支配……"① 人企公司事实上是由云南地方势力代表人物所掌握的云南官僚资本主义垄断组织，但在一定程度上却抵制了国民党中央势力对云南的掠夺，保护了云南的财富。②

人企公司成立后，统一接管了省经济委员会和省企业局所属的企业与银行，实现了缪、陆两大地方财团的统一。作为董事长的卢汉由于掌握了云南地方官僚资本的经济大权，进一步巩固了他在云南的统治地位。当然，人企公司的建立及其发展也有其积极意义，那就是由于云南地方实力派通过人企公司牢牢掌握着云南官僚资本的全部财产，阻止了国民党中央势力企图利用这一财产为其内战政策服务计划的实现。

---

① 转引自谢本书、牛鸿宾《卢汉传》，第153页。
② 缪云台说，云南人企公司是一个"经济民主的实验"，"近代中国工商经济丛书"。《缪云台回忆录》，中国文史出版社1991年版，第112页。

人企公司成立后，在财政上给予卢汉政府大力支持，由于有了这种支持，才能使卢汉放手发展云南地方武装的计划得以实现。据有关资料记载，从1948年9月起，省政府每月由人企公司所属的富滇新银行拨借半开银币40万元，作为省保安团队经费；1949年5月，省政府又向人企公司整借半开银币1000万元作为保安经费；省政府曾多次为其有关部门向人企公司借款，作为修筑公路、购储防荒米、收购大锡、发放公教员工薪饷等项费用。① 如果没有人企公司给予的巨大财政支持，省政府的日子将是不好过的，其发展地方武装的计划更是难以实现。

人企公司在其存在的两年多期间，固然曾经给予卢汉为首的云南省政府以重要的支持，但在促进云南社会经济的恢复与发展方面所起的作用却是不显著的。人企公司存在的时间较为短暂，其间公司并未出现有一定规模的兴建或投资项目，云南的工商企业未见令人瞩目的发展。公司虽然筹措集中了一些资金，却没有起到预期的重要作用。1950年4月，在人企公司宣告结束的会议上，卢汉曾经指出："人企公司借款购买保安团队械弹粮饷，对起义很有帮助。"②

第四，加紧进行反对蒋介石中央控制的斗争。作为云南地方实力派代表人物的卢汉，自从就任云南省主席之日起，就一天也没有停止过抵制蒋介石中央企图控制云南的斗争，只是斗争的形式和强度随着时局的发展变化而有所不同，"当他实力薄弱时，只好'忍辱负重'，'委曲求全'；当他羽毛丰满时，他就不听蒋介石的任意役使了"③。他不遗余力地发展云南地方武装、积极筹组人企公司等举措，都是反控制斗争的一种方式。到1949年，当蒋介石集团在各条战线上遭到一系列惨败而处于风雨飘摇之中时，卢汉就乘机出击，频频发起反控制斗争的攻势，斗争的焦点仍然是兵权问题。蒋介石控制云南，主要是通过设立云南警备总司令部，以军事力量支配云南政局。关麟征、霍揆彰、何绍周等历任云南警备总司令都觊觎云南省主席的宝座。"李闻惨案"后，继霍揆彰担任云南警备总司令的何绍周，倚仗其叔何应钦的权势，为所欲为，根本不把卢汉放在眼里。卢汉虽恨之入骨，但也无可奈何。1948年12月，卢汉借去南京向蒋介石述

---

① 《文史资料选辑》第86辑，第91页。
② 《文史资料选辑》第86辑，第91页。
③ 《文史资料选辑》第50辑，第199页。

职之机，向蒋介石提出，他与何绍周势不两立，如果还要他干，就非把云南警备总司令部撤销不可。"蒋介石为了解除后顾之忧，答应撤销云南警备总部，同时责成卢汉负责云南治安，镇压革命活动，卢汉为了急于赶走何绍周，也满口应承蒋介石所给的任务"①。1949年1月，蒋介石下令撤销云南警备总部，将何绍周调离云南。此后，卢汉为了取得对驻滇军队（包括中央军和云南地方军）的指挥权，"乃以加强剿共军事和政治的配合，必须有一个统一的指挥机关为借口，要求蒋介石成立云南绥靖公署"。此时，蒋介石虽已"引退"，由副总统李宗仁代理总统，但依然大权在握，进行幕后操纵。蒋介石为要拉拢卢汉以削弱李宗仁势力，遂同意成立云南绥靖公署，并指使国防部明令宣布卢汉为云南绥靖公署主任，令其统一指挥驻滇各军。② 1949年5月，云南绥靖公署宣告成立，卢汉就任绥靖公署主任职务。至此，卢汉长期争取军事指挥权的斗争终于以他的胜利而告结束，这是卢汉反控制斗争所取得的一项重大胜利。接着，卢汉又进行了以下几次反控制的胜利斗争：下令撤销全省一切兵役机构，停止国民党中央在云南征兵；拒绝桂军入滇，挫败李宗仁、白崇禧企图把云南划入桂系势力范围的计划；拒绝国民党政府在云南发行银圆券；阻挠蒋介石在云南建立反共基地计划的实现等。

卢汉主滇的四年，正值国家多事之秋。卢汉以"保境安民"为执政纲领，在军事、政治、经济方面采取的政策和措施，在一定程度上起到了恢复社会经济、安定政治局面的积极作用，并有利于抗拒国民党中央企图加强控制云南的斗争。在一个较长时期内，卢汉对国民党中央的态度，具有二重性的特点：一方面，他从维护云南地方实力派的利益出发，始终不渝地进行抗拒国民党中央控制云南的斗争；另一方面，他作为地方政权的行政首脑，为了取得其合法的生存和发展的空间，又不得不表示拥护以蒋介石为首的中央政府。这种既抗蒋又拥蒋的策略，表面上似乎是互相矛盾的，然而在实践中，卢汉却运用自如，并行不悖。由于表示拥蒋，他也才能够多次从蒋介石那里得到政治上和财政上的支持，不断扩充云南地方武装力量，增强云南地方经济实力，其结果又反过来加强了他反对蒋介石斗争的实力和地位。1949年2月12日发生的卢汉草率下令枪决21名无辜群

---

① 《文史资料选辑》第50辑，第200—201页。
② 同上书，第202页。

众的昆明南屏街中央银行血案，正是他急欲自保心态的粗暴表现，也是他很不寻常的一次政治盲动，其严重后果是他始料不及的。事后，中共中央授权《新华社》宣布卢汉为战争罪犯，并警告他要悬崖勒马。1949年4月，中国人民解放军百万雄师渡过长江，一举解放了国民党政府的首都南京以后，中国共产党领导的中国人民解放战争必然胜利、国民党反动统治必将覆灭已成定局，卢汉审时度势，加之中国共产党对他进行了积极的争取和帮助，他开始认识到拥蒋反共的道路是绝对走不通的，因而决心走一条既对云南人民负责，也为自己前途着想的道路，响应中国共产党号召，宣布云南和平起义。

第十一章

云南的武装斗争与滇军在东北的起义

第一节 反内战运动

一 李闻惨案

昆明"一二·一"运动以后,"反内战、争民主"的爱国民主运动,席卷了国民党的统治区,以蒋介石为首的南京国民政府急于重建在中国的独裁统治而不惜诉诸武力,内战烽火向全国各地蔓延,中国面临和平与内战、光明与黑暗两种命运、两种前途决战的历史关头,主要表现在以下几个方面。

一是国民党当局为了获取美国的支持,与美国签订一系列条约,使美国独占中国市场;美国援助国民党发动内战,美国军队进入北平、天津、上海等地。

二是蒋介石拒绝中共关于成立民主联合政府的倡议,单方面召开国民党一党包办的"国民大会",从而登上"总统"宝座,导致和平谈判破裂。

三是国民党军队在全国抢占战略要地,不惜与日军合流,阻挠解放区军民收复失地。

四是人民群众反美反蒋、反内战的斗争更加艰苦激烈。

在中国共产党将中国建成独立、和平、民主新中国的政策指引下,各阶层人民更加紧密团结,与国民党反动派开展了英勇顽强的斗争。云南的斗争形势出现了几次新的高潮。

1946年5月4日,西南联合大学宣布结束,北大、清华、南开三校复原北返,昆明学生运动的重心转移到云南大学。6月27日,昆明各界爱国民主人士成立了"争取民主反对内战委员会",发布通电,呼吁立即制止内战，有一万多人在通电上签名。5月28日、29日，民盟云南省支部负责人楚图南、李公朴、闻一多、潘光旦等数次举行招待会，宣布民盟的纲领和反对内战、争取民主的主张。昆明各界持续的民主运动使国民党深感不安。

图69　李公朴（1902—1946）
江苏常州人

图70　闻一多（1899—1946）
湖北浠水人

云南省政府被武力改组后，国民党军警宪特势力急欲控制昆明。就在"十三"事件后不久，蒋介石下令在昆成立由关麟征任总司令的云南警备司令部，同时部署代理省主席李宗黄务必消灭"三害"（一是民主堡垒；二是学生运动；三是地方军政系统）。[①] 1946年7月11日，国民党特务用美制无声手枪将著名民主人士、中国民主同盟中央执行委员李公朴暗杀于昆明市青云街学院坡，7月15日又将另一民盟中央执行委员、西南联大教授闻一多暗杀于翠湖西路西仓坡。这完全暴露了国民党特务的狰狞面目。昆明各界民主人士当即运用各种方式向国民党当局进行斗争。7月17日，在南京的中共代表团举行了记者招待会，周恩来在会上以极其悲愤的心情说："李公朴、闻一多为手无寸铁的文人学者，为和平民主运动领袖。暗杀彼等之武器，为美国赠中国特务机关的无声手枪。以一个现政府与当权政党，拥有军队、宪警、民团、监狱、法庭，而尤以此种为德、日、意法西斯国家尚且不为之卑劣手段，暗杀异己人士，益使人有'人

---

① 《一二·一运动》，中共党史资料出版社1988年版，第393页。

间何世'之慨！中国还有什么国体、国格！"①

李闻惨案是昆明的"一二·一"运动反内战、争民主斗争的继续，也是在"一二·一"运动后国民党当局政治上的大反扑。他们想以此震慑昆明的民主力量，也企图震慑全国的民主力量。他们哪里想到，"一个先驱者倒下去，会有千千万万的人继起"（闻一多语），最后只能是反动当局的彻底灭亡。

二 第二条战线的形成与昆明助学运动

内战造成物价上涨，使全国工薪人员的生活陷于绝境。1946年3月，上海各行业1250多个单位职工要求改善生活，罢工41次。4月、5月、6三个月罢工浪潮更加汹涌。5月12日，南京中央大学要求增加学生公费，并举行罢课。5月18日，国民党当局颁布了《非常时期维持治安紧急办法》，严禁人民十人以上的请愿和一切罢课游行示威，授权各地采取必要措施。此办法颁布的第二天，上海七所大专学校7000多人举行了"反内战、反饥饿、反迫害"的示威游行。20日，华北、京津各地也举行了示威游行。20日上午，京沪苏杭地区16所大专以上学校学生6000多人在南京举行联合示威大游行，宪警特务挥舞皮鞭木棒，逢人便打，用高压水龙头冲学生，学生被击流血50多人，重伤8人，学生500多人被打，这就是南京"五二〇"惨案。

当局的压迫愈加激起了工人、学生、广大市民的反抗，一个以"反内战为中心，争生存为标志"的爱国阵线正在形成壮大。6月2日，昆明市36所大中学校的学生罢课一天，在云大操场举行"反内战、反饥饿、反暴行"集会并游行示威。学生高呼"向炮口要饭吃！"、"反对内战！"、"反对滥发钞票！"、"取消特务组织！"、"严惩五·二〇凶手！"，并高唱《要吃饭的站拢来》等歌曲。②

1946年12月24日，北平发生美国士兵强奸北京大学女生沈崇事件，激起学生们的愤怒，消息传遍全国。1947年1月6日，昆明学生联合会在中共云南省工委的领导下，组织三万大中学生举行抗议美军暴行的集会

---

① 《周恩来选集》上卷，人民出版社1980年版，第237页。
② 中共云南省委党史研究室：《中共云南地方史》第1卷，云南人民出版社2001年版，第372页。

和示威游行，发表了《昆明学生联合会抗议美军暴行大会宣言》，高呼"停止内战""美军滚出中国去！"等口号，迅速得到工人、市民和其他爱国人士的支持。

反饥饿、反迫害、反内战的斗争，得到毛泽东同志很高的评价。他说："中国境内，已有两条战线。蒋介石进犯军和人民解放军的战争，这是第一条战线。现在又出现第二条战线，这就是伟大的正义的学生运动和蒋介石反动政府之间的尖锐斗争。"又说："一切社会同情都在学生方面，蒋介石及其走狗完全陷于孤立，蒋介石的狰狞面貌暴露无遗。"①

1947年10月26日，昆明学生为响应平、津、沪等地学生，为救助贫寒学生求学而发起了助学运动，昆明26所大中学校的学生代表在云南大学开会，成立昆明学生助学委员会，并决定助学运动分三步进行，第一步在校内开展互助，第二步向社会宣传募捐，第三步向政府提出赞助。即日起，即进行第一步，由各校的学生自治会和民青组织介绍本校贫苦学生的情况和事迹，发动同学自救互助，经过三天的工作，募得捐款一亿多元。从10月30日起，转入第二步，向社会宣传募捐，学生们用街头讲演、话剧、花灯剧等形式，宣传内战给贫苦学生带来的痛苦和他们在学校的困难处境，呼吁社会人士踊跃捐助。学生们制作了一些标明捐数的小纸牌，捐款的人得到它，既是收款的收据，又是纪念币，所以募捐进行得很顺利，三天共得捐款二亿零五千元。10月31日，学生派代表面见省主席卢汉，要求政府赞助学生的助学运动。11月1日，卢汉发表谈话，竟说学生的助学运动是受人利用，并宣布成立"昆明清查学生补助金募捐委员会"，以抵制学生发起的助学运动。

1947年9月2日，云南省政府和云南省警备司令部发布《后方共产党处理办法》，限令本省各地共产党员及为共产党工作者，自10月1日起至31日止，向当地警察局办理登记手续，当局还决定11月1日实行大逮捕。云南特务机关于11月4日晚逮捕民盟成员3人，5、6两日晚又逮捕共产党员27人。为营救被捕师生，昆明学生在中共云南省工委和学联的领导下发起人权保障运动，决定全市大、中学生集会举行示威游行，并向卢汉请愿，要求释放被捕教师和学生。党组织通过正在召开的省参议会和

---

① 毛泽东为新华社所写的评论《蒋介石政府已处于全民的包围之中》，《新华日报》，1947年5月30日；又见《毛泽东选集》第4卷，人民出版社1991年版，第1224—1225页。

家长联谊会进行斡旋，迫使当局释放了被捕人员。以后根据地下党的决定，及时撤退了有被捕危险的师生。在高等法院发布传票传讯云大、师院等校师生百余人时扑了个空，人权保障运动取得了胜利。

三 "七·一五"反美扶日的斗争

1946年6月，国民党军队在美帝国主义的帮助下，将50万军队调到东北内战前线。6月26日，国民党军队30万人大举向中原解放区进攻，这是中国内战全面爆发的信号。接着，国民党军队50万人又向苏皖解放区进攻，内战全面爆发。在内战进行中，美帝国主义肆意掠夺中国的国家主权，11月签订的《中美商约》是国民党政府向美国全面出卖中国主权的不平等条约。日本自战败以后，由于美帝国主义的积极扶植，已经逐渐走上复兴的道路。美国一方面竭力减低日本的赔款计划，提高它的生产水准，大量贷给其资金，恢复日本的对外贸易，使它获得原料和市场，以便恢复日本的工业，使日本成为侵略远东的工业基地；另一方面又使日本保留具有战争潜力的军事工业，并纵容日本加速重建海陆军实力，甚至还提出"资本美国、工业日本、原料中国"的口号，要把中国重新置于日本的铁蹄之下。日本的主要战犯冈村宁次不仅未被处决，反而充任蒋介石内战的军事顾问，暴露了美帝国主义把中国殖民地化的阴谋。

1948年5月上旬，昆明各大中学校分别组织时事座谈会，利用各种形式揭露美帝扶植日本、复活侵略势力的阴谋和蒋介石的卖国政策，广泛进行反美宣传。6月14日，昆明学联召开常务会议，讨论反对美帝扶植日本问题，昆明学生情绪激昂，学联决定6月17日在云南大学举行"反美扶日"大会，全市大中学校罢课一天。6月16日，国民党当局发出代电给昆明各校，严禁集会游行，违者"准宪警逮捕法办"。6月17日上午10时，近万名学生在云南大学广场举行"反美扶日"集会，通过了《昆明学生反对美帝扶植日本抗议京沪暴行宣告》。会后决定示威游行，游行队伍冲破军警的层层阻挠，通过昆明的主要街道，向美国驻昆领事馆递交了《昆明学生联合会致杜鲁门总统函》，严正抗议美国的扶日政策。至傍晚，游行队伍解散后，警备部逮捕了分散返校的28名学生。次日各大中学复课，学联派代表到警备司令部请愿，又有4名代表和联络员被捕。19日，学联发表《告家长、师长、三迤父老书》，要求警备部释放被捕同学，并宣布罢课三天。27日，200多名宪兵围攻求实中学，逮捕师生4

人，求实中学、昆华女师师生搬入云南大学，学联于6月30日宣布无限期罢课。7月1日，云南当局向蒋介石提出解决昆明学潮办法："解散云大、师院两校，另招新生，彻底整理，准宪警入校拘捕奸党，集结学生集中训练，再分配各校。"同日，学联派出的街头宣传队17人被捕，决定罢课的各校学生集中到云大、南菁中学，以免被各个击破，并利用各种关系向社会人士呼吁声援。7月4日，秦光玉等232人上书卢汉，要求从速释放被捕师生，其中确实有据者，由司法机关办理。7月8日，军警在南菁中学校门口抓捕天祥中学训育主任，并开枪打伤学生3人。7月9日，蒋介石电令卢汉，派军警进云大等校逮捕"奸党"。7月15日凌晨4时，2000多名宪警特务向云大、南菁两校发起进攻，用消防水龙、催泪瓦斯、飞机侦察等配合进攻，南菁学校8个小时后被攻下，云大学生据守会泽楼，坚持36个小时，在地方当局做出保证只捕少数人、大部人释放的承诺之后撤出会泽楼。但地方当局违背诺言，逮捕了全部师生，除年幼学生登记释放外，400多名学生被集中在南菁中学办夏令营（集中营），接受"感化"。有76名学生（包括少数教师）被关进"特刑监"受审，其间受到了非人酷刑。至1949年4月15日，最后一人才得出狱，前后被关9个月。[①]

"七·一五"事件发生在蒋介石政府面临垮台、人民解放军三大战役即将发动之际，蒋介石政府靠美国的支持也逃脱不了覆亡的命运。全国学生运动作为反蒋的第二条阵线，积极起到了配合武装斗争的作用。"七·一五"事件后，昆明千余名师生纷纷奔赴游击区，参加到农村武装斗争的行列。有许多师生在武装斗争中担负起领导职务，也有师生，如段青、杨畅东、岳竞先、孙兰英等献出了他们年轻的宝贵生命。

第二节 武装斗争的发展

一 武装斗争的逐步开展

抗战胜利结束后，国民党蒋介石集团不顾全国人民和平民主的要求，向解放区发动了大规模的进攻，全面内战爆发。在国民党统治区，国民党

[①] 中共云南省委党史研究室：《中共云南地方史》第1卷，云南人民出版社2001年版，第382页。

对民主进步力量进行了疯狂镇压,"一二·一"运动和李闻惨案后,面对和平的无望,云南各阶层民众进一步走上反法西斯专政的道路。在农村,国民党政权不断加重的残酷剥削和压榨,不断地抓丁派款激起了各族人民掀起抗捐抗税的斗争。根据中共中央指示,云南地方党组织不失时机地在云南广大农村组织革命群众积极进行发动敌后武装斗争的准备。

云南作为西南边疆的多民族省份,在广大农村和少数民族地区,交通闭塞,国民党统治基础较薄弱,各地方大小实力派、民族上层与国民党中央势力存在着矛盾。这种特殊的社会政治条件为中共云南地方党组织开展革命斗争提供了回旋余地。还在抗战中后期,针对日寇对中国南部的攻势,中共中央就指示南方局布置南方各地方党组织在农村建立党的工作据点,准备开展抗日救亡斗争。[1] 按照中共中央、南方局的指示,云南地方党组织在省工委领导下,动员广大党员和党的外围组织成员,利用各种社会关系,深入到农村、城镇各行业及滇军中,开展统战工作,建立了一大批农村工作据点,"长期埋伏,积蓄力量"。1945年中,南方局根据中共中央指示精神,在争取和平民主的同时,布置云、贵、川等省农村据点,做好将来打游击的准备。[2] 至1946年,云南地方党先后在云南罗平、弥勒、沾益、建水、宁洱等19个县农村工作据点做了大量准备工作,同时在滇军第二路军及六十军中,通过对滇军爱国将领张冲等长期的统战工作,争取和培养了一批军事骨干,并获得一批武器秘密运往地下党在弥、泸地区的据点,为云南人民武装斗争的开展打下了基础。[3] 经过长期不懈的努力,许多地区组建起人民武装。1947年6月,在滇东北,省工委组织起一支100余人/枪的游击武装,代号为"六六分队",并通过沾益播乐中学培养了一批骨干力量;在滇东北,省工委以罗平为据点,掌握了800多人/枪的武装力量;在路南圭山、弥勒西山,通过统战工作,党组织掌握了包括竹园镇公所在内的武装;在陆良,通过对地方实力派的统战工作,党组织掌握了一定的武装力量,同时在文山等地建立了武装据点;

---

[1] 中共云南省委党史研究室编:《隐蔽精干,积蓄力量》,云南人民出版社1994年版,第19页。

[2] 《毛泽东关于扩大反内战宣传及建立云、贵、川农村据点给徐冰、张明的指示》,1945年7月22日,中央档案馆藏。

[3] 中共云南省委党史研究室编:《中国人民解放军滇桂黔边纵队》,云南民族出版社1990年版,第305—310页。

在滇南，党组织通过在石屏、建水、宁洱等地长期工作的基础上，1946年年底就掌握了一定的武装力量，并于1947年3月在车（里）、佛（海）、南（峤）等县（今景洪、勐海）交界发动起义，建立起一支一百余人的人民自卫武装，开展反三征斗争；滇南党组织在元江岔科乡、青龙镇、石屏宝秀镇等地，通过争取民族开明上层人士掌握了一定的武装力量；在滇西剑川、祥云一些地方，党组织在当地农民中开展反"三征"斗争，掌握了一批武装力量；在滇北，党组织打入乡政权，掌握部分联防队武装；在滇中，党组织以峨山为据点，通过发动群众，逐步掌握了太和乡7个保的武装。

云南中共组织经过长期积极的准备，至1948年年初全省发动武装斗争之前，已掌握了12支近2000人/枪的秘密武装和接受党领导的统战人士的武装，在18个县建立了星罗棋布的武装斗争据点，与城市民主运动遥相呼应，形成了全省范围内的反对蒋介石独裁统治的局面。[1]

二　人民武装在全省建立

1947年3月8日，在中国人民解放军粉碎了国民党军队的全面进攻后，中共中央发出了《关于在蒋管区发动农民武装斗争问题的指示》，云南省工委也在全省范围内做好了发动武装斗争的准备。1947年6月，刘、邓野战军渡过黄河，挺进大别山，人民解放军转入战略进攻，战场已推向国民党统治区。10月，中共中央发出了"打倒蒋介石，解放全中国"的号召。11月，中共云南省工委书记郑伯克到上海，向中共中央上海局汇报了云南发动武装斗争的准备情况，带回了在云南立即发动武装斗争，以配合解放军的战略反攻的指示。12月，云南省工委在建水召开会议，决定在滇东南地区的弥勒、路南、陆良、泸西、罗平首先发动武装斗争；随后在准备比较充分的滇南地区的元江、建水、石屏发动起义，滇东北、滇西也积极做好了准备。[2]

1948年2月，云南省工委派朱家璧、张子斋等，率领一批武装斗争

---

[1]　中共云南省委党史研究室编：《中国人民解放军滇桂黔边纵队》，云南民族出版社1990年版，第315—319页。

[2]　参阅中共云南省委党史研究室《中共云南地方史》第1卷，云南人民出版社2001年版，第416—431页。

骨干人员到达石屏,将在这里聚集的省工委和滇南工委从昆明、宁洱、建水、石屏等县抽调出来的党员、"民青"成员和进步分子70多人组成基干队伍,秘密进入弥勒、路南之间的圭山、西山,利用党在这里的长期工作基础,组织起一支200余人的武装队伍发动起义,很快发展到300余人,暂名"一支人民的军队",司令员朱家璧、政委张子斋、副司令员何现龙、副政委祁山。部队成立后,转战于弥勒、路南、陆良、罗平等县,逐步集结各地基干武装,不断打击地主反动势力,游击队发展为5个大队,拥有500余人枪。

云南燃起的武装斗争烽火使国民党坐卧不安,国民党第26军5个营在各地地霸武装配合下,对革命游击队进行"围剿"。游击队采取声东击西战术,出敌不意奔袭师宗县城,歼敌100余人,攻克县城,后分兵迂回转战于罗盘、圭西山根据地。在战斗中,部队壮大至1000多人,整编为3个支队。6月12日,整编后的游击队主力进攻邱北县城,激战一天后,转移至温浏。

5月,中共桂滇边工委委员郑敦到昆明传达华南分局的指示:把滇东南地区划归桂滇边工委领导,并要求云南人民游击武装由郑敦带往靖镇边区,与桂滇边部队会师整训。中共云南省工委在昆明西山高嶢召开了扩大会议,决定将云南人民武装主力由郑敦带往靖镇边区会师整训。6月13日,在温浏召开干部会议,传达省工委会议精神并宣布组建番号为"云南人民讨蒋自救军第一纵队"。根据中共香港分局电示,云南人民讨蒋自救军一纵队和桂滇边部队一部合编后,由桂滇边工委领导。之后,游击队在温浏分兵,一、二支队和第7大队1000余人南下桂西,三支队八、九大队400余人返回盘北,以陆良为中心坚持斗争。6月22日,南下桂西的游击队主力在广南地下党掌握的武装配合下,攻克滇东南重镇广南县城。7月1日,部队在富宁县里达镇正式命名为"云南人民讨蒋自救军第一纵队",由朱家璧任司令员、张子斋任政委。南下途中,游击队不断与围追堵截的国民党军作战,攻克田蓬等地,于8月初到达河阳与桂滇边区部队主力会师,并进行了整训。由于长途跋涉,连续作战,加上热带丛林疟瘴,一纵队成员几乎全部患恶性疟疾病倒。桂滇部队和越共主席胡志明热忱相助,进行抢救,但终因缺医少药,1000余人仅剩半数回国。

1948年,中共领导的云南城市民主运动一浪高过一浪,"七·一五"反美扶日运动以后,中共云南省工委大批抽调党员骨干、外围组织成员和大中学师生、工人近万人，投入农村武装斗争，云南人民反蒋游击战争迅速发展。在罗平，成立了"讨蒋自救军第二支队"，他们与"自救军第三支队"协同作战，将武装斗争扩大到罗平、师宗、平彝和贵州盘县等县，不断打退敌26军和保安团的"围剿"，建立了罗盘根据地。在陆良，讨蒋自救军留在弥勒西山、路南圭山、陆良龙海山、泸西东山的游击队在自救军三支队配合下，不断袭击敌军，打击地霸，建立了弥泸根据地。在滇南，1948年4月，中共滇南工委集结武装在撮科起义，并将元江、石屏、建水的游击武装集结到元江蓬扯，7月成立有哈尼、彝、傣、汉等各族人民参加的云南人民自卫军。10月，自卫军发展为3个支队，1949年1月按省工委的指示改编为"云南人民讨蒋自救军第二纵队（后改称云南人民讨蒋自卫军第二纵队）"。二纵队成立后，在不断消灭地霸武装、保安大队，并粉碎了中央军93师的进攻后攻克阳武、石屏等县城，解放墨江县城，很快发展至1000余人枪，建立了滇南和思普两片根据地。在滇东北宣威、会泽、陆良等地，党组织发动了多次武装起义，于1948年12月在陆良成立了中共滇东北地委。1949年1月，根据省工委指示，建立了云南人民讨蒋自救军永锟支队，转战沾益、宣威、会泽等县，发动群众，清匪反霸，扫荡会泽东北地区反动武装，建立了滇东北根据地。在滇中峨山，1948年11月，党组织发动了武装起义，组建新峨支队，建立滇中根据地。

至1948年秋，中共云南党组织在全省范围内领导发动了多次武装起义，拥有革命武装12000余人，活动区域42个县，攻克县城7座。[①]

三 "边纵"成立及中共云南党组织的发展

1948年年底，解放战争形势发生了根本变化，人民解放军与国民党军队的战略决战时机已经成熟。为配合这一战略形势的转变，中共中央香港分局电示集结滇越边境整训的"讨蒋自救军第一纵队"与桂滇边部队第一支队合并，由庄田任司令员，朱家璧任副司令员，郑敦任政委，率队回云南到罗盘、弥泸地区巩固和扩大根据地，以钳制驻滇桂黔国民党军队。10月下旬，游击队突破国民党军封锁，进入滇东南，三战三捷，于拉沟唐、兔董、芹菜塘等地歼敌26军578团3个营，之后又攻克马关、

---

① 中共云南省委党史研究室编：《中国人民解放军滇桂黔边纵队》，第8页。

西畴、砚山、麻栗坡5个县城，部队扩大到5个团，打开了开广地区武装斗争的新局面。与此同时，广西左右江和黔西南地区武装斗争也有了很大的发展。滇桂黔边区的革命武装斗争有力地钳制了西南国民党军队，对全国解放战争起到了配合作用，并受到了中共中央、毛主席的关注。1948年10月《中共中央关于九月会议的通知》指出，"党在国民党区域的工作，有了很大成绩"，"在南方几个大区域内（闽粤赣边区、湘粤赣边区、粤桂边区、桂滇边区、云南南部、皖浙赣边区和浙江东南部地区）建立了游击战争根据地，使这些地区的游击部队发展到三万余人"。

1948年年底至1949年年初，中国人民解放军对国民党军队发动了辽沈、淮海、平津三大战役，在战役即将胜利结束之际的1949年1月1日，解放军总司令部命令战斗在滇桂黔边区的云南人民讨蒋自救军第一纵队、广西左右江地区、靖镇区、黔西南和滇东南的弥泸、罗盘、开广地区的游击队，合编为中国人民解放军桂滇黔边纵队，由庄田任司令员，朱家璧任副司令员，周楠任政治委员，郑敦任副政委。桂滇黔边纵队的成立，极大地鼓舞了边区广大人民，推动了斗争的发展。1949年1—7月，云南各地区、各革命武装积极出击，迅速扩大，在全省形成了轰轰烈烈的反对国民党统治的武装斗争新局面。

在罗盘地区，桂滇黔边纵队第三支队在各地下武装配合下，袭取了罗平县城，打退敌军578团的反扑，解放罗平全境。接着，人民武装3000余人在师宗沙锅寨全歼国民党军一个加强连后，又在黔西南发动楚营、安龙、龙广暴动，消灭国民党军一个加强营，粉碎了滇桂黔三省保安团的联合进攻。

在弥泸地区，人民武装奇袭泸西县城，解放泸西全境，随即挥师解放弥勒、路南、邱北3座县城。弥泸游击队在桂滇黔边纵队3支队配合下，扫清罗盘、弥泸、开广3个根据地交通线，使之连成一片。桂滇黔边纵队第三支队进军滇北，开辟了滇北游击根据地。

开广地区在桂滇边工委领导下，组建了两个主力团，解放安宁，粉碎了蒋军26军3个团的"扫荡"，巩固和扩大了开广根据地。

滇西地区在滇西工委领导下，从1948年年中到1949年年初，先后发动了剑川、乔后、牛街、维西、洱源等地起义和暴动，歼灭地方反动武装800余人，于6月组建了滇西北人民自卫军。自卫军先后解放剑川、兰坪、洱源、丽江、鹤庆、碧江、福贡等县城，建立了滇西北游击根据地。

滇西工委还领导了祥云等地的武装斗争，组建了滇西人民自卫团，消灭地霸武装，伏击国民党地方保安团，开展了袭击盐丰等战斗，在祥云、南华、弥渡等县建立了滇西根据地。

滇北党组织在桂滇黔边纵队第三支队配合下，组建了滇北游击队，打击反动武装，建立了寻甸、禄劝、安宁、罗茨等县境的滇北游击根据地。

转战于滇南、滇西南的自卫军第二纵队进军思普，先后解放了普洱、思茅、墨江、宁江、澜沧、镇越、江城等9座县城，使思普根据地扩大到12个县。

滇中地委把峨山游击大队扩编为滇中游击支队，解放了新平、峨山县城。

滇东北地委领导的永锟支队和游击部队积极出击，一路歼敌，攻克会泽等县城，主力部队发展到3500人。把滇东北根据地与滇北根据地连成一片。

图71　朱家璧（1910—1992）
云南龙陵人

图72　张子斋（1912—1989）
云南剑川人

云南农村武装斗争的迅速发展动摇了国民党在云南的统治，有力配合了解放大军进军西南的行动。三大战役结束后，1949年5月，解放大军以摧枯拉朽之势进军南方国民党统治区。针对蒋介石组织"湘粤防线""西南防线"的最后挣扎，中共中央指示在敌后的游击部队积极配合解放大军歼敌，粉碎蒋军防线。同月，中共中央华南分局派林李明到昆明，传达中共中央调整长江以南党的领导机构的指示。经过一段时间的准备，7

月，在砚山召开省工委与桂滇边工委扩大会议，按中央指示，将中共桂滇边工委和中共云南省工委合并，成立了中共滇桂黔边区委员会，林李明任边区党委书记，周楠、郑伯克任副书记，统一领导滇桂黔边区的斗争。根据中央的指示精神，区党委将桂滇黔边纵队和云南省工委领导的滇南、思普、滇东北、滇中、滇西北、滇西、滇北的游击队统一编为中国人民解放军滇桂黔边纵队（简称"边纵"），庄田任司令员，林李明任政委。边区党委和"边纵"成立后，立即围绕根据地和政权建设，继续扩大反蒋统一战线，集中打击蒋介石嫡系部队，配合野战军解放滇桂黔，争取和平解放昆明。

1949年9月，人民解放军进军西南，滇黔桂的解放指日可待，不甘失败的蒋介石在重庆指挥退缩在西南的张群、白崇禧、胡宗南等中央军90余万兵力，布置西南防线，作最后抵抗。滇桂黔三省成为国共两党在大陆最后角逐的地区。蒋介石一方面将国民党陆军总部和国防部迁到云南，对卢汉省政府施压，迫其配合中央军和保密局对昆明实行白色恐怖；另一方面追捕中共地下党，制造"九九整肃"，并大量派军队进入云南，企图消灭云南的中共地下党组织、进步民主人士和游击武装力量。在游击区，国民党军5个军主力对"边纵"进行大规模的"围剿"，"边纵"在边区党委的领导下，进行了艰苦的反"围剿"斗争。根据边区党委的部署，9月下旬，朱家璧率"边纵"一部分组成西进部队，从路南、宜良跳出敌军的围追堵截，牵制了部分敌军主力。庄田、林李明、张子斋率"边纵"另一部，在扫除富宁、剥隘残敌后，到达百色与野战军胜利会师。云南各根据地武装力量在各地同"围剿"的敌军进行了艰苦的斗争。在滇中的"边纵"武装力量与敌二十六军二十八团和两个保安团展开艰苦斗争，取得了反围剿胜利。在弥泸地区的"边纵"武装力量经过大小72次战斗，粉碎了敌军的"围剿"。在罗盘地区，罗盘地委根据形势发展，在罗平、鲁布革、板桥、广西西林及贵州兴义与敌展开游击战，不断粉碎敌军的围攻。在开广地区，"边纵"四支队与二十六军3个团及地霸武装进行了艰苦的战斗，至11月底，打退了敌军的进攻。在滇东北地区，"边纵"六支队奋力反击敌八十九军两个团的"围剿"，至11月底，彻底粉碎敌军的进攻，并不断伏击进入云南的敌第八军，迟滞了其向昆明的推进。在思普地区，敌九十三军在地霸武装配合下，疯狂捕杀革命力量，"边纵"九支队在人民群众支持下，经过数十次战斗，取得反"围剿"斗争胜利。在滇南地区，"边纵"十支队分兵两路牵制住敌军3个团兵力，在各县游击队配合下，袭击敌军，使其"围剿"落空。在滇西地区，针对敌一九三师两个团和保安旅对革命力量的残酷镇压，滇西人民自卫团与敌展开游击斗争，在红岩突袭战斗中，击溃保安第十七团，先后攻克弥渡、牟定、盐丰、祥云等县城，使"进剿"滇西人民武装力量的敌军全线撤退。在滇西北地区，敌6个保安团分三路企图"围歼""边纵"7支队主力，7支队采取诱敌深入、集中兵力相机歼敌的方针，先后经二十多次战斗，挫败了保安团的进攻。在滇北地区，国民党八十九军、第八军两个团及保安部队7个团进据滇北地区，滇北游击武装与敌展开大小20次战斗，不断粉碎敌军"围剿"。

从1949年9月中旬至11月底，云南人民游击武装及各族人民艰苦战斗，打退了敌军的进攻，取得了反"围剿"的胜利，巩固和扩大了根据地。

云南人民革命武装斗争的发展，有力地配合了全国解放战争的胜利进展，沉重打击了国民党在西南的统治根基。1949年11月后，解放军南下野战军发起了向西南进军的战役，滇桂黔边纵队按中共中央的指示，为阻止国民党军队白崇禧、胡宗南集团退入云南，继续进行艰苦斗争，积极向国民党军队进攻，控制、封锁和破坏各战略要道，分割、孤立敌军，打击反动顽固的地霸武装，建立农村革命政权，形成了农村包围城市的局面，为争取卢汉起义、解放云南创造了有利的条件。

第三节　滇军在东北的起义

一　滇军在东北

滇军是云南地方实力派的主要军事力量，它以云南陆军讲武堂培养的人才为骨干，经过清末辛亥云南重九起义、讨袁护国战争后发展壮大，逐步形成一支较有实力和战斗力的地方军队，在中国旧民主主义革命中作出过重要贡献。

抗日战争中，在抗日救亡和中国共产党倡导的抗日民族统一战线的感召下，以第六十军为代表的滇军奔赴抗日前线，在台儿庄等战役中与日寇浴血奋战，为抗日战争作出了贡献。作为一支云南地方军队，它始终同国民党中央势力有矛盾，蒋介石一直希望并吞、解散滇军，以达到打击、削弱云南地方实力派的目的。抗日战争刚结束，蒋介石便加快了瓦解、削弱滇军的步伐，将滇军最后保留的主力第六十、第九十三军调往东北战场，一方面以此达到控制云南的目的，另一方面将滇军作为反革命内战的炮灰。滇军就在这种矛盾中被运往东北，被拖上蒋介石内战的战车。

日本投降后，蒋介石乘机加紧了吞并云南地方势力的行动。1945年10月初，蒋介石指挥杜聿明部进攻昆明，用武力逼迫龙云下台，改组了云南省政府，镇压云南的进步力量。1945年11月后，入越滇军8个师被解散部分后，整编为第六十军和第九十三军共6个师。卢汉被调回云南任省主席，原滇军中大批进步军官被裁减。1946年春，滇军分批从越南由美军船舰运往东北内战前线，在辽西沿铁路一线驻扎。

在东北，日本投降后，中共领导的冀热辽军区人民解放军很快解放了北宁线的山海关、绥中、兴城、锦西、锦州。蒋介石将抵达东北的包括滇军在内的4个军，向北宁铁路沿线推进。人民解放军按照中共中央和毛主席的"让开大路，占领两厢"的指示，主动撤出铁路沿线。滇军第九十三军占领了北宁铁路一线，并继续向北推进，长驱直入，占据义安、金岭寺、叶柏寿、朝阳、建平、宁成直至赤峰一线，并将军部移至赤峰，第九十三军军长卢浚泉得到蒋介石嘉许。与第九十三军不同，第六十军因抗战时期受中共的影响，被蒋介石视为异己，到东北不久即被融离分割，所属第一八二师被部署到沈阳与铁岭、昌图间，归孙立人指挥；第一八四师在鞍山、海城、营口间，归廖耀湘指挥；暂二十一师在抚顺、沈阳间、归东北长官部指挥。第六十军军部移驻新民，所能指挥的只有一个工兵连，军长曾泽生和师长潘塑端、陇曜等为此产生了很大不满情绪。

为了安定滇军将领，进行反共内战，1946年8月，蒋介石派云南省主席卢汉到东北安抚滇军。出于云南地方势力同国民党中央长期的矛盾，卢汉对滇军将领面谕说，我这个省主席是靠你们当上的，能当多久靠你们，希望你们在外面努力效劳，但又不能丢掉老本，老本丢了，一切都完了。言下之意即要求滇军服从蒋介石指挥，争取蒋信任，又要保存实力，让东北滇军将领们心中有数。

二 中共对滇军的统战工作与海城起义

对滇军这样一支同国民党中央、蒋介石有着长期矛盾的地方军队，中国共产党十分重视，对其积极进行了统战、争取工作。从20世纪20年代大革命初期始，就围绕中国共产党的总任务、总目标和滇军的实际情况出发，对滇军展开了大量的、长期的、卓有成效的团结争取工作。1926年云南地下党组织建立后，始终不懈地对滇军进行争取工作。

抗日战争时期，为推动抗日救亡，建立广泛的抗日民族统一战线，鼓励滇军出兵抗日，中共中央领导人周恩来、朱德、叶剑英曾与龙云会晤。朱、叶以滇军旧僚的关系，向龙宣传团结抗日的方针，对龙产生了较大的影响。云南地下党按中共中央的部署，通过滇军爱国将领张冲的支持，派地下党员到滇军第六十军第一八四师中工作。[①] 八路军武汉办事处派干部在第六十军中建立了党支部，开展工作。中共地下党组织也与滇军第六十军建立了密切的关系。[②]

抗战后期，云南地下党按照中共中央、南方局"隐蔽骨干，积蓄力量，长期埋伏，以待时机"的十六字方针，继续派遣大量地下党员进入滇军中工作，争取、团结了一大批滇军中、下层军官。

由于地下党长期不断的努力，进入滇军中的地下党员朱家璧、杨滨、王立中等分别担任了团营连级军官，团结了一批中上层军官。地下党组织在长期的统战及政治思想工作中，潜移默化地促进了滇军官兵思想的转变。这些都为解放战争时期中共争取滇军在东北起义打下了基础。

滇军被调到东北后，对蒋介石武力解决云南龙云政权，打击削弱云南地方势力，并在滇军中翦除异己、分化歧视滇军的做法，深为不满。加之滇军在东北屡遭中共东北民主联军的打击，士气十分低落。

还在滇军北运途中，中共中央就全面分析了东北战场的形势，认为滇军占东北蒋军的1/3，如果战争中能争取或迫使滇军大部反蒋起义，对于瓦解东北国民党军具有十分重要的意义。为此，中共把争取滇军作为东北解放战争的一项重要决策，并积极组织实施，从延安党校等单位抽调刘浩、刘惠之等一批干部去东北专门开展滇军工作。中共中央还要求滇军中的地下党组织通过各种渠道，采取各种方式，做好团结进步势力、争取中

---

① 中共云南省委党史研究室编：《滇军工作二十年的回忆》，见《中国共产党在滇军中的工作》，云南人民出版社1993年版，第13页。

② 张致中：《抗战时期我在一八四师的经历》，尹冰：《一八四师中共党支部活动史实纪要》，见《中国共产党在滇军中的工作》，云南人民出版社1993年版，第103、131页。

间势力、孤立顽固势力的工作。根据中共中央的指示，驻东北滇军中的地下党组织党员利用各种关系，争取掌握兵权，在中下层军官中培养发展党员，进行团结进步势力、孤立顽固势力的工作。地下党组织利用广大官兵对国民党的不满和失败情绪，适时进行泄气动摇，促进其觉悟的提高；搜集军事情报，配合解放军作战行动；建立与解放区的交通联系，加强内外配合，掩护上层策反工作等。①

1946年夏，国民党凭借军事上暂时的优势，在东北战场上占领了四平、沈阳、长春、吉林及铁路沿线，但好景不长，在国民党声称"全东北指日可下"的呼喊声中，没多长时间，中共东北民主联军即展开了大规模的反攻，东北国民党军队连连失利，滇军更陷入被动挨打的局面。1946年11月，第六十军增援被围困的国民党新一军部队，被歼灭一个营；12月，驻朝阳镇的第六十军暂二十师第一团又被民主联军包围，折损过半；1947年春，国民党东北"剿总"命第六十军向柳河出击，牵制民主联军向南满临江的增援，遭到民主联

图73 潘朔端（1901—1978）
云南威信人

军的夹击，第六十军两个团几乎全军覆没。东北滇军战斗失利，遭到国民党嫡系的歧视；屡次战斗失败本属上级指挥失误，却被长官部指责为训练太差，士无斗志；国民党吉林市地方官员也嘲笑第六十军为"六十熊"；第六十军军部退驻吉林市，受到吉林省主席梁华盛的刁难和排挤，最后不得不撤离。凡此种种，更使滇军感到孤立无援，左右受气，举步维艰。

1946年5月17日，在东北民主联军和地下党的争取下，驻守在北宁铁路绥中县高岭车站的九十三军十八师三团七连在进步军官陈禄和白华率领下，全连和营部重机枪排起义，投向解放军，受到解放区军民的热烈欢迎。不久，这支起义部队改编为冀热辽军区民主建国军云南支队。同年5

---

① 肖华：《长春起义》序言，杨宾：《在滇军中秘密工作十二年》，见《中国共产党在滇军中的工作》，云南人民出版社1993年版，第232、238页。

月 27 日，东北民主联军第四纵队围攻海城，歼灭驻守海城的滇军六十军一八四师一个团于鞍山，并将该师直属队及五五二团包围，同时展开强大的政治攻势。该师师长潘朔端在中共的长期工作影响下，在中共党员和进步军官的支持下，毅然于 1946 年 5 月 30 日在海城宣布起义。起义部队被改编为民主同盟军第一军。

图 74　周保中（1902—1964）
　　　　云南大理人

图 75　刘浩（1918—1996）
　　　　云南罗平人

滇军一八四师起义对东北战场有着重大影响，中共中央十分重视，认为争取滇军起义对东北解放战争有着至关重要的意义，"如继续有一两个师起义，即可破坏敌之北攻计划，改变战争形势"[1]。朱德总司令专门发贺电给起义滇军："和平民主，光明在望，尚希共同努力，以竟全功。"[2] 与此同时，中共中央进一步加紧了对滇军的争取工作，根据中央的指示，1946 年 5 月，冀热辽中央分局成立了以局书记程子华兼书记，黄欧东兼副书记，欧阳钦、刘浩为委员的滇军工作委员会。[3] 刘浩秘密进入九十三军，同地下党员张士明等取得联系，又与驻抚顺的六十军地下党员杨滨、

---

[1]　中共云南省委党史研究室：《中共云南地方史》第 1 卷，云南人民出版社 2001 年版，第 410 页。

[2]　《朱德总司令贺电》，见云南省委党史研究室编《中国共产党在滇军中的工作》，云南人民出版社 1993 年版，第 34 页。

[3]　中共云南省委党史研究室：《中共云南地方史》第 1 卷，第 394 页。

王立中、孙公达等取得联系，传达了党中央的指示，并秘密会见滇军九十三军军长卢浚泉，向他宣传了中共的政策，并转交了朱德给他的亲笔信。①

1947年，东北民主联军发动了夏季攻势，迅速改变了东北战场的形势，滇军连连受到打击。5月下旬，驻梅河的新建一八四师被歼灭过半。7月，182师奉命出兵双阳进击民主联军，又一败涂地。在几个月时间里，六十军的兵力损失近半，为保存实力，六十军军长曾泽生只得将部队集中至吉林市。六十军连吃败仗，受到国民党嫡系部队的歧视，说六十军"兵不兵，民不民，像一群乌合之众"。陈诚至长春视察，不指名地训斥六十军"军风纪不好，训练差，一打仗就败"。六十军在内外交困和国民党嫡系部队的歧视下，军心动摇，士气低落，军长曾泽生等更常唉声叹气，陷于十分矛盾的境地。

针对滇军的实际情况，1947年4月，在配合东北民主联军反攻的同时，中共中央在东北局成立了两个滇军工作委员会，一个以东北局联络部长李立三为书记，另一个以吉林军区司令员周保中为书记，各设一个办事处，开展工作。同时，冀热辽滇军工委再次派委员刘浩进入六十军，会见了师长陇曜，向他讲明形势，晓以大义。陇曜表示反对内战，待条件成熟时与解放军联络起义反蒋。②

为争取滇军，中共东北局与东北军区将被俘滇军官兵经教育后全部释放回六十军。这些回去后的滇军官兵对宣传中共和解放军的政策起了积极作用。中共中央还将从云南投奔延安的滇军爱国将领张冲派到东北，联络滇军，策动反蒋起义。蒋介石得知张冲到了东北，立即下令清洗张冲旧部。中共及时调整了滇军中的地下党组织，继续开展争取六十军起义的工作。

1947年10月初，民主联军在秋季攻势后又一次包围了吉林市，先后消灭了一八二师驻口前的3个营，占领了吉林近郊，随即又突破六十军一八二师阵地。六十军被迫撤出吉林，退守长春。为安抚滇军，蒋介石给曾泽生、卢浚泉等写亲笔信，大加慰勉，提升曾泽生为驻守长春的第一兵团副司令兼六十军军长，并让卢汉再度到东北慰劳、安抚滇军。当时驻守长

---

① 刘浩：《策反滇军工作的回忆》，《中国共产党在滇军中的工作》，第285页。

② 同上。

春的国民党第一兵团，除六十军外，还有蒋军的嫡系新7军，统由第一兵团司令员郑洞国指挥，依靠永久性工事，打算固守长春。

三 长春起义

1948年夏季，经东北民主联军不断的反击，东北国民党军连连失利，被迫退守于沈阳、锦州、长春几个孤立无援的大城市。滇军九十三军驻守锦州，归东北"剿总"司令范汉杰指挥，六十军困守长春，归"剿总"副司令郑洞国指挥。

中国人民解放军东北野战军按照中共中央和毛泽东主席的战略部署，集中优势兵力，首先打击锦州之敌，切断敌与关外联系，同时对长春、沈阳国民党守军实行长围久困、各个击破的战略方针，对锦州国民党10余万军队发动大规模进攻。在解放军的打击、围困下，国民党军队上下互相倾轧，矛盾重重。在长春，解放军在扫清外围据点后，10万大军兵临城下，将长春团团围住，并攻占了大房身机场，切断了长春国民党军空中运输线。东北野战军第一兵团按照中央军委制定的"军事打击、经济封锁、政治攻势"的三位一体的久困长围的战略方针，在军事攻势、经济封锁的同时，对长春守军展开了强大的政治攻势，"利用矛盾瓦解敌军"，对六十军加紧策反。

守卫长春的六十军比起新七军来，境况更为窘迫。新七军粮食较为充足，装备精良。六十军粮食供给时有时无，装备较差。随着解放军围困的加紧，六十军给养断绝，军心涣散，士无斗志。国民党空投的粮食常引起两军的拼抢。摆在六十军面前的只有三条路：一是死守长春，结果可能是被歼灭；二是向沈阳突围，结果可能是被解放军歼灭于途中；三是反蒋起义，投向光明。何去何从，已到了必须迅速作出抉择的关头。

9月12日，人民解放军发动了辽沈战役，百万大军主力在锦州对国民党军队展开了强大攻势，面对严峻的形势，滇军九十三军军长仍执迷不悟。9月30日，解放军攻克锦州外围义县，10月14日，对锦州发动总攻，15日攻克锦州，全歼敌守军10万余人，滇军九十三军被瓦解，军长卢浚泉被俘。锦州的攻克和九十三军的覆灭震动了长春的六十军官兵，在地下党的争取下，军长曾泽生召集师长陇曜、白肇学商谈起义。

锦州的攻克引起了战局的急剧变化。10月15日，蒋介石亲自到沈阳指挥，并到长春上空投手令，要郑洞国立即突围，并以"如再迟延，有

图76 曾泽生（1902—1973）
云南永善人

失机宜，陷全盘战局于不利，该副司令、军长等，即以延抗令论罪，应受到严厉之军纪裁判"相逼，长春守敌屡次尝试突围，均遭惨败。此时，只有选择起义，才是唯一出路。

10月14日，曾泽生派被民主联军俘虏后又放回来的团长张秉昌、李峥先二人带着曾泽生、白肇学、陇耀的联名信前往解放军东北军区政治部前方办事处联络起义。解放军第一兵团司令员、政委肖华对六十军起义表示欢迎，立即向中共东北局作了报告。中共中央电示第一兵团肖华："争取六十军起义的方针是正确的"，要"不失时机和六十军代表加紧商谈"①。16日夜，曾泽生派暂21师副师长李佐和一八二师副师长任孝宗作为代表出城，与解放军正式方商谈起义计划。接着，曾泽生下令逮捕了蒋介石派驻六十军的特务徐树民、归六十军指挥的嫡系暂编五十二师师长李嵩和3个团长，做好了起义的准备。17日，解放军所派代表刘浩奉命入城。当日，六十军全部3个师（暂二十一师、一八二师、暂五十二师）26000多人，在曾泽生率领下正式宣布起义。当晚，六十军向解放军交接了防地，撤出城外，驻扎九台整训，后整编为中国人民解放军第50军。

六十军起义后，长春大部已为解放军占领，郑洞国率新七军退守一隅，已成惊弓之鸟，朝不保夕。19日，郑洞国在中共周恩来为其指明出路后，在走投无路的情况下，率部投诚，长春和平解放。

长春的解放粉碎了蒋介石撤退沈阳、援兵葫芦岛的计划，加速了整个辽沈战役的胜利进程。滇军六十军起义对东北的解放有积极作用，对国民党官兵尤其是云南卢汉率部起义产生了重大影响。

---

① 《中共中央关于处理六十军起义问题的指示》（摘要），1948年10月16日，见《中国共产党在滇军中的工作》，第45页。

第四节　内战期间的云南社会经济

一　货币贬值，物价上涨

1946年以后，为支持内战的军事开支，国民党政府一方面加紧对人民的掠夺，另一方面通过滥发纸币搜刮财富以弥补其庞大的军费支出，致使国统区工商百业凋敝，工人失业，农民破产，经济处于严重危机之中。云南地方当局虽然勉强支撑，但仍呈现经济衰落的总体趋势。

国民党发动内战，要支撑愈来愈庞大的战争经费支出，别无他法，只有乞灵于印钞机。因此，法币的发行额不断扩大，导致法币贬值，物价上涨。如以抗战前夜的物价为基数，到1947年7月，上涨了6万倍，到1947年底更达到14.5万倍。法币100元在1937年能买两头牛，到1947年只够买一盒火柴的1/3了。物价的上涨速度愈来愈快，涨势愈来愈猛，规模愈来愈大。1947年的一年内，即发生了6次遍及整个国民党统治区的大涨风。[①]

到1948年，国统区的通货膨胀已经到了无法收拾的地步。财政部抛出了发行金圆券的新花招。8月19日，国民党政府颁布了《财政经济紧急处分令》，规定自当日起，以金为本位币，十足准备发行金圆券，限期收兑已发行的法币及东北流通券，限期收兑人民所有黄金、白银、银币及外国币券，逾期任何人不得持有。同时还规定金圆券1元为法币300万元，金圆券发行限额为20亿元。但至10月即发行至18.5亿元，12月猛增至83.2亿元，1949年1月更滥发至208.2亿元，4月又发行至51612.4亿元。[②]

金圆券刚一发行，物价便直线上涨到不可收拾的地步。在昆明，三个月内，物价上涨十余倍到数十倍。1948年9月至12月30日四个月内，白米上涨14倍，布疋上涨23倍。

国民党中央银行又加发大钞，有50元到50万元、100万元不等。其中50元钞在上海、香港两地印制，印刷的颜色各不相同。当时云南流通的是上海印的50元钞票，有人持香港印的50元钞票到昆明南屏街中央银

[①] 参阅张宪文《中华民国史纲》，河南人民出版社1986年版，第680页。
[②] 萧清：《中国近代货币金融史简编》附表22，山西人民出版社1987年版，第188页。

行昆明分行兑换时，却被认定为伪钞，不仅拒绝兑换，还在钞票上加盖了"伪钞作废"的印戳，引起持此种钞票的群众的不满，打砸了银行的营业处和办公室。当地宪警将打砸银行的群众包围，抓捕了118人。此事触怒了卢汉，他在盛怒之下，在南屏街银行现场枪决了其中的21人，是为"南屏街血案"。新华社于次日发表了评论员文章《警告杀人犯》，人民解放军总部为此宣布卢汉为甲级战犯。

云南的金融混乱、币值低落到金圆券发行时已达于极点，人民拿到的金圆券等于拿到废纸。当时有顺口溜说："金圆券，四支角，当中一个蒋脑壳，人人拿着用不脱。"云南向来有用硬币的习惯，国民党政府在发行金圆券时，即下令收缴黄金、白银等，这是一次席卷性的大搜刮，自然要引起民怨沸腾。当时在昆明市面流通的货币是半开银币，为本省造币厂所铸造，两个半开抵大板（袁头、孙头银币）一元，由富滇新银行铸造流通。省政府又饬令各征税机构以半开为现金收税。工薪人员凡是持纸币的，转手即换成银币或洋纱实物，以便保持币值。当时威远街有几十家铺面是专门以兑换银币为职业的。至于边疆少数民族地区，一向以银币作为交易手段，纸币在那里毫无用处，也不会受币值低落的影响。改用金圆券，使人民群众又一次遭受浩劫。

二　昆明的工人运动

城市工人中，来自农村破产户的约占85％，其余15％是城市贫民。工人的生活除受货币贬值的影响外，还有重重枷锁的压迫。正式挂牌的各种机构，如国民党、三青团、厂警卫队、稽查室、黄色工会等，还有不挂牌的军统、中统等特务组织以及他们控制的反动帮会，监视着职工的一言一行。压迫剥削越深，工人的反抗力量越强。工人压抑着对国民党反动统治的不满，也蕴藏着要求改变黑暗现状、争取光明未来的巨大力量。

在云南的青年工人中，1941年就诞生了中共领导下的秘密群众组织——革命青年互救会。互助会曾在交通运输部门和一些工厂的工人中进行启蒙教育，也在中央机器厂、五十三兵工厂、邮电局等处开展工作。1945年7月1日，以中央机器厂、五十三兵工厂和印刷厂经过读书会等形式培养的工人积极分子为基础，成立了民主工人同盟（简称"工盟"）的3个支部，共有盟员50多人。1945年9月，中央机器厂工盟领导全厂工人罢工，反对厂方遣散12名工人；反对借口物价一度下跌，减少工人的奖金、米贴。工人向厂方提出十二条要求，包括原有奖金、工资照发等，经过斗争，得到合理解决。到11月，国民党政府强行遣散中央机器厂大批工人，工盟领导工人向厂方斗争，争取到被遣散的工人每人发给3个月工资的遣散费，并按照回家途程的远近发给所需旅费。中央机器厂工人斗争的胜利，影响到当时的裕滇纺纱厂、云南纺纱厂、华安机器厂等工厂、企业和工人，他们也相继开展了改善职工生活、反对遣散的斗争，形成昆明工人运动新的浪潮。[1]

1946年1月14日，昆明市第五区电信局职工要求按物价指数发给职工工资。工人怠工11天，使昆明电讯中断11天，电信总局不得不答应职工工会的条件。

1947年2月，昆明广大职工开展要求增加职工工资、改善生活待遇的斗争，先后有昆明汽车公司、缝纫业、猪毛业、笔墨业、理发业、木器业、翻砂、洗染、油漆等行业，石龙坝发电厂、云南运输公司、裕滇纺纱厂、云南纺纱厂、大成实业公司等企业，及部分小学教师等举行罢工、罢教，取得了不同程度的胜利。

1947年3月初，中央机器厂工盟组织400多名工人罢工，要求在货币贬值、物价上涨的情况下，保障工人起码的生活条件，改善工人伙食。经过斗争，厂方同意以米代薪金，按时发工资，并由工人选出了伙会委员，实行食堂监督，以后又改为工人自办，伙食质量明显提高，费用下降，每个月还可打两次牙祭。

1947年3月31日，五十三兵工厂工盟发动全厂职工罢工，要求改善工人福利，经过3天的谈判，厂方同意增加工人工资50%，不裁减开除工人，准许被辞退的两名工人复工。这是五十三兵工厂"工盟"成立以来最成功的率众斗争。

1948年11月，中央电工器材厂职工为提高生活待遇举行罢工，迫使厂方答应职工要求，同意工人派代表参加厂管理委员会和财务咨询委员会。

1949年2月19日，中央电工器材厂工盟领导工人罢工，反对以金圆券发工资和计算价格，要求以大米或棉纱价格作价发工资，维护了工人

---

[1] 中共云南省委党史研究室：《中共云南地方史》第1卷，第327页。

利益。

1949年4月25日，邮政局职工发起总请假（罢工），提出：（1）每人发给救济金30元半开；（2）职工薪金以半开计发；（3）邮资以银元计收，不收金圆券等要求。罢工使昆明邮政通信中断，邮政当局被迫接受工人要求。

1949年7月6日，中国电力制钢厂工人举行罢工，由于工厂半年不发工资，只发少量生活维持费，工人处于饥寒交迫之中，被迫起来要求改善生活待遇。工人印了《罢工宣言》到处散发，并得到厂警卫人员的同情和支持，迫使厂方答应了职工的要求。

1949年8月中旬，中国电力制钢厂（桥钢）厂方打算卖掉工厂设备，卷款外逃。厂工盟组织向工人揭露了厂方阴谋，组织工人开展护厂斗争，派代表与厂方谈判。经过5天的斗争，迫使厂方同意职员和工人代表组织工厂管理委员会，厂内一切重大问题，由厂管会决定。

1949年8月，国民党兵工署下令将五十三兵工厂迁往台湾。五十三厂的地下党组织领导工人发动了"反搬迁、保工厂"的斗争，同时做了武装保卫工厂的准备。20名省参议员也向参议会提了《反对中央拆卸在滇五十三兵工厂机器迁台的紧急提案》，此提案在昆明报端发出，迫使厂方将厂务会议扩大为职工代表与厂方代表组成的决策会议，制止了工厂的搬迁，清算了厂长的贪污问题。

1949年12月9日，卢汉宣布云南起义。22日，中共昆明市委组织各界群众3万人参加示威游行，要求建立革命秩序，肃清特务分子，镇压反革命活动。这次游行的参加者以学生、搬运工人、城区工厂工人为主体，城郊企业工人主要负责保厂护产。

中央、中国两航空公司昆明站的职工在中共组织的领导下发动两航起义，每个职工得到3个月的工资，等待解放。云南起义后，两航各成立一个航空工会联合分会，陈纳德航空公司职工也参加了分会的工会。

昆明的工人除参与经济斗争和政治斗争、保厂护产以外，还在昆明大中学生的历次斗争中密切配合，发挥了自己的力量。在"九九"整肃、昆明武装保卫战、迎军等方面都发挥了工人阶级的先锋模范作用。在云南游击区的武装斗争中，昆明工人也作出了有力的支持和配合，有的工人还贡献了年轻的宝贵生命。

三 解放前夕的云南工农业

（一）工业方面

抗战胜利以后，由于国民党政府发动内战，加紧对人民的搜刮，使国民经济遭受严重破坏，再加上外来员工复员返乡，技术人才缺乏，大量资金流出云南，一些企业迁回原地，顿使市场萧条，抗战时期发展起来的工业受到很大影响。除了纺织、电力、卷烟、食盐、造纸、水泥、面粉等企业尚能勉强维持外，许多工厂矿山纷纷减产、停工以至亏损倒闭。特别是锡矿，曾长期作为云南经济命脉和工矿企业龙头老大的个旧锡业虽在抗战初期一度保持增长，但1939年年底国民政府实行统制政策（即由资源委员会统销）后，不少私矿亏损倒闭，锡产量从1939年的10050吨逐年减少，至1949年仅为2000吨。① 云南的铜、铝、锌、铁等主要金属产品的产量，从1945年至1949年都有较大幅度下降。曾拥有数万名工人的个旧锡矿和上万名工人的东川铜矿，只剩下不到1/10的工人。

抗战时期内迁或在滇投资兴办的企业中虽仍有不少部分地留在了云南，但资金外流非常迅速且数量很大，"从1945年11月至1946年8月止，汇入汇出资金相抵，流出金额达1000余亿元"②。物价不稳以及市场向沿海地区的转换，使不少原有一定规模的企业有的转移，有的解散，有的停工或调整收缩，如云南酒精厂、昆明化工材料厂、昆华煤铁公司宣布结束，云南钢铁厂、滇北矿务局和宣明煤矿公司"停工保管"，中央机器厂、中央电工器材厂和昆明电冶厂"调整紧缩"，职工大量解散，生产几乎"处于停滞状态"③。

规模较小的民营企业更处于萧条之中。1949年，云南全省仅有纺织、化工、火柴、印刷、卷烟、面粉、机械等工业企业1400个，固定资产原值仅1.1亿元，全年工业总产值不到2亿元，年产钢300多吨，钢材200多吨；工业产值仅占工农业总产值的16.7%，人均工业产值11.65元，只相当于当时全国水平的45.1%。④

---

① 李珪主编：《云南近代经济史》，云南民族出版社1995年版，第499页。
② 云南省档案馆档案66-5-237。
③ 李珪主编：《云南近代经济史》，第495、496页。
④ 《云南经济四十年》编委会编：《云南经济四十年》（1949—1989），《云南年鉴》杂志社1990年版，第65页。

(二) 农业方面

云南是农业大省，农业基本上是自然经济和半自然经济，发展也不平衡。坝区的汉族和比较先进的少数民族，农业生产与内地不相上下。但这些地区土地兼并日益严重，封建剥削日益加深。占农户不到10%的地主、富农却占有70%以上的土地和收获量的60%—70%，广大农民无力改善耕作条件，因而日益贫困。在广大的山区、半山区及大部分边疆民族地区，农业属于粗放经营类型，许多地方没有水利设施，不施肥，不薅锄，产量很低，难以维持温饱。还有不少边远少数民族地区，农业属于原始经营类型，刀耕火种，广种薄收，生产不足以维持生存，还需要采集、渔猎作为补充，有的地方甚至没有铁质农具。抗战胜利后，国民党又发动了内战，在农村大肆征兵、征粮、征税，把沉重的负担强加在农民身上，使农业连简单的再生产也难以维持。1945—1949年，全省主要农作物年产量除稻谷基本稳定在3000余万担外，小麦从1062万担减至877万担，玉米从755万担减至435万担，大豆从301万担减至237万担，蚕豆从937万担减至844万担，高粱从62万担减至52万担。① 到1949年，全省耕地面积有3392万亩，粮食产量仅78.6亿斤，平均每亩只有231斤，人均粮食492斤，难以自给，相当一部分大米要从越南、缅甸进口。

四 农村反三征斗争

1945年，根据中共中央和南方局的指示，中共云南省工委在领导城市爱国民主运动的同时，还在农村建立据点，开展统一战线工作，发动各地群众开展"反征兵、反征粮、反征税"的反三征斗争，为武装斗争做准备。1947年3月8日，中共中央发出关于开展蒋管区农村游击战争的指示，要求蒋管区的党组织，利用国民党统治区后方兵力空虚、征兵征粮使民不聊生、群众斗争情绪普遍高涨的有利时机，有步骤地发动与组织农民群众，开展游击战争，建立游击根据地。随后，中共云南省工委不断从昆明派党员和干部到路南、宜良、嵩明、安宁等县，开展反对国民党征兵、征粮、征税的宣传，建立交通联络站，筹建党组织，积极为开展武装

---

① 云南省人民政府财政经济委员会编印：《云南经济资料》，1950年版，第15、24页。

斗争准备条件。① 到6月间，中共云南省工委派祁山为特派员，统一领导路南、弥勒、泸西、陆良、邱北五县党的工作，开展反三征并准备发动武装斗争。省工委特别指出，准备工作应在"反三征"口号下进行，以利于团结一切反蒋爱国力量。尤其是昆明"七·一五"事件以后，大批知识分子下到农村，农村反三征斗争的形势发展异常迅猛。

1945年年底，蒋介石曾宣布"大后方免赋一年"。到1946年3月，国民党六届二中全会又宣布复员期间、经济未复常态以前，本年田赋仍暂征实。以后年年都没有恢复常态，征实也就年年增加了。云南1946年自定征实75万石，征借37.5万石，以后两三年内，云南都是执行"速纳粮赋，早完国课"，不问人民的死活。除征实征借外，还有积谷的负担。至于捐税摊派更是名目繁多，农民买一头牛起码要上7道税，对于挨门挨户摊派更是难以支撑招架。农民卖儿鬻女，离乡背井，比比皆是。

1948年6月，尽管省参议会及社会人士一再反对，云南省政府仍然下令征派新兵3000名，即日开赴东北，归60军整编。② 1948年年底，卢汉奉蒋介石命令将全省划为11个戒严区，组织全省联防，颁布全省剿匪计划大纲，团队给养由地方积谷补给。③ 这些措施遭到全省广大群众的抵制。

为响应中共中央在蒋管区开展游击战争的号召，中共云南省工委不断把经过民主运动锻炼的大批知识分子和工人输往农村。至1949年9月，从昆明输送到各地农村的党员、民青成员和积极分子已有上万人。云南在远离党中央、远离解放区的条件下，在封建势力的统治下，各地农村革命形势轰轰烈烈，反三征斗争如火如荼，美蒋反动势力想把云南建成大陆最后一块反共基地，结果只能是以失败告终。

---

① 中共云南省委党史研究室：《中共云南地方史》第1卷，第416、422页。
② 《正义报》，1945年6月11日。
③ 《正义报》，1948年12月31日。

第十二章

云 南 解 放

第一节 渡江战役前后的云南

一 解放军渡江的全面攻势

经过两年的全国解放战争，至1948年6月底，军事形势已经发生了不利于国民党统治集团的根本性转变。此时国民党军队有正规军105个整编师（军）285个旅（师）198万人，非正规军53万余人和特种兵及海、空军45万人。① 能用于作战的部队虽仍有300万人左右，但派系矛盾的激化发展，官兵士气低落。这些部队被钳制在东北、华北、华中、华东广大战场上，已处于战略守势。中国共产党领导的人民解放军经过对敌军事作战并配合党的土地改革运动，在人民群众的积极参与和协助下，力量得到很大发展；加之统一战线工作的开展，争取和教育了许多国民党军队投向人民阵营，加入到人民解放军行列，使解放军总兵力发展到280万人，其中正规军149万人，军事装备也有很大改善。更为重要的是，中国共产党坚持民族彻底解放和关于新民主主义革命的政治主张，日益得到包括国民党统治区在内的广大人民群众的认同和衷心拥护。以土改为中心的农村经济政策不仅调动了解放区农民群众翻身做主的阶级觉悟和支援前线的革命积极性，也引起了国统区农民群众对解放区的向往。包括社会各阶层参加的城市民主运动不断高涨，反对蒋介石集团的独裁统治与内战政策。

在这种有利的政治、军事形势下，从1948年下半年开始，人民解放军先后发动了济南、辽沈、淮海、平津等著名战役，至1949年年初，共

---

① 军事科学院军事历史研究部编著：《中国人民解放军战史》第三卷，军事科学出版社1987年版，第231页。

歼灭国民党军队230余万人，国民党主力作战部队及所谓"嫡系部队"大部被歼，国民党政府赖以对大陆进行统治的军事力量已基本瓦解。这一事实向全国人民昭示：国民党反动统治行将结束，中国共产党所领导的人民革命力量即将夺取全国政权。这时，长江北岸的中原、华东、华北等地已尽归人民解放军所掌握，百万雄师陈兵江北，即将对最后残存的国民党军队实施渡江追击作战。

在战局日益恶化时，国民党内各派系矛盾也日趋激化。桂系首要人物李宗仁认为"抗战以来，通货膨胀、囤积流行，供应频繁，园厂毁弃。发国难财与胜利财者，其资产已成天文数字；而农工士兵及公教人员，乃呻吟于饥饿线上"[①]。为"对彻底腐化了的国民党政权作起死回生的民主改革，以挽狂澜于既倒"，李宗仁在得到美国部分外交人员的支持后，决定以竞选副总统的方式加入国民党中央政权，"领导民主改革，自信可以一呼百应，全国改观"[②]。1948年4月28日，在经过多次投票均遭无效否定后，李宗仁在最后的投票中以1438票当选副总统，至此，蒋系、桂系之间由暗斗转入明争，国民党政权陷于严重分裂。12月下旬，当淮海战役还在进行中，黄维兵团被歼、杜聿明集团在徐州被重重包围时，桂系另一重要人物、仍掌握国民党残存力量近半兵力的白崇禧在华中发动湖北省参议会，通电蒋介石，要求与中共进行"和平谈判"；接着湖南程潜、河南第五绥靖区司令张轸也先后发表通电，要求蒋介石下野，主张和谈；李宗仁则在南京响应，并提出蒋介石下野、释放政治犯、言论集会自由、国共两军各撤退30里、划上海为自由市等5项"和谈主张"[③]。

1949年1月14日，中共中央毛泽东主席发表关于时局的声明，提出和平谈判的八项条件："（1）惩办战争罪犯；（2）废除伪宪法；（3）废除伪法统；（4）依据民主原则改编一切反动军队；（5）没收官僚资本；（6）改革土地制度；（7）废除卖国条约；（8）召开没有反动分子参加的政治协商会议，成立民主联合政府，接收南京国民党反动政府及其所属各级政府的一切权力。"这一声明的发表，使蒋介石集团企图以和谈争取时

[①] 李宗仁：《上主席书》，1947年10月，《档案与历史》1988年第3期。
[②] 李宗仁：《李宗仁回忆录》下册，第875页。
[③] 《蒋经国自述》，湖南人民出版社1988年版，第203页。

间、调整兵力、"划江而治"的希望彻底破灭。①

21日,蒋介石发表引退文告,宣告第三次"下野",同时由李宗仁"代行总统职权",出面同中共进行"和谈"。但是,在此之前蒋介石发表的"元旦文告"已经为李宗仁的"和谈"定下了基调:"神圣的宪法不由我而违反,民主宪政不因此而中断,中华民国国体能够确保,中华民国的法统不致中断,军队有确实的保障,人民能够维持其自由的生活方式与目前最低生活水准"②云云。李宗仁当初自己确定的和谈目标是:"我不得不阻止共产党人渡过长江,以求得体面的和平。同时,我还必须巩固内部的团结,实行民主改革,以便重得民众的支持。"③尽管李宗仁同意以中共所提八项和平条件为双方和谈基础,但希冀保住半壁江山的目的也是明显的。

蒋介石的下野,一是迫于形势,二是利用李宗仁获得喘息的机会。一些外国驻华机构的外交人员敏感地看出,蒋的"引退并不是辞职,亦非长久退职,依照当时印度大使巴尼加的论断,蒋公在国民政府里明显地保留其随时可以恢复总统职权的权利,同时他仍继续担任国民党总裁的职位"④。在引退前后,蒋介石仍操纵着国民党军政实权,并力图保住长江天堑,同时在华南、西南安排了一系列应变部署。

1948年12月29日,蒋介石任命陈诚为台湾省主席,准备在最后关头将国民党政权迁往台湾;同日又由国民党中常会任命蒋经国为台湾省党部主任;1949年1月7日,以行政院召见国防、财政、交通三部部长,责其"拟定疏散事";10日派蒋经国至上海督促中央银行总裁俞鸿钧将中央银行现金移存台湾"以策安全";18日至21日,连续发表任命事项:新设福州绥靖公署主任,以朱绍良任之,另张群、余汉谋分任重庆、广州两绥靖公署主任,张发奎任海南特别行政区长官,王陵基、薛岳、方天分任四川、广东、江西省主席,汤恩伯为京沪警备总司令,统一指挥苏、浙、皖地区的军事,部署长江防务;在闽、赣、粤、湘、云、贵、川、陕等省设立14个编练司令部(云南设第6编练习令部),组织编练新兵,

---

① 《毛泽东选集》第四卷,人民出版社1991年版,第1389页。
② 转见程思远《李宗仁先生晚年》,文史资料出版社1985年版,第25页。
③ 《李宗仁回忆录》下册,第932页。
④ [德]施罗曼:《蒋介石传》,台湾国立编译馆1986年版,第364页。

重新扩充国民党军队至350万人以上；以长江防务为重点，加强对华南至西南各地的控制。

此时，人民解放军方面已经对渡江作战和实施战略追击、全部歼灭国民党军队做了充分的准备和部署。1949年1月始，中共中央、中央军委就着手研究和制定解放军向南方进军的战略部署，4—5月又制定了相应的作战计划。其要旨为：第一野战军向西北进军，消灭马步芳及胡宗南部，解放并经营陕甘宁及青海、新疆等地，其中一部（第18兵团），则准备入川南下；第二野战军在渡江后集结于皖南、浙西等地，准备向西南进军，解放并经营川、黔、康、滇四省；第三、第四野战军则分别解放华东沿海诸省及中南各省。[①] 与此同时，解放军还进行了整编、整训，以期很好地完成向全国进军的任务。

4月1日始，国共双方进行和谈。而在国民党方面，国民政府"代总统"无法指挥行政院。军事方面，蒋介石以国民党"总裁"身份，在浙江溪口指挥汤恩伯等人加紧部署长江防御：将长江防务以湖口为界分为两个战区，湖口以西由华中军政长官白崇禧指挥，[②] 兵力25万人；湖口以东归京沪杭警备总司令汤恩伯指挥，兵力约45万人。布防以长江防线为外围，置重兵于镇江以东，以宁沪杭三角洲地区为重点，淞沪为核心，依靠台湾空中支援，坚守淞沪，以待国际形势变化。

4月15日，国共双方和谈代表团拟就国内和平的"最后修正案"，并定20日为双方签字日期。国民党代表黄绍竑、屈武携带方案飞往南京请示签字问题，李宗仁将修正案送至溪口让蒋介石过目。蒋介石则于18日由国民党中常会公开发表"和谈五原则"，逼李宗仁不能签字。20日，李宗仁、何应钦致电国民党谈判代表张治中等人，拒绝在最后修正案上签字。

当日夜，百万人民解放军在人民群众支援下开始渡江。第三野战军第8、第10兵团共35万人为东路集团，第7、第9兵团30万人为中路集团，第二野战军第3、第4、第5兵团35万人为西路集团。三路大军先后突破敌人防线：东路集团直插淞沪，中路集团一部向吴兴以配合淞沪方向，另

---

① 《中国人民解放军战史》第3卷，第320页。
② 原为"华中剿总"，1949年1月，李宗仁宣布承认中共八条为和谈基础，同时实行改各地"剿总"、绥署为军政长官公署、取消戒严令等七项"和平措施"。

一部指向杭州，西路集团则向赣北、皖南至武昌等地展开进攻。解放军进展神速，很快深入敌防御纵深并切断了宁沪铁路等交通线，形成对敌分割包围之势。23日夜，东路集团第8兵团一部占领南京，南京解放，国民党各机关纷纷南逃。5月27日，上海解放，汤恩伯集团15万人被歼，残部5万余人从海路逃向台湾。解放军西路集团亦在5月初逼近武汉，并且隔断了敌华中集团白崇禧部与汤恩伯集团的联系。国民党政权已处于风雨飘摇之中。

二　争夺云南

抗战时期，国民政府以西南为大后方，其经营的重点区域，一是以重庆为中心的四川地区，二是以昆明为中心的云南地区。前者可以辐射控制西康、陕南、湘区诸地；后者则可控制贵州以及掌握陆上的对外通道，其地理位置提供了进退自如的便利条件。

在人民解放军渡江前，蒋介石在部署长江防务的同时，已着手加强对川、滇的控制，一方面政府机关迁往福建、广东等沿海城市，另一方面充实驻西南军事力量。1949年3月，隐居溪口的蒋介石筹划西南防务计划，决定成立川、康、滇、黔四省联合"剿匪"总指挥部，以张群任总指挥官，邓锡侯（四川实力派）、卢汉等人为副指挥官。4月25日和谈破裂后，张群通电西南诸省主席及参议会议长，称"中央和平大计，心力已竭，大局无补，今后唯有领导西南，自保自给"[①]。此时，国民党残余势力中，汤恩伯集团已被围，白崇禧集团已逐渐由中南向广西方向退却，在川东仅有宋希濂部。

蒋介石在撤离溪口前，多次与宋希濂商议屏障四川之具体部署：将宋主力移至巴东、野三关、五峰、渔洋关、大庸、沅陵一线，共编为第十四、第二十两个兵团、6个军约14万人，在川东、鄂西阻止解放军入川；在川北、陕南一线，则有胡宗南残部之第五、第七、第十八兵团共13个军的兵力；以孙元良、罗广文、郭汝瑰的第十六、第十五、第二十一兵团及刘文辉、邓锡侯、杨森等部共9个军驻守四川境内；以何绍周第19兵团驻贵州境内，策应川、滇间联络与交通；以第八军、第二十六军进入云南境内驻守，保障对外陆路交通线畅通。上述兵力共约45万人，加上地

[①] 周开庆：《民国川事纪要》下册，台北四川文献研究社1974年印行，第410页。

方保安团队等各种武装,近100万人的力量形成陕、湘、川、黔、滇由北到南的屏障圈,企图凭借以四川为中心的西南防线,与人民解放军"持久作战"。

5月1日,西南军政长官公署成立,张群为长官,西南重要实力派人物均为副长官;旋即在昆明设立云南绥靖公署,卢汉为绥署主任。6月,西南军政长官公署订定五项政策,以确保完成建设西南为"反共反攻基地",内容是:"(一)抽调大军,控制西南重要据点,相机应用;(二)增加对西南各省之控制;(三)以行动消灭一切反动力量;(四)所有国税收归国有;(五)西南一元化,加强各省之联系。"①

以卢汉为首的云南地方军政势力在经过龙云离滇、滇军远调的沉重打击后,数年来致力于恢复和重掌治滇实权。由于蒋介石及其在滇势力的宗旨在于政治上力图控制地方,经济上搜刮地方以支持内战,这种政策不仅遭到云南省各阶层人民的反对,也为地方势力难以容忍。卢汉等地方集团遂采取表面上服从、暗地扩充地方军政实力的办法逐渐发展。至1948年年底,地方势力在政治、军事、经济各方面又渐渐活跃、成熟起来,在不少方面重新取得治滇实权,但直至人民解放军渡江前后,其状况与抗战前仍有很大差别,这种对治滇实权的争夺仍在继续之中。

云南地方政权与国民党中央政权存在着控制与反控制的矛盾,在解放战争战略决战中人民革命力量取得决定性胜利时,云南的局面愈加复杂:一方面,地方势力集团利用人民群众的反内战、反征兵征粮浪潮,作为维护自己利益的政治屏障和声势;另一方面,中共各级组织、云南地下党及其武装力量在发动群众进行武装斗争的同时,不失时机地利用国民党中央与地方的矛盾,对地方势力进行多方面、多层次、多渠道的统战工作,揭露蒋介石集团的内战、独裁阴谋,对国民党反动派和地方势力实行区别对待的政策,重点打击前者,争取后者加入到爱国反蒋的行列中来;此外,昆明等地一浪高过一浪的民主运动高潮不断涌现,使国民党反动派更加孤立。这就是当时云南形势的特点。

人民解放军渡江前后,以卢汉为首的云南地方军政势力面临两条道路、两种结局的选择:追随蒋介石集团继续与人民为敌,最终与蒋军一同被歼灭;或是弃暗投明,走向人民阵营,走向获得新生的光明之路。在诸

---

① 昆明《正义报》,1949年6月28日。

多因素的作用、影响下，卢汉及其多数军政人员最终走上光明的道路，但这个过程是曲折的和复杂的。尽管他们仍处于彷徨、犹疑之中，但已经开始对蒋介石集团有意无意地采取疏远态度，对蒋加强驻滇嫡系军队力量、征兵征粮等政策明行暗止。

解放战争后期，驻滇中央军整编第 26 师，于 1949 年年初扩编为第 26 军，实力在原 2 个旅 6 个团的基础上扩编为 3 个师 9 个团，随后又调第 8 军 5 个师入滇。这在云南引起强烈反响，4 月 6 日，省参议会举行会议，一致通过沈俊卿、马曜、金汉鼎等 22 名参议员提出的议案："为避免加重滇民负担，便利和谈进行，分别电请李代总统、行政院及国防部，制止国军第 8 军及胡宗南部调驻云南（一度拟调胡宗南一部入滇），并通电省内外民意机关一致主张。"议案表示："万一不蒙采纳，则本会为顾及代表人民之立场，珍视地方前途，不忍再见滇省沦为战场，滇民再遭涂炭。惟有通电全滇人民，拒绝与入境国军合作。倘因此而不幸发生意外，其责不在滇人。"①

此外，省参议会还通过议案，呼吁中央立即停止征兵，并咨请省政府采取紧急措施立即停止征兵征粮。3 月 12 日，省政府以"准省参议会建议"的名义，宣布"即日起停止田赋征实征借，并停止征兵，以后兵源补充，即照中央规定改为招募"②。

2 月 5 日，卢汉在省政府会议上命令国民党中央银行昆明分行停止外运在滇收兑之黄金白银；12 日又令限制现钞（金圆券）入境。3 月以保护安全为名，令财政厅通知中央银行昆明分行，将其库存黄金白银移交富滇新银行保管，然后按国民党政府应拨给云南的补助经费截留拨抵，由此硬扣下一批即将外运的金银。这一措施被省参议会部分议员称为"起而自救"。

接着，省政府又实施了以挽救在国统区经济崩溃冲击下的昆明金融为目的的"财政改革"，主要内容是：财政方面，针对金圆券已滥至不可收拾的情况，承认事实上已经流行的云南半开银币的地位，政府税收收取半开；税收方面，实行"一物一税"，取消一些名目繁多的杂税；金融方面，拒绝在滇发行银元券，实行管制物价与钱庄；制定各类流行银元之比

---

① 《云南档案史料》1990 年第 4 期，第 11、12 页。
② 《正义报》，1949 年 3 月 12 日。

价，从而使一度混乱的金融趋于稳定；民生方面，对1949年以前所欠征粮配额折征银币，由省政府垫支公教人员生活费，将省政府所属开蒙、开文（蒙自、开远、文山一带）两垦殖局的土地分授当地农民耕种，"俾耕者有其田，地能尽其利"。这些措施产生了不同程度的积极作用。

在国民党政治军事迅速崩溃的严峻事实面前，在中国共产党和平、民主、团结和建立独立富强新中国的政治主张及中央、地方党组织统战工作强大感召力的影响下，云南地方势力开始寻求途径与中共方面建立联系。1949年3、4月间，卢汉密令其特务团团长朱家修与中国人民解放军桂滇黔边纵队联系，继之于5月底派保安旅长（后任新编第93军军长）龙泽汇与"边纵"领导人朱家壁等举行会谈，"商谈了联系、配合问题。会谈后，龙泽汇曾先后给边纵部队送去一批武器弹药"[①]。

在此之前，卢汉还于2月下旬派民主人士宋一痕为代表赴香港与中共方面联系，"递交他致毛主席、朱总司令的信件。卢在信中表示了反蒋的政治态度，并要求中共派代表到云南，以及和中共中央建立电讯联系"[②]。中共香港分局负责人潘汉年接见了宋，表示立即报告中央。4月，卢汉再次派宋一痕至中共华南分局联系。6月，经华南分局介绍，宋一痕至北平，受到中共中央有关领导的接见。

然而，这种转变过程也是曲折的和反复的。

1949年2月，就在云南地方实力派采取实际措施抵制并力图削弱蒋介石在滇势力的同时，却发生了令人震惊的"南屏街血案"。这是昆明形势的一次重大反复，事件激起各界群众的极大愤怒。中共中央为此向卢汉提出警告，正告卢汉放下屠刀，悬崖勒马。

在人民解放军渡江前后，云南继抗战之后再度成为国民党统治区的重点区域。一方面，地方实力派在与国民党蒋介石集团争夺治滇实权的过程中，其政治态度亦在多方面因素作用下发生了重要的转变。另一方面，中共领导的农村武装斗争与城市反内战、争民主运动蓬勃发展，已成燎原之势。

[①] 中共云南省委党史研究室：《中共云南地方史》第1卷，第601页。
[②] 中共云南省委党史资料征集委员会编：《昆明起义》，云南民族出版社1989年版，第6页。

第二节　昆明起义

一　中共领导的革命运动及统战工作的开展

人民解放军渡江后，针对国民党军队往华南、西南逃跑的情况，为了挫败其顽抗企图和配合解放军向南方进军，云南及广西、贵州边区党组织根据中共中央的指示，将中共桂滇边工委和云南省工委合并为中共滇桂黔边区委员会，将云南全省的游击部队和桂滇黔边纵队统一编为中国人民解放军滇桂黔边纵队（简称"边纵"），以林李明任边区党委书记兼"边纵"政治委员，以庄田任"边纵"司令员，朱家璧任副司令员。7月19日，"边纵"在砚山县阿猛会议上将全边区部队编为12个支队、2个独立团。

此后，"边纵"在各族群众支援下，向国民党先后开入云南的第26、第8和第89军等部队展开积极主动的反围剿战斗。具体部署是：朱家璧率主力两个团运动到外线，挺进滇西，调动敌军，破坏滇缅公路上的战略桥梁，切断国民党军退守滇西、外逃缅甸的国际通道。至11月，西进部队在与敌多次战斗后，"经双江到达缅宁（今临沧），在景谷县与'边纵'九支队会师。西进部队转战30余县，对挫败敌军'围剿'起了重要作用"①。此外，庄田率主力两个团，南下开广，打通滇桂边境通道，迎接解放大军。边区党委副书记到滇中，领导两个支队、1个独立团，沿滇越铁路以西出击，把滇南游击区与滇东南连成一片。在滇东北地区，敌第89军由贵州入滇并进行"扫荡"，"边纵"六支队一部在当地民兵等游击武装的支援下，展开阻击入滇之敌的激烈战斗，共毙敌1300余人，阻滞了敌军的行动。

在昆明起义前，"边纵"切断敌滇西退路、将滇南等游击区连成一片和粉碎敌"围剿"的作战意图基本得到实现，②根据地得到巩固和扩大。被"边纵"及中共各级地方党组织所领导的武装所解放、攻克、进驻或掌握的县城（设治局）达58座，有力地配合了解放军进军西南的战斗，形成对昆明、曲靖、下关等重要城市的包围态势。有的地区还建立了人民

---

① 《新民主主义革命时期云南地方党史简编》，第156页。
② 中共云南省委党史资料征集委员会编：《云南党史通讯》1989年第2期，第9页。

革命政权，如 1949 年 3 月 1 日在罗平县成立"罗平县临时人民政府"，行使政府职能，开展"反蒋武装斗争，恢复发展生产，维持地方治安，建设革命新秩序，实行人民民主专政"等各项工作。①

"边纵"在坚持以我为主的武装斗争的同时，也注意利用敌军矛盾，分化瓦解敌人。"边纵"10 月的"战斗报告"中指出："10 月间，伪保安队之兵力，全部部署在滇缅沿线及昆明附近，自成一个体系。与匪 26 军及 89 军河界分明，各自为阵……这个特点说明随着全国解放的很快到来，匪军内部可能继续分化。"② 因此武装斗争应"着重打击蒋系中央军和顽固势力，注意对地方保安部队开展政治攻势和争取工作"③。在思普地区活动的"边纵"部队也在《目前我们应采取的战略方针及战略部署》文件中指出："目前与我作战之主要力量，还是蒋军直系之 26 军或其他入滇部队，卢（汉）系部队至多只是采取配合作用，而非主动。"④ 通过分化瓦解工作，蒋系中央军日益被孤立。同时，"边纵"对地方、民族上层开展多形式的政治攻势，争取了杨体元、李和才、李鑑洲等地方、民族人士站到反蒋的行列中，或争取其保持中立。1949 年夏秋间，云南的地方部队和保安团队多次发生部分或小股起义，投向人民。在国民党各种势力较为集中的城市，中共云南省工委、昆明市委等各级组织根据中共中央的统战政策和关于云南工作的具体指示，对云南地方实力派展开了多层次、多方面、多渠道的统战工作，1949 年以前，这项工作已在地方军政人员、上层士绅、滇军官兵及民族上层中广泛进行；同时加强对城市民主运动、工人运动和学生爱国运动的领导，扩大国统区反蒋爱国统一战线；1949 年以后，特别是渡江战役前后，则以争取和敦促以卢汉为首的地方军政势力走起义道路为工作重点。

云南的统战工作在抗战时期就已建立起较好基础，抗战胜利后昆明的民主运动更开展得轰轰烈烈，有力地打击了蒋介石反动派。随着解放战争的胜利进展，云南省工委根据中共中央南方局的指示精神，利用蒋、卢矛盾，实行区别对待，对以卢汉为首的地方实力派采取又斗争又争取、以争

---

① 中共罗平县委党史办：《新民主主义革命时期罗平县人民政权建设概述》，《曲靖史志》1992 年第 2 期，第 50 页。
② 《云南档案史料》1991 年第 2 期，第 4、5 页。
③ 中共云南省委党史研究室：《中共云南地方史》第 1 卷，第 596 页。
④ 二纵队文件，1949 年 7 月，载《中共思茅地区历史资料丛刊》第 2 辑。

取为主、集中打击蒋介石反动派的方针。这是与抗战以后云南形势发展特点相符合的方针。

1949年3月，毛泽东主席在中共七届二中全会上提出："今后解决这一百多万国民党军队的方式，不外天津、北平、绥远三种。"这不仅更加明确了中共云南党组织统战工作的方针，而且为以卢汉为代表的地方实力派指示了一条走向人民阵营的光明道路。

中共中央及有关分局也很关注云南形势，多次给予指示。在卢汉第一次派宋一痕赴香港联系时，中央就指示香港分局答复卢汉：云南、四川均可按北平方式行事，并且可以更多地照顾地方实际。7月，中共中央又发出指示：卢汉如能于我军入滇时举行起义，宣布反帝、反封建、反蒋桂立场，则云南问题可以和平方式解决。在宋一痕经华南分局介绍到北平时，中央有关领导在接见时对卢汉愿意起义表示欢迎，指示应在解放军逼进云南时举行起义，以免招致失败。[①]

朱德总司令、叶剑英总参谋长和军情部部长李克农还派参加过北平起义的原国民党北平警备总司令周体仁（云南傣族）回滇，策动卢汉起义。周于6月从北平辗转南下，到昆明后经龙泽汇安排，多次与卢汉进行长谈，介绍北平和平解放的经过和中共"爱国一家""爱国不分先后"的统战政策，卢汉明确表示了不准备继续为蒋介石卖命的意图。

中共云南省工委、昆明市委也利用各方面的关系，展开了多渠道的统战工作。

渠道之一是省参议会。省工委直接领导下的省参议会统战小组，其成员以参议员的合法身份，结合上层人士的利益，通过"维护地方利益""表达民意"等口号和合法形式，团结进步人士，争取中间势力，在地方实力派与蒋系势力发生矛盾时，对卢汉等进行配合、声援或支持。至1948年春，省参议会中进步力量扩大，逐渐成为中共地方组织发动反蒋斗争和进一步争取地方人士的一个重要阵地。中共地下党员、统战小组组长杨青田还当选为省参议会副议长。1949年，统战小组以"聚餐会"的形式，在云南上层的军政人员中开展活动，掌握地方当局的动态，交换对局势的看法。有的地下党员甚至以议员的身份，"到卢（汉）公馆座谈时

[①] 中共云南省委党史研究室：《中共云南地方史》第1卷，第601页。

局，宣传党的政策，争取卢汉先生走起义道路"①。

渠道之二是通过参加过东北起义的滇军官兵对云南滇军发挥影响。1948年10月第60军长春起义后，早已为解放军所争取的原第184师第551团团长张秉昌（起义后任第60军代理参谋长）奉派回到昆明，被卢汉委任为保安第11团团长。张秉昌根据上级领导的布置，经常与卢汉接触，用滇军第93军（在锦州被歼）和第60军不同抉择带来不同命运的事实，提醒卢汉走曾泽生（第60军军长）、潘朔端的起义道路，希望卢汉在解放军业已渡江的形势下有一个明确的态度。张旋升任第29师师长。此外，一批起义或被俘后经教育的滇军中下级军官也被派回云南。原第93军暂编第20师直属炮兵营长夏际昌为卢汉带来了第93军军长卢浚泉的口信："不能再为蒋介石卖命了，我（卢浚泉）的看法是要积极准备起义。"② 一些回昆的士兵则用他们的亲身经历，向保安团队的官兵宣讲中共的思想政治工作和统战政策，使保安团队官兵产生很大震动。这些回昆的官兵后来大都成为起义的重要力量。

渠道之三是通过中共各级党的基层组织宣传组织群众，对社会各界各阶层产生广泛影响。地下党员通过各种社会关系，打入军政机关、团体、报馆和保安队。党的基层秘密支部、小组分布在昆明工交、财贸、学校等多种行业中，甚至包括保安团队和警察中，都建立了党的秘密外围组织"新盟"、"军盟"、"警盟"等。他们广泛开展工作，争取力量，以至卢汉的三任警卫营长中有两人是中共地下党员，一人是"军盟"成员。春夏间，在卢汉周围的军政人员中，已经基本形成一股主张反蒋或投向人民阵营的力量，从上层人士到保安团队士兵、警察中都有。在新闻界和国民党驻昆空军中，也有中共统战小组的存在与活动。

"边纵"于1949年7—8月派朱家璧、郑敦等为代表与卢汉的代表龙泽汇在路南举行了第二次会谈。8月26日，中共滇桂黔边区党委派人到昆明，通过宋一痕转达了中共中央对卢汉的五点要求："1. 要让云南人民游击武装发展，并支援武器弹药钱粮；2. 发动省参议会群众团体拒绝桂系军队入滇（桂系白崇禧部在解放军渡江后拟以一部入滇，欲使滇桂一

---

① 陈盛年：《回忆争取昆明解放的斗争》，《解放云南之战》，云南人民出版社1980年版，第9页。

② 夏际昌：《卢浚泉对卢汉起义的影响》，《昆明文史资料选辑》第3辑。

体化）；3. 保安部队集中应变；4. 控制特务；5. 卢汉部队要严明纪律，保护国家资财。"①

上述统战工作，对以卢汉为首的云南地方军政人员产生了巨大而深刻的影响，促使其最终走上了起义的道路。

二 卢汉起义

1949年下半年始，在政治态度有重要转变的同时，卢汉等人根据与中共方面联系的情况，在几个方面做了应变准备。

一是利用蒋桂分裂之机，由云南绥署下令将保安团队扩编为第74、第93两个军，分别以余建勋、龙泽汇任军长，整训部队。另，绥署派员至滇东曲靖一带，征集退入云南的一些运输部门的汽车约400辆，编成两个汽车团，由滇西赶运第74军的部分部队到昆明。此后在起义中，这些力量成为起义成功的条件之一。

图77　卢汉（1896—1974）云南昭通人

二是想方设法将蒋系中央军部队调离昆明附近。当时中央军的部署态势是：第26军各师分别驻宜良、玉溪至开远、蒙自一线，石补天师驻安宁，全军对昆明南部形成半包围，距市区最近处仅40千米，军部则设在市区内；第8军5个师驻滇东，军部在曲靖，盘踞滇、桂、黔、川间交通要道；第89军一度进入滇东及滇东北，曾经移向昆明，在全省人民强烈反对及"边纵"武装斗争下未能入昆，但仍在滇黔间盘桓；贵州、广西境内尚有一些宪兵团及桂系军亦欲入滇。在不利的态势下，云南绥署拟具了一个以"保卫云南"为名的军事防务计划，要求国民党国防部分别以贵州和滇东罗平、富源作为两道防线，均由中央军部队防守，以云南保安团队为第三道防线屏障昆明，以此将第26军之一部调离宜良、杨林一带，命石补天师等主力移向滇东邱北、罗平等地布防。

三是联络川康以为策应。8月，卢汉派第6编练司令部参谋长卓立到四川、西康去联络当地实力派潘文华、邓锡侯和刘文辉，邀约他们"审

---

① 《新民主主义革命时期云南地方党史简编》，第166、167页。

情度势，保境安民，共赴事机"①，表达了自己准备起义的意图。川、康、滇间交换了密电本，约定了联络时间、办法，拟同时起义。

四是控制和防范在昆国民党特务的活动。5月，卢汉下令撤销省政府警务处，另在民政厅内设警务科掌全省警务，任命亲信为科长。9月又将昆明市警察局二分局局长李志正升任市局副局长，旋又升任局长，卢汉和昆明市长曾恕怀授意李对市局各分局、科室、大队的人事进行调整，清洗军统特务，对国民党特务集中的刑警大队进行监视和控制。10月，军统云南站被改编为"保防处"，配属云南绥署。保防处处长沈醉拟就各种特务活动、破坏计划呈卢汉批准，卢一直压延不批。至起义前夕，卢汉则强令保防处停止活动。

9月，昆明形势再度出现反复。云南地方实力派的举措及与中共的联系活动，引起了对云南局势非常关注的蒋介石的严重不安。8月20日，曾任云南省代主席的李宗黄向蒋介石报告云南情况，认为卢汉不稳。蒋决定离开台北亲往西南，以"应付最艰巨之局势"②。24日，蒋至重庆，27日召开西南军政会议。卢汉推病不至，蒋顿感局势严重，"因派李弥回滇，对于滇事，作初步之布置"（李弥为第8军军长）。③旋又加派侍从室主任俞济时飞昆坐催卢汉；责西南军政长官公署张群打电话给云南方面，威胁说将派2个军、60架飞机解决云南，同时又担保卢汉赴渝的安全。

9月初，有报告说中央军第8、第26军向昆明移动，第89军亦向昆明方向运动。在此紧张局势下，卢汉与部属会商决定赴渝，安排军事由龙泽汇负责，政务由安恩溥负责，约定联络暗号，布置部队官兵停止休假，高级军政人员集中于五华山。9月6日，卢汉离昆。在重庆，卢汉要求增编云南军队为6个军，给予现大洋2000万元。蒋介石抱着"政治解决"云南问题的希望，答应拨给两个军的武器装备和大洋100万元，但要卢汉取消云南省参议会，逮捕中共党员及进步人士，封闭进步学校与报馆，同时由西南军政长官署副长官萧毅肃到昆布置成立滇中、滇东、滇南3个"剿匪"指挥部，进攻"边纵"。

9月8日，卢汉与萧毅肃、特务头子徐远举同机回昆。9日，军统持

---

① 《卢汉致刘文辉信》，载《云南文史资料选辑》第23辑，第238页。
② 《蒋经国自述》，第283页。
③ 刘绍唐：《民国大事日志》第2册，台湾传记文学出版社1979年版，第836页。

务及宪警开始四出捕人，旬日之间，被捕者达400余人。10日，卢汉宣布解散云南省参议会，查封《正义报》《观察报》《云南日报》等报刊，解散云南大学，实施宵禁。这就是云南起义前夕的"九九整肃"事件。

卢汉在实施整肃前曾通过民主人士刘淑清等，将整肃的消息告知杨青田、唐用九（省参议会议员，地下党员）躲避，事后又嘱昆明市长兼警察局长曾恕怀，对所有被捕人员要"优待照顾"。9月底，专程赶到昆明的军统头目毛人凤拟具一份将被捕者处以枪决或判刑的200余人名单送卢汉批示，卢汉以"人数太多""证据不足"为由压延不批。

整肃发生后，中共滇桂黔边委负责人郑伯克、郑敦与昆明市委研究了形势，认为"仍应根据中共中央一贯指示的精神，对卢汉仍应采取又斗争又争取的方针"①。党组织通过宋一痕向卢汉指出：向蒋介石屈服进行整肃，违背自己的诺言，是没有出路的；希望悬崖勒马，保证被捕人员的安全，中共将继续欢迎他靠拢人民。卢汉对毛人凤的杀人计划一直持抵制态度，至11月初，利用李宗仁赴昆明之机，卢汉向李要求从宽处理，获李同意后全部开释被捕人员。"九九整肃"风波由此平息下来。

1949年10月1日，在经过一系列的筹备和中国人民政治协商会议第一届全体会议的成功召开后，中华人民共和国在北京宣告成立，标志着国民党政权的灭亡和帝国主义、封建主义及官僚资本主义统治在中国的结束。中国新民主主义革命取得基本胜利，中国历史从此走向独立、自由、和平和统一的新时代。

同日，中国人民解放军总司令朱德发出命令，令中国人民解放军全体人员坚决执行中央人民政府和毛泽东主席的命令，迅速肃清国民党反动军队的残余，解放一切尚未解放的国土。

11月，解放军向西南进军。按照9月布置的从湘、鄂西和贵州遵义等方向迂回川东、川南的大西南进军战略，二野主力在川北、陕南方向解放军佯攻的掩护下，于月初突然向蒋军布防薄弱的黔、川、湘等地域发起猛攻，迅速击溃宋希濂部。蒋介石始察觉我军主攻方向不在川北而在川南，急调川北胡宗南集团南下，但为时已晚。15日，解放军占领贵阳，21日解放遵义。蒋介石精心部署的大西南防线被拦腰切断，川、滇被分隔。28日，宋希濂、罗广文部三万余人被围歼于川南以北山区；胡宗南

---

① 中共云南省委党史研究室：《中共云南地方史》第1卷，第612页。

部增援重庆之一部亦被歼于重庆外围；29日，蒋介石逃到成都，次日重庆解放。

解放军二野司令员刘伯承、政治委员邓小平于11月21日向残存的国民党军队发布《解放川、黔、滇、康四省四项办法约法八章》（四项忠告）指出："国民党所谓'最后战略体系'又已被我拦腰打断。"文告针对残余的国民党军政等各类人员提出停止抵抗、保护公物、停止作恶及按解放军指示维持地方秩序，投向光明的办法，宣布"有功者赏，有罪者罚"①。同时，第4兵团司令员陈赓派出一个3人小组秘密赴昆，任务是策动在云南的国民党军队和卢汉等人起义。

此时蒋介石仍企图在陆上保有云南这个能与国外陆路相通的最后据点。他派张群找卢汉商议，将昆明作为最后挣扎的指挥部，让云南省政府和云南绥署迁往滇西。卢汉以各种理由予以拒绝。蒋又将残余的及漏网的部分机关如陆军总司令部、国防部联勤总司令部、空军第五军区、炮兵学校等遣入云南；一些原在贵州的残兵（第八十九军残部）、贵州省政府残余机关亦逃入云南。蒋介石又命令秘密成立"云南游击司令部"，由国防部保密局云南站站长沈醉兼任司令。沈醉将原云南站军统特务悉数编入，并制定了"武装游击计划"，加强对卢汉的暗中监视。蒋介石通过毛人凤指示沈醉，"万一昆明不保，一定要和越南、缅甸沟通联系，保住滇西南地区"②。在滇的李弥第八军，11月下旬按照蒋介石的指示，以一个师由曲靖向昆明急进，准备控制昆明巫家坝飞机场，确保空中交通。该军还准备在滇扩军至20万。月底，李弥要求由接近昆明的第三师接管机场，卢汉坚予否定。李无奈只好将该师部署在昆明以东杨林一带，仍保持对昆明的压力。

卢汉利用解放军已迫近的有利形势，积极调整部署：命令第九十三军集结昆明，原驻安宁、呈贡的部队向昆明收缩；滇西第七十四军继续向楚雄集结以呼应昆明。卢汉又将云南库存黄金发放部分给两军，以为起义后可能打游击时的经费。第七十四、第九十三两军当时总兵力3万余人，但系新建，装备、作战能力较弱。起义面临的形势是严峻的，如何掌握起义

---

① 《正义报》，1949年12月13日。
② 王民信：《解放初期在昆明审讯国民党重要特务纪实》，《昆明文史资料选辑》第8辑，第74页。

时机是成功的关键。

12月1日,卢汉命令成立昆明警备司令部,以俫晓清为司令,负责控制市区,维持秩序。次日,警备司令部下令实施戒严,夜间断绝市外交通,禁止行人往来;在交通站及机场进行检查,借以了解和控制进入云南的国民党军政人员及特务的活动。3日,卢汉等人意识到必须抓紧时机举行起义,遂派出林毓棠(省财政厅厅长)、周体仁等人赴香港、广州,向中共中央华南分局和叶剑英报告云南起义意图,表示希望得到解放军的支援。

6日,中共中央华南分局指示:昆明形势紧迫,应迅速行动,不要贻误事机。7日,林毓棠回到昆明向卢汉复命。[①] 与此同时,卢汉于11月7日与中共昆明市委取得联系,通报了他调集部队、寻机扣押蒋系军长李弥、余程万(第二十六军)等准备部署和六点具体要求,中共昆明市委表示欢迎和支持。昆明市委同时研究了支持配合卢汉起义的行动部署,[②] 并向边区党委和"边纵"报告了情况。

这时形势的发展对迅速起义是有利的。在川、黔方向,解放军第三、第五兵团继解放重庆后,以五个军分别进至内江、铜梁、广安、万县一线;1个军由贵阳赴泸州,前出至自贡、荣县,包围成都,将胡宗南集团残部压迫在成都附近,彻底切断了其向滇黔方向的退路。在广西方向,解放军于12月4日占领南宁市,切断桂系军队向云南的退路,桂系军队除小部逃入越南外,主力随即被歼于粤桂边境。在云南方面,"边纵"不断向中央系蒋军发动袭击或进攻,封锁破坏其交通线,分割、孤立敌人。在昆明市内,中共昆明市委动员和组织工人、职员及学校师生行动起来,成立秘密或公开、半公开组织,保护工厂机关学校,维持秩序,准备迎接解放。

当胡宗南残部3个兵团(第五、第七、第十八)被围于成都附近时,蒋介石一面紧紧抓住四川潘文华、邓锡侯和西康的刘文辉,欲设大本营于西昌,在川西地区继续顽抗;一面让张群委任卢汉为"滇黔剿共总司令",要卢汉同意让出昆明作为下一站逃亡的大本营。但12月7日,刘文辉、邓锡侯等人毅然从成都出走彭县。蒋又做两手准备:一是派张群当日

---

① 参阅《思想战线》1989年第5期,第81页。
② 中共云南省委党史研究室:《中共云南地方史》第1卷,第615页。

飞昆明会晤卢汉，抓住卢汉不放；二是将其残破之机关机构迁逃台北。蒋拟继续在成都设防卫总司令部，在西昌设大本营。然而这场残梦也很快破灭。

12月7日张群到昆明，卢汉既不同意大本营驻昆明，也拒不接受"滇黔剿匪总司令"之职。张群在昆明与蒋介石通电话，蒋要张带第九十三军军长龙泽汇、第八军军长李弥和第二十六军军长余程万一同到成都，欲在三军长身上实现上述计划。

8日上午，张群一行飞离。晚上，张从成都给昆明挂电话，问昆明是否正常。当听到"一切正常"的回答后，张表示将于次日与龙泽汇等回昆。9日，张群一行回昆后，龙泽汇立刻去见卢汉，卢取出一张云南绥署的通知，上写：

> 本日张长官莅昆，订今日（9日）下午九时在青莲街卢公馆开会。各军、各单位关于应请示和请领的一切事项，须先行分别列单，到会时自行呈出，特此通知。
>
> 主任　卢汉　九日下午五时①

原来，当8日卢汉接到张群电话后，认为这是难得的时机，遂决定利用张群名义召集会议，将国民党中央在滇骨干一网打尽，于是一面派人与中共昆明市委联系，昆明市委表示欢迎并紧急部署全市党员和积极分子作好准备；一面采取措施，控制巫家坝机场，下令飞机只许进不许出。

按照拟订计划，云南绥署指挥保安团队士兵占据了全市交通要道和通讯设施，切断了特务联络电讯。第九十三军陇生文师在滇池至东站一线布防；张秉昌师沿金殿至隔山（长虫山）一线布防；张中汉师负责城区戒严并作城防预备队。龙泽汇到达后，卢汉令其立即上五华山掌握部队，检查布防情况。

卢汉还在当晚7时设宴招待美国驻昆总领事陆德谨、英国领事海明威和法国领事戴国栋等人，以掩护其行动。

张群到昆后，即遭受软禁。晚9时，接到上述开会通知的李弥、余程万、国民党宪兵副司令李楚藩、参谋长童鹤莲、空军第五军区副司令沈延

---

① 《卢汉传》，第233—234页。

世、云南绥署保防处长沈醉等陆续到达青莲街卢公馆。至9时半未见卢汉，却见云南省政府警卫营长龙云青与一群卫兵冲进来。李弥等人均被扣押，随即被送至五华山光复楼。① 1949年12月9日晚10时整，通信兵将各部队的电话都接在总机上，卢汉在昆明五华山省政府内向全省人民及部队宣布："云南起义了！各单位按照原订计划开始行动！"随即，卢汉向北京中央人民政府毛泽东主席、朱德总司令、彭德怀副总司令、周恩来总理等发出起义通电，表示脱离国民党反动政府，听候中央人民政府的命令。

按照计划，第九十三军驻市区部队及市警察局警员在全市紧急戒严，清查户口，逮捕国民党特务，国民党军统西南特区区长徐远举和副区长周养浩均被捕获。在飞机场还扣留了美制运输机十余架和部分途经昆明的国民党官员。卢汉向西康发电，要刘文辉会同四川各将领扣留蒋介石。这时，刘文辉、邓锡侯、潘文华已在四川彭县宣布起义。

10日晨，一面五星红旗升起在五华山云南省政府办公大楼顶端。南屏街、正义路等大街上的居民纷纷挂出五星红旗，欢庆云南解放。而在成都，蒋介石截获卢汉给刘文辉的电讯，方知大势已去，于下午2时仓皇从成都登机，永远地离开了大陆。

11日，毛泽东、朱德复电卢汉，表示"佳电诵悉，甚为欣慰。云南宣告脱离国民党反动政府，服从中央人民政府，加速西南解放战争之进展，必为全国人民所欢迎。"回电还指示卢汉及其所属，"（一）准备迎接人民解放军进驻云南，并配合我军消灭一切敢于抵抗的反革命军队；（二）执行人民解放军今年4月21日布告与今年11月21日刘、邓两将军四项号召，保护一切国家财产，维持地方秩序，听候接收；（三）逮捕反革命分子，镇压反革命活动；（四）保护人民革命活动，并与云南人民革命武装建立联系"②。中共昆明市委按照中央通知的办法，委派杨青田为联络员，与卢汉建立正式联系，协商处理各种重大问题。

昆明起义成功，粉碎了蒋介石在云南建立反共基地做最后挣扎的计划，避免了国家财产和人民生命的重大损失。

---

① 12月11日，张群被释放并飞往台湾。
② 《毛泽东、朱德对卢汉宣布昆明起义四条指示电》，《云南档案史料》1989年第3期，第1页。

三 云南全境解放

昆明起义后，卢汉在昆明成立了云南省临时军政委员会，暂时接管原云南省政府的职权，并定其性质与职能为云南临时的最高"革命权力机关，以处理起义后和（解放军）接管前这段过渡时期的全省军政大事"。为争取第八军、第二十六军在滇各地部队参加起义，卢汉将李弥、余程万列为临时军政委员会委员。但这一措施并未达到预期目的。

已逃至台湾的蒋介石仍图保有滇南、滇西据点，委任先期逃至云南的国民党陆军总参谋长汤尧为陆军副司令，任命李弥为云南省主席、余程万为云南绥署主任，以曹天戈、彭佐熙分别代理第八、第二十六军军长，欲乘解放军尚未入滇之机进攻昆明，并派出空军协助其作战。在汤尧指挥下，第八军、第二十六军分两路向昆明急进。12月中旬，其先头部队在昆明外围与起义部队发生接触；次日，两军向昆明东、南郊发起进攻。

获得新生的昆明各阶层人民与起义部队进行了英勇的昆明保卫战。中共昆明市委迅速组织工人和群众维护市内秩序，保护公共财物和工商企业，又组织交通部门的党员与群众调集汽车队，接运正在滇西等地作战的"边纵"朱家璧部驰援昆明。为了分化敌军，卢汉先后将李弥、余程万释放。

20日，解放军第五兵团第十七军先头部队由贵州追敌至沾益，在歼灭沾益敌残留力量后向昆明突进，而"边纵"朱家璧部也已逼进昆明。围攻昆明的敌军唯恐被围歼，逐渐向滇南方向逃窜。28日，"边纵"先头部队进入昆明，昆明保卫战取得胜利。滇东、滇西、滇中若干原为国民党中央军占据的县，也先后被入滇解放军和"边纵"解放。

汤尧原设总部于曲靖。22日，"边纵"一部与入滇解放军解放曲靖，汤尧残部逃至滇南蒙自、开远附近，企图沿滇越铁路逃往国外或由蒙自机场空运台湾。1950年1月初，蒋介石又命令以第八军扩编为第八兵团，由汤尧兼兵团司令，令其留置滇南，集结于蒙自以确保空中走廊；第二十六军则置开远以为屏障。

1月初进入云南的人民解放军第四兵团第三十八军之第一一四、第一五一师及第十三军，第五兵团之第四十九师，按照中央军委的命令，由滇东、滇东南与广西相邻方向，断敌南逃之路，压而聚歼之。1月7日，解放第一一四师解放文山县城，"边纵"及起义部队一部配合、协同作战。

解放军第四兵团进入云南后，在文山、砚山分为两路：第十三军之第三十七、第三十八两师由砚山直出蒙自，首先抢占蒙自机场，断敌空中逃路；第三十八军的两个师由文山向滇越边界隐蔽前进，占领屏边、河口、金平一线，封锁敌循滇越铁路向国外的退路；"边纵"第一、第四支队分别配合第三十八军行动和第十三军突击蒙自，第二支队、滇中独立团及部分起义部队经滇中直下新平县。

解放军各部克服连续征战的疲劳，在云南各族人民群众的热情支援下，千里奔袭，第三十八军于1950年1月11日首先占领河口，封锁中越边界。15日，第十三军之第三十七师进至蒙自，经过6小时战斗，控制了机场。随后，各部队合力击敌，先在个旧、鸡街等地歼灭敌军第二十六军残部，继在宜德山歼灭敌第八军第二三七师。"边纵"第十支队在建水安边哨、白沙大山地区歼敌新编第三师两个团，迫使师长田仲达率残部投诚。

图78　昆明人民欢迎解放军入城部队　　图79　昆明儿童向陈、宋首长献花

敌第八兵团残部在汤尧率领下，乃向西欲图经元江、墨江、镇沅等地逃向国外。解放军紧紧尾追。时由昆明南下的"边纵"部队，在新平县消灭地霸李润芝后，一部南下思普，一部赶赴元江，歼敌第五一○团，攻占元江桥头阵地。追敌的解放军4个团在"边纵"部队的配合下，于1月下旬一举在元江东岸围歼敌第八军主力，生俘其兵团司令汤尧、第八军军长曹天戈及部下6000余人。侥幸从元江得逃之残敌，亦在2月7日至19日大部被歼于镇沅、车里（今景洪）、佛海（今勐海）、打洛等地，仅

少数残部逃至境外。① 至此，滇南战役胜利结束。

滇南追歼战，解放军各部共歼敌27000余人，缴获飞机2架、各种火炮144门、轻重机枪757挺及长短枪支9000余支等。②

在解放军强大攻势下，个别继续顽抗的国民党残余力量亦迅速土崩瓦解。1月，"边纵"7支队一部在滇西北泸水县消灭地霸武装，解放泸水县。2月16日，7支队另一部歼灭国民党"华（坪）永（胜）联防剿匪指挥"杨震寰部，解放华坪县。至此，在云南的国民党军残部全部肃清。云南全境获得解放。蒋介石在云南保存顽抗据点的计划彻底被粉碎。

图80　陈赓在大会上讲话　　　　**图81　宋任穷在大会上讲话**

1950年2月20日，第4兵团司令员陈赓及宋任穷、周保中等率解放军进入昆明。③ 2月22日，昆明各界在拓东运动场举行盛大欢迎会。陈赓、宋任穷、周保中、卢汉等先后发表讲话。2月24日，在云南地区级以上领导干部会议上，陈赓庄严宣布："云南从今天起已完全获得解放。"陈赓指出：云南获得解放，主要是由于中国共产党中央、中央人民政府和毛主席的英明领导，人民解放军在全国的伟大胜利，云南地方党和人民武装的长期奋斗和卢汉将军率部起义的结果。④ 随后，1950年2月24日被

---

① 参阅《中国人民解放军战史》第3卷，第390页。
② 新华社昆明电讯稿，1950年2月20日，载《云南文史丛刊》1987年第2期，第7页。
③ 3月10日，卢汉被中央人民政府任命为云南省军政委员会主任，7月任西南军政委员会委员，后来历任全国人大常委、全国政协常委等职。1974年5月13日因病在北京逝世。
④ 云南省地方志办公室编：《云南省志大事记资料选编》第1辑，上册，第15页。

确定为"云南解放日"①。

3月4日，昆明军事管制委员会成立，陈赓、周保中分任主任、副主任，接管工作全面开始。3月10日，中央人民政府政务院总理周恩来电示云南：任命陈赓为云南省人民政府主席，周保中、张冲、杨文清为副主席。云南省人民政府随即成立。

图82　周保中在大会上讲话　　图83　卢汉在大会上讲话

云南的解放和云南省各级人民政府的成立，标志着近百年来云南各族人民为之奋斗牺牲的目标终于实现了。云南人民从此在中国共产党的领导下，开始了建设社会主义新中国、建设新云南的历史纪元。

---

① 2000年1月17日，中共云南省委办公厅正式发文，确定1950年2月24日为"云南解放日"。

第十三章

民国以来的云南文化

第一节 教育事业

20世纪30年代前后的一段时期是云南文化事业得到较大发展的阶段，一是新民主主义革命思想广泛传播并为以工农大众为主的许多社会阶层所接受；二是在抗战时期，以西南联大为代表的一批国内一流的学校和人才内迁昆明，促进了边疆地区教育事业的大发展和人民文化素质的大幅度提高，使昆明成为民主思想进一步传播的堡垒；三是云南出现了像聂耳、艾思奇这样具有时代性影响的文化名人。

中国教育在1901年（清光绪二十七年）"废科举、立学堂"，开创学校教育体制。1919—1949年的30年间，教育事业依然是以传统的政府办学为主、私人办学为辅的状况；以各级政府办的各级各类学校为主流，也涌现了一些社会团体或私人办的各种私立学校。政府办教育，经费由财政拨给，其多寡随政局转移。这30年间，先是地方军阀混战，后是日本侵略，再后是第三次国内革命战争，政局动荡，财力耗于军政开支，教育投资甚少，因此，总的来说，教育事业的发展是缓慢的。然而，这期间有两个特殊原因，使云南的教育事业有所发展。其一，1929—1939年，云南省政府把"卷烟特捐"、"锡税附加捐"作为省教育专款，加上教育补助费和各地的"学田"，教育经费相对比较稳定和充裕，使云南的教育事业达到了30年间的"极盛时代"[①]。这一时期公立的中小学教育，特别是师范教育发展较快，云南大学也有较大扩充。其二，抗日战争爆发后，东部

[①] 《续云南通志长编》卷四十八，教育一，第794页。

省区被日军占领，许多高等学校迁到云南办学，云南的高等教育有较大的发展。这30年间的云南教育虽然发展缓慢，但中经两个特殊的较快发展，形成了较为完整的教育体系。幼稚园、初小、高小、初中、高中、中等专业学校、职业学校、高等学校纷纷建立和扩展。学校数量日益增多，地区覆盖面日益扩大，接受学校教育的人口逐步增加，文盲人数有所减少，知识分子人数逐步增多，全省的文化水平逐步提高，国民文化素质逐步改善。

幼儿教育。云南的幼儿学校教育创始于清朝末年。1911年（清宣统三年），云南女子师范学堂附属小学建立蒙养园，是为云南第一个幼稚园。此后，公立的和私立的幼稚园纷纷建立。1930年，教育界人士发起组织全部生活制的幼稚园，遂于昆明建立"生生保育园"，实行全部生活指导的幼儿教育。1931年云南女子师范学校幼稚园也以此进行幼儿教育。这一时期云南的公立或私立幼稚园多设于昆明，设于县者很少，只晋宁、大理、昭通、新平等县各有一所。

初等教育。全省的小学校因各地人口分布和经济状况的不同，所设学校的多寡也不一致。1931年，全省共有公私立初级小学校6858所，高级小学校538所。[1] 1947年，全省共有中心小学校1429所，普通小学校8173所，接受小学教育共有34000余人。[2] 云南的初等教育虽然有了发展，但与内地省区相比还是落后。1947年，云南省共计1552个乡镇，只有1429所中心小学；全省共有14367个保，只有普通小学8173所，有40%的保没有普通小学。[3]

中等教育。1911—1937年的27年间，云南中等教育发展缓慢，到1938年，全省仅有省市县公立中等学校75所，私立中学3所。抗日战争期间，日军侵占我国东部大片领土，云南成为抗战大后方，内地学校纷纷迁往云南；同时，由于高等学校毕业生的增多，师资来源比以前广泛，云南也增办了一些中等学校。因此，全面抗战期间，云南的中等教育有较大的发展，1946年省市县立中等学校发展到128所。其中，省立中学21所，计昆明5所，大理2所，昭通2所，楚雄、顺宁（凤庆）、保山、腾

---

[1] 《续云南通志长编》卷五十一，教育四。
[2] 《云南档案史料》第9、10期，第29—31页。
[3] 云南省教育厅编：《抗战期中云南之教育与文化概况》，1947年5月20日。

冲、宁洱（普洱）、丽江、蒙自、建水、文山、玉溪、曲靖、会泽各1所。省立师范学校14所，其中昆明3所，泸西、镇南（今南华）、保山、思茅、鹤庆、宣威、石屏、缅宁（今临沧）玉溪、文山、武定各1所。20个县办有简易师范学校。省立中等专业和职业学校8所，6所在昆明，开远、宣威各办1所农业职业学校。昆明市立中学6所，其他县立中学101所。私立中学发展到30所，17所在昆明，13所在各县。昆明还办有1所私立中等专业学校——私立惠滇医院高级护士学校。云南的中等教育尽管在全面抗战的八年中有较大

图84 昆明市立职业学校

的发展，但比起内地省区来还是落后。1946年，云南计有112个县、1市、16个设治局、2个防汛区，中等专业学校几乎全在昆明，高级中学大多在昆明和内地中心城镇，初级中学也大多在内地县。一些经济落后和交通不便的内地县没有任何中等学校，绝大多数的边疆县或设治局不仅没有中等学校，小学的数量也较少。

高等教育。1922年年底，私立东陆大学在昆明创办，初期是文工两科综合大学，仿照欧美和日本的办学方式，设政治、经济、教育、采矿冶金、土木工程5个系及若干专业。1932年，东陆大学扩大，设文理学院、工学院、教育学院。1934年，东陆大学改为省立云南大学。1937年，云南籍著名数学家和教育家熊庆来由北京清华大学回到昆明，担任云南大学校长。1938年11月11日，中央教育部改省立云南大学为国立云南大学。熊庆来除要求政府增拨经费外，还向社会各界人士募捐，扩大校舍，增购教学设备和图书资料。他利用抗日战争期间大批学者流亡云南的机会，聘请了一些学者到云南大学任教，如顾颉刚、何鲁、吴文藻、赵忠尧等著名学者相继到校。1937—1946年的10年间，云大教师增为237人，其中教授、副教授由38人增至126人，许多著名学者先后应聘任教，使学校的教学质量和科研水平大大提高。随着师资力量的增长、教学设备的增加和校舍的扩大，学校规模也扩大了，设有文法学院、理学院、工学院、医学院、农学院5个学院，18个系，3个专修科，3个先修班，还办有附属中

学。云南大学成为一所学科较多、有自己特点的综合大学，在校学生人数从1936年的302人增至1947年的1100人，1928年至1943年共有毕业生1600人。这对改变云南的文化科技落后面貌起了积极作用。教师除致力于教学外，还积极从事科学研究。文科院系从事云南省农村经济、云南地方文化、伊斯兰文化、西南史地等方面的研究；理工科院系从事云南矿冶研究；医学院成立了附属医院；还有细菌学馆、水力试验室、选矿实验室、植物温室等，进行各方面的科学研究，获得了社会科学、自然科学、工程技术领域的许多科研成果。

表13—1　　1946年云南大学院系设置和学生情况

院别	系别	学生数	院别	系别	学生数
文法学院	文史学系	53	工学院	土木工程学系	82
	外国语文系	76		矿冶工程学系	99
	法律学系	23		航空工程学系	32
	政治学系	86		铁道管理系	20
	经济学系	158	农学院	农艺系	42
	社会学系	41		森林系	8
理学院	数学系	5	蚕桑专修科		10
	物理学系	4			
	化学系	37	先修班	文法组	61
	生物学系	6		理工组	34
医学院		100	总计：5个学院	16个系 1个专修科 1个先修班（2组）	977

抗日战争时期，云南的高等教育有较大发展。除云南大学的充实和扩大外，内地高等学校纷纷迁到云南办学。1938年，北京大学、清华大学、南开大学迁到昆明，合建"西南联合大学"；中法大学、同济大学、中山大学、华中大学、中正医学院、唐山工学院、上海医学院、国立艺术专科学校、国立国术体育专科学校等内地高等学校相继迁至云南。云南省又建立英语专科学校、体育专科学校。内地迁来的学校中，以西南联合大学规模最大，质量最高，影响最为深远。西南联合大学内设文学院、理学院、工学院、法商学院、师范学院5个学院，包括26个系，2个专修科，1个

先修班。学生人数由内地迁来900多人，到昆明后每年招收大批学生，1938年增至1900人，1939年已超过3000人。联大教师数量在350人左右。1939年年度全校教授、副教授177人，1944年年度增至262人，是著名学者聚集最多的高等学校。至1946年7月31日联大结束时为止，先后在联大执教的教授有290余人，副教授48人；先后在校的学生有8000人，毕业的本科生、专科生及硕士研究生有3882人。[①] 西南联合大学是当时中国规模最大的最高学府。联大8年，政治上，师生们进行了波澜壮阔的爱国民主运动，是国民党统治区的"民主堡垒"；教育上，培养了几千名学生，人才辈出；科研上也取得了丰硕成果。1946年5月，西南联大迁回北京和天津，它的师范学院留在昆明，改称国立昆明师范学院。昆明师范学院设有中文、英语、史地、数学、理化、博物、教育7个系，延续到1949年以后，是现今云南师范大学的前身，培养了许多教学和科技人才。

中法大学是1939年迁到昆明的，设有文学院和理学院，下分6个系。学校的学生和教师比联大和云大少，在当时云南的高等学校中名列第三，培养了一批人才。其他高等学校规模较小，师生数量较少。

表13—2　　　　　　　　抗战时期迁滇高等学校一览

学　　校	地址	院　　系
西南联合大学	昆明	文、理、工、法商、师范5个学院
中法大学	昆明	26个系，2个专修科，一个先修班文理两学院，6个系
中山大学	澂江县	文、法、理、工、农、医、师范7个学院
同济大学	昆明	医、工、理3个学院
华中大学	大理县	文、理、教育3个系
国立艺术专修学校	禄丰县	造型美术、实用美术2个系。
中正医学院	昆明	
国立国术体育专科学校	昆明	
唐山工学院	昆明	
上海医学院	昆明	

[①]《国立西南联合大学校史》前言，北京大学出版社2006年版，第2页。

1946年6月，私立五华文理学院在昆明建立，这所私立大学是由昆明人于乃仁捐出家产，在周钟岳、李根源等人支持下创建的。于乃仁任院长。理科设地质、物理、数学等系，文科设中文、外语、历史等系。办学5年间，共培养大学本科生2300余名。中华人民共和国成立后，五华学院合并于云南大学，没有毕业的学生也随之转入云南大学。于乃仁转入云南省政协工作。他除在教育事业上有此成就外，还著有《云南反帝斗争史稿》、《双水精舍诗集》等，在文史研究方面亦有贡献。

云南青年接受高等教育的另一途径是到省外大学读书。1932—1942年的10年间，就有196人享受云南省政府奖学金和汇款优待证到省外大学读书，① 还有一些自费者不在此列。

出国留学也是云南青年接受高等教育的一个途径。20世纪40年代编纂成稿的《续云南通志长编》卷四十九，有"国外留学生题名"，总计有313人。这一名单的时限是1912年至20世纪40年代，其中1919年后的20年间，人数当约占2/3。最多的一批是1943年选送美国40人，事前曾办"留美预备班"。这一名单仅为享受公费的留学生，自费留学者不在其中；而且只记赴日本、欧洲、美国、香港（英占时期）的留学者，赴阿拉伯国家留学者未计于内。而实际上，云南青年赴阿拉伯国家留学者也不在少数，如昆明明德中学办有阿拉伯文专修部，培养回族子弟学习阿拉伯文，1931年以后，先后选送十余人到埃及开罗爱资哈尔大学读书。他们中的马坚、纳训、纳忠等人后来成为著名学者。纳训把阿拉伯名著《天方夜谭》翻译成中文，现在普及出版的中文本《天方夜谭》，就是纳训翻译的。纳忠曾获联合国教科文组织颁发的首届"沙迦阿拉伯文化奖"。

这一时期，一大批教育工作者为云南教育事业的发展作出了贡献，其中以龚自知最为突出。

龚自知（1893—1967），出生于云南省大关县。1917从北京大学毕业回云南不久，即在昆明创办《尚志》杂志，宣传新思想和新文化，曾转载李大钊在《新青年》上发表的《布尔什维主义之胜利》。1920年创办并主编《民觉日报》，抨击唐继尧的军阀政策，被唐继尧派人打伤

---

① 《续云南通志长编》卷四十九，第828页。"云南省国内留学生一览表"。

左臂。1929—1945年,他担任云南省教育厅长达15年之久,对云南教育事业的发展颇有贡献。他争取到"卷烟特捐"作为教育经费专款,主持制订实施分层管理教育:省办大学和高中,县办初中、区乡村办小学,以小学为义务教育。他主张和实施在边疆少数民族地区建立省立小学;增办师范学校,培养了大批教师。抗日战争期间,内地大中学校迁来云南办学,他积极帮助解决校舍等问题;对清苦教授实行到中学兼课制,既增加了教授收入,又充分发挥了教授的潜力;随物价上涨调整教师待遇,使教师安心工作。他爱惜人才,不论出身秀才举人,或是留洋学生,只要学行端正,献身教育事业,都予尊重。中华人民共和国成立后,曾任云南省副省长、省政协副主席等职。

在这一时期的云南教育发展史上,外籍教育家柏西文功不可没。

柏西文(1871—1940),字以行。父亲为法国人,为法国驻上海领事馆办事员;母亲为中国广东人。柏西文生于中国,8岁随父亲到英国读书,除学习英文、拉丁文和史、地、数、理诸科外,注意研习生理学及医学。他喜爱艺术,尤其是音乐。16岁以后,在上海和香港经商。30岁毅然改业,学习和研究世界文化,博览群书,知识渊博。柏西文不愿为官吏,上海税务司赫德是其叔朋友,对柏西文很器重,邀其任要职,被婉言谢绝。柏西文在清末游广西时认识蔡锷,结为朋友。辛亥革命后,蔡锷为云南军政首脑,1913年邀柏西文来昆明,先在云南甲种工业学校任英语教员,后任云南大学兼职英语教授。他发起成立英语学会、法语协会、世界语学会等语言学术团体。因求学外语的人众多,他又创办夜校补习班。1920年又创设达文英语学校。他在云南27年,孜孜不倦地从事外语教学,把后半生的全部精力献给了云南的教育事业,先后受业者数千人,成才者数百人。他学问优秀,品格高尚,深受云南教育界人士的崇敬。

第二节 科学与技术

1919—1949年的30年间,中国人民反帝反封建的民主革命处于决战时期,云南和全国一样,处在社会大动荡和大变革之中。新思想和新文化广泛传播,社会科学和自然科学得到新的发展,生产技术取得新的进步,涌现了一大批思想家、科学家、技术专家。

社会科学方面。五四运动之后,马克思主义经典著作在云南迅速传播，许多革命知识分子结合革命斗争实际，研究哲学和政治思想。1920年，一批进步青年组织秘密团体"大同社"研究社会主义。他们在《滇潮》等进步刊物上发表文章，宣传反帝反封建和社会主义思想，主张在云南实行政治革新。大同社的成员在昆明、北京、上海、南京、武汉、广州等地上大学时，出版《革新》《铁花》《日光》《赤光》《女声》《云南学生》《前进》《冲锋》等刊物，宣传马克思主义、社会主义和民主主义思想。1927年后，这些革命青年知识分子在白色恐怖下，坚持宣传马克思主义。他们在《民众日报》开辟"杂货店""象牙塔里"两个进步副刊，用笔名发表抨击黑暗现实的战斗性杂文。1928年建立"新哲学研究会"，创办秘密油印刊物《南园》，介绍和研究马克思主义哲学。在这些革命青年知识分子中，产生了云南近现代史上的一批著名人物，如革命家王德三、马克思主义哲学家艾思奇、音乐家聂耳、学者楚图南、诗人柯仲平、翻译家罗稷南、文学家徐嘉瑞等。

这30年间，云南籍学者和外省来云南的学者，用新思想对中国传统文化进行研究，取得了较多的研究成果。20世纪20—30年代，袁嘉谷、刘尧民、徐嘉瑞、施章等人对哲学、文学、史学进行研究，用白话文写成学术专著。刘尧民先后出版了《庄子哲学》、《词与音乐》，又从日文翻译了《西洋哲学史》《唯美主义》。徐嘉瑞先后出版了《中古文学概论》《近古文学概论》。到云南大学任教的前清经济特科第一名袁嘉谷出版了《讲易管窥》。昆明官渡人施章陆续出版了《新文学论丛》《新文学批评》《庄子新探》《国家论丛》《史学新论》等著作。这些作品大抵用人文主义和社会进化论观点对中国传统的哲学、文学、史学进行新的研究。抗日战争时期，西南联合大学文学院和法商学院的教授们，除了讲课，还进行社会科学研究，可谓群英荟萃，成果丰富，而且是全国最高水平。哲学方面，金岳霖著有《道论》和《知识论》，与他战前所著的《逻辑》，构成了他的认识论与思想方法论的体系而交互推演。冯友兰先后出版了《新理学》（1939）、《新事论》（1940）、《新世训》（1940）、《新原人》（1943）、《新原道》（1944）、《新知言》等一套包括世界观、人生观、方法论、经济史观、处世哲学内容的"新理学"哲学丛书。文学方面，闻一多完成的著作有《神话与诗》《周易义证类纂》《楚辞校补》《唐诗杂论》《诗选与校笺》《中国文学史稿》等。朱自清写了《诗言志辨》、《新诗杂话》、《经典常谈》、《语文零拾》等。王力先后出版了"语法三书"——《中国现代语法》、《中国语法理论》、《现代语法摘要》。徐维橘著有《管子集释》、《韩诗外传集释》、《国语校诂》、《尚书义征》。史学方面，吴晗发表了《灯下考》、《记明实录》、《大明帝国与明教》、《明太祖》（后来增加大量材料，改名《朱元璋传》）等。陈寅恪出版了《唐代政治史述论稿》、《隋唐制度渊源略论稿》、《陶渊明之思想与清谈之关系》等。

这一时期，云南学者以极大的热情，花大力气研究云南地方文化，成果颇为丰富。夏光南于1923年和1934年分别出版了《云南文化史》、《元代云南史地丛稿》。袁嘉谷和由云龙在晚年分别写作出版了《滇绎》和《滇录》。方树梅对云南古代和近代的历史名人下功夫搜集资料，认真研究，先后著成《滇贤像传》《滇南名人生卒考》《师荔扉先生年谱》《南园先生年谱》《滇南碑传集》《续滇南碑传集》。秦光玉晚年写成《滇南明季遗民录》。由云龙、庾恩旸、白之翰对近代著名的护国运动进行研究，分别编写出版《护国史稿》《云南首义拥护共和始末记》《护国简史》。云南大学出版《西南边疆》等学术刊物，编印了西南边疆史地丛书，先后辑入徐嘉瑞的《大理古代文化史》、李拂一的《泐史》、方国瑜的《西南边疆考察记》、范玉田的《云南古代民族之史的分析》、李士厚的《郑和家谱考释》、向达的《蛮书校注》，张印堂的《滇西经济地理》。此外，尚有袁丕钧的《滇南文化论》、何秉智的《滇事拾遗》、张肖梅的《云南经济全编》、严德一的《云南经济地理》、丁文江的《爨文丛刻》、华企云的《云南问题》、谢彬的《云南游记》等。这些丰富的著作从不同立场和角度，对云南古代和近现代的政治、军事、经济、文化、人物、民族、语文、风情诸多方面进行了研究，对云南省情作了科学的记述和分析。

同时，一批云南资深学者从事云南地方历史文献的搜集、发掘、整理、编纂、出版工作，成绩十分显著，形成《云南丛书》《续云南备征志》《滇文丛录》《滇诗丛录》《永昌府文征》等五大成果。

《云南丛书》的编纂工作于1914年由赵藩创办，至1947年终结，跨越了1919年前后的两个历史时期。先后从事搜集、发掘、整理、编纂、出版工作的有袁嘉谷、由云龙、秦光玉、方树梅、于乃义等人。省政府和"兴文当"（银行）先后拨给经费。继1923年首编后，1927年又完成《云南丛书》两编53种，卷二五四。这两编《云南丛书》编印民国初年以前的云南文献和著作，使一些好书扩大发行，一些残本著作得到补全，一些快要失传的作品得到恢复。《云南丛书》的出版颇为各方面所需要。它传播到省内外乃至国外，多有购买整部的，单行本的发行量更多。丛书内容虽然还有不足之处，但保存了大量的云南文史资料，得到了社会的好评。

《滇文丛录》，秦光玉主编。该书先为赵藩所纂，赵藩卒后由秦光玉继任，方树梅协助。1937年编成并由云南丛书馆出版。全书101卷，是民国初年以前云南地方的散文总集，共收录779人的作品，并附有作者小传。文丛分著述门、告语门、记载门三门。著述门内有论著、辞赋、叙跋三类；告语门内有告令、陈议、书牍、哀祭四类；记载门内有传志、杂记二类。前有秦光玉写的叙和例言，后有方树梅和于乃义写的跋。

图85　李根源（1879—1965）云南腾冲人

《滇诗丛录》，袁嘉谷主编。该书先亦为赵藩主纂，赵藩死后，袁嘉谷继任，方树梅、于乃义协助。1937年编成并由云南丛书馆出版。全书100卷，是民国初年以前的云南诗歌总集，前有龙云、袁嘉谷写的叙，后有王灿、方树梅、于乃义写的跋。

《滇词丛录》，赵藩主编，辑元代至清代云南51人的385首词，在20年代赵藩病逝前编印而成，前有赵藩所写叙言。

《续云南备征志》，秦光玉主编。清朝道光年间，白族学者王崧编了一部《云南备征志》，汇辑数十种云南地方历史文献。民国年间曾任昆明师范学校校长、昆华图书馆馆长的秦光玉，又得数十种，编辑成《续云南备征志》。初稿成于1929年，此后又继续增订，直到秦1948年逝世前夕，才定稿为32卷。1949年校印6卷，其余稿本存于云南省图书馆。

《永昌府文征》，李根源主编。李根源原籍云南腾冲，隶属原永昌府。李为云南近代史上的名士，抗日战争期间任云贵监察使时，聘请学者，筹措经费主持编辑《永昌府文征》，于1942年出版。该书共录诗1万余首，文1000余篇，纪载200余篇，列传66篇。纪载部分于永昌史地和民族沿革甚详。共计26册，其中叙跋、凡例、目录、编纂人名录装1册，诗录装 10 册，文录装 6 册，纪载装 8 册，列传装 1 册。

这一时期，地方志书的编纂取得新成果，编成《新纂云南通志》和《续云南通志长编》两部省志，另有一些市县志。

1930 年冬，云南省政府通过了省主席龙云的提案，决定编纂一部新的云南通志和一部民国云南省志，聘请周钟岳为通志馆馆长，赵式铭为副馆长。1939 年，周被调任国民政府内政部长，赵式铭继任馆长，聘请袁嘉谷、由云龙、李根源、钱用中、秦光玉、张华澜、丁兆冠、缪尔舒、方树梅、何秉智、陈一得、夏光南、方国瑜等 40 余人为编纂员或编审员。这些人都是当时的云南名士，或政界名流，或教育界名师，或文化界名家，阵容强大，盛况空前。由于是省政府的决定，各县奉命收集资料，进展顺利。执笔编写者多是专家学者，能力强，速度快。1935 年，通志就已定稿，名为《新纂云南通志》。1941 年，完成民国省志的草稿，定名为《续云南通志长编》。1943 年，省政府聘请以秦光玉为主任，梁之相、张华澜、缪尔舒、方树梅、方国瑜、于乃义为委员组成"云南通志审定委员会"，对两部省志书进行审定。1949 年 7 月，《新纂云南通志》出版。当时的云南省政府主席卢汉写了书名和序言。《续云南通志长编》则没有出版，稿本藏于省政府秘书处，后交省图书馆收藏，1985 年 12 月由云南省志编委会办公室铅印。

《新纂云南通志》共计 266 卷，分装 140 册，为远古至清朝宣统三年（1911）的云南通志。内容依"记""图""表""考""传"五大项详加展开。"记"即"大事记"，以编年体裁记远古至 1911 年的云南历史大事。"图"为编制的各种图，如恒星图、风向图、气象图、山川图、矿产图、沿革图、边界图、政区图等。"表"有历代建置沿革表，职官表等。"考"有天文考、气象考、地理考、交通考、物产考、方言考、艺文考、金石考、宗教考、祠祀考、庶政考、军制考、学制考、农业考、工业考、商业考、矿业考、盐务考、财政考、币制考、荒政考、边裔考、外交考、族姓考、土司考等。"传"有名宦传、耆旧传、名贤传、忠节传、孝友传、义行传、宦绩传、武功传、儒林传、文苑传、实业传、艺术传、隐逸传、列女传、寓贤传、释道传等。与旧志书相比，这部志书有所创新。开篇的"大事记"是著名学者袁嘉谷的力作，可独立成篇，是一部远古至 1911 年的云南编年史，简明扼要，为旧志书所未有。"天文考"和"气象考"是当时的天文气象学家陈秉仁（陈一得）所写，破除了旧志书的迷信愚昧色彩，用现代科学写云南的天文气象。"金石考"是历史学家方国瑜所写，资料丰富，考证科学，发掘了许多珍贵的金石文物。"艺文考"是云南大学中文系教授、地方文史专家方树梅所写，与旧志的艺文志相比，有很多增补和修正。赵式铭写的"方言考"中有少数民族语言文字，是旧志所没有的创新。"外交考"保存了许多重要的外交文献。"物产考"虽不甚精确，但比起旧通志和《滇海虞衡志》的"物产"只列举一些奇特的物产要有用得多。列传虽有不少陈腐传记，但其中也不乏精彩篇章。

《续云南通志长编》记述了1912—1946年的云南事迹。全书81卷，22大目：大事14卷，党务1卷，气象25卷，议会2卷，内政4卷，军务2卷，民政7卷，财政5卷，教育5卷，建置1卷，交通2卷，盐务5卷，司法2卷，外交3卷，社会3卷，农业4卷，工业1卷，商业2卷，宗教1卷，艺文2卷，金石2卷，人物1卷。这部书最大的特点是当时人写当时事，资料丰富，内容充实，是了解和研究民国时代云南政治、军事、经济、文化的重要历史文献。然而，因为它是一部由许多人分别撰写合成的未定稿，难免有不足之处，诸如各卷篇幅长短不一，有些内容或有重复，或有疏漏，文风不统一等。

图86　艾思奇（1910—1966）云南腾冲人

这30年间还编成一些市县志，其中属于名家编写的有：1925年童振藻编成的《昆明市志》，1926年陈荣昌编成的《昆明县志》，1921年郭燮熙编成的《盐丰县志》，1929年袁嘉谷编成的《石屏县志》，1944年方树梅编成的《晋宁州志》，由云龙编成的《姚安县志》、郭燮熙编成的《镇南县志》等。

1919—1949年在社会科学领域作出较大贡献的云南人有艾思奇、袁嘉谷、赵式铭、秦光玉、方树梅、夏光南、刘尧民、方国瑜等。

艾思奇（1910—1966），原名李生萱，1910年2月3日出生于云南省腾冲县和顺乡水碓村。20年代在昆明读书时就参加革命活动，为进步刊物《滇潮》编委，并在《民众日报》副刊上写杂文抨击黑暗现实，组织"新哲学研究会"，办《南园》油印刊物，介绍马克思主义哲学。留学日本时参加中共东京支部领导的社会主义学习小组。1932年春到上海，参加"反帝大同盟"活动。1934年到著名民主人士史量才办的《申报》读书指导部工作，宣传民主思想和马列主义。这年11月，《申报》"读者问答"扩展为《读书生活》杂志，李公朴任主编，艾思奇、柳堤、夏征农任编辑。艾思奇在《读书生活》杂志上发表系列文章"哲学讲话"，1935年年底汇集成册，后更名为《大众哲学》。1935年10月加入中国共产党。1936—1937年在上海先后出版了《新哲学论集》《思想方法论》《哲学与生活》等著作，还出版了与郑易里合译的苏联米丁等著的《新哲学大纲》。1937年10月到延安，任抗日军政大学、陕北公学、马列学院哲学教师。先后担任中央文化委员会秘书长，中央研究院文化思想研究室主任，《解放日报》副总编辑。中华人民共和国成立后，任中共中央高级党校副校长，中国哲学学会副会长。著作编为《艾思奇文集》（2卷）、《艾思奇全书》（8卷）。主编《辩证唯物主义与历史唯物主义》，译有马克思恩格斯《关于历史唯物主义的信》、海涅《德国——一个冬天的童话》。艾思奇长期从事马列主义哲学的宣传教育工作，贡献显著，是中国著名的马克思主义哲学家。

袁嘉谷（1872—1937），字树五，云南石屏县人，清光绪二十九年（1904）经济特科第一名。担任过翰林院编修，学部编译图书局长，浙江提学使和布政使等职。辛亥革命后回到云南，虽然先后任过国会议员、省参议员、省政府高等顾问等，而以云南省图书馆馆长和云南大学教授为主要职务，致力于学术研究和文化教育工作。他的著作丰富，在史学、文学、经学、教育、书法等方面都有显著成就。最著名的学术作品大多诞生于1919年以后。他的《卧雪堂文集》（22卷）中的许多论文、考据、别传、碑传很有价值。史学专著《滇绎》是纪事本末体与史事考证相结合的云南地方史著作。《云南大事记》是编年体云南地方史书，记述远古尧时甲辰年至1911年4268年的云南史事。这部书先有单行本，后为《新纂云南通志》1—6卷。史学著作还有《移山簃随笔》《石屏县志》等。他博采云南的金文和石刻，纂集成《滇南金石萃编》，整理保存了大量的金文和石刻资料。他对儒家经典著作进行研究，写成《经说》《四书札记》《讲易管窥》《乙春课经录》。他写了许多诗词，集成《卧雪堂诗集》12卷、《卧雪堂诗续集》2卷，共收诗词882首，反映了广阔的社会生活，凝聚着爱国爱乡的感情。他的《卧雪堂诗话》是随笔体的诗词评论文集。

他主编了1912年以前的云南诗歌总集《滇诗丛录》。他探索整理云南的书画，先后编成《南园书画存》《滇南书画集》《滇贤遗像遗墨》《过眼书画录》等书，保存了大批云南书画遗产。他的书法享有盛名，人称"袁家书"。

赵式铭（1873—1941），字星海，号骏父。云南剑川县人，白族。他在清末科举考试中，由于在试卷上放言时务，屡考不中，在剑川、丽江乡村当教师。1907—1911年，他先后创办《丽江白话报》和《永昌白话报》，又担任过《云南日报》编辑，《成都时报》记者。他以这些报刊为阵地，撰写了许多反对外国侵略、反对封建礼教，充满爱国精神和科学思想的文章，成为颇有声誉的青年名士。辛亥革命后，他受聘任云南都督府秘书，为蔡锷草拟文书函电。1913年，蔡锷倡导编写《云南光复纪要》，记述云南辛亥革命的过程和经验，由周钟岳、赵式铭、郭燮熙、张肇兴4人执笔。赵式铭写成《光复起源篇》《西征篇》《建设篇》。晚年担任云南通志馆副馆长和馆长，投入《新纂云南通志》和《续云南通志长编》的编纂工作。他执笔撰写《方言考》，创地方志的新门类。《方言考》包括"白文考""爨文考""么些文考""怒字古宗僳僳文考""各族语言之比较""缅文亦通白文""仏宗解""爹字解""坞稣波解"（即"毕摩解"），对白族、彝族、纳西族、怒族、藏族、傈僳族等民族的语言文字和宗教信仰进行了考察、研究和比较，作出了在当时条件下比较科学的阐述。在我国文化史上，对云南少数民族的语言文字进行如此认真系统的研究的，他是第一人，具有开创意义。他的著作还有《汉书补注》《古文存稿》《滇志辩略》《代言集》《覆核云南通志随笔》等。他是个多产诗人，存诗约4000首，诗集有《睫巢诗稿》《梅庵诗集》《希夷微室诗抄》《睫巢楹句》等行世。

秦光玉（1869—1948），字瑛安，号瑞堂。云南呈贡县人。1904年赴日本学习师范兼考察学务。回国后一直在云南从事教育和文化工作，曾任云南高等学堂、优级师范、法政学校教师，两级师范监督（校长）、第一师范校长，教育司科长、图书博物馆长等职。1921年任云南省教育厅长，以"行政不如著书，居官有碍治学"，乃辞职。长期担任昆华图书馆馆长，致力于云南地方文献资料的征集、整理、编纂工作，主编《滇文丛录》100卷、《续云南备征志》32卷，参与编纂《云南丛书》，参与统筹和审定《新纂云南通志》，读书为现存云南省志中内容比较翔实完备的一种。

方树梅（1881—1968），字臞仙，云南晋宁县人，曾任云南大学教授。毕生留心搜索云南历史文献，致力于地方文化事业，对云南文献学贡献很大。他购书约4万卷，书画200余种，后全部捐赠省图书馆。他所搜集到的佚书多已编入《云南丛书》。他参与编纂《新纂云南通志》，执笔"艺文考"、"地理考"、"耆旧传"、"诗文录"等；又参加编纂《续云南通志长编》。一生著述丰富，计有《滇南碑传集》《续滇南碑传集》《滇南名人生卒考》《滇贤像传》《师荔扉先生年谱》《钱南园先生年谱》等40余种，多未传印，稿本存省图书馆和云南大学图书馆。中华人民共和国成立后，他年事已高，仍然关心文化事业。他首倡晋宁石寨山文物的发掘，对云南文物事业作出杰出贡献。

刘尧民（1898—1967），云南会泽县人，五四时期接受新思想和新文化，进行学术研究，发表了许多论著和译作，如《孔子哲学》《庄子哲学》《魏晋玄学》等，是云南新文化运动中的名将。1926年编辑《红色战线》，1937年后到云南大学任教。他把研究词史的心得写成《词与音乐》一书，于1946年出版。西南联大著名教授罗庸为该书写"叙"，评论它"在见地和方法上对将来的研究将有无限的启发"。中华人民共和国成立后，任云南大学中文系主任，遗著颇多，尚待整理出版。

方国瑜（1903—1983），云南丽江县人，纳西族。20世纪20—30年代先后在北京师范大学本科和北京大学研究所读文史。1933年回家乡研究纳西族象形文字，历经几十年的实地调查和潜心研究，于40年代完成《纳西象形文字谱》，70年代至80年代初又增补再版。1935—1936年参加中缅界务勘察工作，并对滇西边区的傣族、拉祜族、佤族等少数民族进行学术考察。1936年到云南大学任教，直至逝世。1938—1949年兼任云南通志馆编纂、审订、续修工作，执笔编写了《建置沿革表》《金石文字考》《宗教考》《族姓考》等40卷，又协助李根源编纂《永昌府文征》。与楚图南、向达、凌纯声等人主办《西南边疆杂志》，出版18期，除编辑工作外，自己撰写了许多论文。主持云南大学西南文化研究室，先后编印丛书11种。中华人民共和国成立后，除讲授《彝族史》等少数民族史课程外，着力从事少数民族史和云南地方史的研究，先后出版了《滇史论丛》《中国西南历史地理考释》《彝族史》《云南史料目录概论》等学术著作；搜集整理云南历史资料，主编《云南史料丛刊》。在云南大学历史系培养了众多的民族史本科生、硕士生、博士生，可谓桃李满园。晚年目疾，仍然孜孜不倦从事学术研究，直至病逝前夕。

自然科学方面。1919—1949年，云南在天文学、气象学、地震学、植物学、地质学等方面成绩卓著。

天文学、气象学、地震学的突出成绩是由陈一得等人取得的。陈一得（1886—1958），原名陈秉仁，出生于云南省盐津县。清朝末年曾以优异成绩考取出国留学，因在昆明参加反帝爱国的示威游行，被云南提学使取消留学资格。后入云南优级师范学堂读书，毕业后在昆明中等学校当教员，讲授数学和自然科学，下决心献身于科学事业。他和他夫人刘德芳每夜观察天空星宿，用丝线绣成《昆明恒星图》；又制成测算天体星宿运动的仪器"步天规"，用"步天规"测算星宿的运动变化，与实际观测完全一致。他还测算出云南各县的标准时间，各县24节令中太阳出没时分及昼长夜长时分。他购置仪器，在昆明钱局街35号自家住宅建立"一得测候所"，从1926年1月1日起，逐日进行气象观测，详细记录，数十年不间断。云南省政府接受他的建议，于1936年在昆明西山太华山顶建成云南第一个公立气象测候所，他亲任所长，每天观测，逐日记录气象情况，按期出版气象月报，后又出版季报和年报，送各机关使用。他根据一得测候所和省立测候所的气象记录，于1948年整理成《三十年来昆明气象观测记录》，这是前所未有的珍贵科学遗产，受到农业、林业、工业、交通、航空、国防等机关的重视和应用。他根据自己的观测资料进行了理论研究，论证了天气变异与日斑有密切关系，日斑与木星运动有密切关系。他在对云南历史上的大地震进行研究之后，认为地震与月球和流星群的运动有密切关系。云南通志馆编纂《新纂云南通志》，特邀他撰写《天文考》和《气象考》，他打破旧志书的迷信愚昧色彩，用现代科学方法写云南的天文和气象情况。他的著作和论文很丰富，主要有《云南气象》《云南气象要素之分布》《云南的云》《云南气流之运行》《云南雨量之分布》《民国二十年水灾与天气》《民国二十年十一月天气奇遇》《云南恒星图》《步天规及附表》《昆明水位之变迁》《近周期日斑与昆明气象》《昆明的雨量》《大理的月》《观测日食报告》《昆明气象与天文观测》《航空气象学》《云南地震史之考察》《道光十三年云南大地震之研究》《滇西地震带》《滇西丽江永仁地震调查研究》等。此外还有一些天文、气象、地震方面的科普读物、观测记录、调查报告，为我们留下了丰富而宝贵的科学遗产。这位科学家在中华人民共和国成立之后，虽已高龄，仍孜孜不倦地从事学术研究，曾任云南省科学技术协会主席，1958年病逝，享年73岁。

1938年，受日本侵华战争的影响，南京中央研究院天文研究所迁到昆明，在昆明东郊凤凰山建立天文台，张钰哲等一批天文学家受聘在此工作。在战火纷飞和经费短缺的情况下，他们开展了彗星和小行星照相观测及其轨道计算，变星和太阳分光目视描迹等观测，出版天文历书和天文学会会刊《宇宙》。1946年天文研究所迁回南京，凤凰山天文台改属云南大学，王士魁教授兼任台长，研究人员继续开展工作。昆明凤凰山天文台是当时国内设备较好，研究力量较强的天文台之一，对中国的天文学事业作出了贡献。

对地震学作出杰出贡献的还有童振藻。他原籍江苏淮安，清朝末年到昆明后，定居云南。他学识渊博，论著颇多，1918年被选为云南学会会长。1924年，大理发生大地震，他前往实地考察，写成《大理等属地震区域图论》，又根据历史资料写成《洱海附近地震述要》。他查阅云南全省的地震报告和历史资料，分时分地，系统编撰，著成《云南地震考》。这是一部篇幅较大的著作，它考察了自西汉河平二年（公元前27）至民国十四年（1925），云南发生的3万余次地震。它既是丰富的地震史资料，又是最早用科学思想研究地震的学术著作。该书于1926年出版，受到学术界的重视。

数学领域，云南大学的熊庆来，西南联大的华罗庚、陈省身，昆明师范学院的朱德祥等人都是知名的数学家。熊庆来（1893—1976），字迪之，云南弥勒县人。1906年考入云南方言学堂法文班。1913年考取公费留学生，到比利时和法国留学，获理科硕士学位。1921年回国，在南京东南大学任算学系主任，1926年到北京清华大学任算学系主任。他系统引进和传播西方数学，是中国现代数学的先驱，先后讲授十余门数学课程，都自编讲义，《高等数学分析》讲义更被选为当时的大学丛书。他在东南大学的学生严济慈，清华大学的学生华罗庚，后来都成为我国著名的科学家。1932年，他再次到法国进行数学研究，写成论文《关于整函数与无穷级的亚纯函数》，获法国国家理科博士学位。他定义的"无穷级"被国际数学界称为"熊氏无穷级"，又称"熊氏定理"。1934年回国后仍任清华大学算学系主任和教授。他编定的《高等数学分析》一书由商务印书馆出版，是我国第一部关于现代数学的中文教材。1936年参加创办中国第一份数学学报，并任编辑委员。1937—1949年任云南大学校长，把云南大学从一个只有文法和理工两个学院的省立大学发展为有文、理、工、医、农五个学院的国立综合大学。1949年夏天，他第三次赴法国，参加国际教育会议，因病滞留巴黎，病愈后继续研究函数论，写成《关于亚纯函数及代数体函数，奈望利纳的一个定理的推广》一书，作为法国数学丛书之一为国际数学界所称道。1956年回国，在中国科学院数学研究所从事研究工作。十余年间，发表科学论文20余篇，培养了杨乐、张广厚等一批青年数学家。熊庆来一生为我国的科学和教育事业作出了重要贡献。

  云南有"植物王国"之称，许多植物学者在这里辛勤耕耘，取得卓越成绩。1919—1936年，北京大学的钟观光教授、中央研究院的蒋英教授、中央大学的陈谋教授、北京静生生物调查所的蔡希陶、王启元、俞德浚等多次到云南各地进行植物调查，采集植物标本数万件，发现珍稀植物数百种，发现不少植物地理新分布的科属。1938年，北京静生生物调查所与云南省教育厅合作，在昆明黑龙潭建立云南农林植物研究所。俞德浚把自己和蔡希陶、王启元的调查资料汇集起来进行综合研究，写成《云南经济植物概论》一书，学术价值颇高。蔡希陶（1911—1981）在40年代以后定居云南（原籍浙江东阳），从事植物学研究。他在昆明黑龙潭附近建立植物实验场地，是为昆明植物园的前身。新中国成立后，他和其他科学家创建了昆明植物研究所和西双版纳植物园热带植物研究所，为云南的植物研究事业做了大量有成效的工作，成绩卓著。他还为云南橡胶种植产业化立下功绩，是享誉中外的植物学家。抗日战争时期，云南大学教授、药用植物研究所长吴征镒编辑刊印了《滇南本草图谱》，把明代兰茂的《滇南本草》所列药用植物绘图编印成册。40年代和新中国成立以后，他陆续取得许多重大成果，是中国现代史上著名的植物学家。

  这一时期，许多地质学家和地质工作者在云南进行了地质和矿产调查，产生了不少有价值的调查报告、学术论文和专著，如丁文江的《云南东部的地质构造》，朱熙等人的《云南矿产志略》，孟宪民的《云南矿产种类述略》和《中国之锡矿》，程裕琪和王学海的《云南中邑村歪头山间磷灰岩地质简报》，尹赞勋等人的《云南磷矿之成因及时代》等。程裕琪和王学海于1939年对昆明中邑村附近进行地质调查和研究,发现了昆阳磷矿,撰写了地质报告,绘制了矿床地属图,为昆阳磷矿后来的开发奠定了基础。

云南近代工业技术诞生于19世纪末20世纪初,30年代和40年代取得显著进步。抗日战争时期,云南的军事工业有较大发展,先后由内地迁来或新建了一些兵工厂,规模较大的有光学仪器厂、机关枪厂、飞机制造厂、无线电器材厂、电工器材厂、黄磷厂、迫击炮弹厂、手枪弹厂等。这些工厂大多是当时我国设备较新、规模较大、技术比较先进的重点军工企业。1939年在昆明北部茨坝建成的中央机器厂,为云南规模最大、设备最好、技术力量最强的机器制造厂,能生产煤气机、柴油机、电动机、发电机、纺织机、车床、铣床、载重汽车等。总经理王守竞和协理夏彦儒都是留学美国回国的高级工程师。社会需要什么机械设备,他们就组织生产。个旧炼锡公司于1935—1936年间炼出99.75%的上锡,99.5%的纯锡和99%的普通锡,取得伦敦和纽约五金交易所化验证,可直接运销世界各国;1948年更炼出纯度达99.9%的精锡。1939年建立的昆明电冶厂生产的电解铜含铜99.95%,电解锌含锌99.97%,纯铅含铅99%,技术先进,品质一流。1941年建成的昆明电力制钢厂和1943年建成的云南钢铁厂是云南近代钢铁工业的开端。20—40年代,云南各地还建成了一些火力发电厂和水力发电厂,以及能生产黄磷、磷肥、硫酸、硝酸、机制纸、机织布、机制卷烟、水泥等化工、轻工、建材产品企业。1938年,云南20万人在8个月内建成900多公里的滇缅公路,创造了公路修建史上的奇迹。1935年开辟了云南第一条民用航空线(昆明—贵阳—重庆),抗日战争期间开辟了昆明至印度飞越世界屋脊的航线(驼峰航线)。1931年以后,云南各主要地县安装了长途电话。40年代烤烟种植技术的试验和推广,使烤烟逐步成为云南一大经济作物。滇池、嘉丽泽、抚仙湖、星云湖、南盘江、昭鲁河等水利工程的修治,除水害,兴水利,有利于农业生产。30—40年代昆明郊区开始使用电力抽水机灌溉农田。总之,云南的自然科学和生产技术在某些领域处于领先地位,有的有较大的发展。

第三节 文艺与卫生

一 文学艺术

1919—1949年,进步的和革命的文艺工作者,组织文艺团体,发行文艺刊物,进行散文、诗歌、音乐、话剧创作和外国文艺作品翻译活动。他们以文艺为武器,反对军阀的压迫,反对日本帝国主义的侵略,反对国民党的反动统治,为革命斗争服务,为人民大众服务,取得了卓越的成果,涌现了一批革命的文学家和艺术家。这是这一时期云南文学艺术发展的主流和特点。

五四运动至抗日战争以前,云南文艺界以进步青年为骨干,进行反帝反封建的新文化活动。五四前后,他们在《尚志》《滇声》《南强》《滇潮》等刊物上发表文章,宣传反帝爱国,提倡新思想和新文化,反对旧礼教和旧文化。《滇潮》宣传文学革命,影响较大。罗稷南、楚图南、缪尔舒等教师倡导的新文学作品深受青年学生的欢迎。进步学生组织编演《巴黎和会》《打倒章宗祥》《劳工神圣》《女学生断指盟誓》等白话剧,表达反帝反封建的爱国热情。柯仲平为《打倒章宗祥》一剧所创作的歌曲,鼓励人们为"幸福"和"自由"快跑,在学生中广为传唱。1923—1924年,涌现出《翠湖之友》《云波》《心华》《未央》《孤星》等一批文学期刊,它们在"中国南边极远的土地上……用文艺的形式,表现了那时一些人的灵魂和感情"[①]。30年代初,有朝曦、春蚕、南声、南荒、昆潮等文学社团,创办了一批文学刊物。其中1932年10月出版的《南声》,在文艺理论上成果颇丰,还刊载了一些进步文艺作品;1933年7月出版的《昆潮》是通俗文艺半月刊,在揭露黑暗现实、提倡平民文学、发掘民间文艺方面颇有影响。留日学生张天放等人团结一批进步知识分子,用文明戏的形式进行反帝反封建宣传。1923年后,云南省立美术专科学校的一些师生演出过田汉、欧阳予倩、陈大悲、熊佛西等人的"爱美剧",推动了云南戏剧运动的发展。聂耳、艾思奇、张天虚、吴澄等青年积极参加新剧的演出活动。

抗日战争期间,云南的文学艺术活动空前高涨。中国共产党地下组织

[①] 艾芜:《奢格的化石》序言,转引自《金沙江文艺》编辑部1983年印行本。

领导的"学生救国联合会"在许多大中学校成立了分会,开展文学、演讲、歌咏、话剧等文艺宣传活动,并出版过《南方》《前哨》《战时知识》《云南学生》《民众歌咏》《个旧曙光日报》等报刊,宣传抗日与民主,产生了较大的影响。西南联合大学等十余所内地高等学校和一些中等学校迁来云南办学,大批教授学者和文化人云集云南,使昆明成为大后方文化中心之一。1938年秋,"中华全国文艺界抗敌协会昆明分会"成立,选举朱自清、杨振声、高寒(楚图南)、徐嘉瑞、穆木天、冯素陶、杨东明等人为理事,后来又增补闻一多、李何林、张光年、李广田、赵沨、凌鹤、吴晗等人,出版会刊《文化岗位》(后改为《西南文艺》)。《云南日报》《正义报》《扫荡报》《观察报》《昆明晚报》等报纸的文艺副刊,都由分会成员担任编辑,刊载会员和文艺工作者撰写的具有抗日与民主内容的作品。其中,《云南日报》副刊《南风》的影响尤为显著。1938年秋,救亡诗歌社创办的《战歌》,刊登抗战诗歌,成为当时全国性的诗歌阵地,推动了抗战时期的诗歌运动,影响颇大。1936年创办的大型小说刊物《文学季刊》,在抗战时期继续编印发行。《诗与散文》从1940年8月创刊,一直出版到新中国成立。1940年创办的《集体创作》,1943年创办的《金碧旬刊》,是《战歌》的继续,除刊登抗战诗歌,刘澍德的一些小说也在此刊出。1943年创办《文聚》《北欧文丛》《高原文艺》。西南联大学生还主编发行过一些短暂刊物《笕桥》《文艺新报》《匕首》《十二月》《西南文艺》等。北门出版社出版了"北门丛书",辑有光未然的《雪》《阿细的先基》,高寒(楚图南)的《枫叶集》(译诗),艾青的《人民的歌》《献给乡村的诗》,还有《五月之歌》《孩子们》等。抗战时期云南的诗歌创作相当活跃,成为支援抗战有力的文艺武器。

  话剧和歌咏活动在抗日战争期间也非常活跃。抗战前夕,昆明即有"野草剧社"进行剧本广播活动。昆华民众教育馆组织歌咏团,高唱聂耳的歌曲和救亡歌曲。艺术师范学校成立业余的"金马剧社",演出了抗战剧《姊妹花》。"七·七"事变后,"云南学生抗敌后援会"领导了昆明和全省许多地方的抗战话剧和歌咏活动,演出《放下你的鞭子》《难民曲》《当兵去》《省下一粒子弹》等街头剧和《无名小卒》《死亡线上》等舞台剧,抨击日本侵略,宣传抗日救国;发动各校学生高唱《义勇军进行曲》《打回老家去》《中国人联合起来》等抗战歌曲;1938年公演《春风秋雨》,宣扬中华民族不可征服;1939年演出《血洒卢沟桥》《全民抗战》等抗战剧和《雷雨》《复活》等大型话剧。昆明的一些大中学校和许多县的中学都组织了剧社和歌咏团，进行抗日的话剧和歌咏演出。1938年，国民党政府强行解散"学抗会"，但它播下的种子继续生长和开花结果。1938年3月18日，"中华全国戏剧界抗敌协会云南分会"成立，分别在1939年、1940年、1945年的戏剧节，组织公演话剧《民族光荣》《蜕变》《国家至上》，滇剧《五台会兄》等。"金马剧社"在1936—1939年进行过12场公演，演出数十个话剧，影响较大；1938年、1939年、1941年组织演出队到滇中、滇西、滇南一些县进行话剧和歌咏演出，以激发民众抗战情绪，实验艺术教育。各界专业和业余的话剧社团也纷纷成立，共有30多个。1939年国防部剧社邀请剧作者曹禺导演的《原野》公演，1944年大鹏剧社演出郭沫若的《孔雀胆》，射日剧团演出《清宫外史》，震动昆明，被称为抗战期间云南话剧的三个里程碑。

抗日战争胜利后，以蒋介石为首的国民党政府发动内战，在昆明制造了"李闻惨案"和"一二·一惨案"，钳制人民的言论、结社、出版等自由，来滇的大批文化界人士陆续复员离滇，抗战时期繁荣起来的云南文艺界一时呈现冷落。但在中共云南地下党的领导下，云南文艺界配合解放战争的胜利发展，继续取得成绩。1946年成立云南文学艺术工作者联谊会，开展进步文艺活动。《诗与散文》继续编辑发行。1946年，《真理周报》《新云南》《火星文艺》《今日文艺》创办。1947年《怒江文艺》创办，1948年《诗播种》创办，出版"百合小丛书"。火星出版社出版"火星文艺丛书"，怒江文艺出版社出版多辑丛刊。在这些刊物、丛书、丛刊上发表的文艺作品，大多对当时社会的黑暗进行讽刺和抨击。瞿白音领导的新中国剧社继续在昆明演出，演出剧目多为名剧，内容多反映现实，水平较高。"剧教队"演出的《日出》《红楼梦》《历史会重演吗？》等剧，产生了轰动。正风剧社、青岛剧社、义风剧社、青年剧社、昆明师院五月剧社、昆明学生剧团等纷纷组织演出，使抗日战争期间在昆明形成的话剧热没有消退。新中国成立前夕，在广大学生中和游击队中演出革命话剧、活报剧，唱革命歌曲，扭秧歌，形成风气。《山那边哟好地方》《金风子开红花》《你是灯塔》等革命歌曲响彻云南。

花灯是云南的民间歌舞型地方戏剧，主要流行于农村，农民叫作唱灯。由于各地的方音土语、风俗民情、音乐曲调、舞蹈动作的差异，形成了云南花灯的许多支流，如昆明花灯、玉溪花灯、建水花灯、文山花灯、楚雄花灯、姚安花灯、弥渡花灯、嵩明花灯等，各有各的特色。花灯剧适应农村业余的演出形式，歌舞少，戏曲多，大型剧目较少。内容反映农村中的生产生活、婚姻爱情等，乡土气息很浓。辛亥革命后，花灯扩大了表演的内容和形式，除继续演唱传统歌舞小戏外，还以民间传说和历史故事为内容创作了一些剧目，又从滇戏等剧种中移植了一些剧目。花灯开始从农村进入城镇，昆明城内也唱灯了。1938年春节，以王旦东、熊介臣为首的云南农民救亡灯剧团成立，用花灯宣传抗日救国。他们编排了《张小二从军》《茶山杀敌》《新投军别窑》等抗日救国主题的剧本，到全省各地巡回演出，很受人民群众欢迎。"抗战花灯"开创了花灯发展的新局面。花灯的内容从原来反映农村生活和历史传奇的狭小题材，扩大到反映现实斗争的革命题材。花灯剧目从口耳相传过渡到正式剧本，唱词、曲调、音乐伴奏亦较前丰富多样。这些改进和发展使花灯具备了新型民间歌剧的初步形式。在救亡灯剧团的影响下，一些县纷纷成立花灯演出队，抗战花灯风靡一时。1940年，救亡灯剧团因经费困难而解散后，云南花灯逐步向剧场演出的专业化方向转化，从滇戏中大量引进剧目，发展到"灯夹戏"的阶段。1946年1月昆明出现了第一个专唱花灯的园子——庆云茶室。此后，昆明的许多茶馆都雇用花灯艺人在茶馆演唱花灯，用花灯曲调演唱滇戏剧目的"灯夹戏"更加普遍。

滇剧是云南的地方戏剧，形成于明清之际，历史较为悠久。抗日战争时期，滇剧有所革新，演出过《卧薪尝胆》《临江会》等具有抵御外侮、杀敌报国内容的传统剧，又编演了《花子投军》《审战犯》等反映抗战的新剧，还移植了田汉的《江汉渔歌》等抗战剧。滇剧名星高竹秋自编自演了《一碗虾仁》《新探亲》《烟花宝鉴》《黑海明灯》等反映社会现实生活的时装剧。许多县有滇剧戏班演出，全省滇剧剧目发展到千余种。

京剧来到云南始于20世纪初，当时多为外地京戏班子来昆明做临时演出，来去无常。抗日战争时期，外省京戏班迁入云南，京戏演出空前兴盛。除了演出传统历史剧外，还把传统小戏《小放牛》《拾黄金》等填上抗战新词，宣传抗日，并编演《倭奴侵华记》揭露日寇侵占我国领土、屠杀我国同胞的罪行。解放战争期间，还编演了以反内战为内容的《残年》。新中国成立前夕，著名京戏演员关肃霜、刘奎官、裘世成、徐敏初、梁次珊等人先后来到昆明，昆明的京戏舞台更加活跃。

评剧在抗日战争期间进入昆明。四维剧社在田汉的指导下，演出过一些新评剧，如《桃花扇》《岳飞》《梁红玉》《江汉渔歌》《新儿女英雄传》等。

为了促进戏剧艺术的发展，文艺工作者创办了戏剧评论的期刊和副刊，发表戏剧评介文章。专门评介戏剧的期刊有1940年创办的《影剧周刊》，副刊有《正义报》的"影与剧"。《云南日报》副刊"南风"也发表戏剧评介文章。

昆明在20世纪20年代开始放映电影，最初是无声片和配音片，后来逐渐有了有声片。20—40年代放映的影片中，外国影片占90%，内容多为斗殴、冒险、色情、神怪；国产片有上海的明星、天一等公司制作的影片，绝大多数也是武侠、爱情的内容。

1919—1949年，云南文学艺术界涌现了许多优秀文艺工作者，其中作出重大贡献、声誉最著的云南人有伟大的音乐家聂耳，著名翻译家罗稷南，革命诗人柯仲平，文学家徐嘉瑞，滇戏艺术家栗成之、罗香圃等。

聂耳（1912—1935），原名守信，父母原籍云南玉溪县，聂耳出生于昆明市。他幼年就喜欢音乐，在昆明读中学时加入共青团，积极参加革命活动，特别是进步的音乐戏剧活动。

图87　聂耳（1912—1935）云南玉溪人

1931年考入上海明月歌剧社，担任小提琴手。1933年由田汉介绍，加入中国共产党。他在上海积极参加左翼音乐、戏剧、电影活动，与张曙、吕骥、安娥、任光等人一起从事革命音乐活动；与田汉、夏衍等进步作家合作，撰写戏剧音乐评论文章，抨击腐败的靡靡之音，主张音乐要为大众呐喊，抒发工农民众的心声，为反对帝国主义侵略、反对军阀统治的革命斗争服务。1931—1935年夏，在短短四年多的时间里，他创作了40余首革命歌曲，最著名的有《义勇军进行曲》《前进歌》《毕业歌》《大路歌》《开路先锋》《渔光曲》《新女性》《码头工人歌》等。1935年4月，中共党组织决定让他取道日本赴欧洲深造。7月17日，他在日本鹄治海滨溺水遇难，骨灰由张天虚携回，葬于昆明西山。1949年9月21日，中国人民政治协商会议第一全体会议决定，聂耳谱曲、田汉作词的《义勇军进行曲》为中华人民共和国代国歌，后来中华

人民共和国宪法正式确定《义勇军进行曲》为国歌，聂耳在音乐上的伟大贡献名垂青史。

黄洛峰（1909—1980），原名垲，字肇元，云南鹤庆县人。1922年考入昆明私立成德中学，1926年入云南省立一中高中部。1927年加入中国共产党，1928年任中共易门、安宁、禄丰三县特委书记，旋调任共青团昆明市委书记，筹办"云南书报社"。1930年赴日本留学，参加中共留日学生特别支部。"九·一八"事变后回国，在上海参加抗日救亡活动并担任"上海民众反日救国联合会"秘书长。1932年后在上海、北平、南京等地编辑出版进步刊物，1936年与艾思奇、郑易里等人在上海编辑出版《读书生活》杂志，任读书生活出版社总经理，出版马克思的《资本论》、艾思奇的《大众哲学》等书籍。抗战期间在中共南方局领导下在重庆、香港、桂林等地开展进步书籍出版、发行工作，参加民主运动。1945年组织"生活·读书·新知三联书店联合出版部"，参加民主同盟。1948年任三联书店管理委员会主席。1949年年初任中共中央宣传部出版委员会主任委员，10月任出版总署出版局局长，此后历任新华书店总经理处总经理、出版总署办公厅主任、文化部部长助理、中国科学院社会科学学部民族研究所党总支书记、中国历史博物馆顾问等职。为第四届、第五届全国政协委员。1978年被选为出版工作者协会副主席。1980年11月在北京病逝。

罗稷南（1898—1971），又名陈小航，云南凤庆县人。五四运动前夕从北京大学哲学专业毕业回到云南，在昆明中等学校当教师，积极参加新文化运动，与楚图南、缪尔舒等人用新文学作品进行教学。大革命时期在国民革命军中任职。1933年11月参加福建人民政府工作，曾代表福建人民政府到江西与红军签订抗日反蒋协定。他是著名的外国文学翻译家，从30年代开始陆续翻译了许多世界名著，共出版20多种、800多万字，如梅林的《马克思传》、托尔斯泰的《安娜·卡列尼娜》、高尔基的《克里木·萨姆金的一生》、狄更斯的《双城记》等，为世界进步文化在中国的传播作出了重大贡献。

柯仲平（1920—1964），云南广南县人。五四运动时期在昆明读中学，是昆明学生运动的领导人之一，对云南的新文化运动颇有贡献。1930年3月加入中国共产党。1937年1月到延安，先后任中共中央宣传部文化工作训练班班长、陕甘宁边区文化协会主任等职。1947年夏，在河北省平山县西柏坡党中央所在地主编《中国人民文艺丛书》。全国解放后，任中华全国文学工作者协会副主席、陕西省文学艺术界联合会主席等职。柯仲平是著名的革命诗人，一生写下了许多革命诗篇。20年代写的诗大多发表在《语丝》《洪水》《狂飙》《草原》等杂志上。1927年8月出版第一部长诗《海夜歌声》。1930年，大型诗剧《风火山》出版。曾在延安与田间、魏巍等人发起街头诗和朗诵诗运动，还写了许多抒情诗，后来收入他的诗集《从延安到北京》。1940年出版叙事长诗《边区自卫军》《平汉路工人破坏大队》，为中国现代叙事诗的佳作。解放后又创作了许多诗歌，除收入《从延安到北京》外，还发表于各种文艺刊物，为我国革命诗歌的发展作出了重大贡献。

徐嘉瑞（1895—1977），出生于云南大理县，长期居住于昆明，中共党员。少年家贫失学，自学文学和外语成才。五四时期，青年徐嘉瑞崭露头角，为云南新文化运动作出贡献。他积极宣传民主和科学，用白话文教学和写作，出版白话文学术专著《中古文学概论》和《近古文学概论》。大革命时期，他继续从事进步文艺活动，曾主编地下文艺刊物《压榨》《南焰》。抗日战争期间，被选为中国文艺界抗敌协会云南分会主席，写了许多抗战诗歌和文学著作。解放后，曾任云南省文学艺术界联合会主席。他一生著作甚多，除上述两部外，主要还有《大理古代文化史》《辛稼轩评传》《秦妇吟本事》《金元戏曲方言考》，长诗和歌剧《望夫云》，话剧《台湾》等，还整理了云南少数民族长诗《生产调》《求婚调》《相会调》《逃婚的姑娘》等，在文学史、文化史、戏曲史、话剧、歌剧、诗歌、少数民族民间文学整理等诸多文学艺术领域作出重要贡献。

栗成之（1885—1952），云南昆明人，一生演唱滇戏，特别擅长演老生，是老生名角。著名京剧大师马连良称誉他为"滇戏泰斗"。云南大学中文系一级教授刘文典评他的唱腔为"脑后音"。他不仅具有高超的滇戏表演技艺，还总结了滇戏理论，著有《滇戏指南》十余册。他是滇戏大师，又学川戏、京戏，把京戏和川戏的一些优点融入滇戏之中，大大丰富了滇戏艺术。他把一生献给了滇戏事业，成绩卓著。

罗香圃（1895—1966），云南玉溪县人。20世纪30—40年代在昆明振兴滇戏的著名人物。早年读书学戏，功底深厚。他熟悉滇戏的各种行当，能编善演，精于唱做。他开门收徒，培养弟子百余人。他经营的"群舞台"成为昆明的著名戏院，吸收当时的滇戏精英演唱各种剧目，使滇戏在一个较长时期持续兴盛。

二 医药卫生事业

1919—1949 年，昆明、曲靖、个旧、大理等一些城镇有了西医，但数量较少，医药费昂贵，人们治病仍以中医为主。广大农村几乎没有西医，仍沿用中医草药治病。而少数民族地区则沿用民族医药治病，如彝族有彝医，傣族有傣医，藏族有藏医等。政府从 1913 年起对中医实行考试，从 1918 年起对西医实行考试，合格者才能领取营业执照，合法行医，不合格者只有作临时登记或作零售药商。1932 年对全省 124 个市、县、设治局的医药状况进行调查，共有合格中医 1151 人，西医 53 人，助产士 5 人，药剂士 22 人。① 1942—1946 年 6 月间共有合格登记的中医师 307 人，西医师 227 人，助产士 22 人，药剂师 17 人。② 可见云南的医药状况比较落后。疟疾、鼠疫、霍乱、伤寒、天花、麻风等传染病时有流行，威胁着人们的健康和生命，导致很多人死亡或残废。

这一时期，云南各地有不少医术高明的中草药医师。昆明人口多，名医也多。姚氏为昆明的世代名医。姚敬轩善用辨证论治方法治疗伤寒和温病。他总结治疗经验，著有《寒温条辨眉批》。姚长治（1884—1954），字荫轩，以治元气病和妇科病著名。他治病常取奇效，人称治病如名将临阵。姚长治曾主持昆明中医学会，任民国政府中医师滇黔考评处主任委员；新中国成立后，任省人民政府文教委员，省政协委员。姚贞白（1910—1979）幼承家学，常通宵达旦苦读医书，集姚氏医学之大成，与弟姚济创制"姚氏神效散"和"资生丸"，抗日战争中大量捐赠抗日部队。姚贞白毕生从事中医药事业，收徒数十人，都成各地良医。他总结医疗经验，著有《姚贞白医案》《祖国医学对世界医学发展的贡献》等。1949 年前，曾任昆明市中医师公会负责人，民国政府滇黔中医师考评处处长。新中国成立后任昆明市中医院院长、第三届全国人民代表大会代表。戴丽三、吴佩衡、李继昌、康诚之等人也是昆明名中医。戴丽三中医药学造诣深，学古而不泥古，临症善于创新，著有《阴阳五行之研究》、《中医辨证原理》《诊断篇》等著作。吴佩衡博取众家之长，自成一有地

---

① 《续云南通志长编》卷三十九，"云南省医药调查一览表"［民国二十年（1931）制］。
② 《续云南通志长编》卷三十九，"云南省医药统计表"。

方特色的温补学派，在温补中长于用附片，其制方、用量、煎法都有独到之处，著有《吴佩衡医案》《伤寒论条解》等。李继昌既有家传中医根底，又进过西医学校，擅以中西医结合治疗疾病，与其兄合著《伤寒衣钵杂论》、《衣钵经验方》两书。康诚之是祖传五代的儿科名医。昆明郊区彝族医师周氏，几代行医，用草药治病，精于正骨和外伤科。毕氏也是彝族医师，用草药专治小儿疳疾，除在家为人治病外，还大量配制草药行销昆明市。

会泽人曾泽生于1924年设立公生大药房，用草药制成"白药精"，经数年研究，百次改进，外涂治外伤，内服治上吐下泻、风湿关节痛、妇女崩带、子宫瘤等，行销省内外。他还先后制成"拔弹治伤膏""白药膏""万应膏""眼药膏""妇科圣药""狮力酒"等药品，治疗效果也很好。另一会泽人王为周，曾留学日本学习药剂和化验，回国后曾任昆明药物检定所所长。他离职建立"精一药房"，用云南"三乌"做原料，用西法熬膏药，取名"妙克司胶"，专治风湿病，效果很好，曾大量行销省内外。建水人苏秋臣于1912年在曲溪南街"丰济堂"开业行医，擅长骨伤科，抗日战争期间集资开办"云南日用大药房"，曾向八路军赠送他研制的"白仙丹""保险子""黑膏药"等，得朱德总司令函谢；新中国成立后，曾任昆明市中医院副院长。

曲焕章（1880—1938），字星阶，出生于江川县，后迁通海县。少年时父母双亡，沦为孤儿，流浪到个旧，身患重病，得医师姚连钧治愈，遂拜姚为师学医。姚连钧精于外科，焕章事姚十余年，尽得师术。辞师独立行医后，他走村串寨为人治病，翻山越岭采药配方，经历无数次挫折和失败，研制成"百宝丹""虎力散""撑骨散"等中草药配方的奇效名药。这些药以治疗跌打损伤和刀枪损伤最为有效。穿胸洞腹，损伤肺、肝、胆、脾、肠、膜等内脏，先吃"白宝丹"，后服"虎力散"，再用"洗毒散"洗净伤口，涂上止血药，能使气将绝者复苏，血流如注者渐止；内有子弹者再服"撑骨散"二次，子弹自能撑出。"百宝丹"对疮疡、痈、疽、妇科、儿科疾病亦有奇效。1917年，云南省政府立案考察，把"百宝丹"列为优等药品。1926年，曲焕章被聘为东陆医院滇医部主任。1929年，云南省政府化验"百宝丹""虎力散""撑骨散"，发给证书，并转呈民国政府化验立案，以防假冒。1930年，江西、福建、广东、浙江、湖北等省军队函购数万瓶，因医疗功效特好，特赠"效验如神"匾额,曲焕章声名大振。抗日战争爆发后,他捐赠药品和钱财,支持抗战,并决意奔赴前线任军医,直接为抗日战争服务。行至重庆,不幸病逝。可惜一代名医和药物学家壮志未酬身先死![1] 以草药闻名的医师还有澄江人李国宝。他得人传授草医草药,在澄江城内开"福林堂"行医卖药,治病救人。

一些名医或药店在医疗实践中总结经验,创制了一些特效的中草成药。姚长治创制"神效散",专治伤风感冒,还创制"新方达生丸",治妇科病;夏炳仁制"太乙救苦丹",治发高烧;聂仪庭制"虎珀膏",治黄水疮;陈少畴制"搐鼻散",治小儿扯风,百龄堂制的"痢疾丸",百寿堂制的"八宝光明眼药",合香楼制的"中风再造丸",医药公会制的"七宝丹",都是这一时期疗效好、知名度高的中草成药。

云南各族人民和各民族医师利用云南丰富的自然资源防病治病,其中有些是特效药物,属云南特产,如鸡血藤补血补虚,鹿啣草补肾壮阳,天生磺温补虚火,甲马莲是大凉药,茯苓解热散结,茯神治心痛,麝香可避孕,还可绝育。另外,三七、虫草、黄连、沉香、天麻等云南特产的药物,质量好,产量多,享誉中外。

云南的西医始于1901年左右。随着岁月推移,医师逐渐增多。他们分别从日本、英国、法国、德国、美国、越南及香港、广州、上海、北京、天津、成都等地医科大学毕业后来云南行医。30年代以后,云南大学设立医学院,逐步培养出一些西医医师。这些人有的在公立或私立医院当医师,有的开私人诊所。著名者如周晋西,是清末首任云南陆军医院院长;李丕章是民国初的陆军医院院长和蔡锷的军医处长;周仲宣是唐继尧的军医处长。此外,30年代以后在云南筹建昆华医院的姚寻源、徐彪南、薛子谦等以及在云南大学医学院任教的蓝珊、刘崇智等,都是云南的著名西医。

这一时期,云南的西医院逐步增加。昆明市内的公立医院和外国人办的医院主要有:省立昆华医院(1939年建)、省立仁民医院(1941年建)、卫生处附属医院(1941年建)、昆明市医院(1941年建)、云南大学附属医院(1941年建)、军政部军医学校西南教育班附属医院(1942年建)、昆明市第一临时救济医院(1946年建)、云南陆军医院平民住院

---

[1] 据方树梅《续滇南碑传集》卷七,"曲焕章传"。

部（1944年建）、法国甘美医院（1931年建）、英国惠滇医院（1921年建）等。这些医院在1944年计有医师119人、药剂师27人、护士110人、检验师16人、助产士14人、学习生68人、病床534张。① 其中规模最大者为省立昆华医院，有医师31人、药剂师2人、护士30人、检验师2人、助产士4人、学习生30人、病床127张。② 昆明还有一些私立的西医医院，如慈群医院、碧澄医院、颐养医院、同仁医院、袖东医院、妇孺医院、妇人医院等，规模都比较小，每个医院只有1—5名医师。这7所私立医院共有医师16人、药剂师8人、护士8人、检验师2人、助产士2人、病床83张。③ 开诊所的西医师经卫生部核准，发给营业证者，全省共29人，另有助产士1人。④ 昆明市以外的云南各地，西医医院数量很少，计有：大理的"福音医院"（教会办）、曲靖的思祯医院（教会办）、昭通的福滇医院（公立）、腾冲医院（公立）、磨黑医院（公立）、河口医院（公立）、大理喜州医院（私立）、开远的滇越铁道医院（公立）、车里（今景洪）的美国长老会医院（教会办）等。这些医院规模较小，每个医院只有1—5名医师，若干名护士，几十张病床。30年代，先后有32个县建立了卫生院18个，卫生所14个，⑤ 大体上一个卫生院所只有一名医师，若干护士和卫生员。卫生院所的主要任务是卫生防疫，同时兼治病。

---

① 《续云南通志长编》卷三十九，"昆明市省立及公立医院概况表" ［民国三十三年（1943）］。

② 同上。

③ 《续云南通志长编》卷三十九，"昆明市私立医院概况表"。

④ 《续云南通志长编》卷三十九，"云南省医师登记一览表"（以领有部证者为限）。

⑤ 《续云南通志长编》卷三十九，"各县卫生院所之概况"。

大事记

1917年10月	元阳、绿春等县爆发起义,卢梅贝被推为领袖。
11月	文史哲学术月刊《尚志》杂志在昆明创刊。龚自知任主编。
1918年6月	云南留日学生救国团在昆明组成,旋改称云南救国团,有农工商各族各界参加。
9月	唐继尧以川滇黔联军总司令名义发起的联军会议在重庆召开。
1919年5月4日	五四运动在北京爆发。
6月4日	各族各界参与的云南国民大会在昆明金碧公园召开,通过宣言声援北京学生爱国运动并成立云南学生爱国会。会后举行游行与演讲。
7月25日	云南国民大会再次召开,决定抵制日货。
1920年	是年初,由杨青田等青年知识分子发起组织"大同学会"。
1920年3月	发刊于1914年的《滇声报》刊文较全面地介绍马克思的生平及学说。
1920年5月21日	四川督军熊克武通电誓师讨唐(继尧),滇黔军与川军在川中资阳等地爆发战事。
6月1日	唐继尧通电废督裁军。
8月24日	熊克武再次通电讨唐,滇黔军与川军战事再起。
10月	中旬,滇黔军战败退出川境。
1921年2月8日	原滇军第一军军长、迤东边防督办顾品珍等人向昆

	明移兵逼唐继尧下野,唐急率眷属离昆经河口赴香港。史称"民十事变"。
9日	顾品珍被推为滇军总司令。
4月20日	代省长周钟岳辞职,顾品珍兼署云南省省长。
1922年1月5日	唐继尧在广西柳州设滇军总司令部,宣称回师云南驱顾。云南省议会等团体通电吁请孙中山阻唐回滇。
2月24日	唐继尧部滇军进入昆明。
25日	顾品珍在路南天生关阵亡。
4月8日	唐继尧被云南省议会推为省长。
5月	唐继尧通电提议"由自治而联合各省"。
6月	唐继尧数次通电呼吁召开"联省自治会议"。
12月	私立东陆大学在昆明创办,初为文工两科综合大学,历经扩大,1934年改为省立云南大学。
	是年冬,唐继尧、刘显世组滇黔联军。
1923年3月12日	滇黔联军入贵阳,刘显世以联军副总司令兼贵州省长。
1924年1月	孙中山改组国民党,确定联俄、联共、扶助农工三大政策。
9月	大元帅府推唐继尧为副元帅,唐未就职。
	是月,唐继尧以孙中山所任川滇黔联军总司令名义在昆召开七省军方会议,自称七省联军总司令。
12月	李国柱等人组织成立云南青年努力会。
1925年1月	滇军三路入广西,第一次滇桂战争爆发。
3月12日	孙中山在北京逝世。
19日	唐继尧通电称在滇就副元帅职,广州政府拒绝承认。
20日	国民党中央执行委员会通告国民党军人,一致谴责滇军入桂。
8月	入桂滇军败绩回滇。
9月	共青团云南特别支部成立。
10月	王复生、王德三等旅京云南学生在北京建立云南革新社。是月出版《革新》半月刊。次年革新社更名为新滇社。《革新》改出《铁花》周刊。

1926 年 5 月	丽江、维西镇守副使罗树昌在永北（永胜）、华坪起兵，通电讨伐唐继尧。
8 月	杨震寰、刘正伦先后在保山、腾冲宣布讨唐。
11 月	中共云南特别支部成立，以吴澄为特支书记。
12 月	罗、刘、杨联合反唐失败。
1927 年 2 月 6 日	昆明"二·六"政变，唐继尧被迫下台。
3 月 1 日	中国共产党云南特别委员会在云南特别支部的基础上成立，以王德三为书记。
3 月 8 日	以胡若愚为省务委员会主席的云南省政府成立。
3 月 12 日	中国国民党云南临时省党部成立。
4 月	云南省妇女解放协会由妇女励进会、妇女运动会、各界妇女联合会合并成立。是月，龙云被省务委员会推任为主席。
5 月 1 日	云南省农民协会成立。
23 日	唐继尧因病去世。
6 月 14 日	胡若愚、张汝骥在昆发动事变，囚禁龙云。
8 月 13 日	龙云复任省务委员会主席并国民革命军第三十八军军长。
	是年底至次年初，龙云部与胡若愚、张汝骥部混战于曲靖等地。胡、张败绩，分别退入川南和黔西北。
1928 年 1 月 17 日	蒋介石任命龙云为云南省政府主席。同日，云南成立"清共委员会"。
21 日	蒋介石任命龙云为国民革命军第十三路军总指挥。
3 月 30 日	在"清党"中不幸被捕的中共党员赵琴仙、陈祖武、罗彩3人被杀害于昆明。
	是年3月至次年5月，先后有赵祚传、杜涛、李鑫、戴德明、杨逢春、巨伯年等中共云南党组织的领导人被捕遇害。
1929 年	是年春，蒋介石任命龙云为讨逆军第十路总指挥，原黔军师长李燊为前敌总指挥。龙李联军入黔讨伐周西成。
4 月	个旧锡务公司工人两次开展罢工斗争，要求改善

	待遇。
6月	胡若愚、张汝骥等组"靖滇军"由川入滇攻昆明。龙云部急退出贵州。
7月11日	昆明北门街发生火药爆炸，造成死300余人、伤千余人的"七·一一"事件。
	是年冬，靖滇军败绩，张汝骥死，胡若愚奔川。南京国民政府发表云南省政府组织令。
1930年5月	龙云奉蒋介石令派兵入桂，第二次滇桂之战爆发。
7—12月	中共云南省委书记王德三以及张经辰、李国柱、刘平楷、张舫、吴澄等人相继被捕后遭杀害。
1931年2月	入桂滇军败绩回昆。
3月10日	卢汉、朱旭、张凤春、张冲四师长联合倒龙，旋败。
1934年10月	中央红军开始长征。龙云令云南各县赶办防共事项。
1935年1月15日	中共中央在贵州遵义召开政治局扩大会议。
29日	中央红军一渡赤水，进入云南境内威信县。
2月9日	中共中央在威信县扎西镇召开政治局扩大会议。
5月9日	中央红军在四渡赤水、两次入滇后，在禄劝、会泽县的蛟平、树桔等渡口渡过金沙江离滇北上。
11月	中共云南临时工作委员会成立，云南地方党组织恢复重建。
1936年3月	是月初，长征中的红二、六军团进入云南彝良县等地。
5月	红二、六军团在云南活动两个多月，经滇东北、滇中及滇西北丽江、中甸离开云南北上。
10月10日	始建于1915年的商办个碧石铁路通车至石屏。是年，昆明—大理、昆明—富源等干线公路通车。
11月	云南省各界抗日救国联合会在中共云南临工委领导下成立。
12月12日	西安事变发生。
1937年7月7日	卢沟桥事变发生。中国军民全面抗战开始。
8日	中共中央通电全国，号召组成全民族统一战线抵抗

	日本侵略者。
16 日	蒋介石举行庐山谈话会，表达抗战意愿。
7 月	是月底，中共昆明支部成立。
8 月 8 日	龙云离昆参加商讨抗日问题的国防会议，次日在西安与中共代表周恩来等同机至南京。
18 日	云南学生抗战后援会在昆成立。
9 月	云南省妇女战地服务团成立。
10 月 8 日	由滇军组成的第 60 军离滇开赴抗日前线。
12 月	滇缅公路新筑下关—畹町段全线开工建设。
1938 年 2 月	中共昆明支部组织建立了党的秘密外围组织——云南青年抗日先锋队（抗先）。
4 月 2 日	由长沙转迁至昆的"国立西南联合大学"开学。
4 月	是月中旬至 5 月中旬，第六十军在徐州北台儿庄与日军激战。
7 月 24 日	云南新组建的第五十八军（军长孙渡）誓师出征参加武汉保卫战。
8 月	是月初，由中共云南临工委和昆明支部合并成立中共云南省特别委员会。 第六十军扩编为第三十军团、卢汉任军团长。 是月，由云南青年抗日先锋队与西南联大"中华民族解放先锋队"合并在昆成立中华民族解放先锋队云南地方部队（民先）。
8 月 31 日	滇缅公路全线通车。
9 月	第三十军团扩编为第一集团军，下辖第六十、第五十八军和新三军（军长张冲）。
11 月 11 日	教育部令改省立云南大学为国立，熊庆来任校长。
1939 年 1 月 29 日	中共云南工作委员会（"省工委"）成立，李群杰任书记。
12 月	川滇公路全线通车。 是年年初，由湖南迁昆的中央机器厂开工。从上年初至当年中，陆续有中央电工器材厂、兵工署第二十二工厂、飞机制造厂以及一批民营企业由沿海及

	内地迁滇。
1940年7月	英国宣布禁止军械汽油等物资经缅甸运入中国。滇缅公路运输中断。
8月	美国空军志愿队（飞虎队）组成并来华。
9月	第一集团军在蒙自设总部并调回第六十军部分部队，以阻止日军从越南侵我滇南。
10月	滇缅公路重新开放。
11月	《新华日报》记者在昆访问龙云、李根源。
1941年12月7日	日海军偷袭珍珠港，太平洋战争爆发。日军在东南亚各地展开进攻。
	是月下旬，由第五、第六、第三十三军组成的中国远征军集结于滇西。
	年底，盟军设立包括中、越、缅、泰等在内的中国战区，蒋介石任最高统帅，史迪威为参谋长。
20日	日机轰炸昆明，飞虎队击落其中9架。
1942年2月	中旬始，中国远征军第五、第六军入缅抗战。
5月	日军继3日侵入畹町后又于10日攻占腾冲，怒江以西中国国土沦陷。云南成为抗日前线。
5月中旬	中国第一、第二期远征军一部及当地抗日民众在怒江以西龙陵、盈江、梁河、瑞丽、腾冲等地组织龙潞游击支队等抗日队伍，与日军展开游击战。
7月2日	由抗日民众组织的腾冲县抗敌县政府成立并广泛开展敌后斗争，张问德任县长。
8月	中国远征军一部在印度兰姆伽设中国驻印军总指挥部并展开军事训练。
1943年4月	中国远征军司令长官部在楚雄成立，陈诚任司令长官（卫立煌继任）。
5月	民盟昆明支部成立。
7月	中国共产党的秘密外围组织新民主主义者联盟（新联）成立。
10月	中国驻印军向缅北推进，开始反攻作战。与军事行动同时展开中印公路及输油管的修筑。

	是月，中共南方局派人到昆明与龙云建立联系。
1944年3月	反攻缅北的中国驻印军取得孟关大捷。
5月11日	中国远征军开始强渡怒江，滇西缅北反攻战全面展开。
8月	是月初，由中国驻印军及美军组成的突击兵团攻占缅北重镇密支那。
9月7日	中国远征军攻克松山。
14日	中国远征军收复腾冲县城。
11月3日	中国军队收复龙陵。
20日	中国军队收复芒市。
12月1日	中国军队收复遮放。
1945年1月20日	中国军队收复畹町，至此，滇西沦陷国土全部收复。
27日	中国远征军与驻印军在缅境芒友会师。中印公路全线打通。
1月	中国共产党的秘密外围组织云南民主青年同盟（民青）建立。
	是年初，以原第一集团军改置第一方面军，驻开远。
7月1日	中国共产党的秘密外围组织云南民主工人同盟（工盟）建立。
8月15日	日本宣布无条件投降。中国人民八年抗战取得最后胜利。
9月28日	中国第一方面军在河内接受驻越北日军投降。
10月3日	蒋介石电令昆明防守司令部以武力改组云南省政府，调龙云至南京任军事委员会军事参议院院长。
12月1日	昆明爆发反内战民主运动。国民党特务于是日在云大、西南联大等处行凶，造成4死50余伤的"一二·一"惨案。
	是日，卢汉就任云南省政府主席。
4日	《新华日报》发表短评号召全国正义人士援助昆明学生。
7日	中共中央机关报《解放日报》发表社论声援昆明民主运动。

9 日	周恩来在延安各界青年集会上发表讲话，肯定昆明学生爱国运动。
1946 年 1 月 13 日	上海举行"一二·一"运动死难烈士于再追悼会。是年初，滇军组成的第六十、第九十三军被调往东北。
3 月 17 日	昆明 3 万大中学生为"一二·一"运动中死难的 4 烈士举行出殡游行。
5 月 4 日	西南联大结束。北大、清华、南开三校复员北返。是月，中共中央冀热辽分局成立滇军工作委员会，程子华任书记。
5 月 30 日	第六十军第一八四师在辽宁海城起义。
7 月 11 日	中国民主同盟中央执行委员李公朴在昆明遭国民党特务暗杀。
15 日	中国民主同盟中央执行委员闻一多在昆明遭国民党特务暗杀。
1947 年 1 月 6 日	昆明学生 3 万余人在中共云南省工委领导下举行抗议美军暴行示威游行。
3 月	今景洪、勐海等地建立起一支中共云南地方党组织领导的人民自卫武装。
4 月	中共中央东北局分别成立以李立三、周保中为书记的两个滇军工作委员会。
6 月	宣威等地建立起一支中共云南地方党组织领导的游击武装。
11 月	中共中央上海局指示前来汇报工作的中共云南省工委书记郑伯克在云南发动武装斗争。
12 月	中共云南省工委在建水召开会议，部署在全省发动武装斗争。
1948 年 2 月	中共云南省工委在弥勒、路南等地组织起义并建立武装部队。
6 月 17 日	昆明学生举行"反美扶日"集会及游行。
7 月 1 日	中共云南党组织领导的人民武装在富宁县里达镇正式命名为云南人民讨蒋自救军第一纵队。

7月15日	云南警备司令部军警及国民党特务在南菁中学和云南大学围攻并逮捕爱国学生。
10月	由元江、石屏、建水等地游击武装组成的云南人民自卫军改编为云南人民讨蒋自卫军第二纵队。
10月17日	第六十军两万余人在军长曾泽生率领下于长春宣布起义。
1949年1月1日	由自救军第一纵队及广西贵州相邻区域游击队改编组建中国人民解放军桂滇黔边纵队。
1月	中共滇东北地委根据省工委指示组建云南人民讨蒋自救军永焜支队。
2月12日	昆明南屏街发生21名无辜群众被枪杀事件。
4月20日	人民解放军开始渡（长）江作战。
6月	滇西北地区人民武装按中共云南省工委指示编为滇西北人民自卫军。
7月	中共云南省工委与桂滇边工委合并成立中共滇桂黔边区委员会。由中国人民解放军桂滇黔边纵队与省工委领导的云南人民武装合编组建中国人民解放军滇桂黔边纵队（简称"边纵"）。
9月9日	云南省政府主席卢汉在昆进行"整肃"。国民党军警逮捕400余人。
10月1日	中华人民共和国成立。
11月	卢汉释放"九·九整肃"中被捕人员。 是月，人民解放军进军西南。
12月9日	晚10时，卢汉在昆明五华山宣布起义，向中央人民政府毛泽东主席和朱德总司令等发出通电。
11日	毛泽东、朱德复电卢汉，指出卢汉率部起义必为全国人民所欢迎。
28日	"边纵"先头部队进入昆明。 昆明保卫战取得胜利。
1950年1月	是月初，蒋介石令在滇国民党残部第八、第二十六军留置滇南进行顽抗。
2月19日	我军歼灭在滇国民党军残部，滇南战役胜利结束。

20 日	人民解放军进行进入昆明的入城仪式，各界群众夹道欢迎。
22 日	昆明各界举行盛大欢迎会迎接解放军。
24 日	云南解放日。
3 月 10 日	中央人民政府任命陈赓为云南省人民政府主席，云南省人民政府随即成立。

参考文献

一 文献资料

云南省志编纂委员会编：《续云南通志长编》，云南省志编纂委员会1985年编印。

昆明市志编纂委员会编：《昆明市志长编》，昆明市志编纂委员会1983年编印。

云南省政府秘书处编：《云南概览》，云南省政府秘书处编印，1937年铅印本。

中国科学院历史研究所编：《云南杂志选辑》，科学出版社1958年版。

《云南行政纪实》，1943年铅印本。

李根源辑：《永昌府文征》，云南美术出版社2001年版。

张维翰修、童振藻撰：《昆明市志》，台湾学生书局1968年铅印本。

方国瑜主编：《保山县志稿》（点校本），云南民族出版社2003年版。

《云南百科全书》，中国大百科全书出版社1999年版。

《云南辞典》，云南人民出版社1993年版。

《孙中山全集》，中华书局1984年版。

《毛泽东选集》1—4卷，人民出版社1991年版。

《周恩来选集》上、下卷，人民出版社1980年版。

云南省档案馆：《云南档案史料》（期刊），云南省档案馆编印。

全国政协文史资料委员会编：《文史资料选辑》，全国政协文史资料委员会编印。

云南省政协文史资料委员会编：《云南文史资料选辑》，云南省政协文史资料委员会编印。

昆明市政协文史资料委员会编：《昆明文史资料选辑》，昆明市政协文史资料委员会编印。

云南省档案馆编：《滇军抗战密电集》，云南省档案馆编印，1995年版。

云南省档案馆、云南省经济研究所编：《云南近代金融档案资料选编》（第一辑），1992年，昆明。

中国社会科学院近代史研究所编：《中华民国史资料丛稿·大事记》，中华书局1979—1985年版。

日本防卫厅战史室编：《中华民国史资料丛稿·中国事变陆军作战史》，田淇之译，中华书局1979年版。

四川省文史研究馆编：《四川军阀史料》第2、3辑，四川人民出版社1983年、1985年版。

云南省文史研究馆编：《云南文史丛刊》，云南省文史馆编印，1982—2009年版。

云南省历史研究所编：《云南现代史料丛刊》第1—8辑，云南省历史研究所编印，1982—1986年版。

中共云南省委党史研究室编：《中共云南地方党史大事记》，云南人民出版社1992年版。

云南省历史研究所编：《云南现代史研究资料》（期刊），云南人民出版社1980—1983年版。

中共云南省委党史研究室编：《云南地下党早期革命活动》，云南民族出版社1989年版。

《云南党史通讯》，中共云南省委党史资料征集委员会编印。

云南省档案馆编：《国民党军追堵红军长征档案史料选编》（云南部分），档案出版社1987年版。

中共云南省委党史研究室编：《红军长征过云南》，云南民族出版社1986年版。

中共云南省委党史研究室编：《党组织恢复重建和抗日救亡运动》，云南民族出版社1990年版。

《云南少数民族社会历史调查资料丛书》，国家民委民族问题五种丛书。

《云南省志·商业志》，云南人民出版社1993年版。
《云南省志·财政志》，云南人民出版社1994年版。
《云南省志·综合经济志》，云南人民出版社1995年版。
《西安事变档案史料选编》，档案出版社1986年版。
《抗日战争正面战场》（档案资料），江苏古籍出版社1987年版。
彭明主编：《中国现代史资料选辑》第五辑，中国人民大学出版社1989年版。
保山市史志办编：《保山地区史志文辑》（抗日战争专辑1—4辑），德宏民族出版社1989年版。
腾冲县政协文史委编：《腾冲文史资料选辑》第一、二辑，芒市，德宏民族出版社1988年版。
《国立西南联合大学校史资料》，北京大学出版社、云南人民出版社1986年版。
秦孝仪主编：《中华民国重要史料初编——对日抗战时期》，台湾国民党党史委员会1981年版。
云南省档案馆编印：《云南省档案史料丛编·近代云南人口史料》第2辑，1987年版。
《云南经济资料》，云南省人民政府财政经济委员会编印，1950年版。
陈真编：《中国近代工业史资料》，生活·读书·新知三联书店1961年版。
重庆档案馆编：《抗战后方冶金工业史料》，重庆出版社1987年版。
《云南实业通讯》，中国西南实业协会云南分会编印，1940—1942年版。
《一二·一运动史料选编》上、下册，云南人民出版社1980年版。
中共云南省委党史研究室编：《一二·一运动》，中共党史资料出版社1988年版。
方树梅：《续滇南碑传集》，云南民族出版社1993年版。

二 近人论著

张宪文：《中华民国史纲》，河南人民出版社1985年版。
中共云南省委党史研究室：《中共云南地方史》第1卷，云南人民出版社2001年版。

中共云南省委党史研究室：《云南全民抗战》，云南大学出版社 1995 年版。

中共云南省委党史研究室：《中国工农红军长征过云南史》，云南人民出版社 2006 年版。

李珪主编：《云南近代经济史》，云南民族出版社 1995 年版。

全国政协西南文史资料协作会议编：《抗战时期西南的交通》，云南人民出版社 1992 年版。

全国政协西南文史资料协作会议编：《抗战时期内迁西南的工商企业》，云南人民出版社 1989 年版。

全国政协西南文史资料协作会议编：《抗战时期内迁西南的高等院校》，贵州民族出版社 1988 年版。

孙代兴、吴宝璋主编：《云南抗日战争史》，云南大学出版社 1995 年版。

徐康明：《中国远征军战史》，军事科学出版社 1995 年版。

《远征印缅抗战——原国民党将领抗日战争亲历记》，中国文史出版社 1990 年版。

史迪威研究中心编：《史迪威与中国》，重庆出版社 1992 年版。

谢本书等：《云南近代史》，云南人民出版社 1993 年版。

谢本书：《龙云传》，四川民族出版社 1999 年版。

谢本书：《民国劲旅滇军风云》，云南人民出版社 2004 年版。

谢本书、牛鸿宾：《卢汉传》，四川民族出版社 1991 年版。

万相澄：《云南对外贸易概观》，新云南丛书社 1946 年版。

东南编译社编：《唐继尧》，震亚图书社 1925 年发行。

李宗仁：《李宗仁回忆录》，广西政协文史资料委员会编印，1980 年版。

张肖梅：《云南经济》，中国国民经济研究所 1942 年版。

行政院农村复兴委员会编：《云南农村调查》，商务印书馆 1935 年版。

《云南近代经济史文集》，《经济问题探索》杂志社编印，1988 年版。

李珪：《云南地方官僚资本简史》，云南民族出版社 1991 年版。

云南大学历史系、省历史研究所编：《云南冶金史》，云南人民出版社 1980 年版。

董孟雄：《云南近代地方经济史研究》，云南人民出版社 1991 年版。

浦光宗主编：《云南公路史》（第一册），国际文化出版公司1989年版。

全国政协西南地区文史资料协作会编：《大西南的抗日战救亡运动》，重庆文史书店1987年版。

张逢舟：《近五十年中国与日本》，四川人民出版社1987年版。

［英］约翰·科斯特洛：《太平洋战争》，王伟等译，东方出版社1985年版。

［英］丘吉尔：《第二次世界大战回忆录》，韦凡等译，时代文艺出版社1994年版。

龚学遂：《中国战时通史》，商务印书馆1947年版。

吴湘相：《第二次中日战争史》，台北综合月刊社1974年版。

王辅：《日军侵华战争》，辽宁人民出版社1990年版。

王功安、毛磊主编：《国共两党关系史》，武汉出版社1988年版。

梁敬錞：《史迪威事件》，台湾"商务印书馆"1972年版。

罗孝庆主编：《中国远征军入缅抗战纪实》，西南师范大学出版社1990年版。

［美］杜安·舒尔茨：《陈纳德与飞虎队——独行其是的战争》，于力译，云南人民出版社1989年版。

［美］罗伯特·达莱克：《罗斯福与美国对外政策》，伊伟等译，商务印书馆1984年版。

凌其翰：《在河内接受日本投降内幕》，世界知识出版社1984年版。

黄声远：《壮志千秋·陆军第58军抗日战史》，汉文正楷书局1947年版。

谢本书：《近代云南各族人民的爱国主义斗争》，云南民族出版社1991年版。

丘勤宝：《云南水利问题》，新云南丛书社1947年版。

杨堃等：《云南史地辑要》，云南省立昆华民众教育馆1949年版。

《抗日战争时期国民政府财政经济战略措施研究》，西南财经大学出版社1988年版。

沈春雷：《中国战时经济志》，文海出版社1986年版。

谭熙鸿：《十年来之中国经济》下册，中华书局1948年版。

汤国彦主编：《云南历史货币》，云南人民出版社1989年版。

张印堂：《滇西经济地理》，国立云南大学西南文化研究室编印，1943年版。

郑伯克：《白区工作的回顾与探讨——郑伯克回忆录》，中共党史出版社1999年版。

缪云台：《缪云台回忆录》，中国文史出版社1991年版。

中共云南省委党史研究室：《中国人民解放军滇桂黔边纵队》，云南人民出版社1994年版。

中共云南省委党史研究室：《中国共产党在滇军中的工作》，云南人民出版社1993年版。

萧清：《中国近代货币金融史简编》，山西人民出版社1987年版。

中共昆明市委党史研究室：《中共昆明党史大事记》（1919—1949年），云南人民出版社1991年版。

军事科学院历史研究部：《中国人民解放军战史》三卷本，军事科学出版社1987年版。

程思远：《李宗仁先生晚年》，文史资料出版社1985年版。

周开庆：《民国川事纪要》，四川文献研究社1974年版。

中共云南省委党史资料征集委员会：《昆明起义》，云南民族出版社1989年版。

《解放云南之战》，云南人民出版社1980年版。

刘绍唐：《民国大事日志》上、下册，台湾传记文学出版社1979年版。

《抗战期中云南之教育与文化概况》，云南省教育厅编印，1947年版。

三　近人论文

张天放：《"五四"运动在云南的缘起与发展》，《昆明师范学院学报》1980年第2期。

王文成：《清末民初的云南农业政策述论》，《云南社会科学》1995年第6期。

申庆璧：《李宗黄先生操危虑深》，（台湾）《近代中国》总第56期。

黄立人：《抗战时期国民党政府开发西南的历史评考》，《历史档案》1986年第2期。

陈茜：《云南对外贸易的历史概述》，《思想战线》1980年第3期。

蒋中礼:《一二·一运动的历史和现实意义》,《云南师范大学学报》1988年第5期。

周涛等:《一九四九年昆明起义述论》,《思想战线》1989年第5期。

后　记

对于中国近代史或各省、区、市近代史的下限，学术界的见解不尽一致。终于五四运动前夕或新中国成立前夕，就是人们常见的两种。经认真斟酌，我们认为云南近代史的下限，应以讫于新中国成立前夕为宜。

《云南通史》全书共6卷，由何耀华同志任总主编。本分卷最初由荆德新任主编，蒋中礼、牛鸿斌任副主编。荆德新同志对初稿进行了部分审改工作，壮志未酬，不幸逝世。后经编委会调整由牛鸿斌、谢本书任本分卷主编，对全卷修改定稿。本分卷全体编撰人员深切悼念荆德新同志并感谢他所做的工作。

作为《云南通史》第六分卷，本书的内容包括了五四运动至昆明起义（1919—1949）各个历史时期的状况。为了全面地反映云南近代后期这30年的历史，书中除对军政方面的演变有所交代外，对于各族人民群众的斗争，以及经济、文化等方面，都安排了专章或专节。

本分卷各部分的执笔人为：

前言	谢本书
第一、二、三章	荆德新
第四、五、六章	王文成
第七、八、九、十二章、大事记	牛鸿斌
第十章	蒋中礼
第十一章第一、四节	刘克光
第十一章第二、三节	蒋文中
第十三章	夏光辅